음식 중독

먹고 싶어서
먹는다는 착각

마이클 모스
연아람 옮김

Hooked: Food, Free Will,
and How the Food Giants Exploit
Our Addictions

민음사

나의 모든 것, 나의 전부
이브, 애런, 윌에게
이 책을 바친다.

1

INSIDE
ADDICTION
음식에 끌린다,
본능적으로

2

OUTSIDE ADDICTION

음식이 바뀌었다, 중독적으로

프롤로그 — 햄버거와 사랑에 빠진 소녀

재즐린 브래들리의 삶에 맥도날드가 영향을 미치기 시작한 것
은 일곱 살 때, 뉴욕 브루클린의 붉은 벽돌로 만든 연립 주택으로 이
사를 간 후였다. 집에서 한 블록 반 정도만 가면 맥도날드 매장이 있
어서 쉽게 들러 간단히 식사를 해결할 수 있었다. 재즐린은 늘 해피
밀을 주문했다. 황금색 둥근 손잡이가 달린 상자 안에는 군침을 돋
우는 햄버거에 감자튀김, 쿠키, 거기다 장난감까지 들어 있었다. 가
끔은 재즐린의 아버지가 퇴근길에 맥도날드 제품들을 한 아름 사서
돌아오기도 했는데, 식구가 늘 때마다 아버지 손에 들려 오는 맥도
날드 상자와 봉지도 점점 늘어났다. 이렇게 맥도날드 음식으로 잔치
라도 벌이는 날이면 재즐린과 동생들(재즐린은 10남매 중 둘째였다.)
은 신이 나서 펄쩍펄쩍 뛰었고 마지막 남은 감자튀김을 차지하려고
싸우기 일쑤였다.[1]

어린 시절, 맥도날드로 저녁 식사를 하는 날은 특별한 날이었다.
재즐린 가족의 저녁 식탁은 대개 집에서 만든 음식들로 차려졌는데,
재즐린은 가족 중에 가장 입맛이 까다로웠다. 재즐린은 미트로프도,
소간 요리도 좋아하지 않았다. 어머니가 저녁 식사에 절대 빠뜨리지
않는 으깬 감자는 특히 싫었다. 동생들이 각자 좋아하는 음식을 행
복하게 먹을 때 재즐린도 자신이 좋아하는 음식을 먹을 방법을 생각

해 냈다. 저녁 시간마다 재즐린은 배가 별로 고프지 않다고 말하곤
했고, 어머니는 몸무게가 늘기 시작한 재즐린이 다이어트를 한다고
생각하며 대수롭지 않게 여겼다. 그러나 10분 뒤 재즐린은 몰래 집
을 빠져나와 살금살금 맥도날드로 향했다.

이렇게 맥도날드에 갈 때마다 용돈을 썼던 재즐린은 곧 패스트
푸드의 또 다른 매력에 사로잡혔다. 맥도날드에서는 더 큰 사이즈의
메뉴 가격이 작은 사이즈와 별 차이가 없었다. 가격을 따져 본 후 재
즐린은 해피밀을 버리고 햄버거 한 개 가격으로 두 개를 살 수 있는
넘버 투Number Two를 주문하기 시작했다. 탄산음료와 감자튀김도 마
찬가지였다. 자이언트 사이즈를 주문하는 것이 가장 합리적인 선택
이었다.

중학교 때는 맥도날드가 재즐린의 첫 끼니가 되었다. 아침과 점
심은 거르고, 그보다 많은 양을 학교를 마친 후 맥도날드에서 채웠
다. 메뉴판에 있는 모든 메뉴를 이리저리 조합하고 변경하여 햄버거
두 개에 감자튀김 가장 큰 사이즈, 셰이크 가장 큰 사이즈와 파이 두
어 개도 추가로 주문했다. 두 개씩 시켜 남은 음식은 친구나 동생에
게 주겠다는 심산이었지만 가끔은 계획대로 되지 않았다. 재즐린은
한동안 브롱크스에서 운영되는 방과 후 프로그램에 다녔는데, 집에
돌아갈 때면 근처에 있는 맥도날드 매장에 들렀다가 지하철을 탔다.
지하철에서 내릴 즈음이면 허벅지 위에 다 먹은 햄버거 포장지가 한
가득 쌓여 있곤 했다.

"저는 남들보다 위가 큰 아이였어요." 재즐린은 내게 이렇게 말

했다. "먹는 것을 정말 좋아했죠. 그야말로 음식을 미친 듯이 사랑했어요. 어렸을 때도 우유보다 햄버거나 핫도그, 감자튀김을 찾았어요. 엄마가 그러시는데 제 침대 밑에서 케이크 포장지가 그렇게 많이 나왔대요. 지금도 한밤중에 냉장고를 뒤지곤 해요."

자신의 식습관을 설명하던 재즐린은 많은 사람이 식습관과 그로 인해 생기는 문제를 해결하느라 몹시 애를 먹는다는 사실을 언급했다. 그녀는 몸 안에서 식욕을 한층 강하게 만드는 작용이 일어나는 것을 느꼈지만 그것이 정확하게 무엇인지는 설명하지 못했다. 재즐린은 먹는 것에 열정적이었지만 그녀의 표현처럼 바람직하지 않은 방식으로 "미친 듯이 사랑"했다. 또 아무 음식에나 끌리지도 않았다. 이상하게도 어떤 음식은 특정한 방식으로 요리된 것만 좋아했다. 이를테면 감자는 아주 싫어했지만 감자튀김에는 열광했다. 잘게 다진 쇠고기는 빵 사이에 들어 있을 때만 먹었다. 어머니가 차려 준 밥은 얼마 먹지 않아도 배가 불렀지만 포장해 온 패스트푸드는 아무리 먹어도 양에 차지 않았다. 이해할 수 없는 일투성이였다.

게다가 밤낮을 가리지 않고 식탐을 느꼈다. 심지어 배가 고프지 않아도, 식사 직후여서 배고플 리가 없을 때도 식욕이 일었는데, 그때마다 자신이 굴복하고 말 것이라는 확신 때문에 당혹스럽고 부끄러웠다. 그래서 음식을 먹고 남은 쓰레기를 침대 밑에 숨겼다.

시간이 지남에 따라 재즐린과 음식의 관계가 변해 온 과정도 상당히 흥미로웠다. 어릴 적에는 먹을 때 몸에 전율을 느낄 만큼 먹는 일이 순수하게 즐거웠으나 고등학교에 입학할 무렵부터 불행의 기운이 드리우기 시작했다. 그녀는 불안을 느낄 때 자주 먹는다는 사실을 깨달았다. 집안의 둘째여서 부모님으로부터 필요한 관심을 받지 못하는 문제가 생기면 음식으로 풀기 시작했다. 재즐린은 천식이 심해서 빨리 걸으면 숨이 차기 때문에 운동을 할 수 없었다. 그러는 동안 몸무게는 조금씩 오르내리기를 반복했고 열여섯 살에 110킬로그램을 넘고 말았다. 키가 168센티미터 정도였던 재즐린은 플러스 사이즈를 훌쩍 넘기는 옷을 입어야 했다.

재즐린의 인생에서 결코 음식이 유일한 문제는 아니었다. 그녀는 난독증이 있어 학교생활이 어려웠고, 가족 전체가 보호시설에서 지낸 시기도 있었다. 재즐린은 우울증을 앓았고 자주 외로움을 느꼈다. 그래서 온 가족이 새로운 지역으로 이사했을 때, 여름마다 거리에서 함께 아이스크림을 먹고 소방관들이 열어 준 소화전에서 흘러나온 물을 첨벙거리면서 놀던 친구들이 사무치게 그리웠다. 그럼에도 재즐린은 모든 역경을 잘 견뎌 냈다. 아니 어쩌면 그 모든 일이 그녀를 강인하게 해 주었는지도 몰랐다. 이처럼 그녀의 삶은 늘 녹록지 않았으나, 마침내 그동안의 한을 풀 기회가 찾아왔다.

재즐린의 가족은 새뮤얼 허슈라는 변호사와 친분이 있었다. 브루클린 주민의 배짱과 근성을 지닌 허슈는 1946년 제2차 세계대전으로 삶의 터전을 잃은 사람들이 머물던 오스트리아 수용소에서 태어났다.[2] 이후 가족들과 함께 뉴욕 브루클린으로 이주해 고학으로 로스쿨을 졸업하고 주 의원까지 지냈다. 1978년에 유대인 남성이 칼에 찔려 사망하면서 촉발된 유대인들의 소요에 가담했다가 경찰을 구타한 혐의(허슈는 혐의를 부인했고 사건은 기각되었다.)로 체포된 그는 이후 마피아들을 변호하며 형사소송으로 근근이 먹고살았으나 진로를 전향해 상해를 입은 사람들을 대리하는 민사소송 변호사로 활동 중이었다.

허슈는 재즐린 집의 납 페인트 소송 건으로 재즐린의 형제자매들을 대리하고 있었다. 손해배상 청구 건은 해결되는 데 수년이 걸렸기 때문에 허슈는 재즐린 집에 꽤 자주 방문했고 크리스마스에는 선물을 사 오기도 했다. 2002년에 허슈는 당시 고등학교 3학년이던 재즐린에게 다른 종류의 상해 사건에 함께하지 않겠냐고 물었다. 허슈는 맥도날드를 상대로 한 소송을 계획하고 있었다. 우연한 사고나 식품 오염이 아니라 제품 설계 그 자체로 사람들의 건강을 해친다는 이유에서였다.

허슈도 이 소송이 납 페인트 소송보다 훨씬 힘든 싸움이 되리라는 것을 잘 알고 있었다. 승산도 적은 데다 이런 종류의 소송에 경험이 없었기 때문이다. 그도 그럴 것이 이런 소송은 제기된 적이 없었다. 그전까지 있었던 가장 유사한 사건은 맥도날드가 알려진 바와 달리 감자튀김을 튀길 때 우지牛脂를 사용했다는 이유로 제기된 소송이었는데, 이 사건은 고소인에게 거액의 손해배상금을 지급하는 대신 힌두교도들과 채식주의자 단체에 1000만 달러를 기부하는 것으로 합의되었다. 그러나 허슈는 현대인의 식습관으로 인한 문제점과 피해를 고려할 때, 건강을 근거로 맥도날드에 소송을 제기하는 것이 잠재적으로 더 승산이 있고 수익성도 좋으며 모든 사람에게 중요한 결과를 가져오리라고 확신했다.

허슈는 소장에 미국 연방 공중보건국장의 분석을 언급했는데, 그 분석에 따르면 비만 하나만으로도 매년 30만 건의 조기 사망이 발생했다. 허슈는 또 공중보건국장의 말을 인용해 심장병, 2형 당뇨, 특정 암, 무릎 관절염을 비롯한 근골격계 장애가 모두 과식이나 건강하지 않은 식습관과 관련이 있으므로 "미국인들의 식습관은 머지않아 흡연에 맞먹는 규모의 예방 가능한 질병과 사망을 야기할 것"이라고 경고했다. 그는 심지어 경제도 큰 타격을 입을 거라고 강조했다. 의료비, 임금 상실 등 비만과 관련하여 매년 지출하는 비용이 1170억 달러로 추정되는데, 간접 비용의 일부는 패스트푸드나 고가공식품 기업들에 의해 소비자들에게 전가되는 것으로 나타났다.

허슈가 맥도날드를 상대로 소송을 건 것은 재즐린이 처음이 아니었다. 그의 첫 원고는 몸무게가 120킬로그램이 넘고 패스트푸드를 주식으로 먹는 퀸스 출신의 건물 관리인 시저 바버였다. 이 남성이 과체중으로 고통받고 있음을 부인할 사람은 아무도 없었다. 그는 이미 두어 차례 심장마비를 겪은 후였다. 그러나 쉰여섯 살의 바버가 과체중 문제를 햄버거와 감자튀김의 책임으로 돌리자[3] 곧 타블로이드 신문과 식품 업계의 조롱거리가 되었다.[4] 한 신문은 "햄버거 먹고 비만해진 남성, 패스트푸드에 소송"이라는 헤드라인을 뽑기도 했다. 지지하는 사람들조차 그 정도 나이를 먹었으면 자신의 선택에 책임을 질 줄 알아야 한다고 지적했다. 그가 「굿모닝 아메리카」에 출연했을 때 프로그램 진행자는 이렇게 다그치기도 했다. "바버 씨, 당신은 심장마비를 두 차례나 겪었고 주치의가 패스트푸드를 먹지 말라고 경고했는데도 계속 드셨잖아요. 그럼 당신도 여기에 책임이 있지 않을까요?"

"어느 정도는요. 맞습니다. 저도 책임이 있죠." 바버의 대답은 자기 무덤을 파는 듯했다. "하지만 제 말은, 내가 그동안 먹은 것에 대해 그들이 충분히 설명하지 않았다는 겁니다. 나트륨과 지방 함량이 왜 그리 높은지, 설탕은 또 왜 그렇게 많이 들어 있는지 말이에요. 나는 이런 사실을 몰랐고 매장 어디에도 쓰여 있지 않았어요. 대안이 없었으니 먹었을 뿐입니다."[5]

분명 바버의 주장은 일리가 있었다. 몇 년 후, 뉴욕시는 사람들이 자기가 먹는 음식에 대한 경각심을 높이도록 식당에서 음식 열량 정보를 제공할 것을 의무화했고, 맥도날드는 햄버거와 감자튀김을 대체할 수 있는 샐러드를 팔기 시작했다. 그러나 바버는 개인 책임의 문제를 피해 갈 수 없었고 소송은 패색이 짙어졌다. 허슈가 존 밴자프로부터 연락을 받은 것은 그때였다. 밴자프는 워싱턴의 변호사로 대기업과 싸워 승소한 것으로 유명했다. 당시로부터 몇 년 전인 1997년에 담배 업계를 무릎 꿇린 법정 싸움을 기획한 인물이었다. 그는 담배 제조 업체들에게 개인의 건강을 해친 책임을 묻는 대신 주 정부를 소송으로 끌어들이는 새로운 전략을 고안했다. 병에 걸린 흡연자들의 치료 비용을 대야 하는 보건 당국의 예산을 축낸다는 이유로 소송을 제기한 것이다. 이슈를 개인의 윤리적 판단이 아닌 돈에 관한 문제로 만든 이 전략은 그야말로 신의 한 수였다. 마침

내 1998년에 담배 회사들은 항복했고, 유해한 마케팅 관행을 중단하고 그들이 초래한 의료적 손해를 상쇄할 조치를 마련하는 데 2460억 달러를 투자할 것을 약속했다.

이러한 성공에 힘입어 밴자프는 주로 불법행위에 대한 민사소송을 담당하는 변호사들과 함께 1조 5000억 달러 규모의 가공식품 업계를 다음 소송 대상으로 점찍고 주시하는 중이었다. 때마침 허슈가 바버를 대리하여 소송을 제기하고 언론으로부터 집중포화를 맞고 있었다. 밴자프가 허슈와 통화하면서 건넨 충고는 단도직입적이었다. 새로운 의뢰인을 찾아라. 인생에서 올바르지 않은 결정을 내렸다고 해서 쉽게 무시할 수 없는 사람, 자기가 먹는 음식을 완전히 통제할 수 없는 사람, 한마디로 중년의 건물 관리인보다 훨씬 어린 의뢰인을 찾으라는 것이었다. 밴자프는 허슈에게 말했다. "새로운 법리를 세우고 강력한 논거를 얻으려면 아이들을 대리하여 소송을 진행하는 편이 훨씬 승산이 높을 겁니다. 배심원단은 쉰여섯 살의 비만 남성보다 여덟 살의 비만 아동에게 더 마음이 끌릴 테니까요."[6] 그 순간 허슈는 납 페인트 소송으로 만난 재즐린을 떠올렸다.

허슈가 처음 소송을 함께하자고 제안했을 때 재즐린의 가족은 주저했다. 맥도날드는 100여 개 나라에서 3만 1000개의 매장을 운영하며 매출이 150억 달러가 넘는 기업이었다. 재즐린의 어머니는 조심스럽게 말했다. "맥도날드는 대기업이잖아요. 그들은 패스트푸드 마피아와 다름없어요. 정말로 그들과 싸우려고요?" 재즐린 역시 일상에 미칠 영향을 생각하면 걱정되기는 마찬가지였다. 재즐린은 자신이 매일 맥도날드에 간다는 사실을 떠올렸다. 소송 이후 벌어질 일들이 눈앞에 그려졌다. 맥도날드 매장에 들어서면 자신의 일자리와 맥플러리 같은 맛있는 음식을 빼앗아 가려는 소녀를 알아보고 직원들과 손님들 모두 입을 다문 채 그녀를 노려볼 것 같았다. 재즐린은 그간의 경험을 통해 맥도날드에 오는 사람들 대부분이 그곳과 정서적인 유대감이 있다는 것, 그곳에서 음식만큼 위안을 얻는다는 것을 알고 있었다. 그녀는 가난한 사람, 외로운 사람, 우울한 사람 들을 괴롭히는 이로 보일 터였다. "다들 집에서 텔레비전을 보다가 광고에 나오는 게 갖고 싶으면 그걸 사러 가는 거죠."

그러던 어느 날, 재즐린에게 가슴 아픈 깨달음의 순간이 찾아왔다. 그녀는 토크쇼 「모리」를 보고 있었는데, 그날은 과체중 아동에 대한 내용이 방영되었다.

문득 재즐린은 이것이 자기 혼자만의 문제가 아니라는 사실을 깨달았다. 여러 지역의 다양한 배경을 가진 아이들이 음식과의 관계 때문에 고통받고 있었다. 한 통계에 의하면, 아동 비만이 매년 300만 건씩 증가하면서 아이들이 과거 성인에게만 나타났던 고혈압, 관절염, 장기 섬유화 같은 질병을 앓았다. 열세 살 아이의 심장 상태가 쉰살 어른의 심장과 유사한 경우도 있었다. 그러나 재즐린을 가장 충격에 빠뜨린 것은 비만 아동들의 식사 장면이었다. 그 순간 그녀는 자신의 먹는 모습이 그동안 남에게 어떻게 비쳤을지 깨달았다.

"한 남자아이가 식탁에 앉아서 정말 말 그대로 어마어마하게 먹어 치우는 거예요. 제 동생이 그러더라고요. '쟤는 진짜 뚱뚱하다.

하는 거라고는 햄버거 먹는 거밖에 없네.' 제가 그때 얼마나 정신이 번쩍 들었는지 아세요? '그게 바로 너야.' 이렇게 말하는 것 같았어요. 저도 뚱뚱한 아이고 언제나 먹기만 하거든요. 단지 한곳에 앉아서 모든 것을 한 번에 먹지만 않을 뿐이었죠. 그렇지만 곧 이렇게 생각했어요. '그래. 적어도 다른 사람을 도울 수 있나 해 보자.'" 텔레비전을 끈 재즐린은 이제 허슈의 말대로 이 소송이 거액의 손해배상금 이상이라는 것, 즉 많은 사람에게 영향을 미치는 대의가 있는 소송이라는 점을 이해했다.

허슈는 2002년 8월 22일에 맥도날드를 상대로 다시 소송을 냈다.[7] 원고는 재즐린과 또 다른 10대 청소년이었다. 허슈는 맥도날드가 소금, 설탕, 지방, 콜레스테롤 함유량이 높은 제품을 파는 과정에서 불공정했으며 소비자들을 현혹했다고 주장했다. 이런 첨가물을 얼마나 섭취하게 되는지 소비자들에게 제대로 설명해 주지 않았다는 이유였다. 당시 식음료 업계에서는 일반적인 일이었는데 제품 포장지나 매장 진열대 어디에도 이러한 정보를 제공하지 않았으며 식료품점도 마찬가지였다. 허슈는 맥도날드가 소비자들에게 소금, 설탕, 지방, 콜레스테롤 함량이 매우 높은 제품을 먹으면 공중보건국장이 언급한 다양한 질병에 이를 수 있다는 경고를 하지 않음으로써 소비자에 대한 의무를 이행하지 않았다고 주장했다. 나아가 영양이 풍부해 보이는 거짓 광고로 아이들이 맥도날드 제품을 먹도록 유인했다고 주장했다.

맥도날드는 모든 혐의를 부인했으며 자사를 철저하게 변호할 것이라면서 원고들의 주장을 반박할 변호인단을 꾸렸다. 맥도날드의 대변인 월트 리커는 "매우 유감스럽지만 이 사안은 소송의 가치가 없습니다."라고 말했다. "그러나 우리 제품에 관한 사실과 우리 회사의 가치, 영양가 있는 제품을 만드는 데 앞장서겠다는 우리의 약속이 훨씬 더 중요합니다. 다수의 영양학자들이 맥도날드 제품이 균형, 다양성, 적정량이라는 건강한 영양 섭취 원칙에 근거하면 건강한 식사가 될 수 있다고 말한다는 사실에 주목해야 합니다."[8]

밴자프가 예상한 대로 언론은 어린 원고들에게 관대했다. 보도는 아이들을 맥도날드에 가도록 하는 유인이 무엇인지에 집중했고, 그 결과 음식 외의 요소가 영양 섭취에 관한 아이들의 판단을 흐리게 할지도 모른다는 이야기가 나오기 시작했다. 《뉴욕 타임스》의 한 기자는 재즐린과 함께 소송을 낸 또 다른 원고에 대해 "그 아이는 햄버거와 함께 나오는 장난감을 좋아했다."라고 썼다.[9] 물론 여전히 이렇게 반문하는 언론도 있었다. 아이들도 일부 책임이 있지 않은가? 시저 바버처럼 아이들도 맥도날드의 음식을 먹겠다고 적어도 일정 부분은 스스로 결정한 것이 아닌가? 결정이라는 말이 나왔으니 말인데, 아이들의 체중이 급증하는 동안 부모는 어디서 무얼 했나? 재즐린의 아버지는 믿기 어렵겠지만 맥도날드가 건강한 음식인 줄 알았다고 법정에서 진술했다. 2002년은 패스트푸드 업계를 고발한 에릭 슐로서의 베스트셀러 『패스트푸드의 제국: 미국 음식의 어두운 이면Fast Food Nation: The Dark Side of the All-American Meal』이 출간되고 1년이 지났을 때였다. 슐로서의 책으로 인해 미국 사회는 햄버거, 피자, 감자튀김을 많이 먹는 식생활의 폐단에 큰 관심을 기울이기 시작했다.

하지만 이번에는 허슈도 개인적 책임을 추궁하는 데 대한 대비가 되어 있었다. 소송을 다시 제기하면서 그는 첫 번째 소송에서 하지 않았던 주장을 포함시켰다. 담배 회사 소송 사례에서 얻은 아이디어였다. 새로 추가된 주장은 맥도날드의 음식을 사 먹은 사람들이 담배를 피운 사람들처럼 의사결정 과정에 방해를 받았다는 내용이었다. 제품에 겉으로 보이는 것 이상의 첨가물이 있어 소비자들이 리스크를 평가하는 데(한 입 더 먹기를 거부하는 데) 완전한 통제력을 갖지 못한다는 주장이었다.

담배 제조 기업들과의 법정 공방에서 가장 결정적이었던 순간은 흡연이 중독으로 간주된 순간이었다. 이러한 개념의 전환은 담배 업계의 격렬한 저항을 불러일으키기도 했지만 대중이 받아들이는 데도 오랜 시간이 걸렸다. 중독은 과거에 불법 약물과 술에만 쓰이던 용어였다. 그러나 일단 담배가 금연에 대한 불굴의 노력도 좌절시킬 수 있다는 관념이 굳어지자, 배심원단은 흡연 역시 중독성이 있을 수 있다고 믿기 시작했고 이로써 담배 제조 업체에게서 등을 돌렸다. 중독이란 흡연자들이 폐암에 걸렸을 때 그들에게 온전히 책임을 물을 수 없다는 의미였다. 이제 담배 회사들도 책임을 져야 했다.

허슈는 이 대담한 주장을 음식에도 적용할 계획이었다. 그는 과식이 단순히 개인의 선택 문제가 아니라고 주장했다. 사람들이 통제력을 잃는 데에는 보이지 않는 강력한 힘이 있다는 것이었다. 사람들은 대개 자유의지에 따라 의사결정을 한다고 생각하지만, 사실은 보이지 않는 힘에 의해 쉽게 꾐에 빠지거나 조종되거나 강제된다. 재즐린을 비롯한 아이들을 대리하여 소송을 제기한 허슈는 맥도날드가 파는 제품들이 단순히 소금, 설탕, 지방, 콜레스테롤만 높은 것이 아니라 "신체적으로나 심리적으로 중독될 수 있고 본질적으로 중독성이 있다."라고 주장했다.

소장에 적힌 중독에 관한 내용은 그게 전부였다. 허슈는 이것이 그의 주장에서 가장 설득력 있는 논거가 될 것을 알았지만 구체적인 사실을 밝혀낼 수 있는 증거 개시 단계에 들어서기 전까지는 더 할 말이 없었다. 따라서 미디어는 소송의 이러한 측면에는 거의 관심을 보이지 않았다. 그러나 재판을 맡은 로버트 스위트 연방 판사는 매우 흥미를 느꼈고 허슈가 이 주장으로 어떻게 소송을 진행하려 하는지 알아내려고 애썼다.

로버트 스위트 판사는 자기 생각을 서슴없이 말하는 것으로 잘 알려져 있었다.[10] 그중에서도 "마약과의 전쟁은 부패했다."라면서 크랙 코카인순도가 높고 흡연하는 방식으로 복용하는 강력한 코카인 및 헤로인 금지법을 포함한 마약 관리법과 가혹한 판결 지침을 폐지하라고 공개적으로 요구하며 사법부의 보수성을 비웃은 사건은 특히 유명하다. 허슈의 소송 판결을 보면 스위트 판사 역시 패스트푸드 업계가 대중의 건강에 미치는 영향에 경악한 듯했다. 스위트 판사는 현대 과학과 법의 범위를 한참 벗어나는 도발적인 질문을 쏟아 내며 꼬치꼬치 파고들었다. 그러나 그의 질문들은 앞으로 많은 사람이 식료품점에서 파는 제품은 물론 패스트푸드를 면밀하게 검토할 때 어떤 질문을 할지 보여 주는 것이기도 했다. 또 연구자, 과학자, 윤리학자, 치료 전문가, 학교 급식 제공자, 로비스트, 농가, 기업인 들이 식습관을 형성하는 현대 식품의 특징을 연구하는 데 필요한 의제 설정에 도움이 될 터였다. 그리고 바로 이 책도 스위트 판사가 제기한 질문으로부터 큰 도움을 받았다.

맥도날드 재판에서 스위트 판사가 던진 질문은 다음과 같다. 맥도날드 제품들을 중독성 있게 만든 요소는 무엇인가? 설탕과 지방의 특정한 조합인가? 아니면 "담배의 니코틴처럼 작용하여 중독을 야기하는 다른 첨가물"이 있는가? 맥도날드 제품에 중독되려면 얼마나 많은 양을 먹어야 하는가? 중독은 즉시 시작되는가 아니면 어느 정도 시간이 걸리는가? 아이들이 성인보다 취약한가? 기업은 이것을 의도했는가? 스위트 판사는 "맥도날드가 고의적으로 이러한 중독성 있는 제품을 제조한 것인지에 대한 혐의는 제기된 바 없다."라고 했다.

스위트 판사는 중독성에 관한 주장을 검토하는 데 주의를 기울였다. 부분적으로는 허슈가 제기한 다른 주장들이 형편없이 허술한 탓도 있었다. 법리적 관점에서 다른 소인들은 아주 높은 장해물에 맞닥뜨렸다. 스위트 판사는 패스트푸드가 건강하지 않은 음식이라는 것은 누구나 아는 사실이라고 지적했다. 그는 실제로 맥도날드 고객 중 어느 누구도 그런 음식을 과도하게 먹는 것이 건강에 해롭다는 사실을 몰랐다고 주장하기는 힘들다고 했다. 아이들의 경우라면 그 부모가 패스트푸드의 위험을 몰랐을 것이라고 주장하기도 힘들었다. 사람들이 이미 알고 있으리라고 합리적으로 예상되는 정보를 주지 않았다고 해서 어떻게 기업을 비난할 수 있을까?

반면에 중독성이 있다는 주장은 그런 현실을 교묘히 피해 갈 가능성이 있다는 면에서 설득력이 있었다. 중독성 있는 제품을 판다는 것은 소비자들이 이미 알고 있었다는 문제에 대해 완전히 다른 해석을 가져올 수 있었다. 이것을 증명할 수만 있다면 허슈의 의뢰인들은 자신이 예상치 못한 힘에 사로잡혔다고 주장하는 데 성공할 확률이 더 높아질 터였다. 스위트 판사는 패스트푸드에 들어간 엄청난 양의 설탕과 지방과는 달리 중독성 있는 음식이 지닌 "위험은 사람들에게 널리 알려져 있지도 않을뿐더러 명확히 드러나지도 않아서 맥도날드의 고객들이 그 점을 알았을 것이라 예상할 수 없다."라고 썼다.

재즐린을 대리하여 허슈가 진행한 소송은 수년이 걸릴 예정이었고 판결이 나는 데는 더 많은 시간이 필요했다. 결국 어느 누구도 충분한 배상금을 받지 못하고 끝날 수도 있고, 허슈가 맥도날드 제품에 숨겨진 강력한 중독 요인에 관한 어떤 충격적인 사실도 밝혀내지 못할 수도 있었다. 맥도날드는 허슈가 주장하는 모든 혐의를 단호하게 부인하며 능수능란하게 자사를 변호했다. 그러나 결국 중요한 것은 최종 판결이 아니었다. 대중은 법원이 결정을 내릴 때까지 기다리지 않았다. 자신의 잘못된 식습관에 맥도날드도 책임지게 하려는 재즐린의 대담한 시도로 인해 소송이 제기된 순간부터 음식에 대한 갈망과 식욕, 비정상적인 식습관을 초래할 수 있는 가공식품 업계의 영향력에 대한 사람들의 생각에 큰 변화를 가져올 움직임이 활발히 일어나기 시작했다.

재즐린의 소송으로 촉발된 대중적 논의는 연구와 실험을 통해 인체가 어떻게 음식에 반응하는지 탐구하여 음식 중독의 생물학적 근거를 밝히려는 사람들을 고무시켰다. 또한 재즐린의 소송을 계기로 패스트푸드 체인과 가공식품 제조 업체들은 쏟아지는 비난에서 자기 제품을 보호하기 위해 재빠르게 움직였고, 심지어 그와 동시에 식단에 대한 소비자들의 커지는 우려를 영리 창출의 기회로 삼았다. 어린 재즐린의 사정은 분명 일반적이지는 않았다. 재즐린은 정크푸드를 과도하게 섭취하고 체중에 심각한 문제가 있었기에 섭식 장애를 규정하는 스펙트럼에서 최극단에 위치한다고 할 수 있었다. 물론 여기에는 사회경제적 요소도 작용한다. 나쁜 식단이 야기하는 건강 이상은 부유한 사람들에게도 발생하지만, 패스트푸드와 가공식품이 가난한 유색 인종에게 훨씬 더 큰 영향을 미친다는 점은 공공연한 사실이다. 우리는 대부분 이런저런 방식으로 음식 앞에서 불안함을 느낀다. 이를테면 먹는 것을 완전히 통제하지 못한다고 느끼거나 먹는 것을 자제하기 위해 안간힘을 쓴다. 식욕이 우리에게 유익하기는커녕 해롭다고 걱정하거나 먹고 싶은 것과 우리 몸에 필요한 것이 다르다고 생각한다. 고가공식품의 편의성과 여러 매력에 완전히 홀리면서 과거에 느꼈던 음식의 매력이나 감흥, 식사 예절과 관습도 모두 잃어버리고 말았다.

첫 판결문에서 스위트 판사는 20세기 동안 현대인의 식습관이 급격히 바뀌었다는 사실을 고려할 때 미국의 식품 소비에도 분명히 변화가 일어나고 있다고 설명하는 데 많은 공을 들였다. 또 건강 면에서 명백히 문제가 있는 제품을 만든다는 비난이 빗발쳤음에도 패스트푸드 체인과 가공식품 제조 업체들이 전혀 타격을 입지 않은 듯 승승장구했고 그들의 수익은 해가 갈수록 급증하고 있다고 지적했다.[11] 그런 기업들은 몸집을 키우고 전 세계로 뻗어 나가며 패스트푸드의 가장 나쁜 점만 모아 놓은 포장식품을 내놓음으로써 식료품 마트의 본질마저 바꾸어 놓고 있었다. 변화는 전 세계 곳곳에서 나타났다. 네브래스카주의 농민들은 시럽, 시리얼, 가축 사료 생산에 필요한 옥수수를 더 많이 재배하기 위해 개울을 흙으로 메웠다. 프랑스에서는 20만 개에 달하던 카페의 수가 제2차 세계대전 이후 꾸준히 줄어 이제는 4만 개밖에 되지 않았다.[12] 과거 먹을 것이 많지 않았던 중국 중부 지방은 이제 너무 많이 먹어서 문제였다.[13] 이처럼 값싸고 손쉽게 먹을 수 있는 제품들이 크게 유행하면서 전 세계 식품 경제에 영향을 미치지 않는 곳이 없었다.

그럼에도 아주 값싼 가격과 엄청난 편의성이라는 가공식품의 전형적인 특징만으로는 가공식품 업계의 성공을 충분히 설명하기 어려웠다. 우리 식습관에 나타난 변화가 너무 광범위한 데다 너무 빠른 속도로 이루어졌고 이해할 수 없을 만큼 스스로를 해롭게 하는 것이어서 분명 다른 설명이 필요했다. 이 모든 것이 말이 되려면 반드시 그 이면에 다른 놀라운 이유가 있어야 했다.

내가 의도치 않게 음식 중독 문제를 마주하게 된 것은 2013년에 『배신의 식탁Salt Sugar Fat』을 출간했을 때였다. 그 책에서 나는 식품 제조 기업들이 소비자의 건강은 간과한 채 이윤 극대화를 위해 패스트푸드 체인들과 앞다투어 하향 경쟁을 펼치고 있다고 주장했다. 지난 40년간 식품 업계가 소금, 설탕, 지방을 이용하여 뿌리치기 힘든 식품들을 만들었고 번뜩이는 마케팅 전략으로 우리의 정서를 자극하여 배고프지 않을 때에도 먹게 만들었다는 요지였다. 그럼에도 나는 희망적인 메시지로 책을 마무리했다. 건강하지 않은 식품을 판매하고 홍보하기 위해 기업들이 무슨 일을 하는지 아는 것만으로도 큰 도움이 되며, 무엇을 얼마나 먹을지는 결국 우리 자신이 결정하므로 그런 통찰력을 사용해 더 나은 선택을 할 수 있다고 주장했다.

이런 낙관적인 생각이 의심에 부딪힌 것은 책 출간에 맞추어 진행한 언론 인터뷰에서였다. "그런데 이런 제품들은 약물처럼 중독성이 있지 않나요?" 기자들의 물음에 대답을 못해 어물쩍대면서도 여기에 엄청난 함의가 있을지도 모른다는 사실을 깨달았다. 만약 음식에 마약이나 담배, 술처럼 중독성이 있다면 분명 무엇을 사고 얼마나 먹을지 결정하는 인간의 능력은 제한된다. 우리가 아무리 식품 기업의 전략을 잘 알아도 애초에 음식에 중독성이 있다면 유리한 위치를 차지하는 것은 여전히 그들이다. 최악의 경우 우리는 아무것도 결정할 수 없을 것이다. 우리의 선택과 자유의지가 그들의 손아귀에 있기 때문이다. 맥도날드 소송 사례가 말해 주듯 어쩌면 이것이 우리가 이제껏 그들의 제품에 미친 듯이 달려들었던 이유일 수 있다.

그래서 이 책은 무엇보다 먼저 음식에 내재된 진짜 위험이 무엇인지 가려내고 면밀히 살펴보려 한다. 그리고 다른 물질 관련 습관을 통해 알게 된 사실을 고려할 때 음식과 먹는 일에 관한 문제를 과연 중독의 관점으로 분석하는 것이 맞는지 확인하고, 가공식품 업계가 소비자에게 미치는 영향력을 위협받을 때 어떻게 대응하는지 자세히 들여다볼 것이다.

당시 기자들은 무심코 물었을지 모르지만 결과적으로 그들의 질문은 문제의 핵심을 간파했다. 음식은 단순히 중독성이 있기만 한 것이 아니었다. 이 책의 1부는 중독의 생물학적 원인을 다루면서 놀라울 만큼 풍부한 과학적 증거를 통해 음식이 어떤 면에서는 술, 담배, 약물보다 훨씬 더 중독성이 강할 수 있다는 사실을 보여 준다.

여기에는 용어의 문제도 일부 있다. 수백 년 동안 중독이란 단어는 온갖 종류의 것을 소비하면서 나타나는 인간의 행동을 묘사하는 데 쓰였다. 기준에 따라서는 코카인처럼 가장 강력한 마약을 중독에서 배제하기도 했는데, 헤로인과 달리 코카인은 끊었을 때 사용자가 고통으로 몸부림치지 않기 때문에 엄밀히 따지면 기준에 부합하지 않는다는 이유에서였다. 그러나 오늘날 가장 널리 통용되고 이 책에서도 사용할 중독이라는 단어의 정의는 반박의 여지가 없는 출처가 있다. 그 출처는 바로 담배와 가공식품 업계의 선두주자이자 대기업으로 중독에 관한 한 누구보다 잘 알고 있는 필립모리스Philip Morris CEO의 말이다. 2000년에 흡연에 대해 설명하는 자리에서 중독을 무엇이라고 생각하냐는 질문에 그는 "어떤 사람들이 그만두기 힘들어하는 반복적인 행동"이라고 정의했다. 필립모리스가 생산하는 가공식품에도 딱 들어맞는 주옥같은 설명이었다.

이 정의에서 핵심은 어떤 사람들이다. 예를 들어 어떤 물질에 중독성이 있다는 의미는 모든 사람이 사로잡힌다는 뜻이 아니다. 헤로인을 어쩌다 한번 투여하는 사람도 있고 감자칩을 한 움큼만 먹고도 쉽게 멈출 수 있는 사람이 있다. 중독은 일종의 스펙트럼과 같다. 우리는 모두 가볍게 영향을 받는 정도와 빠져나올 수 없을 만큼 사로잡힌 정도 사이 어딘가에 위치한다.

이런 통찰은 식품을 연구하기 전에 약물과 술에 습관을 형성하는 특성이 있다는 사실을 밝혀낸 특별한 전문가 집단에서 나왔는데, 나에게는 이것이 음식 중독의 가장 무서운 점이었다. 최근 나는 소비자들이 가공식품에 지나치게 의존하게 된 책임을 가공식품 기업들에게서 찾는 작업에 집중했다. 그러나 이런 연구자들 덕분에 음식이 중독성을 갖는 이유가 상당 부분 온전히 우리 안에 있다는 사실이 분명해졌다. 한마디로 인간은 본래 그렇게 만들어진 것이다.

우선 인간이 어떤 것에 중독되는 데 약물에서나 발견되는 독한 화합물이 있어야 하는 것은 아니다. 인간의 뇌에는 강박적 행동을 유발하도록 정교하게 조직된 자체적인 화학물질이 있다. 대표적인 예가 바로 도파민이다. 실제로 이런 물질들은 인간의 행동을 지배할 정도로 강력해서 약물은 뇌가 자체적으로 지닌 이런 물질을 모방하도록 만들어진다. 사실 신경 자극으로 측정한 결과에 따르면 도리토스 잭Doritos Jacked으로는 코카인이 야기하는 정도의 갈망을 불러일으키지 못한다. 그러나 중독의 한 가지 중요한 특징은 물질이 뇌를 자극하는 속도에 있다. 이러한 사실은 패스트푸드라는 용어를 새로운 관점에서 바라보게 해 준다. 1000분의 1초를 기준으로 중독의 세기를 측정할 때 뇌를 자극하는 데 가공식품보다 빠른 것은 없다.

중독은 기억과도 깊은 관련이 있다. 우리가 음식에 관해 생성해 내는 기억은 일반적으로 다른 어떤 물질보다 강력하고 오래 지속된다. 음식에 관한 어릴 적 기억은 평생 동안의 식습관에 신기할 정도로 강력한 지배력을 행사하며, 그 반대도 마찬가지다. 유명한 요리사이자 음식 전문 작가였던 사람이 알츠하이머로 기억을 잃기 시작하자 음식에 대한 감각이 퇴화하고 음식을 향한 열정도 사그라진 것이 좋은 예다. 이런 점에서 기억은 중독을 부르는 식습관을 형성하는 데 음식 그 자체만큼이나 강력한 힘이 있다고 할 수 있다.

사실 인간은 코부터 장, 체지방에 이르기까지 몸 전체가 단순히 음식을 좋아하는 것을 넘어 더 많은 음식을 원하도록 설계되어 있다. 이는 선사시대의 인류 화석으로 확인할 수 있는 사실이다. 인간은 놀랍게도 달고 열량이 높은 음식만이 아니라 편리하고 다양하며 생산하는 데 비용(노력)이 적게 드는 음식을 찾아 나서도록 진화되었다. 언젠가 나는 어느 가공식품 업계 임원으로부터 인간은 값싼(쉽게 만들 수 있는) 음식에 중독된다는 말을 들은 적이 있다. 하지만 그때까지 중독의 이러한 측면이 인간의 생물학적 특성에서 비롯된다는 사실을 알지 못했다. 인간의 생물학적 특성상 노력이 적게 든다는 것은 그만큼 생존에 필요한 에너지를 아낄 수 있다는 뜻이었다.

인간의 진화생물학에 관한 이러한 통찰에도 불구하고 오늘날 인간이 지닌 잘못된 식습관에서 우리가 떠안아야 할 책임은 일부에 불과하다. 음식에 속박될 수밖에 없는 인간의 생물학적 특성도, 과식에 대한 욕망도 과거에는 별로 중요하지 않았다. 실제로 인류가 탄생한 이래 400만 년 동안 인간의 음식 중독은 인류가 번성한 원동력이었다. 음식 중독이 인간에게 큰 해를 끼치게 된 것은 고작 최근 40년 동안의 일이다. 도대체 무슨 일이 벌어진 걸까? 바로 음식이 변했다. 인간 식습관의 이런 측면을 연구하는 진화생물학자의 말을 빌리면 "문제는 음식에 중독성이 있다기보다 인간은 본능적으로 먹는 것에 끌리는데 기업들이 음식을 바꿔 놓았다는 데 있다."

또 음식을 어떻게 바꿔 놓았는지에도 있다.

소비자에 대한 지배력을 키우는 과정에서 가공식품 기업들이 설탕, 소금, 지방을 무기로 삼은 것은 단순히 가장 값싼 생산 수단을 통해 수익을 추구하기 위해서만은 아니었다. 기업들은 대동단결하여 인간이 이성이 아닌 본능에 따라 행동하도록 뇌의 원시적 영역을 자극하는 방법을 고안하는 데 혼신의 힘을 기울였다.

인간은 본능적으로 단것을 좋아한다. 그래서 그들은 단맛이 나는 식품을 내놓았다. 식품 기업들은 과거에는 달지 않았던 음식에 60가지가 넘는 설탕을 첨가했고, 이 때문에 우리는 모든 음식이 아주 달아야 한다는 생각을 갖게 되었다. 인간은 편의성을 좋아한다. 그래서 그들은 요리할 필요가 없는 편리한 음식을 내놓았다. 이제 우리가 식품에서 얻는 열량의 4분의 3은 그대로 먹을 수 있거나 가열만 하면 먹을 수 있는 가공식품에서 온다. 또 인간이 다양성을 좋아하도록 진화되었음을 근거로 하여 식품 기업들은 우리에게 끝없는 선택의 폭이 있다는 환상을 갖도록 했다. 그렇게 하면 제품이 훨씬 더 많이 팔릴 것을 알기 때문이다. 이 책을 쓰면서 참고한 업계 자료 중 1980년대에 나온 한 연구 보고서는 가장 자제력을 잃기 쉬운 구매자를 묘사하면서 중독을 설명하는 데 쓰이는 표현을 사용한다. "다양성을 추구하는 사람들은 언제나 헤비 유저였다."

그동안 우리 음식에 너무나 많은 일이 일어났고, 진화론적으로 보았을 때 그 속도가 너무 빨라서 일부 과학자는 우리의 비정상적 식습관이 생물학적 특성과 어마어마하게 끔찍한 부조화를 이룬다고 말한다. 왜냐하면 먹고 마시는 음식의 열량을 판단하고 대사 작용을 하는 능력에 있어 인간의 뇌와 육체가 현대인의 식단에 발생한 변화에 적응할 시간이 없었기 때문이다.

그러나 가공식품 업계는 거기서 멈추지 않았다. 지난 몇 년간 가공식품 의존에 대한 경각심은 점점 더 커졌다. 그러나 중독의 사회적 원인을 다룬 이 책의 2부에서 보듯이 가공식품 업계는 부인하거나 미적대는 방법을 택했고 최근에는 대중의 우려를 자신들에게 유리한 방향으로 바꾸어 놓았다.

재즐린이 소송을 제기한 후 몇 주 만에 가공식품 업계 로비스트들은 재즐린과 같은 소송 사례가 나오지 않도록 새로운 규칙을 만들었다. 이는 담배 회사를 상대로 승소한 변호사들을 훼방 놓으려는 의도였다. 같은 맥락에서 식품 기업들은 자사 제품의 중독성에 대해 중요한 정보를 제공할지 모를 연구들을 서둘러 통제했다. 심지어 한 유명 연구자의 실험에서 업계에 치명타를 입힐 수 있는 결과가 나오자 연구를 중단시키기까지 했다. 펩시코의 간부는 그 연구를 중단시키면서 "위험한 사람이야."라고 말했다고 한다.

동시에 식품 업계는 식습관에 대한 통제력을 회복하려는 소비자들의 노력을 저지하고자 했다. 별로 주목받지 못한 사실이지만, 거대 가공식품 제조 기업들은 다이어트 식품 사업도 장악하여 가장 인기 있는 프로그램을 자기 제품을 판매하는 통로로 활용했다. 정크 푸드는 정크 다이어트 식품으로 탈바꿈했으며, 가공식품 업계는 대담하게 한발 더 나아가 우리를 애초에 고통에 빠뜨린 기존 제품과 다를 바 없는 다이어트 식품으로 식료품점을 채워 넣었다.

다이어트에 성공하지 못한 사람, 식습관을 개선하고 싶은 사람이 점차 많아지자 가공식품 기업들은 이러한 시류에서도 주도권을 잡기 위해 다투고 있다. 그들은 충동적 식사 장애의 치료제라고 묘사하지만 위약에 지나지 않는 재료들을 제품에 첨가한다. 음식에 대한 욕구를 제어하는 유전자의 비밀을 풀고자 DNA 연구에도 박차를 가하고 있다. 또 그들의 제품을 마음껏 먹어도 괜찮다고 생각하도록 미뢰의 신경 작용을 조정함으로써 가공식품에 대한 소비자의 신뢰를 회복하려고 애쓰고 있다.

글로벌 식품 기업인 네슬레는 '더 나은' 가공식품을 향한 전환에서 선구자나 다름없는 회사다. 나는 네슬레 직원들의 회의에 들어가 본 적이 있는데, 당시 회의실에는 네슬레에서 가장 인기가 많은 60가지 제품의 개발자들이 모여 가장 잘 팔리는 제품 일부가 중독의 생물학적 원리에 어긋나는 문제를 해결하기 위해 끝장 토론을 하고 있었다. 그들은 놀라울 만큼 진지해 보였다. "더 이상 마트 진열대에서 보고 싶지 않은 제품들이 있습니다." 새로 부임한 최고기술책임자 슈테판 카트시카스가 동료들에게 말했다. "우리는 이 문제를 역으로 설계할 필요가 있어요."[14]

이것이 바로 내가 하려는 이야기다. 이 책의 목적은 인간의 음식 중독을 악용하기 위해 기업들이 한 일들을 펼쳐 놓고 가공식품에 대한 우리의 의존성을 역설계하는 것이다. 이것이 내가 예전에 생각했던 것보다 더 어려운 과제임은 분명하다. 무엇을 얼마나 먹을지에 관한 결정을 기업이 좌우하는 상황에 우리가 우리 본성으로 인해 의도치 않게 공모자가 될 수 있다는 사실을 감안하면 말이다.

가공식품 업계가 자신들에게 쏟아지는 비난을 교묘하게 조작하는 능력을 고려하면 음식 문제를 중독의 관점으로 설명하는 일에는 예기치 않은 어려움이 있을 수 있지만 한 가지 큰 이점도 있다. 음식과 식습관에 대한 통제력을 되찾는 데 가장 효과적일 것으로 보이는 전략들을 흡연, 약물 남용, 스마트폰 중독과 같은 다른 중독 문제를 다룰 때 사용되는 방법에서 찾을 수 있다는 사실이다. 이런 점에서 음식 중독은 단순히 함께 짊어져야 할 책임을 넘어 더 건강한 미래로 나아가는 길이 될 수 있다.

1

INSIDE
ADDICTION

음식에 끌린다,
본능적으로

1장 중독이란 무엇인가

필립모리스, 담배의 중독성을 인정하다

스티브 패리시가 담배를 피우기 시작한 것은 마흔 살에 필립모리스에 입사하고 나서부터였다.

1990년의 일이었다. 뉴욕 그랜드 센트럴 스테이션 남쪽, 맨해튼의 파크애비뉴에 있는 필립모리스 본사의 가장 중요한 사업은 담배였다.[1] 회의실 탁자마다 놓여 있는 재떨이는 늘 수십 개비의 담배꽁초로 가득 차 있었다. 사무실 천장에 매달린 환풍기가 돌면서 연기가 사방으로 흩어졌고, 벽면에는 말보로맨Marlboro Man과 버지니아 슬림Virginia Slims을 비롯해 필립모리스를 상징하는 담배 광고 포스터가 붙어 있었다.

어느 날 패리시는 버지니아주 리치먼드에 있는 필립모리스 공장에 출장을 갔다. 축구 경기장 세 개를 합친 크기에 하루에 5억 8000만 개의 담배를 생산하는 그곳에서는 전 직원이 항상 담배를 피웠다. 안내 데스크 직원은 담배를 한 모금 길게 빨아들인 다음에야 방문자에게 인사를 건넸고, 21세 이상의 방문자에게는 집에 가져갈 수 있는 공짜 담배를 선물로 주었는데 거기에는 "나는 흡연자의 권리를 지지합니다."라고 쓰인 스티커가 붙어 있었다.[2]

패리시는 필립모리스의 법무실장으로, 담배가 비난의 도마에 오를 때마다 미디어나 법정에서 필립모리스를 변호하는 일이 그의 업무였기 때문에 스트레스가 컸다. 흡연의 매력은 니코틴 외에도 많았지만 무엇보다 그의 긴장을 달래 주었다. "담뱃불을 붙이기 전에 담배를 만지작거리는 것만으로도 좋을 때가 있어요." 당시 그는 이렇게 설명했다. "위로 올라가는 담배 연기를 바라보는 것이 좋을 때도 있고요. 담배 연기가 목 뒤로 넘어가는 느낌도 좋아요."[3]

패리시의 흡연 습관에서 가장 주목할 만한 점은 담배를 자주 피우지 않는다는 사실이었다. 그는 집에서는 담배를 피우지 않았다. 주말에도 피우지 않았다. 이따금 술집에서 피우는 날이 있었지만 사무실 밖에서는 담배를 피우고 싶다는 충동을 느끼지 않았다. 당시에는 이런 사실이 담배에 중독성이 있다는 생각을 정면으로 반박하는 것처럼 보였다.

패리시만 그런 것이 아니었다.[4] 설문 조사 결과에 따르면 흡연자 다섯 명 중 한 사람은 하루에 피우는 담배가 다섯 개비를 넘지 않았다. 어떤 흡연자들은 한 개비도 피우지 않고 넘어가는 날도 있었다. 이런 현상은 흡연과 관련된 사망에 필립모리스의 책임이 있다는 주장을 반박하는 최고의 보루가 되어 주었다. 담배가 사람의 건강에 해로울 수는 있지만, 수백만 명의 사람들이 별생각 없이 피우는 담배에 어떻게 중독성이 있다고 말할 수 있겠는가?

적어도 당시 필립모리스는 그렇게 반박했다. 필립모리스는 사내에 변호사를 두고 법정에서 논거로 사용할 중독에 관한 자료들을 정리했다. 수집한 논문[5] 중에는 흡연을 선택의 문제로 설명하는 것도 있었는데, 사람들이 담배를 끊지 못하는 이유가 자제력 부족 때문이라고 주장했다.

필립모리스는 또 상근 과학자들을 채용하여 담배를 약물 남용에 비유하는 연구를 논박하도록 했다. 국립약물남용연구소NIDA에서 담배보다 헤로인 끊기가 더 쉬웠다는 약물 중독자들의 말을 인용한 연구 보고서를 발표했을 때, 필립모리스의 연구원은 반박 자료에서 이것이 잘못된 비교라고 주장했다. "이 말은 대체 무슨 뜻인가?" 그러면서 이렇게 비웃었다. "헤로인 중독자들에게는 탄산음료, 커피, 섹스를 끊는 것도 어려운 일인가?"[6]

1994년에는 필립모리스의 CEO 윌리엄 캠벨이 미국 의회에 자진 출석하여 카메라 앞에서 선서를 한 뒤 회사의 입장을 분명히 하기도 했다.[7] 그토록 공개적이고 공식적인 자리에서 캠벨은 "저는 니코틴에 중독성이 없다고 생각합니다."라고 말했고, 그곳에 참석한 다른 담배 회사 여섯 곳의 최고경영자들도 그 말에 선뜻 동의했다.

그 자리에 참석한 다른 기업의 CEO는 흡연이 트윙키Twinkies보다 중독성이 약하다고 진술했는데, 필립모리스는 이 비교를 더 발전시켜 다양한 토론장에서 사용했다. 국립약물남용연구소의 보고서가 중독을 '바람직하지 않은 결과를 야기하는 독성 물질의 반복적인 섭취'라고 정의하려 했을 때, 필립모리스의 연구원은 내부 의견서에 다음과 같이 적었다. "많은 사람이 하루 동안 설탕, 사카린, 커피, 탄산음료, 사탕을 반복적으로 소비하며, 이것은 모두 특정 조건에서 '유해'할 수 있다. 그렇다면 이런 화학 합성물을 섭취하는 것이 '중독'을 가져온다는 말인가?"[8]

이 말은 중독이 지닌 가장 해결하기 힘든 측면을 지적했다. 대중뿐만 아니라 전문가들조차도 중독이라는 현상을 쉽게 알아볼 수 있다고 생각한다. 그러나 중독의 정의를 이론적으로 생각하기 시작하면 그 범위를 너무 넓게 잡기 쉽다. 그러면 우리 몸이 끊임없이 갈망한다는 점에서, 그리고 마라톤 도중 너무 많이 마시는 경우처럼 특정 상황에서는 인체의 화학작용에 치명적인 혼란을 가져올 수 있다는 점에서 물조차도 중독성 있는 물질에 속하게 된다. 반면에 정의가 너무 협소해서 불법 약물이 중독의 기준에 들어맞지 않는 경우도 생길 수 있다. 예를 들어 코카인 사용자는 한때 중독의 전형적인 특징이라고 간주되었던 약물에 대한 의존성이 생기지 않고 끊었을 때 금단현상을 경험하지 않는다는 이유에서 중독에서 제외되었다.

1994년에 미국 식품의약국FDA의 약물남용자문위원회가 담배를 중독 물질 목록에 추가할 것을 고려하자, 필립모리스는 전문가 여덟 명으로 구성된 팀을 꾸려 방어에 나섰다. 그중에는 저명한 정신과 전문의도 있었는데, 그는 "제 판단으로 담배는 중독성이 있는 것이 아니라 '습관을 형성하는' 특징을 지닌다고 하는 편이 맞습니다."라고 증언했다. "담배는 달걀처럼 콜레스테롤이 높은 음식과 헤로인의 중간쯤에 위치하는데, 스테이크나 달걀 쪽에 훨씬 더 가깝습니다."[9]

담배를 음식과 비교하는 것은 필립모리스에게 다소 난처한 일이었다.[10] 필립모리스가 담배로 가장 잘 알려져 있긴 하지만, 수익은 식품 부문에서 조금 더 많이 났기 때문이다. 1980년대에 제너럴 푸드General Foods와 크래프트Kraft를 인수한 후 필립모리스는 미국에서 가장 큰 가공식품 제조 업체가 되었고, 쿨에이드Kool-Aid, 카프리선Capri Sun, 코코아 페블스Cocoa Pebbles, 런처블Lunchables과 같은 기본 식료품을 포함한 수십 개의 브랜드를 보유하게 되었다.

담배 사업부와 식품 사업부의 관계는 쉽지 않았다. 크래프트 직원 일부는 필립모리스에 회사가 인수될 때 경악했고, 담배와 거리를 둠으로써 크래프트 제품의 건강한 이미지를 보호하기 위해 애썼다. 그러나 가공식품이 많이 포함된 식단이 야기하는 문제는 이미 니코틴만큼이나 언론의 비난을 받고 있었다. 패리시를 포함한 필립모리스 직원 일부는 특정 식품을 담배보다 더 안 좋게 보았다. 패리시는 퇴근하면 담배를 잊을 수 있었지만 오레오Oreo는 그럴 수 없었다. "칩이나 도리토스, 오레오를 옆에 두면 위험해요. 오레오 봉지는 뜯지도 않으려고 합니다. 한번 뜯으면 한두 개만 먹고 끝나는 게 아니라 반 봉지는 먹어 치우거든요."[11]

필립모리스는 경영에 필요한 법률 정보나 마케팅 정보를 제공할 수 있는 모든 사안에 대해 대중의 동향을 파악하는 것이 중요하다고 여겼다. 필립모리스가 수행한 중독에 관한 설문 조사에 따르면 패리시만이 아니라 많은 사람이 유사한 음식 문제를 겪는 것으로 나타났다.[12] 1988년에 여론조사 기업 루이스 해리스는 사람들에게 중독성이 있다고 생각하는 물질이나 활동이 무엇인지 물으면서 각각의 중독성 정도를 10점 만점으로 매겨 달라고 요청했다. 담배는 헤로인과 같은 8.5점이었다. 과식은 7.3점으로 그리 큰 차이를 보이지 않았는데 이것은 맥주, 진정제, 수면제보다 높은 점수였다. 이 통계는 담배에 유해성이 전혀 없다고 할 수는 없지만 그 해악은 감자칩과 같은 수준이기에 자제할 수 있다는 필립모리스의 주장을 뒷받침하는 데 사용되었다.

담배가 정크푸드보다 중독성이 강하지 않다고 포장하려는 노력에도 불구하고, 필립모리스의 담배 사업에는 변화가 감지되기 시작했다. 1990년대에도 필립모리스는 여전히 폐기종이나 다른 질병에 걸린 흡연자들이 제기한 소송에서 대부분 승소했으나, 점점 더 변호가 어려워졌다. 또 실제 법정에서는 우세한 입장이었지만 여론이라는 법정에서 지고 있었다. 2000년에 이르자 미국 인구 절반에 조금 못 미치는 사람들이 정부가 나서서 생산과 마케팅에 대한 제재를 통해 담배를 규제하여 흡연율을 줄여야 한다고 생각했다. 필립모리스가 해외로 시장 확대를 꾀하자 세계보건기구WHO는 다른 국가들이 그 나라에 맞는 규제 방안을 마련할 수 있도록 도우려 했다.

필립모리스는 대외 이미지를 회복할 방법을 찾지 못하면 유럽,

아시아, 라틴아메리카에서 급증하는 흡연자들의 호감을 얻을 수 없다는 사실을 알았다. "우리가 처한 문제는 매우 심각하고, 필립모리스에 대한 부정적 시각이 너무 강해서 우리의 목표를 달성하려면 다른 기업들보다 훨씬 더 담대한 계획을 마련해야 합니다."[13] 그해 기업 이미지에 대한 회의에서 스티브 패리시는 이렇게 말했다.

패리시가 마련한 계획은 너무 대담해서 뻔뻔스럽기까지 했기에 회사 간부들은 통념에 어긋나는 생각이라며 두 번이나 퇴짜를 놓았다. 그러나 결국 패리시는 간부들을 설득하여 자신의 계획을 관철시켰다. 필립모리스는 공식 성명을 통해 담배가 (여전히 개인의 선택의 문제라고 표현하긴 했지만) 건강에 유해할 수 있다고 발표함으로써 이미 한 번 양보한 상태였다. 그러나 피소 횟수가 점점 늘어나고 필립모리스에게 결정적 타격이 될 규제가 탄생할 기미가 보이자, 패리시는 회사를 설득하여 행동에 나서도록 했다. 필립모리스는 1974년 무하마드 알리가 조지 포먼과의 시합에서 썼던 '나 죽었소rope-a-dope' 전략을 취했다. 이 전략은 알리가 수세에 몰린 듯 구부정하게 로프에 기댄 채 포먼이 위력이 크지 않은 잽을 날리면서 스스로 녹초가 될 때까지 기다렸다가 전력으로 역공을 한 데에서 유래한 것이었다. 필립모리스는 가장 강력한 공격, 즉 그동안 회사가 가장 공들여 방어해 온 것을 받아들임으로써 공격하는 이들의 힘을 빼놓을 생각이었다. 다시 말해 담배에 중독성이 있다는 사실을 인정하기로 한 것이다.[14]

2000년 10월 11일 저녁, 필립모리스는 전 세계 14만 4000명의 직원들에게 다음과 같은 이메일을 발송했다. "우리는 흡연에 중독성이 있다는 의료계와 학계의 압도적인 의견에 동의합니다."[15]

　이런 태세 변화에 가장 경악한 사람은 그간 흡연의 중독성을 반박하는 데 모든 경력을 바친 필립모리스의 과학자들이었다. 별안간 그들은 정반대의 입장에 서서 저항하기 어려운 니코틴의 화학적 속성부터 일과처럼 행하는 흡연이 중독에 미치는 영향, 금연 보조 장치의 효과성에 이르기까지 담배와 중독 사이의 연관성을 뒷받침할 논거를 개발해야 했다. 비평가들은 즉각 필립모리스가 순전히 소송 때문에 중독성을 인정했을 것이라는 추측을 내놓았다. 중독성을 인정하고 그 상세한 내용을 알리면 끊임없이 이어지는 민사소송에서 손해배상 금액을 책정할 때 배심원단이 필립모리스를 조금 너그럽게 봐주리라는 것이다. 또 중독성을 인정하면 정부가 조직적 부정이득행위방지법Racketeer Influenced and Corrupt Organizations Act에 근거하여 수십 년간 흡연의 위험성에 대해 일반 소비자들에게 잘못된 생각을 심어주었다는 혐의로 필립모리스와 다른 담배 회사를 제소한 중요한 형사 재판에서 연방 판사의 마음이 누그러질지도 몰랐다. (실제로는 판사의 마음을 누그러뜨리는 데 실패했다. 2006년 당시 담당 판사는 담배 업계를 신랄하게 비판하며 1683쪽에 달하는 판결문을 통해 담배 회사들에게 거짓 주장을 정정하는 성명서를 발표하라고 명령했다.)

　필립모리스에게는 중독성을 인정할 수밖에 없는 이유가 또 있었다. 그들은 대중 소비자가 필립모리스의 제품에서 등을 돌리는 현실을 이용하여 돈을 벌 계획을 하고 있었다. 필립모리스는 이미 연기 없는 전자담배처럼 궐련을 대체할 제품을 개발할 계획이었다. 결국 필립모리스가 개발한 전자담배는 2015년에 피에이엑스 랩스PAX Labs가 개발해 3년 만에 매출 10억 달러를 달성한 전자담배 줄Juul만큼 유행하지 못했다. 그러나 필립모리스는 소비자들이 연소된 독성 물질의 유해성을 방지할 수 있는 장치에 마음이 끌릴 것임을 정확히 파악했다. 설사 그것이 여전히 니코틴을 사용하여 중독성이 있을지라도 말이다. 이런 미래를 염두에 둔 필립모리스 연구 개발부의 과학자들은 일명 '중독팀'이라는 태스크 포스를 만들었다.

내부 회의 기록에 따르면 시작은 쉽지 않았다. 중독팀에 속한 연구원 일곱 명은 첫 번째 장해물을 넘는 데도 애를 먹었다. 그것은 바로 자신들이 오랜 세월 부인해 온 사실을 인정하는 일이었다.

"중독은 일종의 속설이다." 2001년에 작성된 팀 보고서에 인용된 한 연구원의 말이다. "대다수 사람들은 중독이 병이라고 생각한다. 그러나 중독은 일종의 **행동**이며 행동은 자유의지에 의한 것이다."[16] 몇몇 팀원들은 중독을 "시대에 뒤떨어져 폐기된 약리학 용어"라고 주장했다.

그러나 조사를 더 깊게 진행하면서 연구원들은 입장을 바꾸었다는 수치심을 덜 수 있는 방법을 찾아냈다. 그들이 생각해 낸 해결책은 바로 중독을 어떻게 바라보느냐에 있었다. 그동안 필립모리스의 연구원들은 담배를 옹호하기 위해 극단적인 정의를 사용해 왔는데, 그 정의에 따르면 중독은 계속해서 복용량을 늘려야 하고 섭취 중단 시 위험하고 고통스러운 금단증상을 야기하는 향정신성 화학물질에 대책 없이 빠진 상태를 의미했다. 이렇게 좁은 의미로 중독을 해석하면 흡연은 그 기준에 미치지 못한다고 주장하기 쉬웠다.

그러나 전문가들 사이에서 중독에 대한 평가가 바뀌고 있었다. 의학, 보건, 연구 단체 모두가 한층 포괄적인 정의를 지향했다. 중독의 포괄적 정의는 화학물질 그 자체를 덜 강조했기 때문에 헤로인이나 니코틴 중에 어느 것이 더 강력한지 따위의 문제는 그다지 중요하지 않았다. 그 대신 새로운 정의는 사람들이 약물에 반응하는 방식의 다양성에 주목했다. 중독성 물질로 간주되기 위해 그것을 사용하는 모든 사람의 삶이 망가져야 한다는 조건은 더 이상 적용되지 않았다. 일부 사용자가 심각하게 빠진다는 사실만으로도 충분했다.

필립모리스의 연구원들은 회사가 공개적으로 중독에 관한 입장을 선회한 사실을 정당화하는 내부 보고서를 쓰면서 새로운 패러다임을 표현할 최선의 방법을 찾기 위해 학술 문헌을 샅샅이 뒤졌다. 그러나 결국 완벽한 정의는 필립모리스의 내부 문서에서 나왔다. 바로 당시 회사에 새로 부임한 CEO 마이클 시만치크의 법정 증언이었다.

마이애미주에서 진행된 미국 내 첫 흡연자 집단소송에서 배심원단은 이미 필립모리스에 1270만 달러의 보상적 손해배상금을 세 사람에게 지급할 것을 결정하고 추가로 수십억 달러에 달하는 징벌적 손해배상금을 고려하던 중이었다. 2000년 6월 13일에 증인석에 오른 시만치크는 필립모리스가 사업 방향을 전환하는 시점에서 심한 처벌을 받아서는 안 된다고 주장했다. 질문은 중독에 관한 견해로 옮겨 갔다. 틀림없이 시만치크는 중독의 정의를 고민하면서 그동안 담배 업계가 열성적으로 흡연과 동일시해 온 트윙키나 탄산음료 같은 다른 제품들을 떠올리지 않고 오직 담배만 생각했을 것이다.

중독에 관한 CEO의 견해를 지지하는 필립모리스의 연구원들도 그동안 평범한 간식들도 담배만큼 중독성이 있다고, 담배의 중독성은 그런 흔한 간식 수준이라고 얼마나 강력하게 주장해 왔는지 잊었음이 분명했다. 그것을 기억하고 있었더라면 분명 머릿속에 경고음이 울렸을 것이다. 적어도 자사 식품 사업부와 관련해서는 말이다. 시만치크가 중독의 본질을 정의하면서 사용한 단어 선택이 흡연만이 아니라 트윙키와 탄산음료를 비롯한 필립모리스의 식품 대부분에도 완벽하게 맞아떨어졌기 때문이다. 이제 흡연에 중독성이 있다는 것이 인정되면, 같은 정의에 의거하여 필립모리스의 식품과 음료를 섭취하는 것도 명백하게 중독에 해당될 터였다.

"그렇다면 중독을 어떻게 정의하십니까?"라는 질문에 시만치크는 이렇게 대답했다. "제가 보는 중독은 어떤 사람들이 그만두기 힘들어하는 반복적인 행동입니다."[17]

중독 개념의 변화

중독을 모든 종류의 물질과 행동을 아우르는 용어로 이해하는 것은 아주 오래된 방식이지만 최근까지도 사람들의 관심을 받지 못했다. 동사 아디코addico는 고대 로마인들이 처음 만든 단어로 송두리째 맡긴다는 뜻이다. 돈을 갚지 않은 벌로 노예 계약을 맺도록 강제하는 경우를 떠올리면 된다. 그러나 이 단어는 헌신이라는 뜻과도 관련이 있었는데, 이 용례는 얼마 가지 않아 자신에게 어떤 사람이나 대의에 대한 의무를 지운다는 개념으로 변형되었다. 16세기에 이르자 중독addiction은 모든 욕망과 격정을 설명하는 명사로 쓰였다.

옥스퍼드 영어 사전은 학문 중독, 경작 중독, 듣기 중독이 있었다는 1600년대 인용문들을 싣고 있다. 듣기 중독은 1641년에 청교도 성직자들이 자신을 비판하는 자의 말을 듣는 사람들을 비난하면서 만든 말이었다. 셰익스피어는 독서 중독에 관한 글을 썼고, 『오셀로』에서는 터키 함대를 무찌른 일을 축하하는 장면에서 중독을 개인 선호의 문제라고 표현하기도 했다. "어떤 이는 춤을 추고, 어떤 이는 모닥불을 피우고, 각자가 자신의 중독이 이끄는 대로 재미와 환락을 좇는다."

중독자addict라는 명사는 음식과 술을 언급하면서 처음 사용된 것으로 알려져 있다. 1899년에 출간된 《일리노이 의학 저널》에서 한 의사는 나쁜 행동이 어떻게 부모에게서 아이에게 전해지는지 논의하면서 과도한 식사가 음주보다 더 큰 문제라고 지적했다. "자극적인 음식에 탐닉하는 사람, 게걸스럽게 먹는 사람들, 차나 커피 중독자의 자녀들은 일반적으로 절제하는 습관을 지닌 술을 적당히 먹는 사람의 자녀보다 방탕하고 술고래가 될 가능성이 훨씬 높다."

흡연과 마찬가지로 음주도 오랫동안 중독은커녕 문제로도 인식되지 않았다. 이런 경향이 미국 식민지 시대 개척자들까지 그대로

이어져 사람들은 와인, 맥주, 사과주, 럼을 집에서나 일터에서나 밤
낮을 가리지 않고 마셔 늘 취해 있었는데 이런 점을 특별히 우려하
는 사람은 거의 없었다. 그러나 1808년 무렵, 미국인 의사 벤저민 러
시가 습관성 만취는 병이며 유일한 치료법은 금주라는 견해를 널리
알리기 시작했다. 19세기 후반, 금주 운동과 아편 금지 운동이 일면
서 음주와 아편 흡연의 해악을 묘사하는 데 중독 개념이 쓰이기 시
작했다.[18] 이로써 중독은 1891년 금주 동맹의 간행물에 쓰인 "마약-
중독-아편-술-코카인"이라는 문구에서 보듯이 약물과 술을 연상시
키는 심각한 의미를 지닌 단어가 되었다.

20세기 무렵, 약물 남용이 음주만큼 커다란 사회 위협으로 떠오
르자 의료, 보건 전문가들은 중독과 관련된 용어를 좀 더 명확히 하
고자 노력했다.[19] 중독은 단계적 변화와 정도의 차이를 고려해야 했
다. 1957년에 세계보건기구는 중독과 습관의 차이를 설명하는 보고
서를 발표했는데, 그 보고서에 따르면 약물을 사용하려는 욕구를 억
제할 수 없는 상태, 즉 약물에 사로잡혀 제어가 안 되는 상태라면 그
약물에 완전히 중독된 것이다. 반면 습관은 그저 건강에 대한 감각
이 부족한 상태라고 설명하는 편이 더 적합하다고 세계보건기구는
밝혔다.

좋은 시도이긴 했지만 국제기구 전문가들이 중독을 더 정확하
게 정의하려 할수록 그 뜻은 더 모호해졌다. 중독이라는 단어가 점
점 대중화되고 있다는 사실도 문제였다. 일상 대화에서 사람들은 해
로움 여부와 관계없이 오랜 습관을 가리키는 데 중독이라는 단어를

줄기차게 써 댔다. 1965년에 세계보건기구 약리학부 책임자는 "이제는 모든 형태의 약물 중독이나 습관성 사용에 대해 단일한 정의를 적용하는 일은 현실적으로 불가능하고 과학적으로도 타당하지 않게 되었다."라고 하소연했다.[20] 결국 세계보건기구는 중독이라는 용어의 사용을 완전히 중단하고 대신 의존성dependency이라는 단어를 쓰기 시작했다.

이러한 변화가 촉발된 것은 사람들이 기분 전환을 위해 사용하거나 남용하는 마약과 기타 약물에 대한 이해가 개선되었기 때문이다. 약물은 일반적으로 알려진 만큼 효과가 강력하지 않았다. 더구나 그 강도가 모두 동일하지도 않았다. 이를테면 코카인은 대개 사용을 그만두었을 때 육체적 고통이 유발되지 않는다. 우울증이나 견디기 힘든 식욕과 같은 심리적 고통이 심할 수 있지만, 신경안정제 금단현상과 같은 참을 수 없는 육체적 고통은 없다. 하지만 코카인은 내성을 유발해서 일부 사용자들은 같은 효과를 보려고 점점 더 많은 양을 복용한다. 반면 대마는 내성을 크게 유발하지 않지만, 극단적인 경우 사용을 중지하면 신경이 날카로워지고 초조함을 느낀다.

약물이 고통은 사용자를 차별하지 않는다는 전통적인 중독 개념에 혼란을 초래한 이유는 또 있다. 니코틴과 마찬가지로 약물에 반응하는 방식은 사람마다 다르다. 처음 사용했을 때, 오랫동안 사용했을 때 모두 마찬가지다. 같은 약물에도 어떤 사람은 자제력을 잃는 반면, 다른 사람은 아주 가벼운 영향만 받는다. 두 사람이 함께 술자리에 간 경우를 생각해 보라. 같은 양의 술을 마셔도 한 사람은 탁자 위에서 춤을 추고 다른 한 사람은 뒷정리를 하는 모습을 흔히 보지 않는가. 약물의 효과에는 성, 민족, 체중, 신체 조건이 모두 동시에 작용한다. 이는 전문가들을 당황스럽게 할 뿐 아니라 온전히 물질 그 자체를 탓할 수 없게 한다. 중독되는 약물addictive drug이라는 용어가 중독성이 있는 약물drug with addictive qualities로 바뀐 것도 그래서다.

중독의 복잡성

중독은 변하기 쉽고 다양한 정도와 세기로 나타난다는 관념이 정책은 물론 대중의 인식에서 서서히 자리 잡기 시작했다. 정부는 약물과의 전쟁에서 중독 스펙트럼의 미세한 차이에는 관심이 없었다. 스펙트럼의 극단에 있는 삶이 피폐해진 사람들에게만 집중했다. 마약 퇴치 운동은 약물 사용자들을 타락하고 자포자기한 사람으로 묘사할 뿐이었다. 영화에서 헤로인 사용자는 언제나 순식간에 극심한 고통에 시달리며 파멸하고 마는 운명으로 그려졌다.[21]

그러나 미국 정부 내 최고의 중독 전문가들은 그렇게 어리석지 않았다. 20세기 중반 무렵 켄터키주에 세워진 미국 마약 농장US Narcotic Farm이라는 별난 기관을 운영하면서 약물 중독자들을 가장 가까이에서 지켜봐 왔기 때문이다. 1930년대에 설립된 마약 농장은 요새와 같은 건물에 1000개가 넘는 병상이 있었으며 헤로인 중독 문제만을 연구하는 연방 정부 소속의 의사와 연구자들이 운영을 맡았다.[22] 병원이기도 하고 감옥이기도 하며 연구 기관이기도 했던 이 시설에는 전국 각지에서 온 헤로인 사용자들이 수용되었으며 공중보건국에서 파견된 의사들이 일하고 연구했다. 1964년에 프레드 글레이저라는 젊은 정신과 의사가 2년을 임기로 일을 시작했는데 그는 여기서 보고 들은 것에 큰 충격을 받았다.

글레이저의 환자들은 대체적으로 정부가 묘사하는 획일적인 약물 남용자의 모습과 많이 달랐다. 어떤 환자들은 가난하고 교육을 많이 받지 못한 사람들이었는데, 그들이 헤로인에 손을 댄 데에는 헤로인만큼이나 환경도 일조한 듯 보였다. 글레이저는 환자들에게 어떻게 헤로인을 시작하게 되었는지 묻곤 했다. 한 18세 소녀가 너무 무덤덤하게 그것이 당연한 일이었다고 이야기하는 것을 듣고 그는 깜짝 놀랐다. "저기요, 선생님. 선생님이 우리 동네에 살고 제 나이가 되잖아요. 그럼 그냥 하게 되어 있어요."[23] 한편 환자 5명 중에 1명은 금융 전문가, 변호사, 목사 등 화이트칼라 직종의 사람들이었다. 그중에는 의사나 간호사도 있었는데 모두 자신이 취급하는 약품에 손을 댄 경우였다. 그들은 약물을 불법으로 사용하는 일이 자신의 커리어나 가정생활에 위협이 될 텐데도 헤로인에 사로잡혔다.

출신 배경과 상관없이 재미로 약물을 시작한 환자는 거의 없었다. 대개 육체적 고통이든 정신적 고통이든 문제가 있어서 약물이 그것을 해결해 주기를 바라고 시작한 경우가 많았다. 게다가 공원 벤치에 앉아 있는 마약 밀매자에게서 처음 약을 구한 경우는 거의 없었고, 의사의 처방으로 약을 먹기 시작한 경우가 많았다. 글레이저는 헤로인 중독이 만연한 원인에 자신 같은 의사들이 있다는 사실을 깨달았다.(이는 오늘날에도 널리 수용되는 견해다.)

글레이저의 환자들이 진지한 이유로 마약에 **빠졌다는** 사실은 마약 중독자와 중독의 본질에 대한 고정관념을 깨뜨린 여러 요인 중 하나에 지나지 않았다. 영화에 등장하는 마약 중독자들은 보통 약물로 정상적인 생활을 하지 못하는데, 마약 농장의 환자들은 그렇지 않았다. 이런 사실은 정부 연구의 도덕적 과실을 묻는 상원 청문회에서 그간 마약 농장에서 자행된 끔찍한 행태가 밝혀지면서 드러났다.[24] 청문회를 통해 밝혀진 또 다른 사실은 마약 농장조차 수용자들을 인간보다 못한 존재, 쓸모없는 인간으로 보았다는 점이다. 제약 회사를 대신하여 신약 개발에 필요한 실험을 한 마약 농장의 연구원들은 환자들을 실험용 쥐로 삼아 예비 신약에 중독성이 있는지 확인했다. 실험에 참여한 환자들에게는 보상으로 헤로인이 주어졌고, 이를 투여한 환자들을 다시 시설 직원들이 관찰했다. 이렇게 지급되는 헤로인을 자주 투여한 환자들은 놀랍게도 기능적인 면에서 정상이었다. 그들은 잠깐씩 의식이 몽롱해지기도 했으나, 일부는 시설에 있는 이발소에서 일했다. 글레이저도 그곳에서 이발을 했는데, 환자들이 스스로 약에 취했다고 실토하기 전까지는 그 사실을 눈치채지 못했다. "그 사람들, 머리를 참 잘 잘랐죠." 글레이저의 말이다.

고정관념을 깨뜨린 또 다른 요인은 약을 끊는 문제였다. 물론 마약 농장에 있던 환자 중 열에 아홉은 약을 끊는 데 큰 어려움을 겪었다. 그들은 대개 시설을 나가자마자 약을 다시 시작하곤 했다. 마약 농장의 문을 나서자마자 바로 건너편 술집에서 약을 하는 사람도 있었다. 마약 농장은 재발 비율이 실망스러울 만큼 높아서 치료 센터라는 핵심 기능을 다하지 못했다는 이유로 결국 1970년대 말에 폐쇄되었다. 그러나 모든 분야의 중독이 그렇듯 명백한 예외 사례도 있었다. 어떤 환자들은 큰 힘을 들이지 않고도 약을 끊을 수 있었다. 이런 사례는 자연적 회복으로 알려져 있다. 그중에서도 두드러진 예가 바로 베트남 전쟁 중과 전쟁 후에 나타났다. 참전한 미군 병사 대부분이 베트남에서 헤로인을 사용할 기회가 있었는데, 중독되었던 병사 중에서 60퍼센트가 미국에 돌아와서는 헤로인 사용을 그만두었다고 한다.[25] 이러한 사실은 1980년에 마약 농장에 근무했던 한 과학자의 연구로 밝혀졌다. 약물을 쉽게 구할 수 있다는 사실이 약물 그자체만큼 중독에서 중요한 역할을 한다는 의미였다.

이로써 마약 중독자도 마약을 끊을 수 있고, 매우 정상적으로 기능할 수 있으며, 중독성 있는 약물을 크게 힘들이지 않고도 끊을 수 있다는 사실이 밝혀졌다. 글레이저의 환자 중 몇몇은 심지어 진짜 환자도 아니었다. 헤로인을 사용한 것은 사실이지만, 마약 농장에 입원하려면 들어올 때 검사를 받아야 했기 때문에 혈액 검사 직전에 새로 헤로인을 투약한 것이 분명했다. 그들은 약에 대한 의존성 때문에 고통스러워하는 이들이 결코 아니었다. 글레이저는 조사를 통해 그들이 공짜 치과 진료와 외과 치료를 받기 위해 마약 농장에 들어왔다는 사실을 알았다. 마약 농장과 농장의 무성한 잔디밭을 시골의 휴양 시설 정도로 취급한 것이다. 농장에 들어오기 전 그들은 마치 가끔 담배를 피우던 패리시와 같은 사람들이었다. 이런 사람들은 뒷골목 용어로 치퍼chipper, 가끔씩만 마약을 하는 사람라고 불렸다. 마약 전체 공급량에서 부스러기chip만큼만 가져간다고 해서 붙여진 이름이었다.

이 현상에 대한 조사는 거의 없었다. 이런 연구에 투자되는 돈은 대개 정부에서 나오는데, 아마도 정부가 다양한 사례를 분석하는 일보다 마약의 불법 사용을 처단하는 데만 몰두해 왔기 때문일 것이다. 그러나 2005년에 스코틀랜드에서 정부 출연금으로 진행된 연구가 몇 가지 도발적인 결과를 내놓았다.[26] 해당 연구는 평균 6년간 이따금씩 헤로인을 투약한 사람 126명을 조사했는데, 6명을 제외하고는 모두가 치료를 받아야겠다는 생각을 한 번도 해 본 적이 없었다. 오히려 그들은 거의 예외 없이 학교에 잘 다니거나 좋은 직장에 다녔으며 여전히 건강했고, 그 밖에는 약물을 사용하지 않는 일반 시민과 흡사했다. 그들의 모습은 중독성이 매우 강력하다고 알려진 헤로인에 대한 통념과 달랐다. 베트남 전쟁 연구도 유사한 결과를 보였다. 참전 용사 4명 중 1명이 베트남에서 헤로인을 이따금 투약했는데, 그중 11퍼센트를 제외한 모든 참전 용사가 귀국 후 헤로인을 끊은 것으로 나타났다. 헤로인을 사용할 때는 해도 그만 안 해도 그만이었고, 끊고 싶을 때는 완전히 손을 뗀 것이다.

"중독은 매우 복잡한 행위로 한 가지 요소만으로 결정되지 않습니다." 글레이저가 내게 말했다. "약물에 의해 결정되는 것도 아니고 개인의 체질에 따라 결정되는 것도 아니며 그 사람이 속한 사회에 의해 결정되는 것도 아니고 그 사람이 처한 경제적 현실로 인해 결정되는 것도 아닙니다. 중독은 이 모든 요소가 상호작용하면서 결정되며, 경우에 따라서는 어느 하나가 다른 하나보다 더 큰 영향을 발휘합니다."

미시간 주립 대학교에서 역학과 생물통계학을 가르치며 오랜 세월 약물 중독을 연구해 온 제임스 앤서니 교수는 20년이 넘게 미국 국립보건원NIH을 대신하여 약물 연구자들을 위한 교육 프로그램을 운영해 왔다. 국립보건원과 앤서니 교수는 약물의 효과가 아무리 강해도 모든 사용자가 중독되는 것은 아니라는 데에 의견을 같이했다.[27] 앤서니 교수는 2002년 미국신경정신약리학회 간행물에 자신의 연구를 요약해 실었다. 그의 데이터는 한 개인의 리스크가 아니라 평균치인데도 실로 놀라운 수치였다. 앤서니 교수의 연구 결과에 따르면, 헤로인 투약 경험이 있는 사람 중 헤로인에 의존성이 생긴 사람은 23퍼센트였다. 코카인은 중독의 위험성이 17퍼센트였고, 술은 15퍼센트, 암페타민과 같은 각성제는 11퍼센트, 대마는 9퍼센트, 가장 낮은 수치를 보인 LSD 같은 환각제는 중독 가능성이 5퍼센트로 나타났다. 중독 가능성이 가장 높은 것은 담배로 32퍼센트였다. 약물 합법화를 주장하는 사람들은 동의하지 않을지 모르지만, 담배의 높은 의존성은 아마도 담배가 (음식처럼!) 다른 불법 약물보다 구하기도 사용하기도 훨씬 쉽기 때문일 것이다.

더 최근에는 프로 미식축구 선수들의 오피오이드마약성 진통제 남용을 조사한 연구가 있다.[28] 프레드 글레이저가 마약 농장에서 확인한 것처럼 선수들이 오피오이드를 처음 접한 계기는 대개 통증 치료를 위한 의사의 처방이었다. 2011년 연구에 따르면 미국 프로 미식축구 연맹 소속 선수 중 거의 절반이 선수 생활을 하는 동안 마약성 진통제를 처방받았는데, 이 중 은퇴 이후에도 진통제를 남용하는 선수는 5퍼센트에 불과했다.[29] (다른 연구에서는 10퍼센트까지 올라가는 것으로 나타났다.) 2015년에 발표된 한 연구에 따르면, 미식축구 선수뿐 아니라 일반인의 경우에도 만성 통증으로 마약성 진통제를 투약한 사람 중 결국 중독에 이르는 사람의 수는 평균 10퍼센트를 조금 넘는 수준이었다. 미국에 진통제를 오남용하는 사람이 1100만 명이 넘는다는 사실을 보면 오늘날 오피오이드 사용이 만연하는 배경을 조금은 이해할 수 있다.

한편 이 연구는 대다수 사람들이 마약성 진통제를 사용하더라도 중독되지 않을 수 있다는 사실도 보여 준다. 이는 약물 중독 치료 전략을 재고할 필요가 있다는 주장에 설득력 있는 근거가 된다. 약물을 사용해도 중독되지 않는 대다수는 어떤 사람인가? 또 약물에 빠져 스스로를 통제하지 못하게 된 사람들은 왜 그런 것인가?

중독에 대한 이해가 개선되어 중독이란 단어를 담배, 마약, 술 외에 다른 물질에도 적용할 수 있게 된 계기가 있다. 중독이라는 용어 대신 물질 사용 장애substance use disorder라는 용어를 써 오던 미국정신의학회가 2013년에 의료인들을 위한 안내서인 정신장애 진단 및 통계 편람DSM을 새로 개정하면서 물질 사용 장애의 범위가 가벼운 정도에서 심각한 정도까지 매우 다양하고 넓다는 관점을 더 확실하게 반영한 것이다.

DSM은 물질 사용 장애를 판단하는 열한 가지 기준을 제시한다. 여기에는 삶에서 중요한 것(직장에 다니는 일 등)을 간과하는지, 투약하는 물질에 대한 내성이 점점 강해지는지, 물질 사용을 그만두었을 때 금단증상이 있는지, 물질을 입수하고 사용하는 데 시간을 많이 들이는지, 의도한 것보다 더 많이 사용하는지, 사용량을 줄이는 데 실패한 적이 있는지, 본인이 보기에도 갈망한다고 표현할 수 있을 만큼 그 물질을 강렬히 원하는지 등이 포함된다.

개정된 DSM은 물질 사용 장애를 진단하는 기준도 수정했다. 대개 사람들이 중독을 생각할 때 떠올리는 심각한 금단증세나 내성과 같은 증상은 더 이상 필요 없다. 다시 말해 효과를 느끼기 위해 점점 더 많은 양을 사용하거나 투약하지 못할 때 극심한 고통을 느껴야만 중독으로 간주되는 것은 아니라는 뜻이다. 필립모리스 CEO가 말한 것처럼 이제는 "어떤 사람들이 그만두기 힘들어하는 반복적인 행동"을 일으키는 것만으로도 충분해졌다.

음식에도 중독될 수 있을까

그렇다면 중독의 이런 특성을 음식에도 적용할 수 있을까?

어떤 면에서 우리는 모두 한 사람도 빼놓지 않고 중독자라 할 수 있다. 모든 사람은 하루에 두어 끼만 먹더라도 음식을 반복적으로 먹고, 먹는 행동을 그만두는 것은 어려울 뿐 아니라 몸이 쇠약해지기 때문이다.

그러나 중독을 정의하는 데는 담배 회사들이 공개적으로 말하지는 않아도 당연하게 여기는 요소가 하나 더 있다. 바로 유해성이다. 우리가 우려하는 것은 음식을 너무 많이 먹거나 몸에 좋지 않은 음식을 먹는 행위처럼 반복적인 행동이 유해한데 그만두기 어려운 경우다.

여기에도 좀 더 명확한 설명이 필요하다. 얼마나 어려워야 어려운 것인가? 그만두기가 얼마나 어려워야 중독이라고 간주할 수 있을까? 딸기 케이크 한 조각을 더 먹지 않기로 다짐하는 일은 그다지 즐겁지 않을 수 있지만 대다수에게 그리 어려운 일은 아니다. 그러므로 이것은 중독이라고 볼 수 없을 것이다. 그러나 내가 만난 사람 중에는 단것을 조금이라도 먹으면 자제하지 못하는 사람들이 있었다. 단것을 먹고 나면 정신없이 가게로 달려가 사탕이나 초콜릿을 더 샀고 운전하는 내내 먹는 바람에 집에 도착할 때쯤이면 차 안이 온통 빈 껍질로 가득했다. 이런 충동이 너무나 강해서 그들은 자신이 그렇게 행동하고 있다는 사실도 인지하지 못했다. 이러한 두 극단 사이에 존재하는 문제적 행동에는 어떤 것이 있을까? 그리고 그 스펙트럼 위에서 통제력 상실이 어느 지점에 이르면 중독으로 분류되는 걸까?

알코올 중독을 연구하기 위해 예일 대학교 대학원에 입학한 애슐리 기어하트는 음식 중독을 정의하는 데에 이런 풀리지 않는 문제가 있음을 알고 관심이 생겼다. 과식에 관한 연구가 한창 증가하던

2007년에 과학 저널을 읽던 기어하트는 뇌 안에 알코올 중독을 조장하는 메커니즘이 비만에는 잘 들어맞지 않는다는 사실을 알게 되었다. 또 특정 음식, 특히 설탕이 많이 든 음식을 먹여 실험실 동물들을 뚱뚱하게 만든 가슴 아픈 연구도 있었다. 이런 연구와 그것이 제기한 문제들에 큰 흥미를 느낀 기어하트는 알코올 중독이 아닌 음식 중독을 연구하기 시작했다. "그런 연구를 어떻게 인간을 대상으로 할 수 있을지 고민해야 했어요."[30] 그녀는 당시를 이렇게 회상했다.

"동시에 나는 비만인 사람들이 모두 이런 음식에 중독되어 있다는 주장에 문제가 많다고 생각했습니다. 비만의 원인은 신진대사, 유전 등 아주 다양하거든요. 체질량은 정상 범위에 있는데 음식과의 관계는 결코 정상이라고 볼 수 없는 사람들도 있잖아요. 그런 사람들은 중독자와 유사한 충동적인 행동을 보이고 그 행동은 단계적으로 악화됩니다. 특히 젊은 층과 운동선수들이 그렇죠. 위험한 일을 하면서까지 체중 관리를 하지만, 그들이 음식에 반응하는 방식은 약물 중독자들이 약물에 반응하는 방식과 매우 비슷합니다."

이 문제를 푸는 데에 완전히 매료된 기어하트는 연구 주제를 알코올 중독에서 음식 중독으로 바꾸었고 같은 실험실에 있는 친구들 중에 섭식 장애가 심각한 이들을 관찰하기 시작했다. 그들은 식탐이 심했고 폭식을 할 때면 어마어마한 양을 먹으면서도 음식을 먹지 않으려고 친구들과 나가 노는 것을 거부했으며 가공식품 섭취량을 줄이는 데 애를 먹었다. 그럼에도 그들은 날씬했다. 매일 수 킬로미터를 뛰며 운동을 하거나 살찌지 않으려고 먹은 것을 토해 냈기 때문이다. 그래서 의사가 자세한 문진을 통해 식습관에 대해 묻지 않는 이상 건강 검진에서 무사히 빠져나가곤 했다.

기어하트는 이러한 행동의 기저에 있는 환경과 영향을 탐구하기 위해 더 깊이 있는 연구를 기획하고 싶었다. 그러나 연구 수행에 필요한 섭식 문제가 있는 사람들을 어떻게 찾느냐가 문제였다. 분명 체중을 확인하는 것만으로는 부족했다. 또 식습관에 대해 집요하게 물어야 하는데 어떤 질문을 해야 하는지도 고민이었다. 중독 여부를 판단할 과학적 기준도 결정해야 했다.

자제력을 잃는다는 이야기를 하다 보면 꾸준히 등장하는 몇 가지 음식이 있다. 아이스크림, 쿠키와 같은 달콤한 디저트, 흰 빵, 파스타와 같은 밀가루 음식, 칩이나 프레즐과 같은 짭조름한 과자, 치즈버거와 피자 같은 고지방 음식 등이다. 물론 탄산음료나 주스처럼 설탕이 함유된 모든 음료도 포함된다. 그러나 잠재적 피험자들에게 이러한 음식을 섭취하는지 묻는 것만으로는 기어하트의 목표를 이룰 수 없었다. 친구들과 어울려 술을 마실 때처럼 사람들은 대부분 중독성이 있는 물질을 사용하면서도 통제력을 잃지 않는다. 대부분의 사람들에게는 음식도 마찬가지다. 기어하트는 중독이 의미하는 바를 더 명확하게 설명할 수 있는 기준이 필요했다. 그때 떠오른 것이 바로 미국정신의학회가 개정한 DSM이었다.

"그 핵심에는 섭취와 관련한 이런 통제력 상실이 있습니다. 먹기 시작할 때는 이만큼만 먹겠다고 생각하는데, 일단 먹기 시작하면 멈출 수 없어요. 자제해 보려고 애쓰기도 하고, 먹는 양을 줄이려고 해 보지만 계속 실패해요. 여기에 이런 강박적 충동, 참을 수 없는 식탐이 있는 거죠. 이것이 점차 걷잡을 수 없이 강해져 정서적으로나 육체적으로 정말 황폐한 삶을 살게 됩니다. 그들은 자제하려는 마음이 간절한데도 폭식을 조절할 수가 없어요. 나는 이런 사람들에게 단순히 노력이 부족하다고 말하는 것에 너무 화가 납니다. 우리 실험실에 있는 친구들은 모두 세상에 존재하는 방법을 다 동원해 보거든요. 온갖 다이어트부터 할 수 있는 것은 무엇이든지요. 그들은 절박합니다. 그런데도 여전히 폭식을 조절하지 못해요."

기어하트는 약물 중독에 대한 DSM의 기준을 섭식과 음식에 적용할 수 있도록 재작업하여 예일음식중독척도Yale Food Addiction Scale를 개발했다. 그 첫 번째 버전은 2008년에 예일 대학교의 러드식품정책비만센터에서 공개되었다. 척도는 2016년에 더 세밀하게 개정되었고 최근 정신의학회가 약물과 알코올 남용에 대해 수정한 부분을 반영했다.[31]

예일음식중독척도는 "이 설문은 지난 1년 동안 당신의 식습관을 알아보기 위한 것입니다."라는 문구로 시작한다. 뒤이어 35가지 행동을 제시하고 조사 대상자들은 각각의 행동에 '절대 안 함'부터 '하루에 4회 이상'까지 빈도를 매긴다. 다음은 기어하트가 말하는 중독을 판단하는 데 가장 결정적인 행위 중 일부다.

- 특정 음식을 먹을 때 원래 먹으려고 했던 것보다 훨씬 많이 먹었다.

- 특정 음식을 줄여야 한다고 생각했지만 그래도 그냥 먹었다.
- 특정 음식을 너무 자주 또는 너무 많이 먹어서 하고 있던 다른 중요한 일을 그만두었다. 중요한 일이란 직장일 수도 있고 가족이나 친구와 시간을 보내는 일일 수도 있다.
- 너무 많이 먹을까 봐 두려워서 회사 또는 학교에 가지 않거나 사회 활동을 하지 않았다.
- 특정 음식을 줄이거나 먹지 않으면 불안하거나 초조하거나 우울해졌다.

기어하트는 점수가 낮게 잡히는 보수적인 척도가 되기를 바랐다. 수백만 명이 한 번쯤은 살을 빼기 위해 다이어트를 한다. 다이어트도 본질적으로 섭식 장애의 일종으로 볼 수 있고 상당한 스트레스를 주지만, 기어하트는 그런 다이어트 경험만 있는 사람들이 조사 대상에 포함되는 것을 원치 않았다. "먹는 양을 줄이려고 노력한다고 해서 섭식에 문제가 있는 사람으로 과다 식별하고 싶지 않았어요. 삶을 아주 피폐하고 고통스럽게 만든 경우여야 했죠."

어떻게 보면 미국 인구의 40퍼센트가 비만으로 고통받고 있다는 사실은 이유를 막론하고 적정 수준 이상의 체지방을 축적하고 있다는 점에서 미국인과 음식의 관계에 문제가 있음을 나타낸다. 그러나 기어하트가 지적한 것처럼 체중은 하루에 몇백 칼로리를 더 먹거나 연말연시에 과식하는 것만으로도 점진적으로 엄청나게 늘 수 있기 때문에 사람들의 행동 자체는 문제가 아니다. 자제력 상실은 매일 아주 조금씩 잘못된 식습관으로 인해 건강에 대한 통제력을 잃는 것과 같이 더 광의의 맥락에 놓여 있다. 일단 그런 행동을 인지하면 그만두기 힘들고 중독되었다고 생각할 수 있지만, 기어하트가 찾는 연구 대상은 중독으로 인해 훨씬 더 심각한 영향을 받는 사람들이었다.

이를 위해 기어하트는 정신의학회의 정신장애 편람에 사용되는 평가 체계를 도입하여 35개의 행동에 대한 질문을 11개의 음식 중독 증상으로 정리했다. 증상을 최소한으로 가진 사람들도 중독으로 간주되며, 그 정도는 경미한 수준(2~3개 증상)부터 극심하게 시달리는 수준(6개 이상의 증상)으로 분류된다.

예일척도는 피험자를 모집하는 데 쓰는 도구로 고안되었다. 그러나 미국을 비롯한 여러 국가의 연구자들이 이 척도를 사용하기 시작하면서 수집한 데이터는 섭식 장애를 판단하는 지표가 되었다. 그간의 결과에 따르면 예일척도로 중독 검사를 받은 사람들 대부분이 섭식에 심한 문제가 있는 것으로 나타났다.

2017년에 기어하트는 일반인을 대상으로 한 조사 결과를 종합하여 15퍼센트의 사람들이 중독 기준에 부합한다는 사실을 발견했다.[32] 게다가 이 사람들 대부분은 스펙트럼의 극단에 위치했다. 즉 심각한 중독에 빠져 있었다.

이것이 사실이라면 우리는 술이나 특정 종류의 약물에 중독되는 것과 유사한 정도로 음식에 중독된다. 비만과 같은 더 넓은 의미의 과식 장애까지 포함하면, 음식은 우리가 자제력을 잃는 물질 중에 약물과 술을 능가한다는 뜻이기도 하다.

뇌를 들여다보다

예일음식중독척도와 35개 문항은 섭식에 어려움이 있다는 것이 어떤 의미인지 알려 준다. 그러나 중독의 근원이 무엇인지, 왜 섭식에 문제가 생겼는지에 대한 답을 구하다 보면 단순히 사람들에게 묻는 것만으로는 부족하다는 사실을 깨닫는 순간이 온다.

젊은 연구자 노라 볼코가 이 문제에 맞닥뜨린 것은 텍사스주의 한 대학 병원에서 약물 중독자를 연구하던 때였다. 코카인 과다 사용자 중 응급실에 실려 들어오는 남성들은 뇌에 구멍이 나 있는 경우가 많았고, 과거에 혈액의 흐름이 막히는 뇌졸중과 같은 증상을 보인 이력이 있는데도 계속해서 더 많은 양의 코카인을 찾았다. 여성들은 아이가 중독자의 떨림, 설사, 구토 증상을 지니고 태어날 수 있다는 경고에도 불구하고 임신 중에 약물을 남용하여 응급실에 오기도 했다. 그들에게 이유를 묻는 것은 부질없는 일이었다. 자신도 왜 그랬는지 모를뿐더러 설사 안다 해도 자세히 털어놓지 않았을 테니까. 만약 사람들이 코카인과 같은 약물에 중독된 사실에 대해 거짓말을 하는 경향이 있다면, 초콜릿 케이크와 같은 음식 중독에 관해서는 더욱 말하지 않으려 할 것이다. 음식에 굴복당했음을 인정하고 싶은 사람은 아무도 없기 때문이다.

이후 볼코는 2003년에 연방 정부 국립보건원의 산하기관인 국립약물남용연구소의 소장에 취임했고 지금까지 오랜 세월 재직하면서 약물 중독 분야의 최고 권위자가 되었다. 그러나 소장으로 임명

되기 전 수년간 음식 중독을 연구했고, 그녀의 혁신적 연구는 중독의 정의에서 마지막까지 해결되지 않았던 반복적인 행동의 본질과 결과를 밝혀내는 데 일조했다.

음식에 대한 볼코의 연구는 브룩헤이븐 국립연구소에서 진행되었다. 브룩헤이븐 연구소는 뉴욕시에서 동쪽으로 약 96킬로미터 떨어진 롱아일랜드 동부에 넓게 펼쳐진 연구 단지로 특별히 핵물리학과 여타 딥사이언스를 연구하기 위해 설립되었다. 노벨상 수상으로 이어진 연구가 7회, 예산이 6억 8100만 달러에 달하는, 연구자들에게는 천국과 다름없는 곳이다. 이곳은 흔히 볼 수 없는 최첨단 장비로 가득한데, 그중에는 원자를 서로 아주 강하게 충돌시켜 빅뱅 직후 존재했던 플라스마를 생성할 수 있는 중이온 가속기도 있다. 또 브룩헤이븐은 1960년대 초에 과학자들이 사람의 마음을 읽을 수 있는 기계 장치를 처음 만든 곳이기도 하다.

장치를 발명한 사람들은 그것을 헤드슈링커라 불렀으며 초기에는 인간의 두개골 위에 문어 몇 마리가 붙어 있는 모습이었다.[33] 볼코가 브룩헤이븐에서 연구를 시작할 무렵에 헤드슈링커는 CTI931이라는 매끈하고 반짝거리는 기계로 진화했다. 이것은 현재 의료계에서 암이나 겉으로 보이지는 않지만 건강에 위협이 되는 것들을 찾을 때 쓰는 MRI 스캐너와 동일한 종류로, 거대한 도넛 같은 모양에 터널 같은 구멍이 있어 사람이 엎드려 누우면 그 사이로 미끄러져 들어갔다. 다만 CTI931은 숨어 있는 암을 찾는 것이 아니라 뇌를 자세히 들여다보고 내부 작용을 포착했다. CTI931은 핵 추적 장치 시스템을 사용하여 뇌 안에 있는 연조직의 이미지를 기록했는데, 엑스레이를 사용하여 뼈를 확인하는 것과 매우 유사하지만 이 장치에는 새로운 차원이 추가되었다. 바로 뉴런이라 불리는 뇌의 신경세포가 일을 시작하면 그것을 추적함으로써 정신의 살아 있고 사고하는 부분을 포착하는 것이었다.

CTI931이 생성해 낸 최초의 이미지들은 보기에도 경이로웠다. 타원형 모양의 머리 윗부분을 내려다본다고 상상해 보라. 뇌의 일부 단면이긴 하지만, 어느 부분을 찍었든 연구자들에게는 모두 흥미로웠다. 엑스레이와 달리 CTI931의 이미지는 다양한 색으로 나타났다. 파란색이나 보라색 배경에 선명한 빨간색과 노란색 얼룩이 보였다. 추적기는 촬영하는 순간 가장 활발히 작동하고 있던 뉴런 무리의 이미지를 포착해 냈다. "사람들이 살아 있는 인간 뇌의 물질 대사를 관찰한 것은 이때가 처음이었어요." 볼코의 동료인 조애나 파울러가 내게 말했다. "할 수 있는 일이 아주 많았습니다. 색을 볼 때, 고무공을 손으로 꼭 쥘 때, 쓰레기통 뚜껑을 두드릴 때, 음악을 들을 때 뇌에서 어떤 일이 일어나는지 보았죠."

CTI931은 볼코와 같은 심리학자들에게는 아주 유용했다. 그때까지 중독성이 있는 물질에 대한 사람들의 생각을 알 수 있는 방법은 그냥 물어보는 것뿐이었다. 물론 그 방법은 신뢰성이 형편없이 낮았다. 사람들이 거짓말을 하거나 자신도 몰랐기 때문이다. CTI931은 진실을 토로하게 해서 볼코와 파울러가 중독의 신경학적 근거에 대한 중요한 발견을 할 수 있도록 도와주는 신비의 약물과 다름없었다. 마약과 관련된 유명한 실험에서 그들은 속도가 중요하다는 사실을 증명했다. 물질이 혈류에, 그런 다음 뇌에 스며드는 속도가 빠를수록 유혹의 세기도 커졌다. 이 책 후반부에서 확인하겠지만 이런 사실은 음식 중독에서 매우 중요한 의미를 지닌다.

스캐너를 음식 중독 연구에 사용할 때 예기치 않은 문제가 있었다. 피험자들이 누운 채로 먹을 수가 없었던 것이다. 게다가 머리도 절대 움직여서는 안 되었다. 음식을 씹으면 이미지가 흐려졌기 때문이다. 그래서 파울러는 추적기가 피험자들의 뇌를 스캔하는 동안 가장 좋아하는 음식을 최대한 자세하게, 어디서 먹었는지, 어떻게 생겼는지, 어떤 맛인지 묘사해 달라고 요청했다.

예일음식중독척도에서처럼 피험자들은 특정 음식에 매우 큰 열정을 보였다. 실험을 도와준 핵의학 전문가 진잭 왕은 그때를 이렇게 회상한다. "피험자들에게 인근에서 찾을 수 있는 여러 가지 음식이 적힌 목록을 주고 가장 좋아하는 것을 고르라고 했습니다. 가장 많은 사람이 고른 것은 치즈버거였고, 그다음으로 많은 것이 베이컨 에그 샌드위치, 피자, 프라이드 치킨, 바비큐 립, 라자냐, 아이스크림, 브라우니, 초콜릿 케이크였습니다."[34] 냄새로 코를 자극하기 위해 가능한 한 실험실에서 음식을 바로 데운 뒤 면봉에 살짝 묻혀 피험자의 혀에 갖다 대었다.

나중에 밝혀진 것처럼 이런 음식은 피험자들이 아주 좋아하는 것이어서 실제로 먹을 필요도 없었다. 음식에 대해 이야기하고, 냄새를 맡고, 혀로 조금 맛보는 것만으로도 쾌락과 관련 있다고 밝혀진 뇌의 특정 부분을 자극하기에 충분했다.[35] 음식으로 진행한 실험에서 생성된 이미지들은 다른 측면에서도 아주 놀라웠다. 코카인을 투여한 뇌의 사진과 거의 차이가 없었기 때문이다. 두 경우 모두 뇌의 같은 부분에서 선명한 빨간색과 노란색 불이 켜졌다. 먹고 있는 것이 각성제인지 치즈버거인지는 중요하지 않은 듯했다.[36] 두 경우 모두 뇌는 기분 좋은 일이 일어나고 있다고 느꼈고 더 많이 달라는 같은 반응을 보였다.

이런 사실은 음식과 인간 행위를 연구하는 과학자들에게 매우 중요한 발견이었다.[37] 설문지를 작성할 때는 거짓말을 할 수 있지만 브룩헤이븐의 헤드슈링커를 속일 수는 없었다. 초콜릿 케이크나 감자튀김에 정신을 못 차리는 사람이라면 뇌 활동에서 그대로 드러났다. 2000년대 초반에 이르자 음식에 반응하는 이런 뇌 이미지가 학계를 비롯한 다양한 사회 영역에서 상당한 흥미를 불러일으켰다. 학술지들은 스캔 이미지를 총천연색으로 실어 발간하면서 독자들의 큰 관심을 얻었다. 건강 관련 시민운동가들은 정크푸드에 관해 논의하고 분석하는 정책 토론회에서 이 이미지들을 소개했다. 이 사진들이 세상에 나온 후 새로운 연구를 지원하는 연구 보조금이 생겨났고 이에 따라 브룩헤이븐과 여러 대학 연구실에서는 다양한 실험이 동시다발적으로 수행되었다.

뇌의 신경 작용을 분석하는 데 다른 기술들이 사용되면서 일부 약물은 뇌에 닿을 때 음식보다 훨씬 강력하게 뇌를 자극한다는 사실이 밝혀졌다. 코카인이나 헤로인 같은 약물은 갈망이나 충동적 행동과 관련된 신경계 활동을 음식보다 더 활발히 일으키는 경향이 있었다. 이런 사실은 음식을 약물에 비유하는 것이 경우에 따라 지나칠 수 있음을 시사한다. 한 실험심리학 전문가는 2017년에 음식을 약물 중독에 비유하는 것에 주의를 촉구하는 논문을 발표하며 이렇게 강조했다. "약물 남용은 음식보다 훨씬 더 강력한 효과를 발휘한다. 그것을 갈망하게 만드는 신경 적응성 효과의 관점에서는 더욱 그렇다."[38]

메릴랜드주 베세즈다에 있는 약물남용연구소에서 만난 볼코는 이런 약물들이 뇌를 아주 강력하게 자극하는 데는 그럴 만한 이유가 있다고 설명했다. 그런 약물은 남용하면 굉장히 위험하다는 내면의 우려를 잠재우기 위해 뇌를 극도로 흥분시킬 필요가 있다. 약물을 불법적으로 입수하여 체포당할 위험 또는 너무 강하게 농축되었거나 오염된 것을 먹고 죽을 수도 있는 위험을 감수해야 한다. 이런 적지 않은 위험을 극복하려면, 약물은 초기 단계에서 느끼는 갈망을 극대화하고 사용에 따른 보상으로 엄청나게 큰 쾌락을 주어야 한다. 그렇지 않으면 굳이 약물을 사용하지 않을 것이기 때문이다.

반면 가공식품은 열광하기에 아주 쉬운 물질이다. 가공식품은 값싸고 빠르며 구매하기 쉽고, 적어도 건강이나 사회적 안녕에 미치는 직접적인 영향을 고려하면 대체로 안전하다. 우리는 가공식품의 장기적 영향에 대해서 생각하지 않는 경향이 있다. 음식을 먹게 하는 데는 뇌에 충격을 가할 필요도 없다. 적당한 순간에 말 한마디면 충분하다. 음식이 유리한 고지를 차지할 수 있는 또 다른 특징은 반복의 힘이다.

"어떤 사람들이 그만두기 힘들어하는 반복적인 행동"

앞서 내린 중독의 정의에서 "반복적인 행동"이란 무엇인가를 다시 하는 것을 의미한다. 어떤 행위를 반복하는 것은 그 영향의 총합을 두 배로 증가시킬 뿐 아니라 그 행위를 다시 할 가능성을 높인다. 습관은 그렇게 형성되며, 그러한 습관이 통제를 벗어날 때 중독이 시작된다.

우리가 삶에서 가장 많이 반복하는 행위는 먹는 것이다. 태어나는 순간부터 우리는 매일, 적어도 하루에 여러 번 먹는다. 그러나 중독에서 중요한 것은 바로 반복적으로 먹는 방식에 있다. 대부분의 가공식품은 아무 생각 없이 섭취하도록 만들어졌다. 그래서 TV를 보면서도, 비디오 게임을 하면서도, 운전을 하면서도 먹을 수 있다. 식사를 하거나 간식을 먹기까지 큰 노력을 기울이지도 않는다. 그냥 한순간 대개는 무의식적으로 스쳐 지나가는 생각에도 하던 일을 멈추고 먹을 것을 찾기도 한다. 이런 행동의 기저에는 심리학자들이 조건 반응이라고 부르는 것이 있다.

"조건화란 학습을 통해 생존 가능성을 증가시키는 방법을 말합니다. 신생아는 우유 맛이나 엄마 냄새를 통해 음식에 대한 첫 조건 반응을 경험합니다. 곧 먹게 될 음식을 예측하는 거죠. 생각할 필요도 없어요."[39] 볼코의 말이다.

갓난아이일 때는 아무런 문제가 없다. 그러나 스스로 음식을 찾아 먹는 나이에 이르면 조건화가 불리하게 작용한다. 음식은 사방에 있고 쉽게 구할 수 있어서 실제로 배가 고프든 고프지 않든 우리는 계속 음식을 찾는다. 그런 행위의 반복적인 특성에 의해 조건화되었기 때문이다. 볼코는 초콜릿을 굉장히 좋아하는데 자신을 유혹에 굴복시키는 것이 자판기라고 했다. 별 걱정이 없고 일이 많아 바쁠 때는 자판기를 잘 지나쳐 가지만, 스트레스를 받아 기분 전환이 필요할 때면 늘 허쉬 초콜릿바를 사 먹는단다. "누구에게나 유혹에 무너지는 순간이 있지요."

자판기 옆을 지나갈 때 느끼는 충동이든, 말보로맨 광고를 봤을 때 나타나는 조건 반응이든, 필립모리스의 CEO가 내린 중독의 정의("어떤 사람들이 그만두기 힘들어하는 반복적인 행동")는 아주 정확했다. 중독은 대개 별생각 없이 행해지고, 스스로 감독할 수 없으며, 반복성에 의해 계속할 것이 확실시되는 행동이다. 중독은 우리 안팎의 여러 가지 힘에 의해 형성되는데 바로 그 힘들이 어떤 사람들이 중독에 빠지는지를 결정한다. 중독은 다양한 방식으로 나타나며 그만두기 힘든 정도도 다양하다.

이와 같은 중독의 정의는 이 책의 논의가 진행되는 동안 섭식 장애가 인간의 생물학적 특징에서 생겨났고 그로 인해 우리가 단순히 먹는 것을 넘어 과식할 수밖에 없도록 만들어졌다는 사실을 이해하는 데 도움이 될 것이다. 이와 관련하여 가공식품 산업계가 이러한 인간의 본성을 어떻게 악용해 왔는지, 무엇을 어떻게 먹는지에 대한 주도권을 회복할 수 있는 방법은 무엇인지 살펴볼 것이다.

2장 중독은 어디서 시작되는가

고도비만 환자를 위한 수술

과거 우리는 뇌가 식욕과 아무런 관련이 없고 먹는 일은 오로지 위 속에서 벌어지는 일이라고 생각했다.

그때는 위가 음식을 수용하고 소화시키는 기능 이상을 한다고 여겨졌다. 19세기 프랑스 변호사이자 정치가였다가 음식 연구가로 전향한 장 브리야사바랭은 전설적인 저서 『미식 예찬The Physiology of Taste』에서 위가 생명체에서 가장 중요한 역할을 수행한다고 썼다. 그는 위액이 흐르거나 가스가 부글대는 것, 꼬르륵 소리와 같은 노골적인 신호를 통해 "식욕이 드러난다"고 하면서 식욕이 없으면 인간은 병약해진다고 주장했다.

브리야사바랭의 우려와 달리 인간의 식욕은 오히려 다양한 형태로 급격하게 증가했다. 지난 40년간 건강과 행복에 위협이 될 만큼 체중이 많이 나가는 사람의 수는 폭발적으로 증가했다. 평균 키의 사람이 적정 몸무게보다 15킬로그램 이상 더 나가는 것을 비만이라고 정의하는데, 비만 인구는 1970년대 후반에 급증하기 시작해 15퍼센트에서 40퍼센트로 치솟았다.[1] 물론 음식과 관련된 건강 문제에서 체중이 유일한 지표도 아니고 확실한 기준도 아니다. 체중이 많이 나가는 사람도 건강할 수 있고, 마른 사람도 2형 당뇨병이나 잘못된 식습관으로 인한 질병에 걸릴 수 있다. 지나치게 높은 열량을 섭취하는 문제와 건강 유지에 필요한 영양분이 결핍되는 문제 모두 초가공식품 heavily processed food이 그 원흉으로 지적된다.

그러나 체중의 변화를 보면 인간과 음식의 관계가 얼마나 급격하게 변했는지 알 수 있다. 최근 조사된 자료에 따르면 현재 미국 성인 중 비만인 인구는 9600만 명에 이르는데, 15킬로그램을 초과하지는 않지만 과체중으로 분류되는 인구도 그와 비슷하다. 전 세계적으로 비만 인구는 6억 5000만 명, 과체중 인구는 12억 명에 달한다. 담배 회사의 수장들이 의회 청문회에 출석하여 열심히 니코틴 중독을 부인하던 1990년대 중반에 한 CEO가 담배를 트윙키에 비유했다는 사실을 앞서 언급했다. 그의 말은 그가 알고 있는 것보다 훨씬 더 정확했다. 미국에서 비만은 분만 시 합병증에 따른 임산부 사망이 증가하는 원인 중 하나로 꼽힌다. 비만으로 인해 입대 조건에 맞는 신체 건강한 젊은이들의 수가 급감하여 신병 모집도 점점 어려워졌다. 미국 연방 공중보건국장의 추산에 따르면 비만이 야기하는 조기

사망이 매년 30만 건에 이르고 이에 따라 연간 3000억 달러가 넘는 의료비가 발생한다. 비만이 증가하는 데는 분명 운동량 감소 등 여러 가지 요인이 있지만, 그동안 체중 증가와 가장 유사한 추이를 보여 온 것은 바로 초가공식품 소비의 증가다.

1960년대에 국민 건강 조사가 미국인의 체중을 추적하기 시작했을 때부터 이미 과체중 문제는 의학계를 자극하기에 충분했다. 1967년에는 적정 몸무게를 45킬로그램 이상 초과한 사람이 100만 명이나 되는 것으로 나타났다. 같은 해 아이오와시티에서 에드워드 메이슨이라는 외과 의사가 통제 불가능한 식욕의 원인을 위의 문제라고 생각하고 이를 해결하는 수술을 공개적으로 지지했다. 심각한 궤양을 치료하기 위해 개발된 외과 수술 기법을 이용한 이 수술은 위를 완전히 막아 음식을 식도에서 장으로 직접 전달되게 했다. 메이슨은 여덟 명이 수술을 받았다고 발표하면서 일부 환자가 기름진 음식이나 아주 단 음식을 먹었을 때 탈이 나기도 했지만 위를 다시 열어 달라고 요구한 사람은 없었다고 했다.[2] 수술 전에는 아무리 노력해도 살을 뺄 수 없었던 환자들 모두 체중이 크게 감소했다. 50세 여성 환자는 키가 약 147센티미터에 몸무게가 94킬로그램이 나갔는데 불과 아홉 달 만에 체중이 3분의 2로 줄었다.

10년 후, 일명 위 우회술이라는 이 수술 치료법이 유행하면서 메이슨이 주최하는 워크숍에 전국의 외과 의사들이 몰려들었다. 그는 섬뜩한 농담으로 워크숍을 시작했다. "오늘 아침에 이곳에 비가 온 것을 보셨을 겁니다. 아이오와에서는 반가운 일이죠. 비가 오면 옥수수가 잘 자라니까요. 옥수수 농사가 잘돼서 돼지를 잘 먹이고 잘 먹은 돼지를 사람들에게 먹이면 환자가 더 많이 생길 겁니다."[3]

이후 40년간 메이슨을 비롯한 외과 의사들은 위 우회술을 발전시키는 데 매진하여 소화관을 재구성하는 다양한 방법을 개발했다. 가장 많이 사용된 방법은 소화관 전체를 재배치하는 루와이 우회술 Roux-en-Y로, 일반적으로 원래 상태로 복구가 불가능한 수술이었다. 밴드로 위를 묶는 또 다른 수술 방법은 병원에 입원할 필요가 없다는 큰 장점이 있었다.

2011년에 미국 정부가 이 수술을 통해 사람들이 체중을 크게 감소시켰다는 사실에 고무되어 수술 자격 조건을 완화하면서 위 우회술의 인기는 한층 더 높아졌다.[4] 이제 평균 175센티미터의 키에 92킬로그램만 나가도 2형 당뇨가 있다면 위 크기를 줄이는 수술을 받을 수 있었다. 정부가 수술 조건을 개정하기 전의 체중 기준은 107킬로그램이었다. 수술을 받을 수 있는 연령도 낮아졌다. 개정 이전에는 성인만 수술을 받을 수 있었으나, 과식이 점차 공중 보건 위기로 발전한 미국을 비롯한 여러 나라에서 고도비만 수술을 아동에게도 시행하기 시작했다. 비만이 아동의 건강에 가하는 위협이 수술받을 가치가 있을 만큼 크다고 여겨진 것이다. 지금까지 가장 어린아이에게 시행된 수술 기록은 사우디아라비아에서 2세 아동이 받은 수술로 알려져 있다.[5] 1983년에 메이슨이 창립한 미국비만대사수술학회는 오늘날 외과 의사 약 4000명을 회원으로 두고 있으며, 2011년에 약 15만 건이었던 수술 건수는 이제 연간 20만 회가 넘는 것으로 추산된다.

당연한 이야기지만, 브리야사바랭은 위를 과대평가한 것으로 판명 났다. 위를 제거하는 것으로는 식욕을 없앨 수 없다. 고도비만 수술이 유행하고 수술받은 환자들을 추적하는 연구가 더 많이 진행되면서 의학계는 일정한 패턴을 발견했다. 수술 후 몇 주 또는 몇 달 동안은 식욕이 사라진다. 이 기간 동안 환자는 물리적으로 음식을 한 번에 한 컵 반 이상 섭취할 수 없는, 이전과는 완전히 다른 삶에 적응한다. 환자들이 먹는 저녁 식사는 대개 성냥갑 크기의 생선 한 조각, 두 큰술 크기의 고구마, 그린빈껍질째 요리해 먹는 긴 콩 두 개 정도다.

그러나 결국 허기는 되살아난다. 그것도 상당한 강도로 말이다. 고도비만 수술을 받은 환자들은 식욕이 아주 강력하게 회복되는 시점부터 더 이상 살이 빠지지 않는다. 이때에도 환자들의 체중은 대개 수술 이전의 본래 체중보다 훨씬 낮기 때문에, 건강에 상당한 도움이 되고 많은 환자에게 수술이 효과적인 선택지임을 입증해 준다. 수술을 받은 환자 대부분은 적어도 적정 체중 초과 무게의 절반 이상을 감량한다. 그러나 이후 체중 감소는 정체기에 이르고 시간이 지나면서 체중이 조금씩 다시 늘기 시작한다.[6] 조금씩이지만 식사와 간식을 끊임없이 먹기도 하거니와 브리야사바랭이 간과했고 수술로도 해결하지 못하는 음식에 대한 유혹 때문이다. 최근 연구를 통해 체중이 다시 증가하는 데에 환자의 경제적 상황이나 먹는 음식의 종류 등 여러 가지 원인이 있다는 사실을 확인했으나 환자 3명 중 1명은 식욕이 더 강해진 것 같다고 답했다.[7]

밴더빌트 대학교 의과대학의 나지 아붐라드 교수는 롱아일랜드에서 위 우회술을 받은 중년 남성의 사례를 들려주었다. 수술은 성공적이었다. 한때 900그램을 넘던 남성의 위장은 56그램만 남기고 대부분 제거되었다. 여기에 더해 소장도 절반을 제거했다. 그 결과 남성의 위장에 들어오는 열량은 훨씬 줄어들었고 그렇게 들어온 열량 중에도 소량만 짧아진 소장을 통해 체내로 흡수되었다.

그러나 퇴원 후 남성은 보통 크기의 위를 가진 사람처럼 먹었다. 그는 꿀, 설탕, 버터 범벅인 바클라바터키에서 유래된 견과류, 꿀 등이 들어간 페이스트리를 특히 좋아했다. 56그램 정도 되는 바클라바 한 조각에는 설탕 17그램, 버터 11그램이 들어가고 열량은 230칼로리에 달한다. 그는 아침에 바클라바 한 상자를 열면 오후 중반 무렵까지 다 먹어 치우면서 조금밖에 남지 않은 위 속에 일주일 치 열량을 들이부었다. 체중을 줄이겠다는 다짐과, 더 중요하게는 새로 만들어진 소화관에 미칠 영향을 간과한 채 매일같이 이렇게 먹었다. 그의 달걀만 한 위는 부풀어 오르고 늘어나 결국 파열되었고 수술로 봉합한 부분이 터지는 바람에 엄청난 양의 담즙이 복부로 쏟아져 들어왔다. 그는 응급 수술과 2주간의 집중 치료 끝에 목숨을 건질 수 있었다.

이 남성의 경험은 심각성의 측면에서 매우 이례적인 사례이지만, 고도비만 수술을 받은 환자들 다수가 위가 온전할 때처럼 강력한 식욕을 느꼈다. 2014년에 고도비만 수술에 관한 피어리뷰 저널인《배리아트릭 타임스》에서 이런 사례들을 상세하게 분석했다. 연구 결과 수술 전에 식욕을 제어하지 못했던 환자 3명 중 2명이 수술 후에도 여전히 식욕을 제어하지 못했다. 5명 중 1명은 여전히 폭식을 했는데, 환자들의 위가 이제 그 많은 음식을 받아들일 공간이 없다는 점을 감안하면 육체적으로 고통스러우면서도 위험한 행동이었다. 소식을 잘 유지한 환자들도 너무 자주 먹는 탓에 문제가 있었다. 그들은 배가 부르다고 느끼면서도 더 많은 음식을 원했고 "육체적 통증이 동반되거나 문제가 생겨도 끊임없이 먹었다."

의사와 간호사도 포함된 이 연구의 연구자들은 환자들에게도 일정 부분 책임이 있다는 사실을 발견했다. 환자들은 자신이 받은 수술을 심각하지 않게 받아들였다. 고도비만 수술이 효과를 보려면 환자들은 식습관에서 방심은 금물이고 무엇을 언제 얼마나 먹는지 아주 세심한 주의를 기울여야 한다. 또 식욕을 일으키는 근원과 촉발 요인을 알아내기 위해 왜 먹는지 자문할 필요도 있다. 고도비만 수술 환자들은 연구자들이 "마음을 쓰는" 식사라고 일컫는, "계획적이고 주의를 기울인 식사", "목적과 의식을 지닌 식사"를 해야 한다.

위가 아닌 마음을 언급함으로써 이 연구는 음식에 관한 중요한 진실을 강조한다. 비만, 거식증, 2형 당뇨병에 걸린 사람이든, 드라이브스루나 전자레인지가 삶에서 지나치게 큰 비중을 차지하여 걱정인 사람이든, 식습관에 문제가 있는 모든 사람에게 소화관은 그저 복잡한 문제의 작은 일면에 불과하다는 사실이다. 우리 몸에서 번개보다 빠른 속도로 작용하여 먹는 것이 우리에게 해가 될 때에도 음식을 먹게 만드는 강력한 힘을 지닌 부위는 따로 있다.

한 고도비만 환자가 원망하듯 말한 것처럼 "수술은 위가 아니라 뇌에 했어야 했다."

식욕은 위가 아니라 뇌에 있다

뇌가 인간의 식욕을 좌우한다는 사실이 처음 인지된 것은 1968년에 캐나다 몬트리올의 한 대학교 행사에서였다.

맥길 대학교의 유명 학과인 심리학과에서 정기적으로 주최하는 이 행사는 뇌 연구자들이 모여 각자 싸 온 점심을 먹으며 자신의 연구를 발표하고 논의하는 자리였다. 이날 연단에 오른 사람은 MIT를 갓 졸업한 젊은 과학자였다. 그는 실험실 쥐로 수행한 새로운 뇌 연구를 소개했다.(쥐의 뇌는 크기가 훨씬 작긴 하지만 인간의 뇌와 구조가 유사해 실험에 자주 사용된다.) 맥길 대학교 학생들과 교수들이 정신없이 샌드위치를 먹는 동안 그는 자신의 실험을 상세히 설명하기 시작했다. 실험실 쥐의 뇌에 전선을 삽입한 뒤 약간의 전기를 흘려보냈더니, 조금 전까지만 해도 눈앞에 놓인 음식을 거들떠보지도 않고 먹을 것에는 전혀 관심이 없던 쥐가 갑자기 허기를 느낀 듯 음식을 단숨에 먹어 치웠다는 이야기였다.

"이렇게 스위치 하나로 언제든지 배고픔을 느끼게 할 수 있습니다." 젊은 과학자는 단호한 목소리로 말했다.

'말도 안 되는 소리.' 객석에서 발표를 듣고 있던 로이 와이즈는 속으로 생각했다.[8] 와이즈는 맥길 대학교에서 행동과학을 연구하는 박사과정 학생이었다. 무엇이 인간의 식욕을 자극하는지는 잘 몰라도 연단에 선 젊은 과학자가 하는 말은 터무니없이 들렸다. 당시만 해도 인간의 식욕은 위가 조절한다는 믿음이 일반적이었다. 또 허기는 혈당과 혈액 내 지방, 특정 호르몬 수치가 낮아지면서 천천히 찾아오며 식욕을 느끼는 단계에 다다르려면 어느 정도 시간이 걸린다는 것이 통념이었다. 따라서 젊은 과학자의 쥐 실험처럼 배고픔이 한순간에 발동할 수 있다는 말을 와이즈는 납득하기 어려웠다.

그러나 젊은 과학자의 이야기에 호기심이 동할 대로 동한 와이즈는 며칠 뒤 철물점으로 달려가 변압기와 배선 재료 15달러어치를 구입했다. 실험실에 돌아온 그는 실험실 쥐 한 마리를 마취시키고 실험을 시작했다. 쥐의 두개골에는 인간처럼 좌우 반구가 맞물리는 브레그마bregma, 정수리점라는 부분이 있다. 이 브레그마를 표지 삼아 와이즈는 두께 254마이크로미터(약 100분의 1인치)짜리 전선을 쥐의 뇌 한가운데에 있는 참깨만 한 공간에 삽입했다. MIT의 젊은 과학자가 그랬듯이 와이즈 역시 선행 연구들을 통해 뇌의 특정 부분이 인간의 특정 감정과 연관이 있다는 사실과, 전선을 삽입한 그 작은 공간이 특히 인간의 특정 행위에 중요한 역할을 한다는 사실을 알고 있었다.

와이즈는 쥐의 두개골에 고정한 전선을 우리 꼭대기에 매달아둔 더 긴 전선에 연결했다. 그리고 이 전선들을 철물점에서 사 온 장치를 장착한 제어기에 연결했다. 그런 다음 전선을 통해 쥐의 뇌에 극미량(인간의 피부에서는 약간 따끔할 만큼의 양)의 전기를 흘려보냈다. 전기는 일정 간격으로 방출하기를 반복했는데 20초간 전기를 내보내고 20초간 전기를 끊는 식이었다.

전기가 뇌를 자극하자 쥐가 냄새를 맡기 시작하더니 조금씩 앞으로 나아가며 주변을 두리번거렸다. 주변에는 와이즈가 빵 조각을 뿌려 두었는데 불과 몇 초 전까지 본체만체하던 쥐가 갑자기 음식에 관심을 보였다. 쥐는 빵 조각 하나를 냉큼 집어 들고는 두 발로 이리 저리 돌려 단단히 잡은 뒤 한 입 베어 물었다. 그러고는 물고 씹고 삼키고, 물고 씹고 삼키고를 반복했다. 20초가 흘러 전류를 차단하자 쥐는 마치 최면에 들었다 깨어난 것처럼 보였다.

쥐의 앞발에는 여전히 빵 조각이 들려 있었으나 전기 자극이 주어지지 않자 쥐는 빵 조각을 왜 들고 있는지 모르겠다는 듯 그냥 떨어뜨렸다. 먹는 일에 완전히 흥미를 잃은 쥐는 털을 고른 뒤 이리저리 살금살금 움직여 다녔다. 다시 20초가 흘렀다. 와이즈가 다시 한 번 전선을 통해 전기를 흘려보내자 쥐는 곧바로 냄새를 맡으며 음식을 찾아 돌아다녔고 조금 전에 떨어뜨렸던 빵 조각을 집어 들고 다시 먹기 시작했다.

쥐의 이러한 행동 변화는 와이즈가 스위치를 수백 번 껐다 켤 때마다 정확하게 반복되었다. 전기를 흘려보낸 20초 동안에는 엄청난 식욕을 보였고, 전류를 차단한 20초 동안에는 별 목적 없는 움직임만 보였다.

와이즈는 5년 넘게 실험을 한 후에 실험실 쥐가 전기 자극으로 보인 반응이 단순한 발작이나 과학자들이 말하는 인공물(현실이 아니라 오직 실험실에서만 일어나는 현상)이 아니라는 사실에 확신을 가질 수 있었다. 결국 자신의 연구를 통해 과거 젊은 MIT 과학자가 했던 말, 식욕은 위가 아니라 뇌에 있다는 말이 옳았음을 확인했다. 게다가 뇌 안에서 식욕을 느끼게 하는 지점은 정반대의 감각, 즉 포만감을 느끼게 하는 지점과 매우 가까이 붙어 있다는 사실도 발견했다. 쥐의 뇌 안에 삽입한 전선을 아주 조금만 옮겨도 쥐가 포만감을 느꼈기 때문이다. 이런 초기의 뇌 실험은 뇌를 연구하는 학생들에게 여전히 놀라움을 안겨 준다. 학생들은 뇌에 극소량의 전기 충격을 가하는 것만으로도 자유의지를 지닌 생명체의 자제력을 완전히 억제할 수 있다는 사실에 마치 지진으로 땅이 흔들리는 것을 경험한 것처럼 적지 않은 충격을 받는다. 우리가 당연하게 믿을 수 있고 확고한 진실이라고 여기는 현실의 어떤 측면은 그 믿음과 완전히 다르게 나타나기도 한다.

욕구를 불러일으키는 뇌의 메커니즘

인간의 뇌는 1.3킬로그램 정도로 체중의 약 2퍼센트밖에 차지하지 않지만 신체가 사용하는 에너지의 무려 20퍼센트를 소비한다.[9] 그 이유는 뇌가 인간의 모든 행동에 관여하기 때문이다. 뇌는 두개골 안을 메우고 있는 콜리플라워처럼 생겼지만 그게 전부가 아니다. 뇌는 두 개의 반구로 구성되어 있는데 각각의 반구는 판판하게 펼치면 특대 사이즈 피자만 하다. 뇌는 이 표면을 모두 사용하여 인간이 걷고 말하고 계획하고 상상하도록 돕는다.

뇌에 대한 인류 최초의 기록은 기원전 17세기 이집트의 의학 문서다. 이 문서는 뇌의 특정 부위가 손상되었을 때 발작이나 실어증과 같은 특정 장애가 발생한 사례들을 기록해 두었다.[10] 이후 수천 년 동안 의학계의 관심은 뇌가 아닌 심장에 집중되었고, 심장은 수세기 동안 가장 중요한 장기로 여겨졌다. 그러나 1600년대부터 의사들과 해부학자들이 뇌의 혈액 공급을 추적하는 등 뇌 연구에 몇 가지 중대한 진보를 이루었다. 1880년대에 이르러 현미경과 세포 염색 기술이 발전하면서 과학자들은 뇌의 각기 다른 부분을 구별할 수 있게 되었다.

이러한 뇌 연구의 선구자들은 다양한 기능을 수행하는 뉴런이라는 신경세포 다발이 뇌의 서로 다른 부분을 구성한다는 사실을 발견했다. 먼저 나머지 부분을 모두 감싸고 있다고 해서 뇌의 가장 바깥층을 대뇌피질cerebral cortex이라고 불렀다.(cortex는 라틴어로 나무 껍질이라는 뜻이다.) 대뇌피질은 보고 냄새 맡고 맛보는 것을 포함하여 인간이 주변에서 인지하는 감각 정보를 처리하는 등의 기능을 한다.

대뇌피질 바로 아래 뒤쪽에는 소뇌cerebellum가 있다. 소뇌는 인간의 움직임과 균형을 좀 더 정밀하게 만들어 주는 역할을 한다. 소뇌 옆에는 뇌와 신경계의 나머지 부분을 연결하는 뇌줄기stem가 있다. 뇌줄기 안에는 고립핵이라는 신경섬유 다발이 있는데, 이것이 입에서 느껴지는 미각(이를테면 기름진 느낌)을 전달하고 혈액을 통해 순환하는 산소와 이산화탄소의 중요한 수치를 추적 관찰하고 바로잡는다. 이것은 가령 가게에 가야 할 때처럼 음식을 손쉽게 얻을 수 없을 때 그리고 우리의 모든 생명 시스템이 어떤 힘을 낼 준비를 할 때 작동하기 시작한다.

　그러나 와이즈는 쥐의 뇌 정중앙에서 더 깊은 부위를 자극했다. 회백질과 백질 안쪽에 있는 그곳에 음식을 찾아 나서게 하는 의지 또는 욕망이 존재하기 때문이다. 의지나 욕망이 없으면 인간은 먹으려는 충동을 느끼지 못한다. 욕망은 자유의지에 따른 인간의 모든 행동, 행동에 나설지 말지를 결정하는 핵심 유인이다. 와이즈는 이러한 기본적 욕구와 충동을 일으키는 뇌의 중심점을 목표로 삼았다. 인간의 뇌에서 이 지점은 그 크기와 모양이 아몬드와 유사하며 시상하부hypothalamus라고 불린다.(라틴어로 'thalamus 아래에'라는 뜻으로 thalamus는 꽃의 내실 또는 화탁을 가리킨다.) 시상하부는 한마디로 뇌의 관제실이다. 일종의 조절 장치처럼 체온, 혈압, 섭취 열량 등 최신 정보를 수집하여 신체가 안정된 상태를 유지하는 데 필요한 조정을 수행한다. 이런 기능을 통해 시상하부는 생존에 가장 필수적인 네 가지 행동, 즉 싸우기fighting, 도망가기fleeing, 성교fornicating, 먹기feeding를 처리한다.

　그렇다면 시상하부는 이런 행동을 하도록 신호를 보낼 때를 어떻게 감지할까? 이 신호는 어떤 모양이며 어떤 느낌일까? 전선이 연결되지 않은 실험실 밖 현실에서는 (인간은 물론이고) 쥐에게 어떤 일이 일어날까?

　신중함을 기하는 과학 연구의 특성 때문에 이 문제를 해결하는 데 또다시 15년이 걸렸지만 결국 와이즈는 음식에 관해 좀처럼 풀리지 않던 궁금증, 즉 음식을 습관 형성 물질로 볼 수 있는가라는 질문의 답을 찾는 데 성공했다. 담배, 칵테일, 헤로인과 같은 마약은 모두 통제 불가능한 상습적인 섭취를 야기하는 특징적인 화학물질(니코틴, 에탄올, 모르핀)을 하나 이상 함유하기 때문에 구조적으로 중독성 있는 물질이라고 정의된다. 그러나 우리가 궁금한 것은 감자칩이나 피자, 초콜릿 케이크를 미친 듯이 먹게 만드는 화합물은 도대체 어디에 있느냐이다.

와이즈는 강한 식탐을 느끼도록 만드는 데에 자극이 강한 화학물질은 필요 없다고 결론 내린다. 그저 소금과 설탕과 지방으로도 충분하다. 나머지는 모두 뇌가 알아서 한다. 뇌는 스스로 만들어 낸 화합물로 가득 차 있다. 음흉하고 속임수를 부리며 재빠르고 즉각적으로 반응하는 이러한 화합물들은 적절한 상황에서 우리로 하여금 어떤 것(마약이든 섹스이든 음식이든)을 소비하게 만든다. 뇌는 인간의 행위를 유도하는 화학물질을 생산하는데, 이러한 화학물질이 효과를 최대한 발휘하면 무언가를 좋아하게 만들 수도 있고 중독이라는 강박적 행동에 빠뜨릴 수도 있다.

최근 연구에 따르면 인간의 뇌에는 860억 개의 뉴런이 있다. 만약 과학자들이 이 뉴런을 모두 도표화하는 데 성공한다면 뉴런 하나하나가 우리 삶에서 각자 고유한 기능을 한다는 사실이 증명될 것이다. 하지만 뉴런은 서로 정보를 교환하는 데서 실질적 힘이 나온다는 점에서 매우 사회적이라고도 할 수 있다. 뉴런은 정보를 받아 처리하고 전달할 뿐 아니라 이런 정보를 지속적으로 주고받는다. 뉴런이 이런 일을 어떻게 하는지 밝혀낸 사람이 바로 와이즈다. 뉴런은 전자신호나 도파민 같은 화학신호를 통해 서로 데이터를 주고받는다. 뇌에서 생성되는 도파민은 뉴런들 사이에서 신중히 계획된 양만큼 흐르면서 데이터를 전달하는데, 이렇게 전달된 데이터는 소뇌가 음식을 향해 뻗는 손의 균형을 잡게 하는 등의 다양한 기능을 한다. 시상하부가 처리하는 네 가지 행동도 도파민이 발현되는 경우다. 우리가 느끼는 관심의 정도는 뇌에서 분비되는 도파민의 양에 따라 달라진다.

사실 우리는 행동 방식에 있어 우리가 소비하는 대상을 과대평가하는 경향이 있다. 음식, 음악, 마약은 정신에 변화를 가져온다기보다 정신적 활동을 불러일으키는 것이라 할 수 있다. 그것이 우리의 감각을 자극(혀로 느껴지는 맛, 귀로 들리는 음악 소리, 입안에서 느껴지는 증기)하면 뇌에 신호를 보내고 그 결과 도파민이 분비된다. 도파민이 뉴런과 상호작용을 하면서 우리의 기분과 감정을 변화시킨다. 초콜릿 케이크를 바라볼 때, 냄새를 맡을 때, 또는 머릿속에 떠올리기만 할 때도 그 속에 든 설탕과 버터만큼이나 케이크를 먹고 싶게 만드는 것이 바로 도파민이다. 도파민은 인간의 생존에 필요한 도구다. 우리는 살기 위해서 먹어야 하고, 도파민은 우리가 먹고 싶은 마음이 들게 하는 역할을 한다.

와이즈는 실험을 통해 발견한 결과를 설명할 적당한 단어를 찾느라 애를 먹었다. 인간의 욕구는 사랑과 욕망, 증오와 두려움, 걱정과 불안의 복잡한 세계이지만 인간의 뇌에 전선을 찔러 넣어 확인할 수는 없는 노릇이기 때문이다. 도파민이 일으키는 상태를 명확하게 표현하기 위해 와이즈가 최종적으로 선택한 단어는 "쾌락, 도취, 맛 좋음"이었고,[11] 그 결과 도파민은 즐거운 기분을 연상시키는 단어가 되었다. 어떤 사람들은 도파민을 '쾌락 분비액'이라고 불렀는데, 도파민을 뇌가 시키는 일을 한 데에 따른 보상으로 보는 이런 시각은 일상 언어에도 선명하게 나타난다.

그러나 이후 실험실 쥐를 사용한 몇 가지 실험을 통해 인간의 뇌에서 만들어지는 도파민과 다른 화학물질이 새롭게 조명되었고 우리가 자제력을 잃을 만큼 음식에 끌리는 이유도 더 명확히 규명되었다.

좋아하는 것과 갈망하는 것

쥐는 독특한 습성이 있다. 주변 지역을 탐색할 때 길고 미끈한 수염을 1초에 일곱 번 앞뒤로 쓸어 넘기는가 하면, 휴식을 취할 때는 고양이가 가르랑거리듯이 이를 보도독댄다. 또 개처럼 이곳저곳에 오줌을 눠 영역 표시를 한다. 미시간 대학교의 젊은 조교수 켄트 베리지는 쥐가 아기들처럼 입가에 감정을 드러낸다는 사실을 발견했다. 쥐에게 쿠키를 주면 빙긋이 웃었기 때문이다.

베리지는 실험실 쥐들의 표정을 연구했다. 다양한 물질을 맛볼 때 쥐들의 표정을 사진으로 찍은 다음 같은 물질을 맛보는 아기들의 사진과 비교했다. 2000년에 발표된 그의 논문에 이 사진들이 나란히 실렸는데, 쥐와 아기의 표정은 놀라울 만큼 유사했다. 쥐와 아기 모

두 쓴 것을 먹을 때는 얼굴을 찌푸렸고 단것을 먹을 때는 환한 미소를 지었다.[12]

당시 와이즈는 몬트리올을 떠나 미국 국립약물남용연구소의 볼티모어 지사로 자리를 옮긴 상태였다. 여전히 쥐와 음식을 사용하여 인간 행동을 연구하던 중에 베리지의 연구를 보았다. 그는 베리지에게 미소 짓는 실험실 쥐로 도파민의 영향력을 좀 더 깊이 연구해 보라고 제안했고 베리지는 흔쾌히 제안을 따랐다. 베리지는 실험실 쥐들에게 도파민이 분비되지 못하게 하는 약을 투여했다. 그러나 놀랍게도 실험은 완전히 실패했다. '쾌락 분비액'이 나오지 않았는데도 쥐가 설탕을 먹고 미소를 지은 것이다.

베리지는 실험을 다시 시작하면서 이번에는 오류의 여지를 두지 않으려고 만전을 기했다. 쥐의 뇌에서 도파민을 모두 제거하는 수술을 진행했다. 신경전달물질의 흔적이 남아 있을 가능성은 전무했다. 그럼에도 쥐들은 설탕을 먹고 똑같이 미소를 지었다. 2007년에 《정신약물학회지》를 통해 발표한 논문에서 베리지는 쥐가 웃은 것은 도파민이 작용한 결과가 아니라 뇌에서 분비되는 한 개 이상의 다른 천연 화학물질 때문이라고 결론 내렸다. 이런 화학물질들은 도파민과 마찬가지로 엄청난 정보를 뉴런에 전달하며 각각 특화된 기능을 지닌 경우가 대부분이다. 그중에는 호르몬이라 부르는 것도 있는데, 위험을 보면 도망치게 만드는 부신피질자극 호르몬이나 신뢰와 연민의 감정을 고양하고 사회적 유대를 촉진하여 '사랑 호르몬'이라 불리는 옥시토신이 여기에 속한다.

쥐를 웃게 한 것을 찾는 과정에서 베리지는 인간의 뇌가 만드는 다른 종류의 화학물질을 발견하고 그것에 주목했다.[13] 예를 들어 뇌는 스스로 오피오이드를 만들어 내는데 그 효과는 오피오이드 진통제와 동일하다. 뇌에서 생성되는 오피오이드(엔도르핀, 엔케팔린, 다이노르핀 등)는 중추신경계를 돌아다니면서 통증을 완화하고 불안을 해소하며 기분을 좋게 하는 등의 효과를 낸다. 이것이 격렬한 운동 후에 황홀감을 느끼는 이유다. 엔도르핀이 효과를 발휘하기 시작하면 격렬한 활동이 일으키는 불쾌감을 압도한다.

이 사실은 잠시 생각해 볼 만하다. 공장에서 생산되는 오피오이드가 엔도르핀 같은 호르몬만큼 통증 완화에 효과적인 이유는 뇌 자체의 시스템을 이용하여 고통을 이겨 내도록 돕기 때문이다. 그런 약물들은 뇌를 강제로 통제하는 것이 아니라 뇌가 생성하는 화학물질을 활성화하는 것이다.

웃는 쥐를 이용한 연구를 통해 베리지는 뇌가 자체적으로 생산하는 기분을 좋아지게 하는 화학물질, 즉 진정한 쾌락 분비액은 뇌가 만들어 내는 한 개 이상의 오피오이드라고 결론 내렸다. 와이즈의 의견도 다르지 않은데, 여기에는 이런 견해가 중독으로 이어질 수 있는 행위를 추동하는 데 도파민이 가장 결정적이지는 않더라도 여전히 중요한 역할을 함을 의미한다는 이유도 있다. 어떤 것을 좋아하는 마음이 의욕을 불러일으키는 데 핵심적인 역할을 한다는 사실에는 의심의 여지가 없다. 오레오 쿠키의 맛을 좋아하지 않는다면 그것을 왜 먹겠는가? 그러나 좋아하는 마음 이전에 반드시 행동을 야기하는 것이 있어야 한다. 과자 봉지를 열어 쿠키를 꺼내기 전에, 부드러운 크림이 든 초콜릿 과자를 한 입 베어 물기 전에, 애초에 손을 뻗어 오레오를 집어 들게 하는 유인이 있어야 한다. 이와 같은 행동을 하도록 만드는 감정이 욕망이며, 이런 감정을 야기하는 뇌의 화학물질이 바로 도파민이다.

베리지는 이것이 와이즈의 실험에서 명확히 드러났다고 본다. 와이즈의 실험실 쥐들을 자극한 전기는 쥐를 쾌락에 빠뜨린 것이 아니었다. 만약 그랬다면 쥐들은 가만히 앉아 음미하기만 했을 것이다. 쥐들은 다름 아닌 욕망desire에 사로잡혔기에 먹이를 갈망했고 먹이를 먹으면서 즐거움을 느낀 것이다. 이런 사실은 와이즈의 후속 실험에서 더욱 분명해졌다. 이 실험에서는 쥐에게 스스로 누를 수 있는 레버를 제공했는데, 레버를 누르면 우리 안으로 먹이가 떨어지도록 설계되어 있었다. 그러나 전기가 뇌로 빠르게 흘러들어가 도파민을 분비시키자 쥐들은 집착적으로 레버를 계속 눌러 댔다. 레버를 눌러도 음식이 나오지 않도록 바꿔도 마찬가지였다. 베리지는 와이즈의 실험을 욕망에 대한 실험으로 보았다. "(레버가) 일종의 욕망을 확인하는 방법이었던 셈이죠."[14]

쾌락이 온기 넘치고 편안한 기분이라면 갈망은 차갑고 불안정한 감정이자 충족해 주어야 할 욕망이다. 분명 인간의 일반적인 행위에서 이 두 가지 감정의 상호작용은 순환적이다. 우리는 쾌락을 주는 것을 갈망하고, 그것에서 쾌락을 느끼면 다시 갈망한다. 그런데 이런 순환적 상황에서의 갈망이 바로 중독의 핵심이다.

중독의 모순적인 현상 중 하나는 중독자가 중독 물질을 점점 덜 좋아하지만 점점 더 강하게 갈구하는 경우가 많다는 것이다. 중독은 결국 욕망의 문제가 되고, 그 허기는 영원히 채워지지 않는다. 2017년에 영국 과학자 세 명이 욕망이 점차 강해지는 현상과 관련한 도파민의 부작용을 규명하여 뇌과학계의 권위 있는 상인 브레인상Brain Prize을 수상했다. 이 과학자들은 뇌가 약물 또는 음식을 섭취하거나 도박을 하면서 얻는 즐거움에 대한 반응으로 도파민을 분비하는 것이 아니라, 기대한 즐거움과 실제 얻은 즐거움 사이에 차이가 있을 때 도파민을 분비한다는 사실을 증명했다. 기대한 즐거움과 실제 얻는 즐거움에 차이가 있으면 우리는 크게 놀라는데, 놀라움이 크면 클수록 도파민도 더 많이 분비된다. 이런 경험으로 인해 더 크고 더 신나는 것을 원하게 된다. 세 과학자 중 한 명인 볼프람 슐츠는 도파민이 내보내는 이러한 신호를 가리켜 "더 많은 보상을 원하게 만드는 뇌 속의 작은 악마"라고 부른다.

가공식품 업계는 우리 뇌 속에서 도파민을 촉진해야 한다는 식으로 말하지는 않지만 우리가 기분이 좋을수록 더 많이 구매한다는 사실을 잘 알고 있다. 가공식품의 포장이 휘황찬란하고 "새로워진!", "더 맛있어진!", "한정 판매!" 등의 문구가 많은 것도 이 때문이다.

과학자들은 중독이 정점에 이르렀을 때 도파민에 사로잡혀 보상을 구하려는 기분을 정확히 설명할 수 있는 적절한 방법을 아직 찾지 못했다. 그러나 이것을 우리가 생존에 가장 필수적인 일을 행한 데에 대한 뇌의 보상이라고 생각하는 것도 한 가지 방법이다. 뇌의 보상 체계는 시상하부가 처리하는 네 가지 행동처럼 가장 우선순위가 높은 행동으로 전환하기 위해 하고 있던 다른 일을 그만두게 한다. 인간의 신경 회로를 연구하는 미국 국립보건원의 유명 연구자 제프리 쇼언바움은 "뇌의 보상 체계를 생물학적 욕구 충족 체계라고 부르는 편이 더 타당할 듯하다."라고 말했다.[15]

맥도날드에 가는 재즐린을 다시 생각해 보자. 맥도날드 광고에서 자주 이야기하는 것처럼 재즐린은 단순히 행복을 느끼려고 그곳에 가는 것이 아니다. 그보다 훨씬 중요한 일을 함으로써 느낄 수 있는 감정을 좇는 것이다. 여기에서 말하는 훨씬 중요한 일이란 바로 생존 노력이다. 재즐린의 뇌는 분명하게 말할 것이다. 그 순간 메뉴를 주문하는 것보다 이 세상에 더 중요한 일은 하나도 없다고. 그녀의 자존감도, 주머니 사정도, 살을 빼겠다는 계획도 중요하지 않다고 말이다.

추동하는 뇌와 억제하는 뇌

우리는 학교에서 뇌가 같은 크기의 반구 두 개로 나뉘어 있고 각각 자신이 통제하는 신체의 왼쪽 또는 오른쪽 측면에 신호를 보낸다고 배운다. 그러나 뇌와 중독의 관련성을 연구하는 과학자들은 최근 뇌를 구분하는 새로운 방법을 제시했다.

이 새로운 관점에서 보면 뇌의 한 부분은 먹는 것과 같은 활동을 추동하는 감정을 생성하는 데 관여한다. 바로 앞에서 확인한 것처럼 뇌의 이 부분은 갈망과 선호의 영역이다. 그리고 이 부분이 작동하는 상태에서 우리는 충동에 따라 행동하므로 신경학적 관점에서 이것을 청신호 뇌라고 부른다.

뇌의 다른 부분은 적신호를 보내는 일, 즉 억제하는 일을 한다. 이 뇌는 우리에게 심사숙고하고 결과를 신중히 고려할 것을 명령하며 문제가 될 수 있는 행동에 제동을 건다. 예를 들어 추동하는 쪽의 뇌가 먹는 것 또는 섹스를 갈망하도록 명령할 때, 억제하는 쪽의 뇌는 "잠깐만, 이게 정말 현명한 생각일까?"라고 되물을 수 있다.

일부 뇌 영역과 어느 한쪽이 더 깊은 연관성을 보이기는 하지만 이렇게 뇌를 청신호 뇌go brain와 적신호 뇌stop brain로 구분하는 방법으로는 뇌의 구조를 정확하게 분석하기 힘들다. 우리가 하는 억제 행동 중 일부는 해마hippocampus라고 불리는 뉴런이 촉진한 것이다.(hippocampus는 라틴어로 해마를 뜻하며 실제 모양이 해마처럼 생겼다.) 이 영역은 택시를 운전하거나 미로처럼 복잡한 삶에서 현명한 선택을 하는 데 필요한 기술과 같은 훌륭한 내비게이션 기술을 담당한다. 또 안와전두피질에서 억제가 촉발되기도 하는데, 안와전두피질은 눈 바로 위에 위치하는 전두엽이라는 넓은 뇌 부위의 일부다.

전두엽은 피니어스 게이지라는 독특한 사례를 통해 행동과학자 사이에서 중요한 뇌 영역으로 떠올랐다. 게이지는 1848년에 버몬트주의 한 건설 현장에서 철도 감독관으로 일하고 있었다. 그가 몸을 돌려 동료 인부와 대화를 하려던 바로 그 순간 바위산을 편평하게 만드는 일을 하던 작업장에서 폭발이 일어났다. 그와 함께 날아온 1미터짜리 쇠막대가 게이지의 머리를 관통했다. 쇠막대는 그의 왼쪽 얼굴로 들어와 뇌의 전면부에 구멍을 내며 두개골을 뚫고 나간 뒤 24미터를 날아가 떨어졌다. 사고 직후 구토를 하면서 분홍색 물질이 땅으로 쏟아졌지만 놀랍게도 게이지는 죽지 않았다. 심지어 병원에 가기 위해 마차를 타러 갈 때도 스스로 걸어서 갈 수 있었다. 그러나 그 후로 게이지의 성격은 크게 변했다. 여생 동안 그는 충동을 제어하는 데 애를 먹었다. 만나기로 해 놓고 약속 장소에 나타나지 않는 식으로 친구들과의 약속을 지키지 않았다. 다른 일을 하려는 충동에 굴복했기 때문이었다. 게이지를 치료한 의사가 기록한 것처럼 "그는 어떤 일이 자신의 욕망과 충돌할 때 욕망을 자제하려 하지 않았다." 결론적으로 게이지는 그 부상으로 인해 행동을 억제하는 기능을 하는 중요한 뇌 부위가 손상되어 행동을 추동하기만 하는 뇌 영역에 속수무책으로 휘둘리는 삶을 살았다.

억제하는 기능을 하는 뇌가 고장 나는 데 반드시 이런 사고를 겪을 필요는 없다. 억제하는 뇌와 추동하는 뇌는 힘의 균형이 끊임없이 변하는 관계를 맺고 있는데, 이 힘의 균형은 음식과 자유의지를 이해하는 데 매우 중요하다.

가령 도파민이 급증하여 추동하는 뇌가 우세할 때 추동하는 뇌는 억제하는 뇌가 그 상황을 제대로 인식하기도 전에 우리로 하여금 충동에 따라 행동하게 할 수 있다. 또 억제하는 뇌는 추동하는 뇌의 힘과 관계없이 억제하는 뇌의 활동을 막는 수없이 많은 방해물에 취약하다. 예를 들어 억제하는 뇌가 문제가 생길 수 있다는 걸 감지하려면 정보가 필요하기 때문에 그런 정보를 수집하는 데 방해가 되는 것이 있으면 억제하는 뇌가 깨어나지 못할 수 있다. 예를 들어 '아무 생각 없이 먹기'는 잘못된 표현이다. 우리는 간혹 컴퓨터를 하면서 과자 한 봉지를 순식간에 해치우고 빈 봉지를 손으로 더듬거릴 때야 비로소 방금 과자 한 봉지를 먹어 치웠다는 사실을 깨달을 때가 있다. 이런 경우는 사실 보이지 않는 곳에서 추동하는 뇌가 아주 열심히 일한 결과다. 억제하는 뇌는 우리가 컴퓨터에 정신이 팔려 있던 탓에 스위치가 꺼져 잠들어 있었던 것이다.

이런 사실은 모두 2001년에 새로운 실험 결과가 나오기 전까지 이해하기 어려운 개념이었다. 2001년에 맥길 대학교 연구팀은 세계 최초로 추동하는 뇌와 억제하는 뇌가 활성화되는 이미지를 생성하는 데 성공했다. 심리학자이자 신경과학자인 데이나 스몰은 이 세상 어떤 음식보다 인간의 욕망을 자극하고 열광시킨다고 할 수 있는 음식, 바로 초콜릿을 활용한 실험을 고안했다.

실험을 위해 스몰이 모집한 피험자들은 초콜릿을 그냥 좋아하는 사람들이 아니었다. 그들은 자신을 초콜릿 중독자라고 묘사했으며, 초콜릿바 앞에서 완전히 자제력을 잃는 상태를 10점으로 보았을 때 스스로를 8, 9, 10점으로 매긴 사람들이었다. "가장 맛있는 음식을 이용하려고 했어요. 진정한 쾌락의 경험이 되어야 하니까요."[16] 당시를 회상하며 스몰이 말했다.

이 실험이 나오기 전까지 음식에 반응하는 뇌를 연구하기 위해 스캐너를 사용할 때 피험자들은 실제로 음식을 먹을 수 없었다. 움직이면 이미지가 흐릿해졌기 때문에 피험자들은 햄버거나 감자튀김 사진을 보거나 막 구워 낸 피자 냄새를 맡거나 혀로 액화시킨 음식을 소량만 맛볼 뿐이었다. 씹거나 혀를 움직여도 안 되므로 대개 미뢰는 관심 대상에서 제외되었다. 이런 사실로 인해 연구자들은 음식을 실제로 섭취할 때를 보는 것에 비해 관찰할 수 있는 뇌 활동이 그리 많지 않았다.

스몰은 이 문제를 피해 가는 번뜩이는 방법을 찾아냈다. 피험자들의 입속에 초콜릿 한 조각을 넣고 뇌를 스캔한 것이다. 초콜릿이 피험자들의 혀 위에서 녹으면서 서서히 퍼지자 뇌에 신호를 보내기 시작했고 스몰은 이전에는 한 번도 본 적 없는 뇌의 반응을 아주 자세히 확인할 수 있었다. 이 실험에서 나온 스캔 이미지는 강렬하도록 선명한 빨간색과 노란색으로 물들어 뇌의 활동을 돕느라 혈액이 몰려간 곳을 표시했다. 이로써 스몰은 더 많은 초콜릿을 제공받으려고 맹렬하게 일하는 청신호 뇌 시스템 전체를 직접 확인하고 기록할 수 있었다. 스몰의 실험은 여기서 그치지 않았다. 피험자들에게 초콜릿을 한 조각씩 계속 공급하면서 그때마다 그들의 뇌가 보이는 반응을 스캐너로 기록했다.

피험자들 모두 처음에는 호기로웠다. 스몰은 피험자들에게 질문지를 주고 초콜릿이 새로 공급되는 시간 사이마다 기분을 평가하도록 했다. 모두 초반에는 즐거워하며 "맛있다. 또 먹고 싶다."라고 쓰인 첫 번째 칸에 표시했다. 그러나 초콜릿이 입속에 들어와 녹기를 반복하며 뇌에 보내는 신호가 마구 쏟아지자 피험자들의 태도가 바뀌었다. 갈망은 경멸이 되었다. 결국 피험자들은 "너무 싫다. 더 먹으면 속이 이상해질 것 같다."라고 쓰인 마지막 칸에 표시하기에 이르렀다.

어떻게 조금 전까지 맛있게 먹던 음식이 몸서리치게 싫은 음식이 될 수 있을까? 변한 것은 초콜릿이 아니다. 초콜릿의 달콤함과 부드러움, 카카오의 쌉쌀한 맛의 조화로운 풍미는 변한 게 없다. 변하는 것은 우리 머릿속이다. 인간의 인식은 인식하는 대상 자체만큼이나 중요하다. 인식은 추동하는 뇌와 억제하는 뇌 사이에서 벌어지는 끊임없는 주도권 다툼의 전리품이다. 어느 쪽이 우위를 차지하느냐에 따라 뇌는 우리가 사랑하는 것을 싫어하는 것으로 바꿀 수 있다. 갈망을 혐오감으로, 열망을 두려움으로 바꿀 수도 있다.

스몰은 실험을 진행하는 동안 이러한 뇌 작용을 뇌 스캔 이미지를 통해 실시간으로 확인할 수 있었다. 피험자들의 뇌 활동은 추동하는 뇌 영역에서 억제하는 뇌 영역으로 옮겨 갔다. 마지막에 그들이 질문지의 '너무 싫다' 칸에 표시했을 때 해마와 안와전두피질에 불이 켜졌고 이제 질렸으니 급제동을 걸어야 한다는 신호를 보냈다. 그리고 추동하는 뇌는 잦아들었다. 이것이 바로 음식이 불러일으킨 신경 신호에 반응하여 뇌가 스스로 스위치를 내리는 것을 처음으로 확인한 사례였다.[17]

흥미롭게도 피험자 중 일부는 다른 실험자들보다 제동을 더 빨리 걸 수 있었다. 일반적으로 여성이 남성보다 먼저 발을 뺐다. 뇌에서 갈망하는 것과 좋아하는 것을 구분해 낸 와이즈와 베리지의 연구 덕분에 스몰은 뇌 스캔 데이터에서 여성들이 초콜릿을 그만 먹겠다고 한 이유가 초콜릿을 더 이상 좋아하지 않아서가 아니라 더 이상 갈망하지 않기 때문이라는 사실을 알 수 있었다. 내가 그 이유가 무엇인 것 같냐고 묻자 스몰은 여성들이 일반적으로 '식이 제한'이라는 현상에 의거해 행동할 가능성이 높기 때문이라고 말했다. 다시 말하면 남성보다 여성이 식습관에 주의를 기울이는 데 더 익숙하고, 그 결과 먹는 것을 더 잘 자제할 수 있다는 것이다. 적어도 조건이 통제된 실험이라는 제한적 상황에서 여성들은 식습관이 가져올 결과에 대해 더 신중히 판단하고 욕망을 억제할 방법을 찾은 것이다. 앞서 내린 중독의 정의를 다시 떠올려 보면, 여성들은 초콜릿을 게 눈 감추듯 먹어 대는 반복적인 행동을 멈추는 데 어려움을 덜 느꼈다고 할 수 있다.

현실에서 추동하고 억제하는 뇌의 작동 방식에 영향을 주는 것은 아주 다양하다. 그중에는 온전히 우리가 스스로 만들어 내는 것도 있다. 스트레스를 받을 때, 마음이 산란할 때, 식사를 건너뛰어 허기를 느끼는 불안정한 상태에 있을 때 우리는 자판기를 보고 가만히 멈춰서 고민하지 않는다. 바로 주머니에 손을 넣고 동전이 없는지 확인할 뿐이다.

한편 뇌의 제동장치를 무력화하고 반복적 행위를 그만두는 것을 더 어렵게 만드는 것은 대부분 물질 그 자체에서 기인한다. 그것은 물질의 풍미일 수도 있고 싼 가격일 수도 있으며 쉽게 구할 수 있다는 이점일 수도 있다. 후추와 소금 맛, 바비큐 맛, 사워크림 맛, 바닷소금 맛, 구운 맛 등 어마어마한 다양성도 유혹의 요인이 될 수 있다. 그런데 어떤 음식이 추동하는 뇌와 억제하는 뇌의 힘의 균형을 무너뜨리고 욕망을 강렬한 식탐으로 바꾸는 요인에는 한 가지가 더 있다.

속도에 중독되다

속도는 모든 것을 압도한다. 더 정확히 말하면 속도는 중독성이 강하다.[18] 중독을 연구하는 심리학자들과 생리학자들은 이 사실을 수십 년 동안 입증해 왔다. 어떤 물질이 뇌를 흥분시켜 행동을 유발하고 결국 그 행동을 상습적으로 하게 만드는 능력은 대개 그 물질이 뇌에 얼마나 빨리 도달하느냐와 관련이 있다. 더 빨리 도달할수록 영향력도 강해진다.

속도는 담배를 헤로인만큼 중독성 있게 하는 결정적 요인 중 하나다. 중독의 위험성은 흡입하는 물질만큼이나 물질이 전달되는 방법과도 큰 관련이 있기 때문이다. 담배 한 모금을 빨면 연기가 10초 만에 입속의 니코틴을 폐의 혈액으로, 다시 뇌로 전달한다. 담배를 피우고 싶은 감정(도파민의 효과)을 느낀 순간부터 담배 한 모금이 주는 충만한 만족감(뇌가 생성하는 오피오이드의 효과)을 느끼는 데 단 10초면 충분하다.

1980년대에 코카인이 코로 흡입하던 방식에서 크랙 형태의 흡연하는 방식으로 전환된 이유 또한 속도 때문이다. 흡연 방식은 코카인이 뇌에 효과를 발휘하는 시간을 5~10분에서 불과 10초로 단축시켰다.[19] 담배처럼 말이다. 이 때문에 흡연 코카인을 통해 느끼는 만족감은 코로 흡입할 때보다 훨씬 강력하다. 정맥으로 약을 주사하는 방법도 대략 흡연 방식만큼 빠른 효과를 낸다.

브룩헤이븐 국립연구소의 노라 볼코는 뇌를 빨리 자극할수록 뇌의 반응도 크다는 것을 처음 발견한 사람 중 하나다. 이런 현상의 정확한 이유는 아직 밝혀지지 않았다. 일부 학자들은 속도로 인해 뇌가 다음번에 얻는 보상의 강도를 높이기 때문에 해당 물질을 더 많이 섭취하게 된다는 주장을 편다. 2004년에 미시간 대학교의 정신의학과 연구팀은 다른 이론을 제기하면서 속도가 뇌의 신경 작용을 변화시켜 중독성 있는 물질을 사용하고자 하는 충동에 따르기 전에 잠시 멈춰 생각할 수 있는 능력을 떨어뜨린다고 주장했다.

속도와 섭식 장애의 연관성이 드러나는 부분이 바로 이 지점이다. 우리가 중독될 수 있는 모든 물질 가운데 뇌를 자극하는 데 음식보다 빠른 것은 없다. 정확히 말하면 특정 종류의 음식이 그렇다.

가공식품이 거둔 경이로운 성공은 모든 면에서 드러나는 빠른 속도가 한몫했다고 해도 과언이 아니다. 업계 전체가 빠른 속도를 근간으로 이루어졌으며 그런 특징은 제조 공장에서부터 나타난다. 크래프트가 충분한 효소와 본래 수개월이 걸리는 숙성의 맛을 똑같이 낼 수 있는 기술로 가공 치즈를 하루 만에 만들 수 있다는 사실을 발견한 것도 생산 라인에서였다. "우유를 넣으면 치즈가 나온다."는 다른 가공식품 기업들도 적극적으로 받아들인 캐치프레이즈가 되었다. 마트에서 파는 폭신하고 흐물흐물한 식빵은 속도가 관건으로, 첨가물을 사용하여 빵 반죽이 부풀어 오르는 시간을 몇 시간 내지 며칠에서 단 몇 분으로 줄여 만든 것이다. 가공식품 업계 정기 간행물인《식품공학》은 최근 발행 호에서 제품 속을 채워 넣고 밀봉하고 포장하고 다음 물품으로 전환하는 생산 라인의 속도를 향상시키기 위해 지속적으로 개발 중인 혁신 기술을 다루었다. 물론 이런 속도 향상은 품목의 종류와 상관없이 "경쟁사보다 제품을 더 빨리 생산"하기 위해서다.[20]《식품공학》에 실린 한 글의 제목은 다음과 같았다. "정확성 및 속도 향상 기술에 목마른 과자류 제조 업체."

생산 시간을 줄여 비용을 절감하면 제품 가격을 낮출 수 있기에 결과적으로 가공식품은 더욱더 매력적이고 만족스러운 상품이 된다. 소비자들이 마트에서 장을 보는 속도도 세심하게 계산된다. 식품 제조 업체와 소매 업체는 행동과학자의 도움을 받아 쇼핑하는 사람들이 마트를 돌아다닐 때 시선의 움직임을 기록한다.[21] 그들은 이런 기록을 바탕으로 이를테면 우리가 어떤 진열대에서는 5.8초간 머무르고 어떤 진열대에서는 3.3초밖에 머무르지 않는다는 사실을 알고 있다. 우리가 물품 하나를 구매하는 데 평균 21초밖에 걸리지 않는다는 사실도, 장 보는 시간이 짧으면 1분에 1.88달러를 쓰지만 장 보는 시간이 25분 이상으로 길어지면 1분에 1.23달러밖에 쓰지 않는다는 사실도 알고 있다.

장을 볼 때 마지막으로 서는 계산대 앞은 속도를 향한 우리의 갈망이 마트에 가장 유리하게 작용하는 장소다. 계산을 위해 줄을 서 있는 동안, 구입할 품목 목록은 이제 필요 없어 구겨 버린 상황에서 우리는 식품 업계와 마트가 계획이 아닌 충동적인 선택을 부추기기 위해 마련해 놓은 것들에 완전히 노출된다. 계산대 주변에 늘 사탕과 초콜릿, 과자가 즐비한 선반이 놓여 있는 것은 이 때문이다. 코카콜라는 소비자들이 줄을 서 있는 동안 번개처럼 빠르게 내리는 충동적 결정을 활용하는 방법을 상세히 가르쳐 주는 안내 책자를 만들어 소매 업체들에 제공한다. 여기에는 탄산음료 냉장고를 계산대 옆에 두라는 내용도 포함되어 있다. "음식에 대한 갈망은 충동구매를 촉진한다." 안내 책자는 이렇게 쓰고 있다. "색다른 방식으로 감각을 자극할 수 있게 제품을 진열해서 단골 고객을 사로잡을 것. 갓 구운 빵 냄새가 나게 하거나 시식 제품을 제공하는 것도 좋다."[22]

무엇보다 가공식품은 소비자 손에 들어오고 나서도 속도가 두드러진다. 가공식품은 빨리 개봉할 수 있고 전자레인지를 이용해 빨리 데울 수 있으며, 가장 중요하게는 입안에 들어가면 뇌도 빨리 자극한다.

담배 연기가 뇌를 자극하는 데 10초가 걸리는 데 반해 혀 속에 들어온 설탕은 뇌를 활성화하는 데 1초의 절반이 조금 넘는 시간, 정확히는 0.6초밖에 걸리지 않는다.[23] 담배보다 거의 스무 배나 빠른 속도다.

이를 입증하는 실험에서 피험자들은 혀 위에 설탕을 놓고 단맛을 느끼면 버튼을 누르도록 요청받았다. 이것은 설탕이 상당한 거리를 이동해야 일어나는 현상이다. 단맛은 혀가 아니라 뇌에서 발생한다. 우리의 모든 시각, 미각, 촉각에 대한 감정적 반응을 일으키는 곳이 뇌이기 때문이다. 피험자들이 버튼을 누르는 행위는 설탕의 자극이 혀에서 뇌로 이동하는 데 걸리는 시간과 뇌가 다시 손가락으로 신호를 보내는 데 걸리는 시간을 나타냈다. 그럼에도 실험에 참여한 사람들이 버튼을 누르는 데는 1초도 걸리지 않았다. 소금과 지방으로 실험했을 때도 거의 같은 속도가 나타났다.

　설탕이나 소금과 같은 가공식품의 기본 성분이 뇌에 도달하는 속도에서 담배나 마약을 능가할 수 있는 이유는 속임수를 쓰기 때문이다. 소금, 설탕, 지방은 인간의 생물학적 구조, 즉 인간이 음식에 끌릴 수밖에 없는 구조를 이용한다. 마약과 담배가 뇌로 이동하기 위해서는 혈액에 흡수되어야 하는데, 음식은 뇌로 이동하는 속도를 최대로 증가시키는 특별한 통로가 있다. 그 시작점은 바로 미뢰다. 아이스크림을 혀로 핥으면 아이스크림에 함유된 설탕을 감지하는 메커니즘을 갖고 있는 미뢰가 설탕을 감지하여 전자신호로 변환한 뒤 뇌로 재빨리 전달하는데, 그 효력은 실제 설탕과 같되 전달 속도는 훨씬 빠르다. 소금도 마찬가지다. 지방은 전달 속도는 같지만 뇌로 이동하는 경로가 다르다. 인간의 입은 삼차신경눈, 위턱, 아래턱으로 뻗어 안면 감각을 뇌에 전달하는 신경을 통해 지방을 감지하고 신호로 변환하여 순식간에 뇌로 전달한다. 삼차신경을 통하든 미뢰를 통하든 효과는 동일하다. 전달된 신호는 뇌를 깨워 먹을 준비를 하고 먹고 싶은 마음이 들도록 자극한다. 아이스크림을 처음 핥는 순간부터 한 입 더 먹고 싶은 강한 충동을 느끼는 데까지는 고작 0.6초밖에 걸리지 않는다.

이후 과정에서는 위도 한몫 거든다. 보통 섭취한 음식이 소화되는 데는 몇 시간이 걸리지만, 단 음식이 들어오는 순간 위는 뇌에 신호를 보낸다. 과학자들은 최근에야 이 사실을 발견했는데, 이 신호의 정확한 특징은 아직 밝혀내지 못했다. 위가 식욕을 촉진하기 위해 호르몬을 분비한다는 게 가장 설득력 있는 추론이다. 따라서 브리야사바랭이 위에 대해 감탄한 내용 중에 한 가지는 맞았다고 볼 수 있다. 물론 식욕은 대부분 뇌가 관장하지만, 위도 식욕을 촉진하는 능력이 있다.

가공식품이 뇌에 신호를 보내는 속도가 빠른 데에는 또 다른 이유가 있다. 음식도 약물처럼 혈류로 들어간다는 점이다. 이러한 현상은 섭취된 음식이 포도당이라는 당으로 바뀌고 이것이 혈관계로 흘러들어 가 우리 몸에 영양분을 공급하는 소화작용을 통해 일어난다. 포도당은 식사 시작 후 10분 이내에 혈액에 도달하기 시작하는데, 이것은 코로 흡입하는 코카인과 비슷한 속도다.

포도당이 혈액에 흡수되는 속도를 확인한 일부 영양학자는 특정 식품이 혈중 당 수치를 얼마나 빨리 상승시키는지 측정하는 혈당지수glycemic index, GI라는 개념을 사용하기 시작했다. 혈당지수 순위표를 보면 언뜻 납득하기 어려운 것도 있다. 예를 들어 탄수화물 식품에 설탕을 첨가하면 실제로 혈액에 흡수되는 속도가 느려지는데, 이는 설탕이 탄수화물 분자를 뭉치게 해 소화를 어렵게 만들기 때문이다. 혈당지수가 음식의 복잡한 특징을 모두 보여 주기에는 너무 단순한 개념이라고 비판하는 과학자들도 있다. 그러나 혈당 이론에 따르면 고도로 정제된 식품이 혈당을 가장 빠른 속도로 올리는데, 혈당이 빨리 오를수록 뇌 안의 보상 체계도 더 빠르게 자극된다. 정제 밀가루로 만든 빵은 혈당지수가 높은 편이지만 옥수수 토르티야는 낮다. 콘플레이크는 혈당지수가 높지만 올브랜All-Bran, 통곡물 저당 시리얼은 낮다. 감자는 높지만 당근은 낮다.[24] 이런 사실에 따르면 당근, 옥수수 토르티야, 올브랜은 뇌에서 보상을 적게 주는 음식으로 인식하고 중독에 이르는 행동(위험성을 신중히 따져 보지 않고 보상을 찾는 일과 억제하는 뇌보다 추동하는 뇌를 자극하는 일)을 추동할 위험이 낮다고 할 수 있다.

고혈당 식품이 혈당을 상승시킨 것과 똑같은 속도로 기분을 가라앉게 한다는 사실 역시 매우 위험하다. 어떤 전문가들은 이것을 중독의 내리막길이라고 부른다. 이런 현상은 그동안 크게 주목받지 못했지만, 최근 연구들에서 음식이 혈류에 빨리 도달할수록 최종 혈당은 더 갑작스럽게 떨어지고, 그 결과 뇌가 도파민을 더 많이 분비해 음식을 더 많이 찾도록 만드는 것으로 나타났다. 우리는 빠른 속도를 갈망하는 만큼이나 속도가 빠르지 않은 것을 싫어한다. 그리고 짜증이 나서든 기분이 우울해져서든 추동과 억제 사이에서 균형을 잃은 뇌는 잘못된 결정을 내릴 가능성이 크다.

음식에 관한 수업으로 여러 상을 받은 브롱크스 공립학교 교사

스티븐 리츠는 이와 같은 뇌의 작동 원리를 매일같이 목격해 왔다. 그의 학생들은 음식에 관해 잘 모르는 상태로 입학하여 졸업할 때는 직접 기르는 파슬리와 고수를 구분할 수 있는 정도가 되었다. 리츠의 수업에는 수경 재배 농장이 있었는데, 내가 방문한 날 학생들은 직접 재배한 작물로 야채 만두를 빚었다. 그러나 학생들의 등하굣길에는 300칼로리에 달하는 정크푸드를 단돈 1달러에 살 수 있는 구멍가게가 곳곳에 널려 있었다.[25] 학생들을 보면서 리츠는 뇌의 제동 기능을 망가뜨리는 가장 강력한 요소가 바로 가공식품의 엄청난 편의성(속도)이라는 확신이 들었다.

"배가 고프다고 느낀 순간부터 한입에 한 끼 식사를 끝내는 데까지 우리의 사고는 순식간에 일어나요. 나도 모르는 사이에 충동이 행동으로 이어지는 거죠."[26]

리츠의 학교가 있는 지역은 학생 10명 중 6명이 빈곤층이고 10가구 중 3가구가 식량이 부족한 곳이어서 학생들이 영양가 있는 음식을 충분히 먹을 수 있는 환경이 아니었다. 리츠의 학생들은 전에는 알지 못했던 음식들을 직접 기르고 수확하고 요리하면서 배워 나가고 있었다. 리츠의 커리큘럼은 학생들의 삶에 큰 영향을 미쳤다. 출석률과 성적이 급상승한 것은 물론 가공식품에 대한 충동을 억제하는 데도 큰 도움을 주었기 때문이다.

식욕을 자극하는 단서는 어디에나 있다

그렇다면 무언가에 완전히 중독되었을 때 그런 충동은 어떤 식으로 나타날까? 설탕이 뇌에 도달하는 데 약 0.6초가 걸리는 것처럼 충동이 작용하는 시간도 측정할 수 있을까?

필라델피아의 임상의이자 연구자인 애나 로즈 칠드러스는 약물 중독을 해결하는 방법을 찾던 중 사람이 어떤 물질에 대한 자제력을 잃으면 순식간에 현명하지 못한 결정을 내린다는 것을 발견했다.

칠드러스는 내담자들에게 그들의 중독과 관련된 사진을 보여 주는 방법을 썼다. 그녀는 '단서'라고 부른 이 사진들을 사용하여 중독자들이 느끼는 갈망을 약화시키고자 했다. 그녀는 환자들이 마약을 했을 때 흔히 보던 광경, 즉 골목 외진 곳, 도랑 속의 코카인 병, 인도에 서 있는 마약상 등이 담긴 사진을 찍었다. 그리고 이 사진을 합쳐 영상으로 만든 다음 내담자들에게 반복적으로 보여 주면서 이것이 그들에게서 욕망을 불러일으키는 단서의 힘을 약화시키길 바랐다. 효과는 아주 좋았다. 내담자들이 칠드러스의 진료실을 떠나기 전까지는 말이다. 진료실 밖에서 내담자들이 맞닥뜨린 현실 세계의 진짜 단서들은 욕망을 다시 흔들어 깨웠다. 그들의 뇌는 칠드러스와의 상담이 현실이 아님을 알았던 것이다.

그러나 칠드러스는 연구를 통해, 그리고 중독자들의 이야기를 주의 깊게 들으면서 놀라운 사실을 하나 밝혀냈다. 바로 현실 세계의 단서들이 중독 물질 그 자체만큼이나 강력한 영향력을 발휘한다는 사실이었다. 내담자 그레그는 자신이 마약을 구입했던 마약상이 길을 걸어가는 것을 보았을 때 들었던 감정에 대해 털어놓았다. "한 순간에 천국에 간 듯한 기분이었어요."

"그 현상이 몸 어디에서 시작되던가요?" 칠드러스가 물었다.

"뇌에서 순간 짜릿함이 느껴지더니 그 희열이 이내 발끝까지 전달되고 또 온몸에 퍼졌어요." 그레그가 대답했다. "그런 느낌이 서서히 내려가더니 발끝까지 흐르다가 다시 위로 퍼지는 듯한 느낌이 들면서 어마어마한 파도처럼 온몸으로 밀려들어 왔어요. 이런 느낌은 아주 단순한 것에서 시작될 수 있어요. 마약을 하는 사람이 길을 가는 것을 보는 것만으로도요. '아, 저 사람 취했네. 저 사람처럼 되고 싶다.' 그런 생각이 들죠. 그러면 심장이 막 팔딱거리고 손가락 끝은 차가워져요. 마약을 하면 땀을 흘려서 추위를 느낀다는 걸 알거든요. 그러면 나도 으스스함을 느끼죠. 가슴이 막 두근거리고요. '벌써 이런 기분이 드는데 그걸 뭐하려고 해?'라는 생각이 들기도 하죠. 그렇지만 온몸이 미친 듯이 요동친다니까요."[27]

기대감이 물밀듯이 밀려와 도파민이 너무 많이 분비된 나머지 그레그는 욕망으로 불타올랐다. 그의 뇌에서 잘못된 결정에 제동을 걸 수 있는 이성의 영역은 작동하지 못했다. 그가 온통 흥분 상태였기 때문이다.

"반드시 하고 말겠다는 기분이 돼요." 그레그는 무언가를 원하는 것과 갈망하는 것의 차이를 설명하며 말했다. "기대감만으로 알 수 없는 황홀감을 느낄 뿐 아니라 그것을 직접 함으로써 황홀감을 느껴야 한다고 생각하는 거죠. 이성은 이렇게 말해요. 그건 내가 원하지도 않고 필요하지도 않고 해서도 안 된다고. 그런데 마음은 그걸 하라고 명령해요. 그리고 그 힘은 아주아주 강력해요. 몸이 떨릴 정도로요. 양쪽으로 10센티미터는 떨리는 것 같아요. 손도 떨리고 온몸이 떨리죠. 그렇게 준비되어 가는 겁니다. 일종의 아름다운 의식인 셈이죠."

칠드러스는 이것을 '격정의 서막'이라고 불렀다. 그리고 다시 사진을 사용하여 중독자들의 기대감을 촉발하는 데 얼마나 짧은 시간이 걸리는지 더 명확히 알아보고자 했다. 그녀는 대부분 전원풍의 사진으로만 이루어진 영상들을 새로 제작했고 영상 이곳저곳에 눈에 띄지도 않을 만큼 짧게 중독과 관련된 장면들을 심어 놓았다. 칠드러스가 만든 중독의 단서는 3만 3000분의 1초에 불과했다. 번개가 번쩍이는 것보다 여섯 배나 짧은 시간이었다. 그럼에도 이 단서들은 여전히 중독자의 뇌를 자극하여 극도의 갈망 상태로 몰아넣기에 충분했다. 그레그가 설명한 것처럼 하느냐 마느냐 여부는 더 이상 문제가 되지 않는, 어떤 것을 미치도록 욕망하는 상태였다.

"우리는 보았다는 사실조차 모르지만 뇌는 압니다." 칠드러스는 중독의 단서들을 이렇게 설명했다. 이러한 단서들은 칠드러스가 제작한 영상뿐만 아니라 현실 세계에도 있다. "어떤 광경, 소리, 냄새…… 중독자들은 그것이 정확히 무엇인지 알지 못합니다. 그들의 의식 밖에 있거든요. 그래도 뇌의 자극 회로가 켜질 수 있습니다. 내담자들은 이렇게 단서가 가득한 환경에서 사는 거예요. '저 사람이

랑 약에 취해 있었지.' '저기 골목에서⋯⋯.' 이런 생각이 의식적으로 떠오르지 않더라도 단서들은 모두 뇌에 입력이 돼요. 그리고 일단 이 회로가 작동하기 시작하면 제동을 걸기는 매우 어렵습니다."[28]

그레그와 같은 중독자들은 자신의 행동이 낳을 결과를 가만히 생각해 볼 기회가 없다. 이미 자제력을 잃고 중독 물질을 사용할 가능성이 높기 때문이다. 그렇다면 고도비만 수술 후 바클라바를 먹다 죽을 뻔한 남성은 어떨까? 칠드러스가 3만 3000분의 1초의 찰나에 스쳐 지나가는 바클라바 사진을 끼워 넣은 영상을 보여 주었다면 그의 뇌에도 욕망의 스위치가 켜졌을까? 어느 금요일 오후, 나는 칠드러스의 사무실에 방문했다. 그녀는 환자들과 힘겨운 한 주를 무사히 보낸 것을 축하하며 동료들과 맛있는 케이크를 나누어 먹고 있었다. 그녀가 손수 만든 초콜릿 트러플 케이크였다. 나는 포크로 내 몫의 케이크를 가리키면서 3만 3000분의 1초짜리 케이크 사진이 초콜릿 중독자의 추동하는 뇌를 자극할 수 있을지 물었다.

칠드러스는 큰 소리로 웃으며 그럴 필요도 없다고 했다. 케이크는 마약 같은 불법 물질이 아니어서 우리에게 잡혀갈 위험을 감수하려는 마음을 불러일으키지 않았다. 게다가 케이크의 이미지는 고개만 돌리면 보이는 옥외 광고판, 마트 등 어디에나 있어서 추동하는 뇌를 언제든지 자극할 수 있다는 게 그녀의 설명이었다. 이런 현실은 이미 음식에 대한 자제력을 쉽게 잃는 사람들에게 문제가 된다. 추동하는 뇌는 보상을 얻으려고 한다. "초콜릿 무스를 담은 은색 접시를 들고 지나가는 사람을 보면 갑작스럽게 이런 생각이 들 수 있겠죠. '와, 저거 정말 먹고 싶다. 오늘 이미 열량을 충분히 섭취했지만 저걸 보니 정말이지 먹고 싶다는 생각이 드네.'라고요."

생각이나 하고 싶다와 같은 단어들은 매우 단순해 보인다. 그러나 뇌와 식욕의 상호작용이 지닌 어마어마하게 복잡한 특징에 관한 이 단어들은 많은 의미와 정보를 내포한다. 우리가 음식을 잘 통제할 때는 생각이나 기호(하고 싶다)가 매우 유익한 요소다. 생각이나 기호가 있어야 음식을 먹고, 음식을 먹어야 살 수 있기 때문이다. 그러나 음식에 대한 통제력을 잃고 중독 상태에 빠지면 생각은 급격히 약해지고 기호와 갈망이 지배한다. 그리고 무엇을 얼마나 먹느냐에 대한 결정은 우리의 자유의지가 아닌 다른 것이 좌우한다. 즉 우리가 선택하지만 실상은 우리가 선택하는 것이 아니다.

3장 맛은 곧 기억이다

맛을 잃어버린 요리 전문가

음식 평론가이자 지중해 요리 전문가인 폴라 월퍼트에게 어둠의 시간이 찾아오기 전까지 그녀의 요리법은 매우 정밀하고 까다로워서 제자들이 매는 앞치마에 "얌전히 레시피나 따르자."라고 쓰여 있을 정도였다.

월퍼트는 쿠스쿠스도 그냥 만들지 않고 곡물을 직접 손으로 밀어 작은 알갱이로 만들었다. 그녀가 만든 카술레고기와 콩을 넣어 만든 프랑스식 스튜는 돼지고기 여섯 종류가 들어가고 준비하는 데만 사흘이 걸렸다. 요리에 자주 사용하곤 했던 붉은 고추는 시리아의 알레포나 터키의 카라만마라슈에서 난 고추만 썼다.

그녀는 요리에 정밀함을 기하기 위해 다섯 가지 신체 감각을 모두 최대한 활용했다. 그리스 북부 지방을 방문했을 때는 지역 특산 요리인 산나물 파이를 만들고 있는 마을 여성들에게 질문을 던지고 여성들의 얼굴을 유심히 관찰했다. "그들의 시선이 어디를 향하는지 봤죠. 다른 사람들의 눈이 유독 한두 사람을 좇더라고요. 그분들이 안다는 의미죠!" 음식의 소리에도 귀를 기울이던 월퍼트는 쿠스쿠스가 쿠스쿠시에르라는 도기 냄비로 요리를 찔 때 냄비 밖으로 김이 빠지는 소리라는 사실을 깨달았다. 양고기 키베_{쿠스쿠스보다 고운 곡물 알} _{갱이와 고기를 반죽하여 튀긴 레바논 요리}를 만들며 손바닥을 이용해 반죽을 찻 잔 모양으로 빚을 때는 촉감에 온통 신경을 집중했다.

　월퍼트의 감각 중에서도 특히 뛰어난 것은 미각과 후각이었다. 그녀는 아주 미묘한 맛과 향의 차이를 뚜렷하게 느낄 정도로 비범한 미감 능력이 있었다. 파스타를 한 입만 먹고도, 심지어 이미 양념이 짙게 배어 있을 때에도, 면수를 끓일 때 넣은 소금이 평소 본인이 쓰 던 제품이 아니면 알아차릴 정도여서 동료들도 깜짝 놀라곤 했다.

　그러던 중 2013년, 74세가 되던 해 월퍼트는 기억력이 서서히 퇴행하는 뇌 질환인 알츠하이머 진단을 받았다. 이후 뛰어난 오감으 로 쌓아 올렸던 그녀의 요리 세계는 서서히 무너져 내렸다.

　가장 먼저 사라지기 시작한 것은 예리했던 언어 감각이었다. 한 때는 전 세계를 여행하며 만난 수백 명의 이름을 모두 읊을 수 있고 열 개가 넘는 언어로 동료 요리사들과 대화를 주고받았던 월퍼트였 지만 생각나지 않는 단어들이 많아지기 시작했다. 그러나 알츠하이 머는 언어만 빼앗아 간 것이 아니었다. 하루는 쿠스쿠스를 만들고 있었는데 늘 쓰던 세몰리나파스타, 푸딩 등의 원료로 쓰이는 알갱이가 단단한 종류의 밀가 떨어져 대신 쓴 다른 브랜드의 세몰리나가 질감이 조금 달라 당황했다. 그러나 기억력이 쇠퇴하고 있던 월퍼트에게는 문제를 해결할 수 있는 방법이 좀처럼 떠오르지 않았다. 알갱이가 평소보다 빨리 만들어져 이내 덩어리가 지고 말았고, 그녀는 요리를 그만둘 수밖에 없었다. "뭔가 잘못된 것은 알겠는데 그게 뭔지 모르겠어요." 낙담한 그녀는 자신의 전기를 쓰던 에밀리 카이저 셸린에게 이렇게 말했다.

후각도 점점 무뎌졌다.[2] 더 이상 타는 냄새를 맡을 수 없어서 혼자 부엌에서 요리를 하는 것이 매우 위험해졌다. 미각도 상실되기 시작했다. 병은 서서히 진행됐지만 결과는 가혹했다. 처음에는 모로칸 커민과 일반 상점에서 파는 커민을 구분하지 못하더니, 종국에는 거의 아무런 맛도 느끼지 못하게 되었다. 월퍼트는 요리와 먹는 것에 대한 열정을 모두 잃어버렸다. 매 식사가 즐거움이었던 그녀는 이제 순하고 부드러운 스무디만 먹으며 지냈다.

2018년 여름에 내가 연락했을 때 월퍼트는 캘리포니아주 서노마에 있는 집에서 채소와 아보카도로 만든 샐러드를 먹던 중이었다. 예전 같으면 쌉쌀한 맛과 부드러운 맛을 만끽하기 위해 레몬과 올리브유를 살짝 뿌렸을 테지만, 이제는 한국 고추장에 버무려 먹는다고 했다. 고추장에는 그나마 그녀가 아직 조금은 느낄 수 있는 마지막 두 가지 맛, 짠맛과 캡사이신이라 불리는 얼얼한 매운맛이 들어 있기 때문이었다.

특히 짠맛에 대한 기억은 오래 지속되었다. 월퍼트는 정크푸드를 좋아하는 사람이 아니었는데, 병이 진행되면서부터는 감자칩을 끊임없이 찾았다. 과자 봉지를 뜯으면 한 번에 해치우곤 했다. "한때는 제 미각이 꽤 뛰어나다고 생각했는데 이제는 완전히 사라져 버렸죠. 맛에 대한 기억을 거의 다 잊어버렸어요. 요리는 기억이 핵심이거든요. 맛은 곧 기억이에요."[3]

식습관도 마찬가지다. 음식을 먹도록 뇌가 하는 많은 일(도파민으로 야기되는 갈망, 오피오이드로 인해 느끼는 좋아하는 마음, 보상 시스템의 명령이 불러오는 생물학적 파생 현상, 빠른 속도에 대한 우리의 반응 등) 중에 가장 강력한 것은 무엇을 먹을지 결정하는 데 발휘되는 기억의 힘이다. 음식과 식품 제조 업체들이 우리의 행동에 영향을 미칠 수 있는 것은 기본적으로 우리가 받아들이고 저장하고 불러내는 정보 때문이다. 우리는 먹는 것을 기억하고 기억하는 것을 먹는다.

기억의 힘이 아주 강한 이유 중 하나는 바로 기억이 존재하는 위치다. 기억은 뇌 뉴런의 한 무리(클러스터)에만 있는 것도 아니고 우리가 느끼는 여러 감정 중 단 하나의 감정과 연관된 것도 아니다. 기억은 뇌 이곳저곳에 존재하면서 우리 존재의 모든 측면에 관여한다. 오븐에서 갓 꺼낸 치킨 포트파이미국식 고기 파이의 일종는 열 개가 넘는 각기 다른 감각으로 기록되고 저장된다. 타라곤잎을 향신료로 쓰는 시베리아 원산의 식물에서 나는 아니스 향은 냄새에 특화된 뇌 영역에 기억을 형성한다. 혀를 찌르는 짠맛은 미각을 관장하는 뉴런에 자리를 잡는다. 마찬가지로 파이 크러스트 틈 사이로 김이 모락모락 새어 나오는 이미지, 얇은 크러스트 표면이 부서질 때 나는 바스락거리는 느낌, 파이 한 판을 함께 먹어 치우며 나누었던 대화는 모두 뇌의 각기 다른 영역에 전달된다. 기억이라는 행위를 위해 이 정보를 다시 불러낼 때에만 멀리 떨어져 있던 기억의 조각들이 소환되어 재조합되며 그제야 우리는 '그 포트파이 정말 맛있었지. 조만간 다시 먹어 보고 싶네.'라고 생각한다.

　이런 재조합을 용이하게 하기 위해 각각의 기억 조각은 뇌를 통과하는 신경로로 연결되어 있다. 약물 중독과 비만을 집중 연구하는 미시간 대학교 의대 연구팀의 신경과학자 캐리 페라리오는 기억을 비처럼 쏟아져 내리는 정보에 반응해 시간에 따라 변화하는 뇌의 강바닥이라고 생각한다.[4]

　어떤 비구름은 순식간에 나타나 비를 뿌리고 사라져 거의 흔적을 남기지 않는다. 반면 어떤 비구름은 매일같이 찾아와 폭우를 퍼붓는데, 이런 비구름은 막대한 양의 정보를 급류처럼 마구 쏟아 내어 뇌 속의 각기 다른 넓은 강바닥에 여러 물길을 새겨 넣는다. 페라리오는 "더 많은 물이 흐르는 물길은 더 깊고 단단히 다져져서 미래에도 물이 그 길로 흐를 가능성이 높아집니다."라고 설명한다.

　인간의 뇌 속에는 이러한 기억의 개울들이 엄청난 규모의 지형을 형성하고 있다. 뇌에는 무려 1000억 개에 달하는 신경세포(뉴런)가 있고, 각각의 세포는 정보가 이동하는 시냅스라 불리는 틈을 통해 다른 뉴런과의 연결부를 무수히 많이 만들 수 있다. 그 결과 총 100조 개의 시냅스가 존재하는데, 이 시냅스들은 새로운 정보가 들어오고 교환됨에 따라 끊임없이 반복 생성된다.[5] 이런 끊임없는 변화 속에서 새로운 기억이 형성되고 기존에 있던 기억은 사라지며 어떤 기억은 물길이 깊어지면서 강렬해진다.

우리는 때때로 기억을 통제한다. 빵 반죽을 만들 때의 물 비율과 같이 유용한 정보를 의도적으로 기억해 내는 경우가 그렇다. 이때 우리는 해당 정보를 나중에 다시 떠올릴 만한 정보로 기록하면서 만들어 둔 신경학적 흔적, 즉 뇌의 강바닥을 다시 찾아간다. 흔적이 깊을수록 해당 정보를 불러오기도 쉽다. 그러나 정보를 의도적으로 불러오는 경우만큼이나 외부의 힘이 기억을 소환하는 경우도 많다. 어떤 장면, 소리, 냄새는 우리도 눈치채지 못할 만큼 아주 은밀하게 기억을 불러온다. 그런 기억은 불현듯 떠오르지만 엄청난 결과를 가져오기도 한다.

가끔 유타주의 붉은 바위 사막을 강타하는 자연재해를 상상해 보자. 하늘은 아주 청명하다. 그런데 몇 킬로미터 밖에서 갑자기 발생한 폭우가 얼마 전 폭풍 때문에 깊어진 물길로 엄청난 급류를 쏟아 보내기 시작한다. 바싹 말랐던 강바닥에 순식간에 거대한 파도가 일어 그곳을 향해 오던 등산객들을 다 휩쓸어 버린다. 이제 폭우가 아니라 도로에서 흔히 보는 맥도날드 옥외 광고판을 떠올려 보자. 만약 당신이 맥도날드를 먹어 본 경험이 있고 이전에 먹었던 빅맥, 감자튀김, 밀크셰이크가 뇌에 새긴 물길이 아주 깊다면, 맥도날드 옥외 광고판을 본 당신의 머릿속에는 그 음식들에 대한 기억이 되살아나고 그 결과 당신은 거세게 밀려드는 욕망에 사로잡혀 맥도날드로 향할 것이다. 그러나 맥도날드에서 식사한 적이 거의 없는 사람에게는 그런 물길이 없기 때문에 광고판이 있는지도 알아채지 못할 가능성이 높다.

약물 중독을 연구한 애나 로즈 칠드러스와 마찬가지로 전문가들은 이런 광고판을 단서라고 부른다. 단서들은 우리 안에서 어떤 반응을 불러일으키는데, 음식에 관한 한 단서에 어떻게 반응하느냐가 식습관에 문제가 있는지 없는지를 결정하는 주요 요인이 된다.

시나몬 향을 맡으면 고구마가 떠오르는지 시나몬 토스트 크런치 시리얼이 떠오르는지는 우리 뇌 속에 흐르는 기억의 강물에 따라 달라진다. 이 기억의 강물은 익숙한 대상일수록 깊어진다. 가장 강렬한 기억, 그리고 그 기억이 낳은 식습관은 반복되는 노출에 기인한다. 누군가의 즐거움은 다른 누군가의 불쾌함이 될 수 있으며, 이 스펙트럼은 익숙한 습관에서 멀어질수록 더 큰 폭으로 변화한다.[6]

음식은 우리 삶에서 매우 중요한 부분을 차지하므로 기억에도 큰 영향을 미친다. 먹는 행위는 우리가 하는 경험, 우리가 가는 곳, 우리가 만나는 사람, 우리가 느끼는 모든 것에 영향을 준다. 우리가 먹는 것이 곧 우리가 누구인지를 나타내는 만큼 우리의 기억도 우리가 누구냐를 설명하는 데 매우 중요하다. 따라서 사람들은 자신을 정의할 수 있는 음식에 관한 기억을 대개 하나쯤은 가지고 있다. 내 지인들에게만 물어봐도 이야기가 끝없이 쏟아져 나온다.

어떤 음식은 사랑하는 사람들을 되살리는 힘을 갖고 있다.[7] 참고 사서이자 연구 보조원인 수전 셸리가는 햄을 넣고 머스터드소스를 바른 호밀빵 샌드위치를 보면 폴란드에서 미국으로 이주해 온 할머니에 대한 기억이 떠오른다. 할머니와 할머니의 손(반죽을 자주 해 힘이 셌지만 버터를 많이 만져 부드러웠던)을 떠올릴 때면, 셸리가는 할머니가 만들어 주던 피에로기효모를 넣지 않은 반죽으로 만든 폴란드식 만두나 사워크림을 너무 많이 넣어 분홍색으로 변한 비트 수프가 생각났다.

알츠하이머에 걸리기 전에 월퍼트는 많은 사람들이 부러워할 만한 음식과 관련된 기억이 있었다. 최상급 제그소우(베이비 브로콜리의 한 종류)를 찾아 모로코 전역을 돌아다닌 기억이라든지, 리프산맥에서 말린 파바콩과 고기 콩피재료를 기름이나 시럽에 넣고 오랫동안 끓이는 요리로 식사를 해 본 그런 류의 기억 말이다. 그러나 음식 문화와 성장과정 때문에 음식에 관한 우리의 가장 강렬한 기억은 정크푸드와 관련된 경우가 많다. 나에게는 어린 시절 달디단 캡앤크런치Cap'n Crunch 시리얼에 설탕을 끼얹어 먹은 기억이 그중 하나다. 달콤한 쿨에이드 분말을 물에 타 먹는 청량음료를 길쭉한 플라스틱 컵에 얼려 아이스크림을 만들어 먹던 기억도 있다. 열 살 때는 런처블크래커를 비롯한 각종 재료로 간단한 점심을 만들어 먹을 수 있는 키트의 전신과도 같은 에이피안 웨이Appian Way 피자 키트로 만든 피자를 오븐에 데우는 등 마는 둥 먹었고, 전자레인지에 돌리지도 않은 팝타르트Pop-tarts로 방과 후의 허기진 배를 채우기도 했다.

가공식품에 대한 즐거운 기억은 아주 강렬하게 오래 남아서 식습관을 개선하기로 결심한 이후에도 우리의 다짐을 방해한다.[8] 음식에 관한 기억은 내가 행동과학자들과 이야기를 나눠 보기 전까지는 상상도 해 보지 못한 방식으로 우리 몸과 마음을 형성하는 데 영향을 미치고 있었다.

뇌는 음식을 어떻게 기억하는가

우리는 하루 동안 보고 듣고 경험하는 대부분을 굳이 기억으로 저장하지 않는다. 차의 경적 소리, 단골 치과에 깔려 있는 카펫 색깔 등 우리가 주변 환경에서 감지하는 감각들은 뇌로 들어간다. 그러나 그 감각들이 해마라고 불리는 뉴런 다발에 도착하면 입력된 정보는 거의 대부분 무시된다. 100조 개가 넘는 시냅스도 처리할 수 있는 데이터 양에 한계가 있기 때문이다.

경험 중 일부가 기억으로 기록되기는 하지만 그마저도 몇 초에 불과하다. 육두구 씨 가루 4분의 1티스푼, 심황 가루 3분의 1티스푼을 넣는 요리 레시피가 있다고 가정해 보자. 몇 가지 세부 정보를 한 번 기억하면 향료를 계량해서 넣을 때까지 요리책을 다시 들여다보지 않을 수 있지만, 반복해서 쓰는 레시피가 아니면 이런 구체적인 수량은 금방 잊어버린다. 이와 마찬가지로 우리는 보통 줄표(-)의 도움을 받아서 전화번호 일곱 자리 숫자를 외울 수 있지만 그것도 전화기 버튼을 누르는 순간까지만이다.

영구적으로 불러낼 수 있는 장기 기억 보관소에 가는 정보는 대개 뇌에 들어오는 순간 큰 인상을 남긴 것이다. 심리학에서는 이것을 각성arousal이라고 하는데, 입력된 정보에 의해 뇌가 흥분하는 것을 의미한다. 음식 중에서는 뇌를 각성시키는 데 설탕만 한 것이 없다.

어린아이들에게 물 240밀리리터가 담긴 컵과 설탕, 찻숟가락을 주고 원하는 만큼 달게 만들어 보라고 하면, 평균적으로 설탕 11티스푼을 물컵에 넣는다고 한다.[9] 이렇게 만든 단물은 탄산음료보다 달고 성인이 좋아하는 단맛 수준의 거의 두 배에 달하는데 아이들이 단맛을 좋아하는 이유는 인간의 생물학적 특징과 깊은 관련이 있다.

어떤 음식을 좋아하고 좋아하지 않는 기호는 엄마가 먹는 음식을 통해 태아일 때부터 시작된다. 우리는 자라면서 종종 아주 건강한 음식을 거부하곤 한다. 가장 일찍 나타나는 성향은 어릴 때 떫은 맛(브로콜리), 쓴맛(시금치), 신맛(요거트)을 피하는 것이다. 자연에서는 그런 맛들이 독소나 부패한 상태를 의미하기 때문이다. 이러한 맛들은 오직 기억의 물길을 깊어지게 하는 반복 경험을 통해서만 견딜 수 있게 된다.

반면 설탕은 그런 난관을 넘지 않아도 된다. 태아가 7~8주가 되면 미각에 특화된 세포가 발달하고, 태어날 때쯤에는 혀 전체에 단맛을 느끼는 세포가 자리한다.(과거 우리가 학교에서 배운 것처럼 혀끝에만 있는 것이 아니다.) 아기들은 설탕을 주면 웃고 고통도 덜 느낀다. 소아과 의사들이 갓난아기 뒤꿈치를 찔러 혈액을 채취한 뒤 사탕을 주는 것도 그래서다. 설탕이 지닌 진통제 같은 힘은 청소년기까지 지속된다. 뇌는 설탕을 육체가 성장하는 데 필요한 에너지원으로도 인식하기 때문에 단맛을 찾음으로써 얻는 보상은 단순한 즐거

움 그 이상이다. 우리는 단맛을 느낄 때 생존에 필수적인 일을 한다
는 깊은 생물학적 만족감을 얻는다.

각성을 일으키는 설탕보다 뇌를 더 자극하는 것이 하나 있다.[10]
초콜릿바나 스타벅스 라테, 딸기 쇼트케이크를 좋아하는 사람에게
는 전혀 놀랍지 않을 것이다. 연구에 따르면 설탕과 지방이 각각 따
로 작용할 때보다 결합했을 때 뇌를 더 많이 자극한다. 나는 이 이야
기를 가공식품 회사에서 신제품 제조법을 고안하는 식품공학자들에
게서 처음 들었다. 그들은 뇌가 가장 큰 보상을 가져다주는 음식에
가장 크게 자극된다는 사실을 알고 있었다.

더 정확히 말하면 보상 횟수가 많을수록 뇌는 더 큰 자극을 받는
다. 이 사실이 바로 설탕과 지방의 결합이 중독 문제에서 아주 흥미
로워지는 지점이다. 음식이 입에 들어왔음을 뇌에 알리는 데에는 다
양한 방법이 있다는 사실을 기억할 것이다. 설탕이 들어오면 혀 위
에 분포된 미뢰가 뇌에 신호를 보낸다. 반면 지방은 입천장부터 뇌
까지 이어지는 삼차신경에 의해 신호가 전달된다. 설탕과 지방이 모
두 함유된 음식은 두 경로를 모두 활성화하고 두 가지 신호를 개별
적으로 보냄에 따라 뇌의 흥분을 배가하고 높은 가치가 있는 정보로
인식하게 한다.

아는 것이 많을수록 잘살 가능성이 높은 것은 당연한 이치다. 인
간은 생물학적으로 더 알려고 하는 경향이 있어서 새로운 정보에 흥
분한다. 뇌의 이러한 측면을 연구한 서던 캘리포니아 대학교의 신경
과학 교수 어빙 비더먼에 따르면 인간은 선천적으로 정보를 갈망한

다. 그는 인간을 정보를 먹는 동물infovores이라고 칭하면서 정보가 인간의 뇌에 야기하는 자극에 대해 설명했다.[11]

과즙이 풍부한 씨 없는 오렌지는 분명 우리를 자극하는 음식이다. 그러나 자연에서 지방과 설탕이 결합된 음식은 찾기 힘들다. 심지어 모유도 평균적으로 지방은 3.5퍼센트, 설탕은 7퍼센트밖에 되지 않는다. 그러나 지방과 설탕은 현대인의 식생활을 지배하는 음식과 밀접한 관련이 있다. 일반적인 가공식품 스낵은 지방이 24퍼센트, 설탕이 57퍼센트에 달한다. 가공식품 제조 업체들은 짭조름한 맛의 핫도그, 스파게티 소스, 빵, 냉동 치킨에도 설탕을 첨가했다. 우리가 먹는 음식의 약 4분의 3에는 설탕 첨가물은 물론 소금도 엄청난 양이 들어 있는데 소금 역시 지방이 주는 자극을 더 강화한다.

가공식품이 정보를 갈구하는 뇌에 아주 매력적으로 느껴지는 이유는 또 있다. 우리는 음식을 맛보기만 하는 게 아니라 느끼기도 한다는 점이다. 가장 강렬한 인상을 주는 감각 중 하나는 다양한 질감이 혼합된 것인데, 이를 역동적 대비dynamic contrast라고 부른다. 실력 있는 요리사들은 다 알 만한 요리법이 하나 있다. 가스파초시원하게 먹는 스페인식 토마토 수프를 만들 때 수프를 그릇에 담고 그 위에 바삭하게 튀긴 작은 빵 조각을 뿌리는 것이다. 이렇게 하면 액체와 바삭한 식감 사이에 역동적인 대비를 만들 수 있다. 역동적 대비 현상은 뇌로 전달되는 정보를 증가시키며 자극을 한층 강화한다.

식품 제조 기업들은 역동적 대비의 개념을 성공적으로 구현했다.[12] 예를 들어 피넛 엠앤엠M&M's은 겉면은 잘 바스러지고 안쪽은 부드러우며 가운데에는 아삭하게 씹히는 땅콩이 들어 있다. 오레오 쿠키에는 가벼운 맛과 진한 맛, 달콤한 맛과 짭짤한 맛, 부드러운 느낌과 딱딱한 느낌이 모두 있다. 계속되는 환상적인 느낌에 이리 치이고 저리 치인 뇌는 그 매력에 빠질 수밖에 없다. 그리고 그 매력을 다시 경험하고 싶어 한다. 따라서 뇌는 이 정보를 기억으로 저장하고, 이로 인해 우리가 이 느낌을 계속해서 찾을 가능성은 높아진다.

기억에 대한 신경과학이 더욱 흥미진진해지는 지점은 여기다. 우리가 생성하는 기억은 부분적으로 기억과 결부된 뇌 영역에 따라, 그리고 기억이 이끌어 내는 행동의 종류에 따라 크게 나뉜다.

우리가 음식 준비와 소비에 대해 생각하면서 목적과 계획을 가지고 식사를 할 때는 뇌에서 해마가 활동한다. 해마는 추동하는 뇌가 우리를 곤란에 빠뜨리지 못하게 돕는다. 음식을 천천히 여유롭게 먹으면 해마가 그런 식사 경험에서 정보를 흡수하고 배울 수 있다. 그러면 우리는 이런 고민을 한다. '포트파이 크러스트가 더 바삭할 수는 없었을까? 반죽에 물을 조금 덜 넣으면 조금 더 바삭했을까? 그랬다면 나와 식구들이 더 건강하게 먹을 수 있었을까?' 식사를 느긋하게 하면 1인분의 양이 충분한지 아닌지도 생각하게 된다.

반면 컴퓨터를 들여다보면서 초콜릿바를 먹는 경우처럼 기계적으로, 또는 늘 하던 버릇대로 음식을 먹을 때는 뇌의 선조체라는 영역이 활동한다.(선조체는 회색과 흰색의 줄무늬를 띠고 있어 줄무늬라는 뜻의 라틴어 striatum이라고 불린다.) 과거에는 C자 모양의 이 영역이 신체를 뜻대로 움직이는 능력만 관장한다고 여겨졌으나, 새로운 연구 결과를 통해 이것이 자극에 반응하는 행동과 연관이 있다는 사실을 알게 되었다. 우리는 선조체를 통해 사탕의 모양, 냄새, 기억과 같은 유인 요소에 반응하는데 이때는 잘못된 결정에 제동을 거는 감시 기능이 작동하지 않는다. 우리가 선조체에 정보를 저장하면 선조체는 일명 습관 기억habit memory이라는 것을 생성한다.

이 사실을 발견한 사람도 최초로 초콜릿을 사용하여 음식에 대한 뇌의 반응을 확인한 맥길 대학교의 데이나 스몰이다. 그녀는 피험자들에게 음식 사진을 보여 주며 경매에 입찰하게 한 뒤 뇌를 스캔하는 방법으로 이 사실을 발견했다. 단맛만 나거나 지방만 많은 음식은 효과가 그리 크지 않았다. 그런 음식들은 보상 시스템과 관련된 뇌의 영역을 활성화했다. 그러나 설탕과 지방이 모두 함유된 스낵은 선조체, 즉 습관 기억이 존재하는 영역을 흥분시키는 자극을 일으켰다.

선조체는 자제력과 자유의지가 사라지는 영역이다. 이는 설탕과 지방이 함께 들어오면 자제력을 발휘하기가 매우 어려워짐을 의미한다. 특히 행동이 반복되면 설탕과 지방은 가장 끊기 어려운 조합이 된다.

우리는 기억하는 것을 먹는다

몇 년 전 나는 미시간주 배틀크리크에 있는 켈로그Kellogg's 본사를 방문했다. 소금의 과도한 사용에 대해 회사 간부들과 이야기해 보기 위해서였다. 그곳에서 인생 최악의 음식을 맛보았다. 나는 원래 치즈잇Cheez-It 크래커를 하루 종일 먹을 수 있을 정도로 좋아하는데, 그 날 그들은 특별히 나를 위해 소금을 전혀 첨가하지 않은 치즈잇 크래커와 여러 제품을 만들어 왔다. 그리고 자신들이 왜 그렇게 소금에 의존하는지 설명했다. 일단 나는 과자를 삼킬 수조차 없었다. 과자의 질감과 용해성을 만드는 것이 소금이기 때문이다. 그러나 그 끔찍한 음식을 맛보기 전 회사를 둘러보던 중에도 다른 의미로 충격적인 일이 있었다.[13] 흰색 실험실 가운을 입고 머리그물을 쓴 채 켈로그 간부들과 연구 개발 시설을 둘러보고 있을 때 난데없이 40년 전 기억이 떠오른 것이다. 공장의 한쪽 끝에서 팝타르트가 만들어지고 있었는데, 나는 그 과자를 오랫동안 먹지 않았는데도 비스킷 향이 나는 달콤한 반죽 냄새에 곧장 온 신경이 쏠렸다. 놀라우리만큼 생생한 추억의 냄새는 그것을 매일같이 먹던 어린 시절로 나를 순식간에 데려다 놓았다.

팝타르트의 냄새는 내 기억 속에 아주 또렷하게 남아 있었다. 아마 어린 시절에 처음 접한 탓도 있을 것이다. 어린 시절은 음식에 관한 기억에 중요한 영향을 미친다. 우리는 어릴 때 적극적으로 배우고 변하는데 이것이 기억의 생성을 촉진한다. 또 청소년기에 가장 많은 기억과 가장 오래 지속되는 기억이 형성된다. 나이가 들어 회상하기 가장 쉬운 것도 이 시절의 기억이다. 전문가들은 이것을 회고 절정이라고 부른다.[14]

청소년기는 위험한 행동에 가장 자주 가담하는 시기이기도 하
다. 심리학에서는 그 이유를 10대들에게 행동의 결과를 신중하게 따
져 볼 수 있는 제동장치가 완전히 발달되지 않았기 때문이라고 본
다. 경고를 주고 억제하는 뇌 영역이 발달하지 않은 상태에서 보상
의 감각에 더 강하게 끌린다는 것이다. 우리는 이것을 10대들의 무
모함이라고 생각하곤 하지만, 사실 그 이면에는 상당히 복잡한 일이
일어난다. 최근 컬럼비아 대학교 카블리 뇌과학연구소가 주도하는
연구자들이 10대들의 이런 무모한 성향을 이해하기 위해 뇌를 스캔
했는데, 놀랍게도 청소년이라고 해서 충동에 관대한 선조체가 성인
보다 더 활발한 것은 아니라는 결과가 나왔다. 게다가 10대들은 성
인보다 해마를 더 많이 사용했는데, 이는 10대들이 신중하게 고민한
다는 의미였다.[15] 이 연구 결과는 청소년을 새로운 시각으로 보는 계
기가 되었다. 청소년들은 무턱대고 위험에 뛰어드는 것이 아니라 인
생의 가장 중요한 시기에 주변 세상을 더 잘 이해하려 노력하고 있
었다. 한 연구자는 이렇게 말했다. "대체로 청소년기는 독립성이 발
달하기 시작하는 시기입니다. 이 시기에 뇌가 해야 할 일이 열성을
다해 배우는 일 말고 뭐가 있겠습니까? 10대 뇌의 이런 특성 때문에
청소년들이 그들 고유의 방식대로 학습하고 학습된 정보를 이용하
여 스스로 성인기를 준비하는 것이죠."

　음식 문제로 돌아오면, 아이들은 정크푸드에 맹목적으로 끌리는
것이 아닐 수도 있다. 아이들은 정크푸드에 대한 유혹을 영양과 건
강에 대해 배운 내용과 양립시키기 위해 고민할 것이다. 어떤 쪽이

우세하든(충동의 영역이든 다시 한번 생각하게 하고 억제하는 영역이든) 청소년들의 행동을 결정짓는 요인은 그들에게 쏟아지는 정보와 경험의 힘이며, 이런 정보와 경험은 장차 그들의 생각과 행동을 유도할 뇌 안의 물길을 만들어 낸다. 그러나 뒤집어 생각해 보면 아이들의 경우 외부 요인이 내적 판단보다 의사결정에 더 큰 영향을 발휘할 수 있어서 기업의 마케팅에 매우 취약하다는 의미이기도 하다.

기억이 식습관을 형성하는 힘은 청소년기의 다른 특성에서도 기인한다. 청소년기는 우리가 처음으로 세상을 배우면서 선과 악을 구분하고 무엇을 중요하고 소중하게 여겨야 하는지 결정하는 시기다. 어린 시절의 음식에 대한 경험은 우리의 감정과 삶 구석구석에 깊이 스며드는 경우가 많다. 우리는 음식의 기억을 가족이나 친구와 보낸 행복한 시간과 결합하여 생각하므로 나이를 먹어도 둘은 여전히 연결된 채로 남아 있다.

코넬 대학교 호텔경영대학의 연구자 캐스린 라투르는 앨라배마주에서 그곳 대학생들을 대상으로 세상에서 가장 유명한 패스트푸드인 코카콜라에 대한 기억을 연구했다. 라투르가 선택한 연구 방법은 이른바 '기억 산책'이었다.[16] 그녀는 실험 참가자들에게 눈을 감고 "코카콜라가 자신에게 뚜렷하게 각인되었던 때, 그리고 그 경험을 통해 얻은 코카콜라에 대한 생각을 떠올려 달라"고 요청했다.

기억 산책을 시작한 참가자들은 대부분 어린 시절을 떠올렸다. 어린 시절을 회상하는 인간의 능력은 놀라울 정도로 강력하다. 성인은 대개 두어 살 때까지의 기억을 제외하면 과거의 추억을 대부분 떠올릴 수 있다. "세 살인가 네 살 때 할머니 댁에 갔어요. 식탁에 할머니, 엄마와 앉아 있었고, 저는 그레이엄 크래커통밀로 만든 비스킷를 먹은 뒤라 목이 말랐어요. 엄마가 유아용 컵에 가져다주신 음료수를 한 모금 마셨는데 목이 타는 것 같은 느낌이 들었어요. 탄산 때문에 트림을 했더니 할머니랑 엄마가 막 웃으셨죠. 두 분이 왜 웃는지 몰랐지만 저도 그냥 따라 웃었어요."[17]

"어느 더운 여름날, 삼촌이 하시는 가게에 갔을 때였어요. 엄마가 콜라 한 병을 따고는 나누어 주셨어요. 아주 예쁘게 생긴 병이었고 표면에는 송글송글 맺혀 있던 물방울이 흘러내려 뚝뚝 떨어졌어요. 한 모금을 마시자 탄산이 입술을 간지럽혔고 코도 약간 간지러웠던 기억이 나요. 아주 시원하고 상쾌한 느낌이었어요."

추억을 만드는 코카콜라의 강력한 힘을 알아본 것은 라투르만이 아니다. 코카콜라의 한 마케팅 담당자는 콜라에 대한 사람들의 기억이 콜라를 만드는 레시피만큼 중요하다고 말했다. 2012년에 코카콜라는 이런 이야기들을 고객들에게서 직접 받아 회사 웹사이트에 게재하기로 했다.

사연이 너무 많이 쏟아져 들어와서 코카콜라는 이야기를 몇 가지 주제로 분류했다. 군대에서의 콜라의 추억, 콜라와 로맨스, 주머니 사정이 좋지 않을 때 싸구려 사치품이 되어 주었던 콜라 등등. 물론 콜라와 어린 시절도 있었고, 여기에 가장 많은 사연이 접수되었다. 이는 기억이라는 것이 갈망이나 좋아하는 감정과 얼마나 밀접하게 결합될 수 있는지 잘 보여 준다.

"저희 엄마는 미용실에서 저를 얌전히 있게 하는 최고의 방법이 자판기에서 콜라를 사 주는 일이라는 사실을 금방 깨달으셨어요." 한 코카콜라 팬이 쓴 글에는 이렇게 적혀 있었다. "콜라는 작은 병과 큰 병 두 종류가 있었는데, 어릴 때는 늘 최대한 큰 것을 바라잖아요.(지금도 마찬가지고요.) 콜라 병을 손에 쥐고 있을 때의 그 차가운 느낌이 생각나요. 미용실 헤어드라이어에서 뿜어져 나오는 건조하고 뜨거운 공기 때문에 바짝 말랐던 목을 차가운 콜라가 부드럽게 적셔 주던 느낌도요. 내가 정말 얌전히 있으면 (그리고 엄마의 머리 손질이 오래 걸리면) 엄마는 콜라를 한 병 더 사 주시곤 했는데, 그야말로 천국이 따로 없었죠."

2013년, 유진에 있는 오리건 연구소에서 일하는 행동과학자 에릭 스타이스는 10대들의 뇌가 설탕이 많이 든 음료수에 어떻게 반응하는지 확인하는 실험을 몇 가지 했는데, 연구 결과 이런 추억의 힘은 매우 강력했다. 애플이 등장하기 전까지 코카콜라는 세계에서 가장 영향력이 큰 브랜드였다. 빨간색과 흰색이 어우러진 코카콜라 로고는 세계적으로 유명할 뿐 아니라 사람들에게 특별한 감정을 불러일으켰다. 이는 코카콜라 음료 그 자체보다 심리학적으로 훨씬 더 큰 매력이라 할 수 있었다.

이 실험에서 스타이스는 15세 청소년 24명에게 코카콜라의 로고 사진을 보여 주고 뇌 스캔을 진행했다. 실험 대상자 중 탄산음료를 전혀 마시지 않는 절반은 감정적 반응을 거의 보이지 않았다. 그러나 나머지 절반은 코카콜라를 적어도 하루에 하나씩 꾸준히 마셔

온 청소년들이었다. 이들은 모두 습관처럼 마셔 온 콜라에 대해 특별한 기억을 갖고 있었는데, 이것은 뇌 반응으로 증명되었다. 로고만 보고도 갈망과 관련된 뇌 영역에 불이 들어왔기 때문이다.

기업들이 자사 제품을 홍보하기 위해 얼마나 돈을 쓰는지 생각해 보면 그리 놀랄 일은 아니다. 하지만 스타이스의 실험은 기업들이 우리에게 미치는 영향의 더욱 부정적인 면을 드러냈다. 코카콜라를 정기적으로 마시는 사람들은 코카콜라 로고를 보면 억제하는 뇌 영역의 활동이 둔화되었는데, 이는 콜라가 건강에 미치는 유해성을 우려해서 마시지 않겠다고 생각할 가능성이 적다는 의미였다.

스타이스가 내린 결론은 조심스러우면서도 명확했다. 그는 코카콜라를 마시는 사람들이 로고에 보이는 이중 반응(추동하는 뇌가 활성화되고 억제하는 뇌가 둔화되는)은 "이론상으로는 동시에 습관적 소비를 영속화할 수 있다."라고 논문에 적었다.[18] 즉 그들이 코카콜라 중독자가 될 수 있다는 뜻이다.

우리의 행동을 좌우하는 감정의 힘에 대해 잘 알고 있는 코카콜라는 최근 전 세계 소비자를 대상으로 '행복을 선택하세요'라는 광고 캠페인을 시작했다. 이 캠페인에는 가장 행복했던 순간의 사진을 공유하면 경품을 주는 행사도 있었다. 그러나 기억의 작용에서 꼭 좋은 시절이나 행복한 기분만 음식과 밀접한 관련을 맺는 것은 아니다. 식습관과 중독은 삶의 어두운 기억에 의해서도 생겨난다.

잊기 위해 먹는 사람들

내가 스티브 커미스를 알게 된 것은 필라델피아에서 진행된 한 실험 프로그램에서였다. 효과는 덜하지만 여전히 만족감을 주는 음식을 고르거나(예를 들어 아이스크림 대신 프로즌 요거트) 많이 먹지 않도록 음식을 더 적게 다시 담는 등의 활동을 통해 식습관을 완전히 새로 정립함으로써 식욕을 스스로 통제하도록 돕는 프로그램이었다. 나는 의료 기관을 운영하는 커미스를 만나 그의 오랜 섭식 장애에 대한 이야기를 듣기로 약속한 상태였다.

나를 집으로 초대한 커미스는 아내와 함께 만든 고급스러운 부야베스프랑스식 해물탕를 먹으면서 다섯 살 때의 추억을 들려주었다. 평생 식습관을 형성하는 데 일조한 그 시절의 음식에 대한 기억은 그의 머릿속에 깊이 새겨져 있었다. 어릴 적 커미스는 일요일마다 할아버지 댁을 방문했는데, 식료품점을 운영하던 할아버지는 늘 집에 케이크를 가지고 왔다.

"층이 많고 초콜릿을 입힌 바닐라 케이크였어요. 케이크와 크림이 이렇게 겹겹이 쌓여 있었죠. 할머니가 선반이나 부엌, 거실, 집 안 이곳저곳에 케이크를 숨기면 제가 찾으러 다녔고 할머니는 또 케이크를 찾으러 다니는 저를 막 쫓아오셨어요. 그러는 내내 우리는 깔깔거리며 웃어 댔고 내가 케이크를 찾으면 함께 먹곤 했죠."

케이크 덕분에 그는 음식이 위안을 준다는 사실을 알게 되었다. 그 이후로 커미스는 무슨 일이 생길 때마다 계속해서 음식을 찾았다. 찾는 양도 점점 늘어났다. 그가 10대에 들어섰을 때 부모님의 사이가 틀어지기 시작했다. 두 사람은 싸우는 대신 서로를 멀리했고 커미스를 상담사처럼 이용했다. 그들은 번갈아 가며 낙담하고 서글픈 마음을 커미스에게 쏟아 냈다. 부모님의 이야기를 듣고 나면 커미스는 괴로움을 떨쳐 내기 위해 음식을 찾았다. "부모님이 제게 속마음을 털어놓는 날이면, 전 그저 더 많이 먹었습니다."

커미스의 식습관은 대체로 꽤 건강한 편이었다. 간식을 먹을 때도 마찬가지였다. 가장 좋아하는 간식은 꿀과 건포도를 섞은 땅콩잼을 바른 토스트였다. 문제는 먹는 양과 빈도, 그리고 음식과 관련된 좋지 않은 추억이었다. 속이 상한 부모님의 하소연을 다 듣고 나면 그는 부엌으로 가 냉장고나 찬장에 보이는 것은 무엇이든 먹었다. 이것은 어떤 면에서 정크푸드보다 해로운 결과를 가져왔다. 이로 인해 평생 손에 닿는 것은 무엇이든 너무 많이 먹는 습관이 생겼기 때문이다. 굳이 밖에 나가 오레오 쿠키를 사 올 필요가 없었다. 먹다 남은 라자냐로도 충분했다. 열네 살 무렵 커미스는 90킬로그램이 나갔고 성인이 된 후 105킬로그램까지 증가했다가 이후 몸무게를 감량해서 내가 만났을 때는 86킬로그램까지 뺀 상태였다. "늘었다 빠졌다의 연속이에요."

커미스만이 아니다. 한 통계에 따르면 미국인의 70퍼센트가 살면서 교통사고든 폭행이든 학대든 트라우마를 적어도 하나 경험하고, 8퍼센트가 그 트라우마에서 벗어나지 못한다.[19] 회상이나 악몽을 통해 트라우마를 일으킨 사건을 반복적으로 경험하는 그들은 과도

하게 각성되고 수면 장애와 분노 발작 증상을 보인다. 이것을 해결하기 위해 해당 사건을 떠오르게 하는 장소나 사람들을 회피하거나 중독성 있는 물질을 사용하여 스스로 무감각해지려고 노력한다. 때로는 그 물질이 약물이나 술일 때도 있지만, 음식 또한 감각을 마비시키는 효과가 있다.

2011년, 텍사스주에서 병원에 다니는 여성들을 대상으로 식습관에 관한 설문을 진행하여 트라우마와 섭식 장애의 연관성을 입증한 연구가 있었다.[20] 연구 결과, 외상 후 스트레스 장애PTSD 증상이 있는 사람들이 패스트푸드와 탄산음료를 더 많이 섭취하는 것으로 나타났다. 그들이 반드시 과체중인 것은 아니었는데, 이는 식사를 건너뛰거나 담배를 피우거나 다이어트 약을 복용하는 등 체중 증가를 막기 위해 몸에 좋지 않은 일들을 하기 때문이었다. 그리고 그 비율은 스트레스 장애가 없는 여성들보다 많았다. 예일음식중독척도를 사용하여 수행한 다른 설문 결과에 따르면 PTSD가 있는 여성들이 섭식 장애 증상도 있을 가능성은 그렇지 않은 집단보다 두 배 이상 높았다.[21] 베트남 참전 용사들을 대상으로 진행한 분석에서도 PTSD가 있는 이들의 84퍼센트가 과체중이거나 비만으로 스트레스 장애가 없는 사람들에 비해 높은 수치를 보였다.[22]

학대와 같은 끔찍한 경험 때문에 음식처럼 기분 좋게 하는 것을 자제력을 잃을 만큼 찾는 이유는 무엇일까? 가장 명백한 이유는 우리가 나쁜 일을 좋은 일로 상쇄하고 싶어 한다는 것이다. 인간의 생물학적 특성상 그리 어려운 일이 아니다. 놀랍게도 고통과 쾌락은 종이 한 장 차이에 불과하다.[23] 영국의 신경과학자인 프랜시스 맥글론은 1990년대 후반에 통증을 연구하던 연구소를 떠나 헬만스 Hellmann's와 크노르Knorr 그리고 여러 아이스크림 브랜드를 소유한 굴 지의 소비재 기업 유니레버Unilever에 입사했다. 유니레버에서 가려움 을 예방하는 피부용 크림을 연구하던 그는 피부에서 통증의 신호를 전달하는 수용체와 쾌락 신호를 전달하는 수용체가 사실상 같다는 것을 발견했다. 또 우리가 혀가 얼얼할 정도로 매운 고추기름에 반 응할 때 고통과 쾌락을 동시에 느끼며 이 둘이 뇌신경에 뒤섞여 있 다는 것을 뇌 스캔을 사용하여 확인했다.

미국 국립보건원의 국립알코올남용및중독연구소NIAAA 소장인 조지 쿱은 PTSD와 중독이 뇌에서 일어나는 방식에 공통점이 많다 고 설명한다. PTSD와 중독 모두 뇌의 추동하는 기능을 작동시키고 억제하는 기능을 억누른다. 사람들이 처음 중독 물질에 끌리는 원인 을 설명하는 중독 전문가들의 이론은 크게 두 가지로 나뉜다. 하나 는 쾌락을 쫓기 때문이라는 견해고, 다른 하나는(쿱도 여기에 동의하 는데) 나쁜 일을 잊으려 하기 때문이라는 견해다.

쿱은 이를 가리켜 중독의 어두운 면이라고 부른다. "중독자들은 행복하지 않습니다. 아주 불행한 사람들이죠."[24] 우리는 기억하는 것 을 먹지만, 무언가를 잊기 위해 먹기도 한다.

그러나 결국 중독의 반복적인 속성은 이 두 가지 목적, 곧 쾌락 추구와 고통 완화 추구를 몹시 끊어 내기 힘든 절망적인 무한 반복 의 굴레로 변화시킬 수 있다. 뇌에는 자체적으로 감각을 둔화시키는 장치인 엔도르핀이 있다는 사실을 기억할 것이다. 엔도르핀은 러너스 하이runner's high라는 쾌감을 불러일으키는 호르몬이다. 연구에 따르면 우리가 트라우마를 경험할 때 뇌에서 엔도르핀이 쏟아져 나와 정서적, 육체적 고통을 줄여 준다. 과거의 트라우마가 떠오르거나 되살아나 이런 일이 반복되면 우리는 엔도르핀이 분비되길 바라고 엔도르핀이 줄어들면 몹시 갈망하게 된다.

연구자들에 따르면 중독 물질 역시 뇌에서 엔도르핀을 분비시키기 때문에 트라우마나 다른 정신과 질환으로 힘들어하는 사람들은 엔도르핀 대신 알코올이나 음식에 의지하면서 위안을 새롭게 경험하기도 한다. 인간은 잊기 위해 먹고, 또 고통을 줄이기 위해 먹는다.

기억을 노리는 광고

2015년 이른 봄의 어느 날, 맨해튼 미드타운에 있는 힐튼 호텔은 콘퍼런스에 참석한 광고 전문가들(우리 감정을 교묘히 조종하는 일을 하는 사람들)로 북적거렸다. 콘퍼런스는 미국 광고연구재단Advertising Research Foundation의 후원을 받아 개최된 것으로, 광고연구재단은 재단의 전문성을 활용하는 400개 이상의 기업을 회원으로 두었다. 콘퍼런스에 연사로 선 사람들 중에는 페이스북이나 트위터와 같은 최강의 마케팅 기업뿐 아니라 펩시코, 켈로그, 코카콜라 등 거대 식품 제조 업체들의 마케팅 책임자들도 있었다. 스무 개가 넘는 워크숍의 주제는 가전제품 사용 관찰을 통한 소비자 행동 분석부터 TV 광고에서 스마트폰 광고로의 전환에 따른 과제에 이르기까지 다양했다.

그러나 콘퍼런스 전체를 포괄하는 주제는 투자 대비 수익률이었다. 매년 광고에 수십억 달러를 쏟아부으며 들인 돈 이상의 것을 요구하는 클라이언트들이 모인 행사였기에, 참석자가 가장 많이 몰린 곳은 광고를 통해 확실하게 판매를 촉진하는 새로운 방법을 보고하는 3일 차 오전 세션이었다.

「뇌에서 식탁까지: 새로운 소비자 '신경' 분석 결과」라는 제목의 이 세션에서 연구자들은 소비자들의 정서를 타깃으로 하는 새로운 방법을 발견했다고 설명했다. 의료 장비를 사용하여 기억의 원리를 밝혀낸 것이었다. "엄청나게 짧은 시간, 단 5년 만에 우리는 놀라운 발전을 이뤄 냈습니다." 광고연구재단의 중역이자 세션 진행자인 호스트 스팁은 이렇게 운을 뗐다.[25]

연구자들이 사용한 의료 장비는 EEG라고도 불리는 뇌파계였다. 뇌파계는 의사들이 뇌파를 분석하여 뇌 손상, 발작 등의 뇌 문제를 진단하는 데 사용하는 장치다. 그러나 광고 연구자들은 이 장치를 사용하여 인간의 감정이 권유나 선전에 취약해지는 순간을 정확하게 집어냈다. 또 기능성 자기공명영상fMRI의 용도를 변경하여 음식에 대한 갈망이나 강박적 행동의 비밀을 푸는 데 사용했다. 그러나 이것은 중독에 관한 연구가 아니라 광고주들을 위한 것이었다.

"이런 연구가 정말 도움이 될까요?" 스팁이 청중에게 물었다. "정말 뇌과학을 통해 이전에는 알 수 없었던 것을 알게 될까요? 그리고 이런 연구를 이용하면 정말로 판매가 늘까요?"

스팁은 연단에 함께 서 있던 프라나브 야다브에게 긍정적인 답변을 구하며 마이크를 넘겼다. 마케팅계의 거성인 야다브는 참석자들에게 자신이 어떻게 파생 상품 트레이더를 그만두고 소비자들의 심리를 파헤쳐 광고 효과를 높이는 법을 연구하는 '뉴로 인사이트'를 설립하게 되었는지 설명했다. 그의 말에 따르면 더 좋은 광고 효과를 내는 비결은 광고 메시지가 광고주에게 유리하게 작용하도록 마음을 암호화하기에 가장 좋은 순간, 즉 기억을 만들어 내기에 가장 좋은 순간을 찾아내는 것이었다. "우리는 장기 기억이 소비 행위에 직접적으로 영향을 준다는 사실을 발견했습니다."

광고나 마케팅 캠페인에서 소비자들의 머릿속에 강렬한 기억을 만들어 내는 비결은 감정이 고조되는 바로 그 순간에 브랜드나 제품을 보여 주는 것이다. 핵심은 타이밍이다. 야다브는 그해 슈퍼볼 광고를 예로 들어 설명했다. 슈퍼볼 시간에 송출되는 광고는 엄청나게 비싼데, 1초 방송 비용이 16만 6000달러에 달한다. 그중 사람들의 입에 가장 많이 오르내린 60초짜리 버드와이저 광고가 있었는데 효과 면에서는 대실패였다. 그 광고는 길을 잃은 강아지가 버드와이저 맥주 마차를 끄는 유명한 말들에게 구조되는 내용이었다. 광고는 시청자들에게 사랑받았지만 기대했던 결과를 창출하지는 못했다. 버드와이저 웹사이트의 인터넷 트래픽은 급증하기는커녕 6퍼센트 감소했다. 게다가 소셜미디어에 오르내리는 이야기도 모두 맥주가 아닌 강아지에 대한 이야기였다.

　무엇이 잘못되었는지 찾아내기 위해 야다브의 회사는 한 무리의 사람들을 방 안에 모아 놓고 뇌파계와 유사한 장비를 이용하여 버드와이저 광고를 시청하는 사람들의 뇌를 관찰했다. 마침내 돌아온 강아지가 집을 목전에 두고 늑대와 맞닥뜨리자 말들이 마구간을 부수고 나와 강아지를 구하는 장면에서 사람들의 감정은 최고조에 달했다. 그러나 버드와이저를 시청자들의 머릿속에 각인시키는 데 도움이 되었어야 할 그 고조된 감정은 허사가 되었다. 버드와이저라는 브랜드가 사람들의 감정이 이미 한풀 꺾인 광고 끝에 노출되었기 때문이다. 즐거움을 주는 광고였을지는 몰라도 효과 좋은 광고는 아니었다. 브랜드 재인을 강화하여 판매량을 촉진하지 못했기 때문이다.

　"가장 화제가 되었던 또 다른 광고로는 네이션와이드미국의 대형 보험회사 광고가 있습니다." 스팁이 말했다. 광고는 어릴 적 사고로 죽은 소년이 살면서 해 보지 못한 것들을 하나씩 이야기하는 내용이었다. "모든 사람이 그 광고를 보고 질색했습니다. 하지만 많은 사람이 네이션와이드의 웹사이트를 찾았죠." 야다브가 말했다. 이 또한 실험을 통해 이유를 알 수 있었다. 뇌파검사에 따르면 네이션와이드 광고에서는 보는 사람들의 감정이 최고조를 달릴 때 브랜드가 등장했다. 기업이 죽은 아이를 이용해서 보험을 팔려 한다고 사람들이 질겁을 하든 말든 중요하지 않았다. 비록 부정적일 수도 있지만 감정은 사람들을 네이션와이드로 이끌었다. "기억 암호화가 그 시점에 활발히 일어났기 때문에 이제 자녀 앞으로 보험을 들게 되면 사람들은 네이션와이드를 찾을 겁니다."

　이것은 매우 흥분되는 소식이었다. 콘퍼런스에 참석한 사람들은 이 이야기를 하루빨리 자기 회사나 광고 대행사에 전할 생각에 패신이 난 듯 보였다. 그러나 나는 연구자들이 도를 넘어섰다는 생각을 지울 수가 없었다. 사람들이 정크푸드 같은 것에 얼마나 쉽게 유혹되는지를 생각하면 뇌파계나 기능성 자기공명영상을 이용하면서까지 인간의 감정을 세밀하게 분석할 필요도 없어 보였다. 우리 뇌에는 과거에 제품을 접했던 경험을 통해 기억의 물길이 새겨져 있기 때문에 이미 그들의 선전에 반응할 준비가 되어 있는 상태다. 제법 혹할 만한 광고를 자주 보여 주는 것만으로도 우리를 굴복시킬 수 있다. 이것을 예전에는 '7의 규칙'이라고 불렀는데, 최근 광고 전문가들에 따르면 광고를 세 번 보는 것만으로도 제품을 구매하고 싶은 마음이 들게 할 수 있다고 한다.

　TV 방송이 절정이던 시절 광고주들에게 이것은 식은 죽 먹기였다. 최근 연구에 따르면 지금도 2~11세 아이들은 하루에 TV를 3시간 19분 보는데 이 시간 동안 설탕과 지방 함유량이 높은 식품의 광고를 무려 스물세 편이나 보게 된다.[26] 그중 약 3분의 2가 시리얼 광고이고 사탕 및 초콜릿류, 과자류, 음료수류, 패스트푸드 체인점 광고가 그 뒤를 잇는다. 요즘도 마찬가지다. 사람들의 관심이 TV에서 온라인 비디오와 같은 다른 형태의 미디어로 옮겨 가자 광고주들의 관심도 자연스레 따라왔다. 광고연구재단은 사람들의 미디어 사용 습관을 면밀히 분석해 왔는데 연구 결과는 대부분 회원 기업들이 기뻐할 만한 소식이었다. 재단이 수행한 한 연구에 따르면 30초짜리 광고를 6초로 줄여도 다른 광고에 비해 좋은 위치를 선점하면 여전히 아주 강렬한 기억을 심는 것으로 나타났다. 또 다른 연구는 그런 6초짜리 광고들이 핸드폰 소리를 꺼 두어도 시각적 속임수를 사용하여 사람들을 흥분시킬 수 있다는 사실을 밝혀냈다. 개인 정보 보안과 관련된 우려를 교묘히 피해 갈 수 있는 방법을 보여 주는 연구도 있었다. 페이스북과 같은 플랫폼 광고는 사람들이 스스로 광고를 어느 정도 통제한다고 믿게 만들면 여전히 효과를 발휘한다.

우리가 광고에 너무 쉽게 조종당하기 때문에 식품 광고의 경우 사람들의 기억을 형성하는 데 진실한 메시지를 쓸 필요도 없다. 코넬 대학교의 연구원 캐스린 라투르는 요리 관련 실험을 몇 차례 진행했다. 그중 한 실험에서는 오렌지 주스에 식초와 소금을 섞어 끔찍한 맛이 나는 음료수를 만들었다. 실험에 참가한 한 대학생은 첫 시음을 한 뒤 이렇게 말했다. "지독하게 맛이 없는 주스였어요. 쓰고 맹맹했어요."[27] 광고의 연금술이 발휘된 것은 그다음이었다. 피험자들에게 그 주스가 "달콤하고 오렌지 알갱이가 씹히며 첨가물이 없는 순수한" 음료라고 묘사하는 광고를 보여 주었다. 이런 단어 몇 개만으로도 주스에 대한 피험자들의 기억은 완전히 바뀌었다. 주스를 맛보고 식초 맛과 짠맛 때문에 구역질을 한 지 한 시간도 지나지 않았을 때였다. 그러나 광고를 보고 나자 주스에 대한 기억은 광고가 심어 준 기억으로 대체되었다. 실험에 참가한 한 학생은 이렇게 흥분할 정도였다. "정말 달콤했어요. 갈증도 해소해 주었고요. 상큼해서 아침에 잠을 깨우기 좋은 음료 같아요. 더 마시고 싶었어요."

적절한 상황에서는 뻔뻔스러운 거짓말을 하는 광고도 효과를 발휘할 수 있다. 또 다른 실험에서 라투르는 피험자들에게 웬디스 광고를 보여 주었다. 매장에 있는 어린이 놀이터를 한껏 부각시킨 지면 광고에 다음과 같은 문구가 적혀 있었다. "어린 시절에 갔던 웬디스를 기억하시나요? 미끄럼틀을 타고 볼풀에서 뛰어놀다 흔들흔들 그네를 타곤 했죠. 어서 와 어린 시절의 추억을 다시 즐겨 보세요." 사실 웬디스에는 놀이터가 없었다. 그곳은 맥도날드였다. 그러나 실험에 참가한 학생 대부분은 속임수를 눈치채지 못했다.

경험과 기억은 뒤얽힌다.[28] 그것이 광고의 경험인지 실제 삶의 경험인지는 상관이 없다. 어떤 사건이나 물질에 대한 기억은 우리의 일부가 되기 때문에 분리해 내기 어렵다. 맛있는 것을 먹을 때 우리는 그 순간에 먹는 음식뿐 아니라 이전에 있었던 모든 경험에 대한 기억을 경험한다. 그리고 그런 경험이 반복될수록 그 기억과 기억에 대한 우리의 반응은 더 강렬해진다.

중독이라는 주제는 기억의 방법과 내용에 대한 간섭을 목표로 하는 새로운 방향의 연구들을 촉진시켰다. 1974년까지는 상상조차 할 수 없는 일이었다. 그러나 1974년에 심리학자 엘리자베스 로프터스가 기억은 뇌 속에서 완전히 굳은 채로 존재하는 것이 아니라 변형이 가능하다는 사실을 증명했다. 실제로 기억은 스스로를 끊임없이 다시 만들어 낸다. 여러 차례의 설문으로 진행된 실험에서 로프터스는 피험자들에게 자동차가 충돌하는 영상을 보여 주고 설문을 거듭하면서 질문에 사용한 단어들을 바꾸어 기억을 변형시키는 데 성공했다. 피험자들은 자동차가 단순히 서로 부딪혔다고 묘사할 때보다 세게 들이받았다고 묘사할 때 차들이 더 빠른 속도로 달리고있었다고 기억했다. 로프터스의 연구는 어떤 기억이 소환되면 그와관련된 새로운 정보나 경험이 그 기억을 변형한다는 사실을 보여 주었다.

앞서 언급한 치킨 포트파이를 떠올려 보자. 새로운 포트파이를먹을 때 우리는 과거에 먹었던 포트파이 기억을 떠올린 후 지금 먹는 파이에서 마음에 든 점(더 진한 타라곤 향일 수도 있고, 식사가 완전히 나오기 전에 조금씩 뜯어먹던 살짝 그을린 파이 크러스트일 수도 있다.)을 새로운 정보로 삼아 과거의 기억을 조작해 다시 기억으로 저장한다. 차이가 극명하면 각기 다른 포트파이를 뚜렷하게 기억하지만,그렇지 않을 때는 모든 기억이 한데 어우러져 하나의 커다란 기억이된다. 우리는 기억하는 것을 먹지만 그것에 대한 최근의 기억대로먹는 것이다.

소환한 기억을 조작하는 방법 중 하나는 기억 소거다.[29] 이것은파블로프 실험의 정반대라 할 수 있다. 1890년대 러시아 생리학자였던 이반 파블로프는 개에게 먹이를 줄 때마다 메트로놈 소리를 들려주어 메트로놈이 똑딱일 때마다 개가 침을 흘리도록 만들었다. 소거기술을 통해 동물들에게 더 이상 먹이를 주지 않으면 동물들은 더이상 소리를 음식에 대한 자극으로 기억하지 않는다. 이렇게 음식을주지 않고 들려주는 소리는 더 강렬한 기억을 만드는 더 깊은 신경학적 물길이 된다. 그러나 이 기술은 사람에게는 잘 통하지 않는데,

특히 우리가 실험실을 나가 실제 세계에 노출되고 실제 세계의 단서들이 여전히 우리에게 영향을 미칠 때는 더욱 그렇다.

두 번째는 재강화 기법으로 기억을 떠올리고 기억으로 저장하는 과정을 방해하는 방법이다. 이와 관련된 실험은 그동안 동물로 진행되었고 최근에야 사람을 대상으로 이루어졌는데, 트라우마를 일으킨 사건이나 중독과 같은 나쁜 기억을 재강화 기법으로 방해하여 약화시키거나 완전히 제거하는 것이다. 여기에는 프로프라놀롤(보통 고혈압이나 부정맥, 손떨림 등을 치료하는 데 쓰이는 베타 차단제)과 같은 약물을 사용하는 기법도 있다. 이것은 기억이 조작에 취약해 보일 때 기억 회상 과정에서 원치 않는 기억을 약물이 약화시킬 수 있는지 보는 방법이다. 그러나 이 방법에는 아직 밝혀지지 않은 것이 많다. 중독과 가장 밀접한 관련이 있는 과거의 심각하고 충격적인 경험들은 최근의 경험이나 스트레스가 덜한 경험보다 기억에서 삭제하기 더 어려울 것이다. 게다가 간직하고 싶은 기억이 제거하고 싶은 기억과 함께 지워질 수 있다는 더 큰 위험도 있다. 이를테면 포트파이에 대한 중독의 기억만 삭제되는 것이 아니라 파이를 함께 나누어 먹었던 사람의 기억까지 희미해지는 것이다.

이 연구는 음식에 관한 기억이 삶 속 깊숙이 자리하고 각자의 삶을 특징지음에 따라 우리가 음식과 관련된 기억에 얼마나 취약한지를 더 잘 이해할 수 있게 해 준다. 그렇다면 음식에 관한 기억은 습관을 형성하는 데 얼마나 큰 영향을 미칠까?

좋아해서 먹는다는 착각

코카콜라에 대한 갈망의 비밀을 푼 오리건 연구소의 행동과학자 에릭 스타이스가 그동안 음식 중독을 연구하는 데 사용해 온 스캐너에 나를 밀어 넣었다. 나는 건강검진을 위해 기능성 자기공명영상을 촬영해 본 적이 있어서 어떻게 행동해야 하는지 잘 알고 있었다. 가만히 누워서 기계에서 나는 굉음을 무시하고 갇힌 듯한 기분이 들어도 겁먹지 않기.

그러나 스타이스의 뇌 스캔은 일반적인 촬영과는 다른 부분이 있었다. 그는 어떤 것을 갈망하는 것과 실제로 맛보고 좋아하는 것의 차이를 밝히는 연구에 집중해 왔기에 나의 뇌를 스캔할 때도 두 부분으로 나누어 진행했다. 처음에는 밀크셰이크의 사진을 보여 주고 스캐너로 뇌 반응을 기록하며 내가 얼마나 셰이크를 갈망하는지 확인했다.(나의 경우, 그렇게 갈망하지는 않았다.) 그다음에는 내가 머리를 고정한 채 맛보고 삼킬 수 있도록 플라스틱 튜브로 혀에 밀크셰이크 몇 방울을 떨어뜨려 주었다. 그러자 스캐너는 내가 얼마나 셰이크를 좋아하는지 보여 주었다.(확인 결과, 나는 셰이크를 상당히 좋아했다.)

해마에 20초 간격으로 전기 충격을 받으면서 포만감과 허기를 반복적으로 느꼈던 로이 와이즈의 실험실 쥐가 된 듯한 기분이었다. 밀크셰이크를 보기만 할 때는 '별론데' 싶다가, 맛보았을 때는 '와우' 하고 흥분했고, 다시 셰이크를 보고는 '응, 별로야'라고 생각했기 때문이다.

오랜 세월 과학자들은 음식 앞에서 자제력을 잃는 사람들에 대해 내릴 수 있는 결론이 많지 않았다. 뇌 스캔은 체중이 많이 나가는 사람이 음식에 더 많은 유혹을 느낀다는 것을 보여 주었다. 그들은 체중이 많이 나가지 않는 사람보다 음식에 더 크게 반응했다. 그러나 어느 누구도 무엇이 먼저인지, 즉 무엇이 원인이고 무엇이 결과인지 밝혀내지 못했다. 그들이 음식을 더 갈망해서 살이 찐 것일까?

마침내 스타이스가 이 수수께끼를 해결했다. 오리건 연구소에서 섭식 장애를 연구하던 스타이스와 동료 소냐 요쿰은 실험 참가자들이 뇌 스캐너 안에서 엎드려 누워서도 밀크셰이크를 먹을 수 있도록 플라스틱 튜브 시스템을 개조했다. 피험자들에게 제공된 밀크셰이크는 하겐다즈 바닐라 아이스크림 4스쿠프, 지방 2퍼센트 우유 1.5컵, 허쉬 초콜릿 시럽 2큰술로 만든 것이었다.

내가 했던 간이 실험에서처럼 밀크셰이크 사진을 보여 주는 것은 각각의 피험자가 밀크셰이크를 얼마나 갈망하는지에 대한 기준선을 제공했다.(앞서 뇌에서 생성되는 화학물질에 관해 소개한 내용으로 추측해 보면 피험자들의 뇌에서는 도파민 분비가 급증했을 것이다.) 그리고 실제 셰이크를 피험자의 혀에 떨어뜨리는 것은 셰이크를 맛보는 순간 그들이 얼마나 좋아하는지 가르쳐 주는 기준선을 제공했다.(이 시점에 도파민은 오피오이드나 쾌락의 감정과 관련된 다른 화학물질들과 결합되었을 것이다.)

스타이스와 요쿰의 이 조사는 젊은이들로 구성된 피험자 집단을 오랜 시간에 걸쳐 추적 연구했다는 점에서도 중요하다. 이것은 이전의 관련 연구에서는 없었던 일이었다. 스타이스와 요쿰은 동일한 피험자들을 몇 년에 걸쳐 추적하면서 뇌를 정기적으로 스캔했다. 당연한 일이지만 이들 중 일부는 시간이 흐르면서 살이 쪘는데, 이를 통해 뜻밖의 새로운 사실이 발견되었다. 과체중이 된 피험자들의 스캔 결과가 바뀐 것이다. 그들이 밀크셰이크를 좋아하는 정도는 과거와 크게 다르지 않았다. 일부는 과거보다 조금 덜 좋아하기도 했다. 그러나 셰이크의 사진만 보여 주는 단계에서는 스캔 결과가 달라졌다. 그들은 과거에 셰이크를 갈망했던 것보다 그리고 체중이 늘지 않은 피험자들보다 셰이크를 더 갈망했다.[30] 그들이 살이 찐 것은 갈망이 증가해서였고, 그로 인해 다른 피험자들이 과식을 피하기 위해 사용하는 제동장치를 켜기가 더 어려워진 것이다.

2016년 여름 《뇌신경과학저널》에 실린 이 연구는 음식과 자유의지의 관계에 엄청난 함의를 지닌다. 살이 쪘다고 해서 아이스크림이나 감자튀김을 예전보다 더 좋아하는 것은 아니다. 대신 그것을 참지 못하고 먹는 일이 많아진다. 왜냐하면 과거의 탐닉을 기억하며 더 갈망하기 때문이다.

"어떤 사람들에게는 식사를 건강하게 하는 일이 정말 어렵고 어떤 사람들에게는 매우 쉽죠. 그것이 바로 제가 궁금했던 부분이에요." 스타이스가 말했다. "불공평한 일이죠. 설탕, 지방, 소금에 반응하는 방식에는 사람마다 아주 큰 차이가 있습니다. 그리고 그 이유는 보상에 대한 민감도와 그것을 억제할 수 있는 능력 사이의 상호

작용에 있죠."

우리는 스타이스의 실험실에서 나와 커피숍으로 향했다. 그는 길가에 즐비한 광고를 보며 음식에 아주 예민하게 반응하는 사람들에게 눈만 돌리면 음식 광고가 보이는 이 세상이 얼마나 살기 힘든지 설명했다. "맥도날드에 늘 가는 사람은 맥도날드 간판만 보면 배가 고파집니다. 그곳에서 먹었던 음식이 생각나는 거죠. 반면 맥도날드를 잘 먹지 않는 사람들에게는 그냥 또 다른 간판일 뿐이에요. 전혀 신경이 쓰이지 않죠. 이런 단서에 대한 반응성이 미국인들을 끊임없이 과식하게 만드는 가장 큰 요인 중 하나라고 생각합니다. 이러한 단서를 얼마나 잘 감지하는지 보면 체중 증가를 예측할 수 있어요. 이것은 우리가 지난 20여 년간의 연구를 통해 발견한 체중 증가의 가장 중요한 예측 변수입니다."

어떤 음식을 좋아하는지는 그다지 중요하지 않다. 어떤 사람은 단것을 좋아하고 어떤 사람은 지방이 많이 함유된 음식을 좋아하며 짠 음식을 좋아하거나 단순히 그 순간에 먹을 수 있는 음식을 좋아하는 사람도 있다. 나는 퍼듀 대학교에서 연구를 하는 리처드 매츠에게 설탕과 지방 중 무엇이 비만에 더 큰 책임이 있다고 생각하는지 집요하게 물었다. 그는 딱 잘라 말했다. "사람들이 좋아하는 음식에 관한 데이터는 복잡하고 다양합니다. 하나만 딱 집어 말할 수 없어요. 내가 처음 한 말도 아니고 누가 한 말인지도 모르지만, 한 가지 분명한 사실은 이거예요. 우리는 자신이 좋아하는 것을 먹는 게 아니라 자신이 먹는 것을 좋아합니다."

어린 시절부터 시작되는 기억이 중요한 만큼, 어린 시절에서 시간을 훨씬 더 거슬러 올라가 우리를 편리하고 저렴하며 종류가 지나치게 다양하고 몸이 감당할 수 있는 것보다 높은 열량을 함유한 음식에 취약하게 만드는 또 다른 생물학적 특징을 살펴봐야 한다. 가공식품이 탄생하기 전, 심지어 우리가 탄생하기 전으로 말이다.

4장 인간은 본능적으로 먹는 것에 끌린다

아르디의 직립보행

에티오피아의 미들 아와시는 아주 오랜 옛날부터 인간이 거주해 온 지역으로, 오래된 뼈를 찾기에 거의 완벽한 조건을 갖추었다. 오래전에 죽은 생물체의 잔해들이 이 그레이트 리프트 밸리의 땅속에 서서히 끌려들어 갔다가 화산 분화나 대륙 간의 충돌로 일어난 융기로 인해 아래에서 밀려나 지표면 위로 다시 모습을 드러내고 있기 때문이다.

대지가 오랫동안 묻혀 있던 뼈를 뱉어 내면 그것은 작은 파편이 되어 벌거벗은 사막 위에 놓인다. 신속하게 찾을 수만 있다면 이 뼈들은 발굴을 기다리는 고고학 보물이 된다. 동아프리카의 강렬한 태양과 바람에 한번 노출되면 이 귀중한 조각들은 순식간에 먼지가 되어 영원히 사라지기 때문이다.

1994년 11월 5일, 캘리포니아 대학교 버클리의 화석 발굴팀에게 엄청난 행운이 찾아왔다. 그날은 미들 아와시에서 진행할 화석 발굴 시즌의 첫날이었다. 한창 캠프를 설치하고 있을 때 팀원 몇 명이 첫날 오후를 낭비하지 않으려고 탐사를 시작했다. 그들은 차를 몰아 침식 때문에 기반암 일부가 드러난 한 지점에 도착했다. 나일론 줄로 구역을 표시한 다음 바짝 마른 땅을 따라 어깨를 맞댄 채 천천히 조금씩 비탈길을 오르면서 흙을 유심히 들여다보았다. 해가 뉘엿뉘엿 질 무렵, 대학원생 요하네스 하일레셀라시에가 첫 번째 뼛조각을 발견했다.

회백색 뼈는 거의 풍화되어 사라진 상태였지만 요하네스는 그 뼈가 손가락의 일부라는 것을 알아보았다. "저기요. 원시인류를 찾았어요."[1]

산허리를 더 수색하니 두 번째 뼛조각이 나타났고, 이어 손과 발의 다른 부분, 골반과 두개골의 일부도 발견되었다. 뼈들은 건드리기도 힘들 만큼 부서지기 쉬운 상태였다. 발굴팀은 치과용 도구와 고슴도치 가시로 만든 깃펜을 사용하여 뼛조각을 캐내야 했다. 두 시즌의 탐사 활동 끝에 하나의 뼈대에서 나온 뼛조각 125개가 발굴되었다. 대개는 원시인류가 죽었을 때 이곳에 존재했던 포식자들과 무엇이든 짓밟아 버리는 하마들이 잔해를 사방팔방으로 흩뜨려서 사료가 거의 남지 않는다는 점을 감안하면 아주 놀라운 수였다.

원시인류의 뼛조각과 주변 암석은 아디스아바바로 이송되어 실험 연구와 분석이 시작되었다.[2] 심혈을 기울이는 만큼 더디고 고된 작업이었다. 그로부터 15년 후, 2009년 가을에 마침내 발굴팀은 연구 결과를 발표했다. 발굴된 뼈는 440만 년 전에 살았던 여성의 것이었으며, 그 뼈를 통해 밝혀낸 이야기들은 실로 놀라웠다. 발굴팀의 과학자들은 뼈의 주인을 아르디Ardi라고 불렀는데, 이것은 그녀가 상징하는 새로운 인류 아르디피테쿠스 라미두스Ardipithecus ramidus의 줄임말이었다. 에티오피아 아파르어로 기반과 뿌리라는 뜻의 아르디피테쿠스 라미두스는 현생인류의 시원이라는 의미를 지닌다. 아르디는 가장 온전한 초기 인류 시원의 표본이 되었는데, 이는 320만 년 전에 살았던 그 유명한 루시보다 앞선 것이다.

이러한 발견의 토대를 마련한 사람은 찰스 다윈이다. 다윈은 1840년대에 갈라파고스 군도에서 수집한 되새류를 이용해 자연선택설을 발전시킨 것으로 유명하다.[3] 그는 되새류의 부리가 각각의 섬에서 얻을 수 있는 먹이에 맞게 서서히 변화했다는 사실(견과류를 쪼갤 수 있게 깊고 넓어졌고, 꽃의 꿀을 빨아먹을 수 있게 길어졌으며, 부비새의 알에 구멍을 낼 수 있게 뾰족해졌다.)을 증명했다. 다윈은 자신의 이론을 인간에게 적용하는 데 애를 먹었지만, 아프리카를 인류의 발상지로 확신한 그의 추측은 정확했다.[4]

아르디의 뼈는 화석 연대기의 큰 간극을 메워 주었다. 아르디는 원시인류의 일부는 유인원이 되고 일부는 다른 길을 걸어 인간이 되었던 갈림길에, 적어도 그 갈림길의 아주 가까운 곳에 서 있었다. 당시의 에티오피아는 산림으로 덮여 있었기에 아르디는 숲에서 먹고

자고 아이들을 길렀고 침팬지처럼 나무를 오를 수 있도록 발가락이 크고 쫙 벌어져 있었다. 그러나 힘줄 안쪽에는 전진 운동을 할 때 발가락을 단단하게 고정해 주는 작은 뼈가 있었는데, 이 뼈는 침팬지에서는 발견되지 않는다. 아르디의 골반 역시 혼종이었다. 아랫부분은 등반에 적합했으나 윗부분은 나팔 모양이었다. 따라서 아르디는 인류 역사에서 굉장히 중요한 의미를 지니는 행위, 바로 나무를 타고 내려와 두 발로 서서 인간처럼 숲속을 성큼성큼 걸어다닐 수 있었다.(제법 휘청거리긴 했지만.)

무엇이 아르디의 종을 직립보행 하게 했는지에 대해서는 진화생물학자들 사이에 많은 추측이 제기된다. 똑바로 서서 키가 커지면서 아르디는 수풀 너머에 있는 것을 볼 수 있었고 강을 안전하게 걸어서 건널 수 있었으며 도구를 만들고 사용할 수 있었을 것이다. 이런 능력은 모두 아르디피테쿠스 라미두스의 육체가 서서히 직립보행이 가능한 쪽으로 진화하는 데 유리하게 작용했을 것이다. 아르디가 똑바로 서게 된 데에는 기후변화로 밀림 지역이 줄어들면서 원시인류가 좋아했던 과일들이 더 먼 곳에서 자란 탓도 있을 거라 추측된다. 음식을 찾아 걸을 수 있게 된 것이 무엇보다 가장 유리한 점이었을 것이다. 침팬지는 손가락 관절을 사용하여 전진 운동을 하면서 앞뒤로 흔들거리기 때문에 인간의 이동보다 네 배나 많은 에너지를 소모한다.[5] 따라서 유인원은 하루에 4.8킬로미터도 이동하지 못하는 반면, 수렵채집을 하며 살았던 인간은 보통 하루에 16킬로미터 이상을 이동할 수 있었다.

이족 보행을 처음 촉발시킨 이유가 무엇이든, 인간의 길을 걸어 간 아르디의 후손들은 신체와 습관의 큰 변화를 겪으며 진화를 계속 했는데 여기에는 음식과의 관계도 포함된다. 우크라이나계 미국인 으로 유전학자이자 생물학자인 테오도시우스 도브잔스키는 1973년 에 "진화론적 관점을 떠나서는 생물학에서 아무것도 설명할 수 없 다."라는 유명한 말을 남겼다.[6] 그런데 최근 아르디와 그 후손들을 통해 밝혀진 사실에 따르면 이제 진화론적 관점을 떠나서는 먹는 일 에서 아무것도 설명할 수 없다고 말할 수 있다. 진화생물학자를 비 롯한 과학자들의 지속적인 연구를 통해 확인할 수 있듯이 우리가 오 늘날처럼 음식을 먹는 것은 인간의 코, 소화관, 체지방이 급격하게 변하면서 뇌와 완전한 공조를 이루어 식습관을 형성했기 때문이다. 인간이 음식에 끌리도록 진화되었다는 사실은 우리가 왜 가공식품 과 중독에 그토록 취약한지를 이해하는 데 매우 중요하다.

다양한 풍미를 선사한 후각의 발달

이런 변화가 일어나기 시작한 것은 우리 조상들이 직립하여 머 리가 땅에서 멀어지면서부터다. 이로 인해 땅에 사는 세균이나 미생 물에 더 이상 노출되지 않아서 복잡한 공기정화 기관을 담도록 크고 튼튼하게 만들어진 주둥이같이 생긴 코 대신 단순하게 생긴 코를 갖 게 되었다.

언뜻 보면 인간의 진화 과정에서 후각은 이제 그렇게 중요하지 않아 보일 수 있다. 개는 냄새로 빈대를 잡을 수 있고 인간의 소변에서 방광암을 감지하는 능력이 있다. 또 회색곰은 냄새를 한 번만 맡아도 그 사람이 고등학교 졸업 무도회에 입었던 옷의 색깔까지 구별할 수 있다고 한다.(옐로스톤 국립공원 관리원들이 오지에서 캠프를 하는 사람들에게 음식을 만들 때 입었던 옷을 입고 자지 말라고 경고할 때 하는 말이다.) 사실 인간에게는 이런 능력이 없지 않은가?

그러나 냄새로 빈대를 찾을 정도는 아니지만 인간도 꽤 후각이 발달한 편이다. 2006년에 버클리 학생들을 대상으로 한 연구를 통해 인간의 놀라운 재주가 드러난 일이 있었다. 학생들은 캠퍼스 잔디밭에 모여 귀마개와 안대를 한 채 손과 무릎을 대고 엎드렸다. 연구자는 대략 10미터에 걸쳐 잔디 위에 초콜릿을 뿌려 놓고 학생들에게 코만 이용해서 초콜릿 냄새의 흔적을 따라갈 것을 요청했다. 결과는 놀라울 만큼 훌륭했다. 학생들은 블러드하운드보다는 자주 길을 이탈했을지 모르지만 일반적인 개만큼 잔디에서 희미하게 올라오는 달콤한 냄새를 잘 따라갔다. "인간은 냄새를 추적할 수 있다."[7] 실험을 진행한 놈 소벨 교수는 《네이처 뉴로사이언스》에 논문을 게재하며 이렇게 결론을 맺었다.

인간의 후각은 초콜릿이 입속에 들어갈 때 더 큰 능력을 발휘한다. 이는 수천 년간 점진적으로 진행된 적응을 통해 입이 코와 협력해 냄새를 맡으면서 음식을 먹게 하기 때문이다.

코가 주둥이 모양에서 현재의 모양으로 변화하자 콧구멍과 입

뒤의 숨겨진 공간에 생리학적 변화가 생겼다.[8] 침팬지는 개처럼 이 공간이 길게 뒤쪽으로 뻗어 있고 기도까지 이어지는 관과 연결된다. 그러나 인간은 이 공간이 짧아지면서 그 안의 공기역학이 바뀌었다. 이로써 입안으로 들어온 공기가 혀를 미끄러지듯 지나 입 뒤의 공간을 통해 비강(코안)으로 올라가기가 더 쉬워졌다.

직립보행과 마찬가지로 자연선택의 측면에서 왜 이런 구조 변경이 이루어졌는지에 대해서는 이견이 있다. 이 공간이 커져서 더 큰 소리로 말할 수 있게 되면서 아마도 포식자들을 가까이 오지 못하게 하는 데 도움이 되었을 것이다. 더 뚜렷이 구별되는 모음을 사용해 더 빨리 말할 수 있게 되고 조금 덜 정확한 발음을 이해할 수 있는 것도 이 공간이 커진 덕분이다. 이런 변화는 인간에게 아주 중요한 이점을 가져다주었음에 틀림없다. 왜냐하면 그와 함께 엄청난 대가가 따라왔기 때문이다. 이런 인체 구조의 변화로 인간은 음식이 목구멍 위쪽에 걸리면 질식해서 죽을 수 있는 유일한 동물이 되었다. 개는 질식할 위험 없이 핫도그 하나를 통째로 삼킬 수 있다. 하지만 인간은 주요 사망 원인 중 4위가 바로 질식이다.

그러나 긍정적인 측면도 있었다. 입 뒤에 새로 생긴 공간으로 인해 음식을 평가하고 음미하는 방법 또한 질적으로 향상되었다는 점이다. 혀 위의 미뢰가 여전히 중요한 역할을 하는 것은 분명하다. 그러나 미뢰가 음식에서 느낄 수 있는 맛은 단맛, 짠맛, 신맛, 쓴맛 그리고 우마미라고도 하는 감칠맛 다섯 가지뿐이다. 그리고 이러한 기능을 하는 미뢰의 수는 1만 개에 지나지 않는다.

반면 연구자들이 새로 밝혀낸 연구 결과에 따르면 인간의 콧속에는 1000만 개의 후각 수용체가 있다. 미뢰가 다섯 가지 기본 맛을 구분한다면, 후각 수용체는 340~380개의 기본 냄새는 물론 수천 가지에 이르는 냄새 조합을 감지할 수 있다.[9]

그뿐 아니라 인간은 음식에서 냄새를 감지하는 두 가지 방법이 발달했는데 여기에는 입이 아주 중요한 역할을 한다. 인간이 입으로 냄새를 맡는다는 사실은 여러 번 이야기할 만한 가치가 있다. 코를 이용해 냄새를 맡을 때는 음식에서 풍기는 냄새 분자를 감지하는 것으로, 특히 요리 중에 그렇다. 그러나 우리가 먹고 마시는 음식과 음료 안에는 아주 많은 향기로운 화합물들이 빠져나오지 못하고 갇혀 있는데 이 화합물들은 단순히 코를 킁킁거리는 것으로는 맡을 수 없다. 씹거나 홀짝홀짝 마시는 행위로 몰아낼 때에야 비로소 방출되어 입안을 휘젓고 다니는 냄새 휘발이 일어난다. 와인을 마시기 전에 와인 잔을 빙빙 돌리라는 것도 그 움직임으로 냄새 분자가 방출되기 때문이다. 와인을 마시거나 수프를 먹을 때 입안에서 휘휘 돌리거나 호로록 소리를 내거나 입을 쩝쩝 다시면서 먹으면 냄새 분자의 휘발이 더 활발히 일어난다.

2015년에 예일 대학교의 신경생물학자 고든 셰퍼드는 엔지니어들과 협력하여 이 냄새 분자의 휘발이 따라가는 길을 연구했다. 연구자들은 우리가 먹거나 마실 때 작은 분자들(휘발된 분자들)이 폐 안으로 빨려 들어가 향이 그냥 사라져 버리지 않도록 목구멍에 공기 장막이 생성된다는 사실을 발견했다. 휘발된 냄새 분자들은 공기 장막에 부딪혀 튕겨 나간 뒤 비강으로 올라간다. 비강은 진화를 거치면서 단순히 짧아지기만 한 것이 아니다. 아르디 이후 인간의 머리는 더 크고 둥글어져 더 큰 뇌를 수용할 수 있었고, 그에 따라 비강도 커지고 돔 형태에 더 가까워졌다. 이런 변화는 독특한 열역학을 낳았다. 셰퍼드와 엔지니어들은 모델링을 통해 코 뒤에 있는 공간의 공기가 개울 속의 소용돌이처럼 원운동을 한다는 사실을 밝혀냈다.[10] 이 원운동은 냄새 분자를 계속해서 순환시켜 더 오래 살아남게 하고 우리를 음식에 더 흥분하게 한다.

1000만 개의 후각 수용체가 작동하는 것이 바로 이때다. 후각 수용체는 비강 천장에 있는 후각 망울이라는 돌기에 위치한다. 콧구멍이나 입으로 들어온 냄새 분자가 비강으로 돌진할 때 이 후각 망울과 후각 수용체에 부딪치는데 이것들은 아주 다양한 냄새에서 작은 냄새 분자를 감지하는 데 매우 뛰어나다. 숨을 한 번 들이쉴 때 우리는 100만 개가 넘는 분자를 들이마시지만 그중 겨우 10개뿐인 냄새 분자도 구분할 수 있다.

또 놀랍게도 우리는 들이마신 숨에서 중요하지 않은 다른 모든 냄새 분자를 무시하는 것도 아주 잘한다. 모두 뇌 덕분이다. 뇌는 중요하지 않은 것에서 중요한 것을 골라낼 때 분석하고 맥락화하고 기억을 이용하도록 진화함으로써 우리가 무엇을 먹고 있는지 알아내는 방법을 배운다. "냄새 맡는 일의 대부분은 학습입니다." 코넬 대학교의 신경학 전문가인 토머스 클리랜드의 말이다. "(냄새를 감지하는 일을) 미술관에서 모나리자를 감상하는 일에 비교해 볼까요? 관람객들로 붐비는 미술관에서 모나리자를 바라보고 있는데 누군가의 머리가 시야를 가려요. 그때 우리 뇌는 가려지지 않은 부분만으로도 작동이 됩니다. 일부분만 보고도 어떤 작품인지 알아볼 수 있죠. 그런데 냄새를 맡을 때는 시야를 가리는 머리처럼 형체가 또렷한 문제를 처리하는 것이 아니라 모나리자의 모든 픽셀이 마구 뒤섞여 버리는 문제가 발생합니다. 뇌는 이것이 무엇인지 알아내야 하는 거죠."[11]

뇌는 입의 도움을 받아 인간과 음식의 관계를 완전히 바꾸어 놓은 또 다른 기능을 할 수 있도록 진화되었다. 이로써 인간은 음식을 그저 냄새 맡고 맛보기만 하는 것이 아니라 풍미라는 환상적인 감각까지 얻게 되었다.

일상 대화에서 우리는 풍미와 맛을 동일시하며 이렇게 말하곤 한다. "와, 이거 맛이 기가 막힌데?" 그러나 이제는 음식의 냄새 분자 휘발에 대해 알게 되었으니 "와, 이거 냄새가 기가 막힌데?"라고 하는 편이 더 정확할 것이다. 쉽게 설명하면 풍미는 맛과 냄새의 결합이고 그중에서도 냄새가 큰 역할을 하기 때문이다. 일부 자료에 따르면, 먹고 마실 때 느끼는 풍미의 80퍼센트가 콧구멍이나 입을 통해 비강으로 들어가 후각 망울에 충돌한 냄새 분자에서 나온다.[12]

후각 망울은 뇌 바로 아래에 있는데, 감각할 수 없는 것을 생각하거나(추상적 사고) 무한한 단어나 개념을 생성해 내는 것과 같은 가장 정교한 사고를 하는 뇌 영역과 아주 가깝다. 일리가 있는 말이다. 왜냐하면 풍미는 실제 음식에 존재하지 않기 때문이다. 10대 시절, 다른 사람들이 나와 같은 방식으로 색을 보는지 알 길이 없다는 사실을 문득 깨달았을 때를 기억하는가? 빨간색 공에 빨간색이 없는 것처럼 바나나에도 바나나 풍미가 있는 것이 아니다. 뇌는 색을 만들어 내듯이 감각 정보와 과거의 냄새, 맛, 느낌의 기억들을 함께 엮어 풍미를 만들어 낸다.

아르디가 직립하여 인간이 냄새를 선명하게 맡게 되면서 풍미를 만들어 내는 인간의 능력은 식습관에 엄청난 영향을 미쳤다. 이 능력은 우리에게 다양한 종류의 음식을 음미하고 즐기는 수단을 주었다. 맛만 존재하는 음식의 세계가 있다고 상상해 보라. 우리가 아는 것이라고는 단맛과 짠맛 그리고 미뢰가 감지할 수 있는 나머지 세 가지 맛이 전부일 것이다.

예를 들어 와인에서 느낄 수 있는 다양한 풍미를 생각해 보자. 캘리포니아 대학교 데이비스의 감각화학자 앤 노블은 피노누아, 가메, 샤르도네에서 느낄 수 있는 멋진 풍미를 망라하는 '와인 아로마 휠'이라는 정교한 와인 가이드를 만들었다. 휠의 중심에는 화학적 향부터 과일 향, 나무 향에 이르는 11가지 대분류가 있고, 바깥쪽으로 가면서 세분화되어 83개의 특징적인 향으로 분류된다. 이 가이드에 따르면 와인 중에는 마늘, 불을 켠 성냥, 흙, 곰팡이 핀 코르크, 레몬, 말린 자두, 담배, 바닐라 향이 나는 와인이 있다.

이렇게 다양한 풍미를 감지하고 음미하는 능력은 지구의 기후가 급격하게 변화한 400만 년에서 200만 년 전에 큰 효과를 발휘했다. 당시 우리 선조의 삶은 점점 더 척박해져 갔다. 사하라사막 이남의 아프리카 지역은 선선하고 건조한 기후에서 덥고 습한 기후로 유례없이 큰 폭으로 변화했는데, 아칸소 대학교의 환경 역학 프로그램 책임자이자 교수인 피터 웅가르에 따르면 바로 이때 원시인류가 다양한 음식을 좋아하도록 적응했다고 한다. 화석화된 치아의 크기, 모양, 법랑질 그리고 턱의 생체역학을 분석하면 이러한 기후변화로 인해 원시인류가 구해 먹을 수 있는 음식의 종류가 완전히 바뀌었다는 사실을 알 수 있다. "선사시대에 우리 조상들이 먹었던 음식과 식생활을 보면 좀 바보 같은 면이 있지만, 그래도 인간의 진화에서 음식과 식생활이 차지하는 중요성을 잘 보여 준다는 사실은 의미가 있습니다. 선조들은 대생물권에 존재하는 것은 무엇이든 먹는 단계에 바짝 다가가고 있었습니다. 환경이 급변할 때마다 점점 더 다른 종류의 다양한 음식을 먹어야 했죠."[13]

우리 선조들이 다양한 음식을 좋아한 것에는 또 다른 이점도 있었다. 더 다양한 영양소를 찾아 나서게 된 것이다. 그들은 적극적으로 음식을 찾았고 과실에서 뿌리, 고기 그리고 다시 과일을 먹으면서 비타민과 미네랄을 건강에 필요한 만큼 충분히 섭취할 수 있었다. 그리고 그렇게 쉴 새 없이 음식을 찾아 나선 가장 큰 이유는 그들이 같은 음식을 계속 먹는 것에 싫증을 느꼈기 때문이다. 우리는 이 싫증을 느끼는 특성을 물려받았는데, 식품과학자들은 이것을 감각 특정적 포만감sensory specific satiety이라 부른다. 이것은 한 종류의 맛, 냄새, 향이 나는 음식을 너무 많이 먹을 때 포만감을 느끼게 하는 뇌 속의 일종의 환각 신호다.

뛰어난 후각 능력 덕분에 인간은 빨리 싫증을 느끼고 다양한 것에 끌리며 엄청난 수의 풍미를 즐기는 미각을 갖게 되었다. 이 모든 것은 인류가 존재하기 시작한 이래 400만 년 동안 인간에게 매우 유익해 보였다. 하지만 가공식품 산업이 지배하는 오늘날의 환경을 생각해 보자.(더 자세한 내용은 2부에서 논의할 것이다.)

가공식품 업계가 고안해 낸 이 세상에서 다양한 종류의 음식을 찾고 즐기는 인간의 욕구는 이제 골칫거리가 되었다. 아르디를 오늘날 마트에 데려다 놓는다면 자신이 다양성에 끌리는 인간의 생물학적 특징을 악용하도록 설계된 곳에 와 있다는 사실을 깨달을 것이다. 그곳에는 50만 개의 제품이 있는데, 이를테면 감자칩도 그냥 감자칩이 아니라 바비큐 맛, 사워크림과 양파 맛, 체다치즈와 사워크림 맛, 매운 할라페뇨 맛, 게살 맛, 바닷소금과 후추 맛, 구운 감자 맛, 베이컨 맛 감자칩이 있는 식이다. 아르디는 달짝지근한 음료를 먹인 실험실 쥐처럼 행동할 것이다. 결국 포만감을 느끼고 먹기를 멈추지만 새로운 향의 음료가 주어지면 바로 다시 마시기 시작하는 쥐처럼 말이다. 새로움은 어떤 저항도 압도해 버린다.

인간 행위의 이런 특징을 전문가들은 스뫼르고스보르드 효과_스뫼르고스보르드는 음식을 종류별로 차려 놓고 각자 원하는 만큼 덜어 먹는 북유럽식 뷔페 상차림을 뜻한다.라고 한다. 아르디가 진화하여 직립보행을 하고 냄새와 다양성이라는 매력적인 세계가 인간에게 활짝 열리면서 우리는 방금 먹은 것과 조금이라도 다른 음식이 주어지면 쉽게 거부할 수 없게 되었다. "(아르디가) 현대인의 식품 환경에 놓인다면 편안함을 느낄 겁니다. 그리고 우리처럼 살도 쪘을 거예요." 웅가르가 내게 말했다.

음식의 열량을 감지하는 위

아르디와 친구들은 다양성만으로는 살 수 없었다. 혼신의 힘을 다해 식량을 찾아다녀 획득한 비타민과 미네랄로는 부족했다. 튼튼하고 건강해질 뿐 아니라 유인원과 더 구별되려면 에너지, 그것도 아주 많은 에너지가 필요했다.

이것이 바로 위가 후각과 함께 우리가 무엇을 얼마나 먹는지 결정하는 데 중요한 역할을 하게 된 계기다.

아르디의 잔해는 여기서 큰 도움이 되지 않는다. 연조직인 소화관은 화석으로 남지 않기 때문이다. 하지만 한 가지 추측할 수 있는 것은 아르디의 위가 현대인의 위보다 훨씬 컸다는 사실이다. 오늘날의 고등 유인원과 흡사하게 초기 원시인류들은 더 큰 위와 더 긴 장을 수용할 수 있도록 흉곽이 원뿔 모양이었다. 화석으로 남은 아르디의 치아를 보면 왜 그런지 알 수 있다. 치아를 보호하는 법랑질의 모양과 적절한 양으로 미루어 짐작건대 아르디는 먹을 수 있는 것은 거의 다 먹었고, 특히 부피가 큰 식물성 물질을 많이 먹어서 소화 공간이 많이 필요했다.

아르디의 식생활은 유지하기가 매우 힘들었다. 추정에 따르면 아르디가 구할 수 있는 식량은 칼로리가 거의 없어서 살아남으려면 하루에 5.4킬로그램의 음식을 먹어야 했다.[14] 아르디가 구할 수 있었던 과일도 단단하고 섬유질이 많아 오늘날 우리가 먹는 다양한 과일에 들어 있는 고열량의 당은 거의 없었다. 수천 년이 지나고 나서야 우리 조상들은 돌망치로 만든 뾰족한 도구를 사용하여 얼룩말이나 다른 동물을 도살해 고기를 얻었다. 이로써 선조들은 생고기를 점점 더 많이 먹게 되었지만, 하루에 여섯 시간 동안이나 씹어야 했다.

이런 더딘 진보에 대변혁이 이루어진 것은 불을 사용하면서부터였다. 하버드 대학교의 생물 인류학자인 리처드 랭엄은 약 200만 년 전부터 불을 써서 음식을 만들기 시작했다고 믿는다. 이때는 아르디의 후손인 호모 에렉투스가 등장했을 즈음이다. 요리를 하기 시작하면서 과일, 구근류, 고기를 더 잘 소화하고 원시인류가 식량을 얻기 위해 소비해야 하는 에너지도 줄일 수 있었다. 고인류학자들이 자주 쓰는 개념 중에 절약된 에너지는 다른 것에 쓰일 에너지라는 개념이 있다.[15] 원시인류가 먹는 시간을 줄임으로써 얻은 것은 다름 아닌 더 큰 두뇌였다.

아르디의 뇌는 오늘날의 침팬지 뇌보다 약간 작고 현대인 뇌의 약 3분의 1 크기였다. 원시인류 조상들의 뇌는 200만 년 전부터 자라기 시작해 80만 년 전부터는 더 빠른 속도로 자랐다. 자연선택을 통한 지능 경쟁이 시작되었던 것이다. 뇌가 더 큰 원시인류들이 더 똑똑해서 더 영양가 높은 음식을 찾는 데 유리했다. 또한 음식을 덜 씹어도 되고 소화하기 쉽게 요리하면서 원시인류의 뇌는 더 많이 자랄 수 있었다.[16]

인류가 나뭇잎을 덜 먹으면서 위는 작아졌지만 나름 더 똑똑해지기도 했다. 어느 순간부터 위는 뇌와 공조하여 음식 섭취량을 조절하는 법을 터득했다. 우리가 충분한 양을 먹으면 위가 늘어나고 소리를 내면서 뇌에 그만 먹어야 할 때라고 알린다. 그러면 뇌는 이에 대한 대응으로 포만감을 만들어 낸다.

과식을 막기 위한 위의 제동 행위는 일종의 자기 보존이다. 뱀은 거의 무한대로 팽창되는 위를 갖고 있어서 큰 동물도 잡아먹을 수 있다. 그래서 한 끼 식사를 소화시키는 데 몇 주가 걸리기도 한다. 반면 인간의 위는 더 이상 늘어날 수 없을 때 제발 멈추라는 신호를 보낸다. 어릴 적 식사 시간에 천천히 먹으라고 주의를 주시던 어머니의 말씀은 그저 내 목에 로스트비프가 걸릴까 봐 하신 말씀이 아니었다. 어머니는 위가 눈을 따라잡고 포만감을 느끼는 데 일정 시간(어머니의 계산으로는 20분)이 필요하다는 사실을 아셨던 것이다.

이런 직관을 설명할 수 있는 과학적 논거가 있다. 1970년대 후반에 코넬 대학교에서 제러드 스미스라는 교수가 쥐의 위에 여닫을 수 있는 관을 삽입하는 실험을 진행했다. 관이 열려 있을 때는 쥐가 먹고 마시는 모든 것이 위 밖으로 빠져나왔다. 쥐의 위에는 가득 찼다는 경고 신호도 울리지 않았고 뇌는 먹고 있다는 사실조차 의식하지 못했다. 쥐들은 끊임없이 먹었고 그만 먹어야 한다는 생각을 하지 못했다. 하버드 대학교의 한 생리학자는 이 아이디어를 인간에게 실험했다. 피험자들에게 묶여 있는 풍선을 삼키게 하고 풍선에 바람을 넣어 음식이 들어온 것과 똑같은 효과를 내었다. 포만감을 느끼느냐는 교수의 질문에 피험자들은 그렇다고 답했다.[17]

만약 위가 뇌의 억제 기능을 하는 영역만 소통했더라면 오늘날 우리의 식생활에는 큰 문제가 없었을 것이다. 그러나 위는 뇌의 추동하는 영역을 자극하는 능력도 개발해 우리가 충동에 따라 행동하고 (강화된 후각이 그랬듯이) 음식에 더 강하게 끌리도록 만들었다. 포만감을 느끼기 전에 먼저 식욕이 자극되는 것이다.

브루클린 칼리지의 섭식행동및영양연구소 소장으로 있다 최근 은퇴한 앤서니 스클라파니도 쥐를 이용한 실험을 통해 이런 사실을 밝혀냈다. 그는 실험용 쥐에게 영양가는 하나도 없지만 맛은 꽤 달달한 사카린 조제 음료를 주면서 더 먹고 싶으면 노즐을 핥도록 만들었다. 쥐들이 노즐을 핥는 동안 푸짐한 식사를 하고 있다는 느낌이 들도록 영양분이 농축된 포도당 용액을 쥐의 위에 직접 주입했다. 마침내 쥐의 위는 충분히 포만감을 느끼고 뇌에 노즐을 그만 핥으라는 신호를 보냈다. 이미 우리가 위에 대해 아는 사실, 즉 위가 먹는 일에 제동을 걸 수 있다는 사실이 입증된 것이다. 그러나 그전에 쥐의 위가 먹는 행위를 가속시키기도 했다. 위 속에 포도당 용액을 주입한 지 10분도 안 되어 쥐들이 노즐을 더 빠른 속도로 핥기 시작했기 때문이다.

무엇인가가 정말 좋은 음식이 제공되고 있다는 신호를 보내고 있었다. 쥐들은 그 음식이 노즐을 통해 나온다고 착각하고 음식을 얻기 위해 더 열심히 노즐을 핥았다. 범인은 바로 위였다. 위가 먹이의 원천이 사라지기 전에 속도를 내라고 뇌를 재촉했던 것이다.

위가 어떻게 뇌와 소통하는지는 여전히 미스터리로 남아 있다. 여기에는 흥미를 불러일으키는 측면이 많다. 연구자들은 최근에야 위에 미각 수용체가 있어서 혀에 있는 미뢰처럼 단맛을 인식한다는 사실을 발견했다. 그러나 그것이 왜, 어떻게 기능하는지는 여전히 알려진 바가 없다. 위에는 약 1억 개의 미생물(미생물군이라고도 한다.)도 사는데, 그 무게를 합치면 인간 뇌의 무게와 비슷하고 식사량 결정에 영향을 미치는 등 일정 방식으로 우리 건강에 관여하는 것으로 보인다. 스클라파니는 여기에 작용하는 아직 발견되지 않은 호르몬이 있을 것이라 추측하고 있다.

이런 문제도 모두 매우 호기심을 돋우긴 하지만, 내가 위를 연구하는 과학자들에게 궁금한 문제는 더 기본적인 것이었다. 도대체 위는 왜 우리에게 먹으라고 명령하는가? 혀의 미뢰, 냄새를 감지하는 입과 코, 풍미를 만들어 내는 뇌가 이미 음식을 갈망하도록, 그것도 많은 양을 갈망하도록 하는 임무를 아주 훌륭하게 해내고 있지 않은가? 여기에 위까지 나서는 것은 조금 지나쳐 보인다.

진화생물학자들은 인간의 위가 왜 그런 기능을 하게 되었는지 어렴풋이 짐작하는데, 그 이유는 아르디가 먹던 음식과 오늘날 우리가 먹는 음식의 차이에 있다. 초기 원시인류들이 구할 수 있었던 음식은 지금 우리가 먹는 감자처럼 전분질이 많은 음식이 대부분이었다. 영양분은 어느 정도 있었지만 미뢰를 자극할 만한 것은 전혀 없었다. 즉 그런 음식들은 뇌에 신호를 보내 식욕을 자극하는 일이 없었다는 의미다. 전분이 냄새 휘발에 거의 도움이 되지 않는 점을 고려하면 후각 수용체도 별로 유용하지 않았을 것이다.

그렇다면 다른 무언가가 아르디에게 덩이줄기가 훌륭한 음식이라고 신호를 보내야 했는데 아마도 위가 그 기능을 했을 것으로 추측된다. 덩이줄기가 맛이 있든 없든 상관없었다. 위는 음식의 훨씬 더 중요한 측면에 관심이 있었기 때문이다. 바로 덩이줄기가 지닌 연료, 즉 열량이었다.

실제로 음식 문제에서 인간에게 가장 중요한 목적은 언제나 최소한의 품을 들여 더 많은 열량을 얻는 것이었다. 영양 한 마리가 무리에서 낙오되어 쉽게 사냥할 수 있을 때 굳이 왜 튼튼한 녀석을 쫓아가겠는가? 아낀 에너지는 다른 곳에 쓸 수 있는 법이다. 이런 맥락에서 소비된 에너지가 식량을 획득할 때 쓰인 비용이라고 한다면 우리는 값싸고 구하기 쉬운 음식을 좋아하도록 학습된 것이다. 창과 같은 도구를 개발하기 전까지는 이미 죽은 동물의 시체가 무리에서 낙오된 동물보다 훨씬 더 매력적인 식량이었던 것도 이 때문이다.

적은 비용으로 더 많은 열량을 얻기 위해 우리 조상들은 또 나뭇잎처럼 열량이 낮은 음식보다 땅콩처럼 열량이 높은 음식을 더 귀하게 여겼다. 이를 위해 인간의 신체는 어떤 음식의 열량을 판단하는 능력을 갖게 되었고, 결과적으로 이 능력은 우리가 그 음식을 얼마나 좋아하고 얼마나 갈망하고 얼마나 먹는지를 좌우했다. 우리가 자신이 먹는 것을 좋아하고 자신이 기억하는 것을 먹는다면, 우리는 대개 더 많은 열량을 내는 음식들을 기억한다.

우리는 사진만 보고도 어떤 음식에 얼마만큼의 열량이 있는지 어느 정도 구별할 수 있다. 맥길 대학교의 뇌과학자들은 경매 방식으로 사람들이 다양한 종류의 음식을 얼마나 가치 있다고 판단하는지 실험했다. 피험자들이 점수를 가장 높게 매긴 음식은 가장 열량이 높은 음식들이었고, 뇌 스캔에서도 열량이 높은 음식일수록 뇌의 보상 경로에서 더 큰 반응을 일으키는 것이 확인되었다.

그러나 단순히 보는 것만으로는 열량을 알 수 없거나 먹는 것에 집중하지 않을 때 뇌는 다른 데서 도움을 얻는다. 바로 위가 열량을 계산하는 것이다. 말토덱스트린이라는 물질을 통해 이 현상을 확인할 수 있다. 가공식품 업계가 재료로 사용하는 말토덱스트린은 녹말(보통 옥수수나 쌀)에서 나온 것으로 산이나 효소로 가수분해하여 만든 물질이다. 이 흰색 분말은 독특한 화학적 성질이 있다. 샐러드드레싱을 더 걸쭉하게 만들고, 맥주 맛을 더 풍부하게 하며, 저지방 땅콩잼에서 지방을 제거하지 않은 땅콩잼 맛이 나게 한다. 심지어 물기가 있는 것을 분말로 만들기도 해서 식초와 섞어 감자칩 표면을 코팅할 때 쓰인다.

이 첨가물이 지닌 가장 특이한 성질은 당의 화학구조를 가지면서도 단맛이 나지 않는다는 점이다. 이런 특징 때문에 음식 중독을 연구하는 과학자들은 물론 식품 제조 기업들에게도 매우 유용한 물질이다. 말토덱스트린은 단맛이 거의 나지 않아서 이 분말을 물에 섞어도 대다수 사람들에게 맹물과 별 차이가 없다. 볼 수도 맛볼 수도 느낄 수도 없는데 열량은 다른 종류의 당과 유사하다.

위가 열량을 계산하는 능력은 다음과 같은 방법으로 확인할 수 있다. 동일한 모양의 잔 두 개에 하나는 맹물, 다른 하나는 말토덱스트린을 탄 물을 채운다. 그러고는 사람들에게 어떤 물이 더 좋은지 묻는다. 황당해 보이는 질문이다. 둘 다 그냥 평범한 물맛이 나기 때문이다. 그러나 두 잔을 모두 마시고 위에 판단할 시간을 충분히 주자 대부분 말토덱스트린을 탄 물이 더 좋다고 대답했다. 이건 마술이 아니다. 위가 열량을 감지하고 뇌에 유익한 음료라고 알리면, 뇌가 쾌감과 만족감을 전달하여 그 음료를 더 마시게 한다.

음식에서 열량을 감지하는 위의 능력은 오늘날에도 우리에게 유리하게 작용할 수 있다. 일반 맥주보다 포만감을 덜 느끼게 만든 라이트 비어를 예로 들어 보자. 일반 맥주는 알코올 도수가 더 높아서 열량도 높다. 과식에 제동을 거는 중요한 기능을 수행하는 데 있어 위는 라이트 비어를 마실 때보다 일반 맥주를 마실 때 뇌에 포만감을 느끼게 하는 신호를 훨씬 더 빨리 보낸다. 이는 포만감을 느끼기 전까지 라이트 비어를 더 많이 마실 수 있다는 사실을 의미한다.

그러나 위가 식욕에 제동을 걸기도 하고 더 자극하기도 하는 이 시스템은 본래 우리 조상들을 위해 만들어진 것이다. 위가 뇌에 좋은 음식이라고 신호를 보낸 덕분에 우리 조상들은 덩이줄기나 고기를 씹어 먹었다. 또 뇌에 충분히 먹었다고 신호를 보낸 덕분에 위가 파열되는 일 없이 먹는 것을 그만둘 수 있었다. 이런 일은 우리 조상들이 먹었던 종류의 음식, 이를테면 통곡물, 섬유질이 많은 채소, 수분이 많이 함유된 것을 먹을 때 우리에게도 일어난다.

지난 몇 년간 가공식품 제조 업체들이 과도하게 많이 사용해 온 세 가지 첨가물, 즉 소금, 설탕, 지방에 대해 많은 우려가 제기되어 왔다. 업계에서 이 세 가지 첨가물은 엄청나게 중요한 데 반해, 이 첨가물들이 우리 건강에 미치는 영향은 서로 다른 식생활 방식을 옹호하는 사람들 사이에서 여전히 논쟁의 대상이다. 그러나 공중 보건 의제 설정에 상당한 역할을 하는 영양 전문가들은 가공식품의 지나치게 높은 열량(에너지 밀도)을 경계해야 한다고 점점 더 지적하고 있다. 고기 세 종류와 치즈 네 종류가 들어간 냉동 피자와 탄산음료, 오레오 메가 스터프 쿠키, 특대 사이즈 감자튀김 같은 음식들이 바로 그런 종류다. 열량이 높은 음식을 좋아하도록 진화된 인간의 위는 이러한 음식을 정말로 좋아하고 뇌에도 이런 음식을 좋아하라고 신호를 보낸다.

한편 이런 제품에는 물리적으로 위를 늘어나게 하거나 그만 먹으라고 뇌에 신호를 보내도록 부추기는 것, 즉 섬유질과 수분이 별로 없다. 위가 그만 먹으라고 신호를 보낼 즈음이면 이미 너무 늦었다. 위가 제동을 걸기 전 몇 분 동안 신체가 그 순간 사용할 수 있는 것보다 더 많은 열량을 이미 섭취했다는 뜻이기 때문이다. 소모하지 못한 열량은 당연히 그냥 사라지지 않는다. 고스란히 체지방으로 저장된다.

에너지를 비축하는 지방

오늘날에는 이상하게 들리겠지만, 과거 아르디가 살던 시절에 살이 찌는 것은 아주 좋은 일이었다. 그래서 체지방은 본질적으로 그리고 자연적으로 인간의 식습관에 결정적인 역할을 했다. 성능 좋은 후각, 배꼽시계인 위와 마찬가지로 우리 몸에 축적된 지방도 뇌와 협력하여 단순히 음식을 좋아하는 것뿐 아니라 계속해서 더 많은 음식을 갈망하도록 만들었다.

음식 중독에서 지방이 무시할 수 없는 요소로 떠오른 것은 인간 진화의 가장 근본적인 측면에 뿌리를 두고 있다.[18] 하버드 대학교의 진화생물학자인 대니얼 리버먼에 따르면 인간이 어떻게 변화해서 어떤 모습에 이르게 되었는지는 전적으로 아기를 낳는 습성과 관련이 있었다. "저는 항상 학생들에게 이렇게 말합니다. 삶은 결국 에너지를 얻고 그 에너지를 사용하여 또 다른 생명을 만들어 내는 것이라고요." 그런 단순한 생각에서 출발한 리버먼은 에너지 할당 이론 energy allocation theory이라는 이론적 구상을 고안해 냈다.

예를 들어 방금 샌드위치를 먹었다고 가정해 보자. 또는 아르디라면 방금 옆 동네 숲에서 잘 익은 무화과를 하나 땄다고 가정해 보자. 이제 음식을 통해 얻은 에너지로 다음의 세 가지 일 중 하나를 할 수 있다. 첫 번째, 그 에너지를 사용하여 신진대사는 물론 보이지 않는 곳에서 일어나는 기본적인 생명 기능을 처리할 수 있다. 이 기능은 보통 인간이 하루에 연소하는 에너지의 60퍼센트 이상이라는 어마어마한 양을 소비한다. 두 번째, 음식을 통해 얻은 에너지로 더 많은 에너지를 얻을 수 있다. 음식을 찾아 나서는 일, 현대인의 삶에 대입하면 일을 해서 돈을 벌어 더 많은 음식을 사는 일이다. 세 번째, 남은 에너지를 번식에 사용할 수 있다. 리버먼은 "물론 번식에 에너지를 더 많이 쏟을수록 자손을 더 많이 남길 수 있다. 그리고 그것이 바로 자연선택의 핵심이다."라고 지적한다.

인간의 신체는 음식에서 얻은 에너지를 처리하는 데 아주 능숙하다. 우리는 24시간 동안 평균 2000칼로리를 먹어 치운다. 만약 그 에너지를 모두 소모하지 않고 그대로 두면, 다시 말해 연료로 사용하지 않으면 그 에너지는 우리 몸에 저장되어 (내 계산에 따르면) 우리가 65세가 될 무렵에는 몸무게가 거의 코끼리와 같은 수준이 될 것이다. 그러나 신진대사 덕분에 섭취 열량과 소비 열량은 거의 완벽한 균형을 이룬다. 먹은 것을 대부분 연소하기에 우리는 비교적 안정적인 체형을 유지한다.

그러나 언제부턴가 인간은 음식에서 얻은 연료를 네 번째 목적, 즉 미래에 사용할 에너지를 저장하는 데 점점 더 많이 사용하기 시작했다. 동물들은 대부분 일정 정도의 에너지를 체지방으로 비축할 수 있지만, 인간이 일반적인 수준을 벗어나는 만큼의 체지방을 비축한 데에는 또 다른 이유가 있었다. 우선 인간은 진화하면서 뇌가 어마어마하게 커지고 활동량이 많아져 밤낮으로 항상 더 많은 식량이 필요했다. 쉽게 꺼내 쓸 수 있는 비축분이 없었다면 인간은 에너지가 필요할 때 하던 일을 모두 멈추고 다시 음식을 찾아 먹어야 했을 것이다. 그런 문제를 해결해 준 것이 바로 체지방이었다.

게다가 인간 종이 등장하면서 인간의 출산율은 급격하게 상승했다. 침팬지가 평균 6년에 한 번 출산을 하는 데 반해 수렵채집 사회에 살았던 인간은 3년에 한 번씩 아이를 낳았다. "어떻게 그렇게 하냐고요? 체지방이 많으면 됩니다." 리버먼의 말이다. 수렵채집 사회의 여성이 아이에게 젖을 먹이려면 산모가 우유를 직접 만들어야 했는데 모유를 유선에서 합성하는 데에는 엄청난 에너지가 들었다. 모유를 생산할 때 기초대사율이 족히 15~20퍼센트는 상승하므로 산모는 자신을 위해서도 더 많은 에너지가 필요했다. 산모는 걸음마를 갓 시작한 다른 아이를 키우는 데 드는 대가도 지불해야 했다. 아이가 스스로 음식을 찾아 나서지 못하기 때문이다. 리버먼은 "이러면 세 명을 동시에 돌보는 셈이죠. 그런데 만약 그날 식량이 부족하다면 어떻게 될까요? 지방으로 비축해 둔 여분의 칼로리는 번식 성공에 유용하게 쓰일 은행에 넣어 놓은 돈과 같다고 보면 됩니다."라고 설명했다.

그렇다면 인간은 얼마나 지방을 저장했을까?

"인간은 특히 지방이 많은 동물입니다. 포유류 대부분은 태어날 때 체지방이 얼마 없습니다. 일부 자료에 따르면 침팬지의 체지방률은 최대 8퍼센트라고 합니다. 그러나 보통의 인간 신생아는 15퍼센트의 체지방을 갖고 태어나죠. 이것은 생후 1년 동안 증가하다가 이후부터는 조금 감소합니다. 수렵채집 사회의 평균 남성 성인의 체지방률은 10~15퍼센트였고, 여성은 15~25퍼센트였습니다."

이들의 체지방률을 비만이라고 하기에는 무리가 있다. 비만의 기준을 만족하려면 우리 조상들의 체지방률은 남성 최고 25퍼센트 이상, 여성은 32퍼센트는 되어야 했을 것이다. 과체중이란 단어도 지나친 표현이다. 그들은 대개 엄청난 신체적 요구를 충족하기 위해 먹었기 때문에 체지방이 건강에 부정적인 영향을 주었을 가능성은 낮다.

이 모든 것의 이면에는 우리가 이제야 조금씩 이해하기 시작한 지방의 한 측면이 있다. 생화학자 실비아 타라에 의하면 우리 몸의 지방은 심장이나 신장처럼 완전한 기능을 갖춘 기관이다.[19] 지방은 대개 지방을 저장하는 세포를 의미한다. 그러나 이 지방세포들은 합쳐져 결합조직, 신경조직, 면역세포와 함께 하나의 단위처럼 기능하는 구조를 형성하는데, 이는 매우 정교한 내분비계에 속해 있다. 지방은 신체의 나머지 기관들과 소통하며 메시지를 수신하고 고유의 신호와 분비액을 내보낸다.

지방이 생성하는 화학물질에는 식욕을 떨어뜨리는 렙틴이라는 호르몬이 있다. 그러나 지방은 인간이 입맛을 잃지 않도록 열심히 일한다. 이것은 기근이 닥칠 때 굶어 죽지 않게 하는 중요한 방어 기제가 될 수 있다.

그렇지만 지방은 살을 빼려는 의도적인 노력을 효과적으로 방해하는 기능도 한다. 살을 빼면 우리 몸속에 있는 지방이 신체의 다른 기관들에게 활동을 둔화하라는 신호를 보낸다. 이것은 우리 몸에 대사율을 낮추라고 지시하므로, 세포 재생과 같은 기본 기능에 쓰이는 에너지도 줄어든다. 그러면 음식에서 얻는 에너지 중에서 지방이 그러모아 담을 수 있는 양이 더 많아진다.

렙틴을 발견한 록펠러 대학교 실험실에서 교육을 받은 피츠버그 대학교의 내분비학자 에린 커쇼는 괜히 살을 빼려다 지방이 방어 태세를 갖추게 만들 수 있다고 말한다. 지방은 조금이라도 기근의 기색이 보이면 저항하기 때문이다. "굶주리고 있을 때든, 그냥 먹지 않고 있을 때(이를테면 밤사이)든, 지방은 뇌에 에너지 소비를 낮추라고 말합니다."[20]

그러나 다이어트를 하고 있다면 지방은 최악의 적이다. 지방은 우리도 모르는 사이에 살을 빼겠다는 굳은 결심을 앗아 간다. 식단을 철저히 지키며 더 먹지도 않았는데 몸무게가 반등하는 것을 경험하는 「비기스트 루저The Biggest Loser, 참가자들이 운동 전문가의 도움을 받아 살을 빼고 체형을 바꾸는 경연을 하는 미국의 리얼리티 쇼」 참가자들처럼 말이다. 그들이 다시 살이 찐 이유는 지방이 몸에 열량을 덜 연소하라고 명령했기 때문이다. 신체가 안정감을 느끼는 몸무게를 찾아 그 몸무게가 변화되는 것에 오랫동안 저항한다고 가정하는 세트포인트set point라고 알려진 신진대사 이론의 배후에도 바로 지방이 있다. 커쇼는 직접 경험을 통해 세트포인트의 힘을 믿게 되었다고 했다. "만약 제가 2킬로그램을 넘게 빼야 한다면 아마 미쳐 버릴 겁니다. 하루 종일 음식생각만 할 거예요. 슬프고 우울하고 울적해지고 한없이 자고 싶어질 겁니다. 이 모든 일은 뇌에 '너는 지금 너무 배가 고파.'라고 말하는 지방세포 때문에 발생하는 거고요."

커쇼는 이어서 말했다. "적정 몸무게를 45킬로그램이나 초과하는 사람들에게 2킬로그램을 빼라고 말해도, 그들의 반응은 저와 다르지 않을 겁니다. 저도 의사지만 환자들에게 '비만이니 살을 빼야합니다.'라고 말하는 다른 의사들에게 언제나 화를 내요."

더 많은 음식을 얻으려고 음식을 찾아 나설 것 없이 그저 메뉴판을 보거나 냉장고를 열기만 하면 되는 세상에서 지방은 새로운 기술을 터득했다. 지방은 더 이상 자신을 방어하는 데 그치지 않고 이제 직접 공격에 나선다. 만약 우리가 다이어트를 하다 포기하여 쪼그라든 지방세포에 과도한 음식 섭취로 인해 트라이글리세라이드가 다시 가득 차면, 지방세포는 근처에 있는 혈관에 화학신호를 보내 지방 쪽으로 더 많은 혈관이 자라나게 한다. 이것은 혈액 공급을 증가시켜 새로운 지방세포들이 생성되는 것을 돕는다.

지방은 또 다른 속임수도 쓴다. 지방 흡입술이라고 불리는 체형 조형술이 살을 빼는 확실한 방법이라고 속아서는 안 된다. 지방 흡입술은 눈에 가장 도드라지는 부분의 지방만 제거한다.[21] 지방 흡입술을 하면 지방이 자기 보존 상태에 들어가 심장이나 다른 장기 주변에 새로운 지방을 축적하므로 심장 질환의 위험이 높아질 수 있다.

그러나 지방 흡입술을 제외하면 체지방이 지닌 가장 인상적인 특징은 체중을 감량해도 진짜로 사라지지는 않는다는 점이다. 지방세포는 단지 쪼그라들어 코와 입, 위와 뇌가 공모하여 우리가 필요한 양보다 더 많이 먹게 만들 때까지 숨어서 기다리는 것뿐이다. 필요한 양보다 더 먹음으로써 과도하게 들어온 에너지는 쪼그라들었던 지방세포에 지방의 형태로 저장된 연료를 가득 채운다. 실제로 진화를 거치며 우리가 물려받은 체지방은 좀처럼 제거하기 어려워서 이 분야 전문가들은 당황스러울 만큼 솔직하게 말한다. 전문가들에게 3킬로그램을 감량하고 싶다고 말해 보라. 그러면 아마 2킬로그램만 빼라고 충고할 것이다.

이 책을 집필하기 위해 정보를 수집하는 과정에서 나는 중독을 연구하는 전문가들에게 음식이 중독 물질의 기준에 해당하는지 물었다. 전문가 대부분이 그렇다고 답했다. 조금 다른 견해가 있다면, 음식 자체가 아닌 먹는 행위에 중독성이 있다는 데 초점을 두어야 한다는 의견이었다. 왜냐하면 우리의 자제력을 잃게 하는 것은 가공식품 총체이지 한 가지 재료나 제품이 아니기 때문이다.

그러나 진화는 음식 중독의 문제를 또 다른 설득력 있는 관점에서 생각하게 한다. 우리 뇌가 설탕 같은 물질을 욕망하도록 만들어졌다면(특히 설탕이 우리를 빠르게 자극할 때), 우리가 기억 때문에 어릴 적 식습관을 소중히 여긴다면(비록 그 기억이 식품 산업에 의해 만들어진 것이라 하더라도), 인간이 냄새를 맡는 방법이 두 가지로 발달하여 다양성에 쉽게 유혹당하고 위가 높은 열량을 섭취하는 일에 만족을 얻도록 뇌를 자극하며 체지방에 스스로 생각하는 힘이 있다면 우리는 음식 중독 문제를 다른 시각으로 바라보아야 한다.

"오늘날의 음식 환경은 에너지 균형에 미친 영향의 측면에서 불의 등장과 동일시할 수는 없겠지만, 그만큼 심대한 영향을 미친다고 할 수 있습니다." 초콜릿을 이용한 뇌 스캔 연구의 선구자인 데이나 스몰의 말이다. "현대의 식품은 더 싸고 구하기도 더 쉬우며 대사시키기도 더 쉽죠. 게다가 인간이 진화를 거쳐 오는 동안 한 번도 본 적 없는 방식으로 혼합되고 한 번도 본 적 없는 형태로 만들어집니다. 또 과거보다 더 자주 먹고 음식의 선택 범위도 훨씬 크죠."[22]

이런 관점에서 보면 우리는 지난 40년간 음식과 식습관에 나타난 급격한 변화를 진화의 측면에서 따라잡을 수 있는 시간이 전혀 없었다. 그 결과 오늘날의 음식과 근본적으로 부조화를 이루게 되었다. 스몰은 이렇게 설명한다. "문제는 음식에 중독성이 있다기보다 인간은 본능적으로 먹는 것에 끌리는데 기업들이 음식을 바꿔 놓았다는 데 있습니다."

2

OUTSIDE
ADDICTION

음식이 바뀌었다,
중독적으로

5장 본능을 자극하라

저렴한 가격의 유혹

뉴저지주의 마흐와 남쪽부터 뉴브런즈윅까지 길게 뻗은 땅에는 가공식품 업계를 위해 일하는 회사 수십여 개가 있다. 가공식품 업계의 일급비밀이기도 한 이 회사들은 풍미 공장flavor houses이라고 불린다. 주로 화학과 관련된 일을 하기에 나는 그들이 식품 기업에 기여하는 가장 큰 가치가 다양한 실험을 통해 맛과 향을 만들어 내는 것이라 생각했다.

물론 이런 기능도 식품 업계가 이 회사들을 중요하게 여기는 이유 중 하나이며, 대단히 흥미로운 부분이다. 내가 이 회사들 가운데 하나인 플레이버 앤드 프래그런스 스페셜티Flavor and Fragrance Specialties를 방문했을 때, 실험실에는 흰색 가운을 입은 연구원들이 다양한 소비자 제품에 쓰일 화학물질을 배합하느라 분주히 움직이고 있었다. 구강 청결제 프로토타입을 분류하는 연구원이 있는가 하면 인조 소변의 악취를 맡아야 하는 실험에 자원한 사람들과 함께 고양이 배변용 모래를 테스트하는 연구원도 있었다. 실험 참가자들은 한쪽 모래 상자의 냄새를 맡은 다음 오줌 냄새를 차단하도록 제조된 특별한 향으로 코를 정화한 뒤, 다른 조제법으로 만든 다음 모래 상자로 넘어갔다. 실험실에는 기체 크로마토그래피 분석기가 있었는데, 이것은 가령 파이 한 판을 집어넣으면 파이 냄새의 화학구조를 출력하여 볼 수 있는 장비다. 분석기를 통해 화학구조가 나오면 고도로 훈련된 직원들이 블러드하운드 못지않은 후각 능력을 발휘하여 시료 선반에서 파이 속 냄새에 해당하는 물질들을 꺼냈다. 기술 지원 개발부의 책임자인 다이앤 샌슨이 말했다. "크로마토그래피 분석기가 예를 들면 감귤류 과일의 성분을 보여 줍니다. 그러나 숙련된 사람만이 거기에 레몬유가 들어 있는지, 그 레몬유가 아르헨티나산인지 이탈리아산인지 알 수 있죠."

늦여름 공장에서는 이들 숙련자 중 일부가 가을에 수요가 많아질 펌킨 스파이스의 화합물 제조 작업을 마무리하고 있었다. 가정에서 쓰는 펌킨 스파이스는 계피, 육두구 씨, 정향, (때로는) 생강을 섞어 만든다. 그러나 가공식품에 들어가는 것은 다르다. 가공식품에 들어가는 펌킨 스파이스는 최대 80개의 성분을 동원하여 만들어진다. 여기에는 구운 냄새와 단풍나무 냄새가 나는 화합물 시클로텐cyclotenes, 부드럽고 버터처럼 풍부한 우유 향에 약간의 연한 과일 향이 나는 델타도데칼락톤delta-Dodecalactone과 같은 락톤류lactones, 커스터드, 달걀, 크림, 캐러멜 향이 나는 설퍼롤sulfurol, 노릇노릇 구운 향과 견과류 향에 캐러멜 맛이 살짝 배어 있는 화합물 피라진pyrazines, 4개의 하이드록시4-hydroxy와 3개의 메톡시벤즈알데하이드3-methoxybenzaldehyde로 구성된 실제 바닐라의 알데하이드족 버전으로 크림처럼 부드럽고 단맛이 나는 바닐린vanillin이 포함된다. 펌킨 스파이스 배합에 쓰이는 이런 화합물을 비롯한 여러 화학물질은 소비자의 요구에 따라 혼합 제조되는데, 향 제조 전문가들에게 이 일은 음악 한 소절을 작곡하는 것과 유사하다. "파이 크러스트 맛을 낼 수도 있고, 커스터드 맛을 낼 수도 있고, 아니면 그냥 기본적인 맛을 낼 수도 있습니다." 샌손이 말했다. "또 펌킨 스파이스를 어디에 활용하느냐에 따라 달라지기도 합니다. 요거트에 쓸지, 쿠키에 쓸지, 커피에 쓸지, 감자칩에 쓸지에 따라 달라지죠."(펌킨 스파이스를 활용한 메뉴는 무궁무진하다. 2003년에 스타벅스가 이 향을 사용하여 펌킨 스파이스 라테를 개발했고, 이에 사람들이 열광하자 식품 제조 업체들은 펌킨 스파이스 공식을 다양하게 변주하여 거의 모든 식품에 첨가하기 시작했다.)

향을 제조하는 회사들은 가공식품 업계의 요청에 따라 채식용 햄버거를 더 맛있게 만들기 위해 고기의 탄 맛을 흉내 내는 냄새를 만들기도 한다. 또 처음에는 무향이었다가 물이 섞이면 냄새가 나기 시작하는 향, 가공식품 제조 과정에서 발생할 수 있는 불쾌한 냄새를 가리는 향도 만든다. 이러한 묘약들은 부엌 선반에서 몇 달을 묵어도 썩지 않는 현대 포장 가공식품의 탄생에 공헌한 숨은 영웅이면서도 계획적으로 베일 속에 가려져 있다.

연방 규제 기관들은 식품 제조 업체들의 편의를 위해 펌킨 스파이스와 같은 합성 향료에 쓰이는 화학물질의 제품 성분 표시를 의무화하지 않고 있다. 그런 화학 성분들은 '천연 및 인공 향료'라는 모호한 항목에 한데 묶여 있다. 따라서 우리는 어떤 화학물질이 우리가 먹는 식품에 사용되었는지 알 수 없다. 그러나 우리 뇌는 아주 잘 안다. 이런 화합물에서 나오는 휘발성 물질은 오직 식욕을 자극하겠다는 목표로 후각 망울을 강타한다. 그중에서도 천연 바닐라 맛을 내는 인공 향료 바닐린은 구미를 가장 강하게 돋우는 물질이라 할 수 있다. 식품 제조 업체들은 1만 8000개가 넘는 제품에 바닐린을 첨가하는데, 이 중에는 초콜릿 아이스크림처럼 자신이 바닐라 향을 좋아한다는 사실조차 인지하지 못하는 사람들이 즐겨 찾는 제품들도 있다.(초콜릿 아이스크림은 아이스크림 중 두 번째로 인기가 많은 종류다. 모두가 예상하다시피 가장 인기가 많은 아이스크림은 플레인 바닐라 맛이다.)

향 제조 회사들이 우리의 식습관을 형성하는 데 이런 간계를 쓰기는 하지만, 천연 향료의 맛을 흉내 내는 능력이 이들이 식품 업계에 제공하는 가장 중요한 기능은 아니다. 식품 기업들이 이런 향 제조 회사들에 도움을 요청할 때는 천연의 맛을 흉내 내는 일보다 더 강력한 효과를 기대한다. 식품 기업들이 이런 화학 실험실을 이용하는 이유는 바로 인간 심리의 가장 취약한 부분을 파고들어 사람들이 현명한 판단이 아니라 본능이나 습관에 따라 행동하도록 만들기 위해서다.

앞으로 논의하겠지만 분명 거대 가공식품 기업들은 시장 장악력을 유지하기 위해 업계의 다른 기업들이 사용하는 평범한 전술을 마다하지 않는다. 이들도 정책 결정자들에게 로비를 하고 선거에 개입하며 중개자를 통해 은밀히 정치자금을 제공해 왔다. 압박이 가해질 때마다 이런 수단을 이용할 것이다. 그러나 1조 5000억 달러 규모의 가공식품 업계가 권세를 누리게 된 것은 무엇보다 인간의 욕망을 끊임없이 연구하고 조종해 온 덕분이라 할 수 있다.

식습관을 형성하고 가공식품 중독을 야기하는 가장 기본적이고 강력한 인간의 본능은 가격과 관계가 있다. 진화생물학자들이 인간의 진화를 에너지 관점에서 설명했던 것을 다시 떠올려 보자. 에너지 관점이란 음식에서 얻는 에너지를 어떻게 소비하며 그 음식을 획득하는 데 얼마만큼의 에너지를 소비하는가를 말한다. 후자와 관련하여 우리 조상들이 가장 쉽게 음식을 구하는 길을 택했다는 사실은 쉽게 이해가 된다. 그들은 직립보행을 시작하면서 음식을 구하러 다닐 때 힘이 덜 들었고, 불을 사용하여 음식을 익혀 먹음으로써 소화율이 높아졌으며, 신선한 고기를 먹으려 할 때는 영양 대신 나무늘보를 사냥했다. 오늘날 우리가 음식에 관해 내리는 의사결정에도 조상들의 행동 방식이 어느 정도 작용하는 듯하다. 싼 음식을 구매하는 것은 그 음식을 사기 위해 일을 덜 해도 됨을 의미하므로 우리는 본능적으로 값싼 식료품과 저렴한 레스토랑에 끌린다.

그렇다면 이런 사실이 아르디 덕분일까? 진화생물학에는 필연적으로 상당한 추측이 따르기 때문에 단언할 수는 없다. 또 재정적

궁핍으로 값싼 식품이 유일한 선택지인 사람들이 처한 사정을 무시하려는 것도 아니다. 온 식구가 먹을 수 있는 2.78달러짜리 페퍼로니 피자와 5달러짜리 블루베리 한 통 중에 무엇을 살지 결정해야 한다면 실질적으로 그들에게는 선택의 여지가 없다.

그러나 싼 음식에 끌리는 것이 인간 진화의 특징이 아니라면 전국적으로 인기를 얻고 있는 어느 마트의 주차장에 BMW, 벤츠, 재규어 같은 고급 승용차가 즐비한 현상을 무엇으로 설명하겠는가? 이런 고급 승용차를 몰고 다니는 사람들이 애용하는 이 슈퍼마켓에서는 25센트짜리 동전을 넣어야 카트를 사용할 수 있고 제품의 90퍼센트가 처음 보는 브랜드이며 계산대 줄을 빨리 줄어들게 하려고 직원들이 손님들에게 스스로 물건을 담으라고 재촉한다.

이곳의 이름은 알디Aldi로, 미국에 1900개의 매장을 운영하며 급성장 중인 독일계 할인점이다. 알디가 어떤 불편도 기꺼이 감수하는 광신도와 같은 추종자들을 거느린 이유는 단 하나다. 제품 가격이 기존 슈퍼마켓의 절반에 불과하고, 이전까지 할인점의 제왕이었던 월마트보다도 15퍼센트나 싸기 때문이다.[1] 알디의 웹사이트에서는 자칭 '알디 매니아'들이 자신들이 찾은 보물 정보, 예를 들면 마카로니 앤드 치즈 한 상자를 말도 안 되는 가격 33센트에 판매하는 치즈 클럽Cheese Club이라는 브랜드가 있다는 소식을 교환한다.(당신만 그런 것이 아니다. 이런 가격을 본 사람이라면 누구나 약간의 흥분을 느낀다.) 알디의 한 열혈 팬은 자신의 블로그에 이렇게 썼다. "이렇게 말하면 곧 죽어도 크래프트 제품만 먹는 사람들의 분노를 살지 모르지만,

우리 애들은 정말로 치즈 클럽 브랜드를 가장 좋아해요."

고급 승용차가 알디 주차장에 즐비한 것도 우연이 아니다. 알디는 일부러 고소득자가 많은 지역에 매장을 여는데, 이는 경쟁사들도 감탄해 마지않는 대담하고 예리한 한 수다. "그들은 거침이 없고 영리합니다." 미국 월마트의 최고경영자인 그레그 포런은 2019년에 투자자들과 소매 업계 간부들이 모인 자리에서 이렇게 말했다. "사람들은 식료품에 돈을 아끼는 것을 좋아합니다. 여기에 모인 사람들 모두에게도 해당하는 이야기죠. 장을 볼 때 10달러를 아끼면 기분이 좋습니다. 주말 저녁에 외식을 하면서 200달러를 쓰면 기분이 더 좋아지니까요."[2]

혹자는 우리가 식품을 구매할 때 신선도나 건강과 같은 다른 요소를 더 우선시한다고 생각하고 싶을지 모른다. 실제로 홀푸드Whole Foods처럼 건강을 내세운 소매 기업들이 성공을 거둔 것은 적어도 일부 소비자는 그런 바람에 따라 행동한다는 사실을 증명해 준다. 그러나 소비 습관에 관한 연구들은 대개 다른 결과를 보여 준다. 바로 어떤 제품을 구매할지 결정하는 데 가장 중요하게 여기는 요소는 가격이라는 사실이다.[3] 이는 최근 온라인 식료품 판매 업체들이 성장하는 현실에서 더욱 명확하게 드러난다. 오랫동안 애용하던 슈퍼마켓을 찾아 얼굴을 직접 보며 쇼핑하는 일조차 온라인 판매 업체들의 저렴함이 주는 매력과는 경쟁이 되지 않는다. 리서치 기업 닐슨은 최근 펴낸 보고서에서 "이 세상이 돈으로 돌아간다는 사실을 감안하면 이용하는 가게를 바꾸는 압도적으로 큰 이유가 가격이라는 사실은 전혀 놀랍지 않다."라고 평했다. 원래 애용하던 슈퍼마켓을 버리고 새로운 마트나 온라인 마트를 이용하게 된 이유를 더 저렴한 가격이라고 대답한 사람은 응답자의 68퍼센트에 달했고 식품의 질이라고 답한 55퍼센트가 그 뒤를 이었다.

"우리는 값싼 음식에 중독되어 있습니다." 미국 식품 기업 필스버리Phillsbury의 전 기술 담당 최고 책임자였던 제임스 벤케가 몇 년 전 내게 한 말이다. 그가 말한 '우리'는 소비자만을 의미하지 않는다. 가공식품 업계는 우리보다 훨씬 더 저렴함에 중독되어 있다. 식품 제조 기업들은 비용을 줄여 가격을 낮추는 데 혈안이 되어 있다. 가격을 낮출수록 더 많이 팔린다는 사실을 알기 때문이다. 벤케가 필스버리에서 기술 담당 최고 책임자로서 승승장구할 수 있었던 것도 이 목표와 깊은 관련이 있었다. "회사마다 이 현상을 일컫는 명칭이 다 달라요. 어디에서는 최소 비용 기술이라고 하고 어디에서는 수익 향상이라고 합니다. 또 어디에서는 수익 개선 프로그램이라고 해요. 하지만 뭐라고 부르든, 기업들은 언제나 제조 원료에 드는 비용을 절감할 방법을 찾습니다."

바로 여기서 향을 제조하는 화학 회사들이 유용한 역할을 한다. 최근 대형 슈퍼마켓 체인들이 점점 더 많은 자체 브랜드 상품을 개발하고 있는데, 이 과정에서 향 제조 회사들의 도움을 구해 기존 식품 기업들의 유명 브랜드와 똑같은 제품을 만든다. 알디 매장은 이런 제품들로 가득하다. 이를테면 2.75달러짜리 팝타르트와 똑같이 생긴 토스터 타르트Toaster Tarts는 열두 개에 단돈 1.85달러다.

슈퍼마켓 체인들이 도둑질을 하는 것은 아니다. 슈퍼마켓들은 화학 회사에 유명 브랜드의 제조법을 훔쳐 오라고 하지 않는다. 그 것은 너무 쉽기도 하거니와 핵심을 벗어나 있다. 슈퍼마켓들은 자체 상품을 더 싸게 팔아야 한다. 그러려면 제조 비용이 덜 들어야 하는데 여기가 바로 향 제조 회사들이 식품 업계에 아주 중요한 존재임을 스스로 증명하는 지점이다. 그들의 임무는 값싼 재료를 사용하여 특정 브랜드의 상징과도 같은 맛을 모방하는 것이다. 향 전문가인 샌슨의 말처럼 "대형 할인점들은 유명 브랜드의 제품과 유사한 것을 바라면서도 비용을 절감해야 한다."

예를 들어 천연 바닐라는 자연의 놀라운 작품으로 수많은 천연 향 성분이 혼합되어 있어 매우 깊은 맛을 낸다. 그러나 천연 바닐라는 마다가스카르에서 자라는 난초에서 얻기에 엄청나게 비싸고 가격 변동 폭도 매우 크다.(일례로 2019년에 바닐라콩은 1파운드약 450그램에 272달러였다.) 따라서 식료품이나 레스토랑 요리에 쓰이는 바닐라 향은 대부분 향 전문가들이 만든 가짜다.[4] 가짜 바닐라 향인 바닐린은 천연 바닐라의 향 분자 중 하나로 펄프와 제지 공업의 폐액에서 추출하거나 실험실에서 합성한다. 바닐린의 부족한 향은 가격으로 상쇄하고도 남는다. 1파운드에 7달러밖에 하지 않기 때문이다.

펌킨 스파이스를 만드는 시클로텐과 락톤류처럼 향 제조 회사들과 그들의 고객사인 식품 제조 업체들이 가공식품 제조에 사용하는 성분의 더 값싼 공급원을 찾아서 절약하는 생산 원가는 고작 몇 푼에 지나지 않을 수도 있다. 그러나 원칙은 변하지 않는다. 바로 후각 망울을 자극하지 못하면 뇌가 비용 절약에서 느끼는 흥분으로도 보완할 수 없다는 것이다.

현대인의 삶을 장악한 간편식

식품 업계에서 유리하게 이용할 수 있다고 생각한 인간의 또 다른 생물학적 특징이 처음 세상에 드러난 것은 100여 년 전 한 휴양 시설의 부엌에서였다. 윌 켈로그는 미시간주 배틀크리크에 찾아온 손님들에게 형 몰래 설탕을 뿌린 그래놀라를 대접했다. 손님들은 아주 좋아했고, 동생 켈로그는 시리얼 회사를 차렸다. 이후 켈로그를 따라 다른 회사들도 경쟁적으로 시리얼을 달게 만들어 와서 요즘 몇몇 시리얼 브랜드는 아예 설탕을 잔뜩 넣은 과자가 아닌 척하는 수고조차 하지 않는 지경에 이르렀다.

2019년에 펩시코의 아침 식사 제품개발부가 출시한 캡앤크런치의 새로운 맛은 내가 어린 시절 먹었던 시리얼의 가장 강렬한 기억을 뛰어넘는 단맛이었다. 코튼 캔디(솜사탕) 크런치Cotton Candy Crunch라는 이 제품은 1회분에 설탕이 자그마치 17그램이나 들어 있다. 1회분 시리얼 양이 38그램이므로, 대략 시리얼의 절반이 설탕이란 뜻이었다.(초콜릿바도 절반이 설탕이다.) 게다가 일반적인 아침 식사용 시리얼은 고도로 가공된 옥수수와 귀리로 만드는데 이것들도 체내에서 당으로 변한다. 그것도 아주 빨리. 그러므로 시리얼을 당 덩어리라고 생각해도 무리가 아니다.

우리가 아침 식사에 들어가는 당에 대해 알게 되기까지는 꽤 오랜 시간이 걸렸다. 식품 기업들은 1990년까지 시리얼에 설탕을 얼마나 첨가하는지 밝힐 필요가 없었다.(다른 제품에 들어가는 다른 모든 성분도 마찬가지였다.) 그러나 소비자들이 시리얼에 포함된 당을 인지하기 시작하고 치과의사 같은 사람들이 항의하자 식품 기업들은 이상한 답변을 내놓았다. 소비자들을 위해서 그렇게 했다는 것이다.

실제로 초창기 단맛이 나는 시리얼 중에 레인저 조Ranger Joe라는 제품은 1939년 필라델피아에 사는 난방기구 판매원 짐 렉스라는 소비자가 발명했다.[5] 그는 자기 아이들이 단맛이 없는 시리얼에 설탕을 들이붓는 것에 진절머리가 나서 가지고 있던 난방 장치를 이용해 튀긴 곡물을 꿀과 옥수수 시럽으로 만든 소스에 살짝 담갔다 빼 시리얼을 만들었다. 그는 이런 방법으로 식탁에서 설탕 그릇을 없애고 단맛에 대한 아이들의 강한 욕구를 통제할 수 있으리라 생각했다.

시간이 지나면서 시리얼 회사들은 설탕 첨가에 대해 더 그럴듯한 주장을 폈다. 우리의 아침은 너무 바빠서, 정신없이 출근 준비를 하는 와중에 아이들이 설탕을 얼마나 먹는지, 아니 애초에 어떤 음식을 얼마나 먹는지 확인하기 위해 아이들과 함께 아침 식사를 할 수 있는 사람은 거의 없다고 주장한 것이다.

이런 상황에서 비난의 대상이 된 것은 여성이었다.[6] 노동인구 구조에 큰 변화가 있었기 때문이다. 집 밖에서 노동을 하는 25세부터 55세까지의 남성의 비율은 꾸준하게 90퍼센트로 유지되었던 반면,

여성의 이 비율은 1950년 37퍼센트에서 현재 80퍼센트 이상으로 급증했다. 그 결과 여성들은 아침 먹을 시간도, 요리할 시간도 줄어들었다. 그만큼 중요한 사실은 식사 준비에서 가장 어려운 단계인 식단을 계획하고 장을 보는 생활 리듬이 중단되었다는 점이다. "우리의 리듬을 잃어버린 거죠." 버몬트 대학교의 영양식품과학과 학과장인 에이미 트루벡이 말했다. "그랬더니 식품 기업들이 즐거워하며 말했습니다. 우리에게서 선택의 부담을 덜어 주겠다고요."[7]

우리는 먹는 데 있어 가격만큼이나 시간을 중요하게 여기기 시작했다. 진화의 측면에서 보면 이치에 맞는 일이었다. 이런 습관의 목표는 단 하나, 에너지를 아끼는 것이기 때문이다. 음식을 준비하는 데 시간이 적게 걸릴수록 에너지가 많이 절약됐기에 더 매력적이었다. 그렇게 우리는 빠른 속도를 갈망하기 시작했다.

식품이 인간의 이런 생물학적 특성을 이용하는 유일한 소비자 제품은 아니다. 그러나 가공식품 기업들은 빠른 속도가 소비자들을 매료시키는 데 설탕만큼이나 강력하다는 점에서 엄청난 기회가 되리라는 사실을 가장 먼저 알아차렸다. 여성들이 집 밖으로 일하러 나가기 시작한 1955년에 훗날 크래프트에 합병된 제너럴 푸드의 CEO였던 찰스 모티머는 속도를 극대화한 제품을 가리키는 용어를 새로 만들어 냈다. 그는 그런 제품들을 간편식convenience foods이라고 부르면서 편의성이 모든 소비자 제품에 이롭게 작용할 것이라고 설명했다. 같은 해 기업인들이 모인 자리에서 모티머는 이렇게 말했다. "편의성convenience은 오늘날 까다로운 대중을 만족시키기 위해 모든 제품과 서비스에 들어가고 가미되고 융합되어야 하는, 어떤 식으로든 구현되어야 할 훌륭한 첨가물입니다. 편의성은 소비자 수용과 수요를 좌우하는 새로운 표준입니다."[8]

우리가 편의성을 통해 시간을 아끼는 것을 좋아하면 식품 기업들은 우리에게 편의성을 제공한다. 가공식품이 지닌 모든 특징은 우리가 에너지를 조금이라도 덜 소비하도록 설계되었다. 즉석 도시락 런처블, 성분이 이미 혼합된 채로 나오는 탄산음료, 개별 포장된 튜브에 들어 있어 다른 일을 하면서도 전혀 힘들이지 않고 한 손으로 쉽게 짜 먹을 수 있는 요거트가 대표적인 예다. 식품 개발 전문가들은 소비자의 시간을 절약하는 데 너무 골몰한 나머지 가끔 분별력을 잃기도 했다. 1989년에 크래프트는 필라델피아 크림치즈의 1인당 소비량을 연간 1.45킬로그램에서 1.6킬로그램으로 끌어올리기 위해 크림치즈를 조각으로 개별 포장한 제품을 내놓았다.[9] 소비자들이 때로는 시간이 조금 들더라도 습관처럼 하는 행동들을 중요하게 여긴다는 사실을 깨닫지 못했던 것이다. 미리 잘라 놓은 크림치즈를 원하는 사람은 아무도 없었고, 크래프트의 신제품은 완전히 실패하고 말았다.[10]

그러나 전반적으로 편의성에 주목하도록 한 식품 업계의 전략은 아주 순조로우면서도 철저하게 실행되어서 우리는 설탕 전선에서 무슨 일이 일어나는지 눈치채지 못했다. 업계에서 편의성이라는 이름으로 달게 만든 것은 시리얼만이 아니었다. 기업들은 옥수수 시럽부터 농축 과즙에 이르기까지 60가지가 넘는 당을 무기로 마트에서 파는 거의 모든 제품, 과거에는 단맛이 나지 않았던 제품에까지 설탕을 첨가했다.[11] 한편으로 그들의 목적은 일명 설탕에 대한 지복점bliss point, 최고의 만족도를 제공하는 지점, 즉 뇌의 추동하는 영역이 매우 자극되어 억제하는 뇌 영역이 제동을 걸 기회조차 없는 설탕의 양을 정확히 찾아내 자극하는 것이었다. 그래서 빵에도, 요거트에도, 토마토 주스에도 지복점을 자극할 만큼의 설탕을 넣었다. 그러나 편의적 측면도 중요하기는 마찬가지였다. 단맛이 첨가되었다는 특징은 음료수는 물론이고 디저트류, 유제품, 시리얼, 크래커까지 시간을 절약할 수 있다는 기대로 소비자들을 사로잡으면서 제품의 포장 전면에 표기되는 매력 요소가 되었다. 이런 전략 때문에 이제 마트에서 판매되는 제품의 무려 4분의 3가량에 감미료가 함유되어 있다.[12]

이로 인해 우리는 모든 음식이 달아야 한다고 생각하게 되었다. 어린아이들에게 달지 않은 것, 특히 채소 같은 것을 먹으라고 할 때 인상을 쓰는 것도 그래서다. 우리가 먹는 시간을 아끼려 하자 식품 기업들은 우리를 설탕에 중독시켰다. 또 제품 자체를 매력적으로 만드는 것만큼이나 시간을 절약하기 위해 소금과 지방도 첨가했다. 우리는 소금, 설탕, 지방 섭취의 주도권을 식품 기업들에게 통째로 넘겨주었고, 이로써 우리의 음식 문화는 기업들이 만든 식습관으로 변하고 말았다.

다양할수록 더 찾는다

우리의 문화적 규범에서 이러한 거대한 변화가 언제 일어났는 지, 언제부터 우리가 식품 기업의 손에 놀아나기 시작했는지 정확히 짚어 내기는 어렵다. 강박적인 식습관을 해결하기 위해 섭식 행위를 연구하는 연구자들은 이런 변화가 1980년대 초반에 갑작스럽게 발생한 것으로 본다. 과거에는 식사 전에 입맛을 떨어뜨리지 않는 것이 일반적이었으나 이 무렵부터 무엇이든 어디서든 아무 때나 먹는 일이 사회적으로 용인되었다. 이렇게 되자 사람들은 이전과 달리 군것질을 하기 시작했다.

식품 기업들이 군것질을 네 번째 식사로 만드는 데 성공하면서 기업의 수익과 함께 사람들의 허리둘레도 늘어났다. 현대인은 군것질로 하루 평균 580칼로리를 섭취한다.[13] 하루 먹는 양의 대략 4분의 1에 해당하는 수치다. 또 군것질은 값싸고 편리하게끔 만들어진 가공식품과도 완벽한 조화를 이룬다. 우리는 마트에서 사서 집에 가져와 세척하고 껍질을 벗겨 잘게 썰어 보관해야 하는 당근을 군것질거리로 먹지 않는다. 식품 회사들은 군것질거리로 작은 셀로판 봉지에 든 사탕, 포장된 초콜릿바, 빨대를 꽂아 먹을 수 있는 음료, 전자레인지용 봉지에 담긴 음식, 튜브 형태로 쉽게 짜 먹을 수 있는 요거트나 과일 퓌레 같은 것을 내놓았다. 대부분 별 고민 없이 즉석에서 구입할 수 있는 식품이다.

여기에서 식품 기업들은 한 가지 작은 문제에 봉착했다. 그들은 연구를 통해 인간이 한 가지 음식을 계속 먹는 데에는 한계가 있다는 사실, 뇌가 다른 음식을 찾도록 명령한다는 사실을 알았다.[14] 인간은 맛이든 촉감이든 색이든 한 가지 감각 요소에 너무 많이 노출되면 싫증을 느낀다. 진화론적 관점에서 해석하면 포만감을 느낀 우리 조상들이 다른 음식을 찾아다니면서 필요한 다른 영양분을 섭취했다고 볼 수 있는데, 궁극적으로는 잘된 일이었다. 아르디가 나뭇잎 외에 다양한 음식을 먹으면서 더 튼튼해졌기 때문이다. 이로써 한 가지에 쉽게 질리는 인간의 특성은 자연선택을 통해 지속되었다.

그러나 이런 생물학적 특성은 식품 제조 기업들에게 또 하나의 기회가 되었다. 식품 기업들은 인간의 행동을 연구하여 포만감을 느껴 그만 먹게 만드는 것은 무엇이고 또다시 먹게 만드는 것은 무엇인지 답을 찾아냈다. 제품에 약간의 변화를 주어 조금만 다르게 해도, 심지어 달라 보이게만 해도 더 오랫동안 먹을 수 있었다. 그들은 이 전략을 다양성variety이라고 불렀다.

다양성이란 10가지 맛으로 변신한 감자칩이자 대형 슈퍼마켓에 즐비한 200가지 맛 시리얼이다. 또 마트 냉동고에서 자리다툼을 벌이는 바나나 피넛버터칩 하겐다즈 아이스크림과 브라운버터 버번 트러플 아이스크림이다. 투자자들은 다양성이 식욕에 어떤 작용을 하는지 확인하고는 환호했다. 골드만삭스의 1995년 보고서는 80억 달러에 이른 시리얼 판매의 주요 요인으로 "다양성을 첨가하고 소비를 촉진한 새로운 제품들의 끊임없는 등장"을 꼽았다.

최근에는 식품 업계가 적극적으로 다양성을 제고하면서 군것질

횟수가 급격하게 증가한 사실이 확인되었다. 2015년 통계에 따르면 1인당 하루 평균 군것질 횟수는 2.7회로 역대 최고치를 기록했다.[15] 데이터 분석 회사 IRI는 시카고에서 열린 제과와 스낵 박람회Sweets and Snacks Expo에서 더욱 기분 좋은 소식을 전했다. "전년과 비교하여 2015년에 가장 괄목할 만한 점은 소비자의 46퍼센트가 하루에 간식을 세 번 이상 먹는다고 답했다는 사실입니다. 이는 미국 인구의 거의 절반입니다."IRI 부회장의 말이다. 이것이 가능했던 것은 버라이어티 팩variety pack이라는 경이로운 포장 전략이 확산되었기 때문이었다. 원래 버라이어티 팩은 작은 상자 열 개에 각기 다른 시리얼을 담아 긴 셀로판지로 한데 포장하여 팔던 상품이었다. 그러나 요즘에는 버라이어티 팩 상품으로(그것도 대형 크기로) 나오는 스낵이 많고 쿠키, 크래커, 칩의 경우는 여러 가지 맛을 작은 봉지로 50개씩 포장하여 하나의 상품으로 팔기도 한다. 따라서 소비자들이 포만감이나 싫증을 느낄 새가 없다. 우리는 이제 다양성에 대한 생물학적 욕구를 충족시키려고 다른 과일이나 채소를 찾아 옆 골짜기로 옮겨 갈 필요가 없다. 버라이어티 팩에 다시 손을 뻗기만 하면 되니까 말이다.

사람들이 다양성에 열광한다는 사실을 깨달은 식품 기업들은 음식을 달게 만들었을 때처럼 단순히 스낵류를 다양화하는 것에서 그치지 않았다. 그들은 마트에서 파는 거의 모든 식품에 다양성을 입히기 시작했다. 1980년에 대형 마트에는 약 6000개의 제품이 있었는데 1990년에는 1만 2000개로 증가했고 현재는 평균 3만 3000개에 달하는 제품이 있다.[16] 이 중 완전히 새로운 제품을 개발한 경우는 거의 없다. 기존 제품에 새로운 색을 입히거나 포장을 달리하거나 맛을 추가하는 편이 기업에게는 더 쉽고 안전했다.

치즈 회사에서 식품 기업으로 거듭난 크래프트는 다양성 때문에 냉동식품 부문이 타격을 입었다 회생하면서 소비자의 식습관이 새로운 맛이나 제조법에 크게 좌우될 수 있다는 사실을 깨달았다. 크래프트는 모기업인 필립모리스에 판매 실적을 보고하고 새로운 시도를 위한 재원을 확보하기 위해 고위 간부들에게 정기적으로 기밀 보고서를 제출했는데[17] 1989년에 제출된 냉동식품에 관한 보고서에는 소비자들의 섭식 방식을 바꾸고 있는 사회 변화를 다음과 같이 기록했다. "여성 노동인구 증가, 가구 규모 축소, 급격한 인구 노령화, 전통적인 가족 식사의 중요성 감소."[18]

보고서에 따르면 "소비자들이 다양성과 가치를 좇으면서" 경쟁사들이 충성도 높은 고객들을 꾀어내고 있었기에 크래프트는 반격에 나설 방법을 자세히 서술했다. 먼저 즉석 냉동식품의 라인업을 확장하여 떠올릴 수 있는 멕시코 요리와 이탈리아 요리를 모두 포함시켰다. 냉동 피자류에 새로운 브랜드를 추가하고, 브랜드마다 각기 다른 피자 종류를 개발했다. 또 냉동 베이글에 빅앤크러스티Big 'N Crusty라는 새로운 라인을 추가하여 다양성을 강화함으로써 아침 식사용 제품에도 변화를 주었다. 또 디저트류에도 공을 들여서 쿨휩Cool Whip에 페퍼민트, 치즈 케이크와 같은 새로운 맛을 다수 개발하고 "경쟁사들보다 훨씬 더 다양한 신제품"을 추가했다. 필립모리스에 제출한 보고서에 따르면 그 결과로 크래프트의 냉동식품 판매량이 급증했고 "편의성과 다양성이 이런 성장에 계속해서 활기를 불어 넣고" 있었다.

식품 업계가 우리의 식습관에 관한 또 다른 사실을 발견하면서 다양성을 좋아하는 인간의 특징은 가공식품의 마케팅에도 중요한 역할을 했다. 식품 기업들은 인구 통계학적 맥락에서 판매량을 분석 하여 어떤 사람들이 다른 사람보다 제품을 훨씬 더 많이 구매한다는 사실을 알게 되었다. 이것은 엄청난 발견이었다. 1960~1970년대만 하더라도 소비자는 동일한 집단으로 인식되었고 광고도 대중적 수 요에 맞추어 진행되었기 때문이다. 한마디로 모든 소비자에게 동일 한 판촉 활동을 했다. 1980년대에 들어서면서 광고는 좀 더 선별적 인 방식, 이를테면 특정 연령대의 여성만을 대상으로 하는 방식으로 바뀌었다. 그러나 1990년대에 개인 맞춤형 마케팅이 도래하면서 소 비자를 훨씬 더 작은 집단으로 분류하여 아주 구체적으로 특정된 대 상을 겨냥하기 시작했다.[19]

1988년에 식료품 전문 슈퍼마켓 체인인 크로거Kroger는 특정 사 람들이 가공식품을 더 많이 산다는 사실을 검증하기 위해 버라이어 티 리서치 프로그램Variety Research Program이라는 프로젝트에 착수했다. 나비스코Nabisco, 프리토레이Frito-Lay, 켈로그, 코카콜라, 제너럴 밀스 General Millis와 같은 대형 식품 제조 업체들과 협력한 이 연구는 소비자 들이 무엇을 살지 결정하는 과정에서 각기 다른 집단으로 분류된다 는 사실을 확인해 주었다. 연구 결과에 따르면 어떤 사람들은 브랜 드 충성도가 높아 이것저것 써 보지 않고 매번 똑같은 것을 구매했으며, 어떤 사람들은 (자발적인 선택이든, 어쩔 수 없는 선택이든) 낮은 가격에 중독된 나머지 식품을 구매할 때 가격만 고려했다. 연구자들이 다양성을 찾는 이들variety seekers이라고 명명한 사람들도 있었다. 크로거는 결과 보고서에 이렇게 적었다. "이런 사람들은 다양성 자체를 추구하면서 적극적으로 다른 종류의 식품을 찾는다. 그들은 같은 제품을 연속으로 두 번 이상 구매하는 일이 드물다."

연구자들은 다양성을 좋아하는 인간의 특성에서 식품 기업에 특히 유리한 점을 하나 발견했다. 싼 제품을 좋아하거나 늘 찾는 브랜드만 구매하는 소비자들보다 다양성을 좋는 소비자들이 더 많이 사고 더 많이 먹는다는 사실이었다. 크로거가 보고서에 서술한 대로 설명하면 "다양성을 추구하는 사람들은 언제나 헤비 유저였다."[20]

이 연구가 식품 기업들에게 중요한 의미를 갖는 이유는 또 있다. 크로거에서 소비자들의 구매 데이터를 더 심도 있게 분석하니 브랜드 충성도가 높은 소비자들의 상당수도 다양성에 반응하고 싼 제품만 고집하는 소비자들조차 새로운 쿠키나 시리얼, 베이킹 믹스에 끌린다는 사실이 드러났다. 이는 새 제품들이 동시에 여러 면에서 인간의 감정을 자극하도록 설계되었으며 다양성이 판매 증가를 견인하는 통합적인 요인으로 작용함을 의미했다. 기업들의 이런 전략 변화는 가공식품 라벨의 앞면에서 쉽게 확인할 수 있다. 과거에는 하나의 광고 문구로 하나의 감정만 공략했다면, 이제 마트에서 볼 수 있는 유명 브랜드의 제품 상자와 봉지에는 "새로운 맛!", "더욱 저렴한 가격!"과 같이 신속하게 행동하도록 뇌를 자극하는 문구들이 연타를 날린다.

섭식 장애를 연구하는 전문가들은 이런 사실이 사람들의 행동에 미친 영향을 놓치지 않았다. 그들은 연구를 통해 다양성이 자제력을 잃게 하는 강력한 요인이라는 사실을 밝혀냈다. "주변에서 구할 수 있는 식품이 다양할수록 더 많이 먹는다는 사실, 인간이 다양성에 대단히 민감하고 그것이 대개는 우리에게 불리하게 작용한다는 사실을 입증하는 연구가 많습니다." 드렉셀 대학교의 심리학 교수인 마이클 로가 내게 말했다. "한 연구자는 사람들에게 열 가지 색상의 엠앤엠 초콜릿을 주면 여섯 가지 색상을 줄 때보다 상당히 더 많이 먹는다는 사실을 밝혀냈어요. 심지어 맛이 다 똑같은데도 말이죠. 또 어떤 연구는 사람들에게 스파게티 한 접시를 주면 일정량을 먹고 그만 먹었는데 이후 모양이 다른 토르텔리니 한 접시를 주면 그냥 다른 파스타일 뿐인데도 또 먹는다는 사실을 밝혀냈습니다. 슈퍼마켓만 보더라도 식품 종류가 어마어마하게 많아요. 집에서든 식당에서든 음식 종류가 많으면 많을수록 우리는 질릴 때까지 더 많은 양을 먹는 경향이 있습니다."

이런 취약성이 우리에게 불리하게 작용하는 측면은 또 있다. 다양성을 좋아하는 인간의 욕망을 이용해 판매량을 늘리려는 식품 기업들은 실제로 제품을 바꿀 필요도 없다. 연구에 따르면 음식을 먹는 동안 TV를 보거나 핸드폰을 사용하는 등 다른 일에 정신이 팔리면 음식에 집중할 때보다 더 많이 먹는다고 한다. 음식 대신 전자 기기처럼 눈을 뗄 수 없는 것에 집중하고 있으면 정신이 팔린 사이에 뇌가 음식을 먹는다는 사실을 잊는 것이다. 그러다 다시 음식에 집중하면 마치 음식이 달라진 것처럼 느껴지고 새롭게 보인다. 그 결과 우리는 과식을 자제할 수 없게 된다.

앞서 포만감을 느끼려면 어느 정도 시간이 걸린다는 사실을 언급했다. 어릴 적 내게 어머니가 위가 입을 따라잡으려면 20분을 기다려 주어야 한다고 했던 것처럼 음식을 먹을 때 포만감은 서서히 찾아온다. 확인한 것처럼 다양성(또는 다양성과 같은 효과를 내는 산만하게 먹는 행위)은 음식을 먹을 때 제동을 거는 능력을 저해한다. 그러므로 TV를 보거나 핸드폰을 확인하느라 정신이 팔린 상태에서 식사를 하면 체내에서 포만감을 감지하는 시계를 거꾸로 돌리는 효과를 낳을 수 있다. 이는 포만감을 느끼는 시점을 지연시키기 때문에 우리는 더 많은 양을 먹게 된다.

물론 싼 가격과 다양성, 편의성이 무엇을 먹을지 결정하는 데 큰 영향을 미친다는 점은 식품 업계도 다 아는 사실이다. 일례로 이 주제는 2014년 버뮤다에 모인 가공식품 제조 기업들의 핵심 의제였다. 이 행사는 가공식품 업계의 연구 기관으로 기능하는 국제생명과학연구소International Life Sciences Institute의 연례 회의였는데, 발제자 중에는 영국 버밍엄 대학교의 연구자 수잰 힉스도 있었다. 그녀의 발표 주제는 「자유의지냐 숙명이냐: 인간의 음식 선택 결정을 좌우하는 요인」이었다.[21] 객관적인 과학자의 입장에서 힉스는 각 요인에 대한 판단을 배제하고, 단순히 다양성이 자유의지를 무너뜨리는 다른 방해 요인들과 더불어 무엇을 먹는지 잊게 하는 요인 중 하나라고 언급했다.

그러나 그녀의 연구는 식품 기업들에게 인간의 자유의지를 압도하여 소비자의 식습관을 지배하는 방법에 대한 통찰을 제공하고 말았다. 바로 인간의 또 다른 생물학적 특성인 기억을 활용하면 싼 가격, 편의성, 다양성이 더 큰 효과를 낸다는 사실이다. 한 실험에서 힉스는 피험자들에게 점심 식사를 제공하고 일부는 TV를 보면서 먹게 했다. 이는 피험자들의 섭식 행위에 즉각 영향을 미쳤다. 마치 TV가 점심을 먹었다는 기억의 일부를 지워 버린 듯했다. 그들은 TV를 보지 않은 피험자들보다 더 빨리 배고픔을 느꼈다. 또 오후 간식으로 나온 쿠키도 다른 피험자들보다 더 많이 먹었다.[22]

3년 후인 2017년, 식사를 할 때 음식에 집중하지 않는 행위가 얼마나 큰 영향을 미치는지 확인할 수 있는 실질적인 통계가 발표되었다.[23] 오하이오 주립 대학교가 수행한 설문 조사에 따르면 오하이오 주민의 약 3분의 1이 가족들과 식사를 할 때 정기적으로 TV를 시청했는데, 식사 중에 TV를 시청하는 사람들이 비만일 확률이 훨씬 높았다. 우리는 우리가 기억하는 것을 먹지만, 식품 기업들이 잘 알고 있듯이 기억을 잊게 하면 더 많이 먹는다.

영양 성분표는 무엇을 말해 주는가

인간 욕망의 생물학적 원리를 완전히 파악한 식품 업계는 아주 순탄히 권력의 자리에 올랐다. 유일한 골칫거리는 시장을 배분하는 일이었다.

식품 기업들은 이것을 위장 점유율(기업들이 통제할 수 있는 소비자의 식사량)이라고 하며, 우리의 식습관에서 더 큰 점유율을 차지하기 위해 치열한 경쟁을 벌인다. 현재 1조 5000억 달러에 이르는 식품 업계 수익의 절반은 식료품에서 나오는데,[24] 소수의 기업들이 합병 또는 더 작은 규모의 기업을 인수하는 방식으로 이 분야를 지배하고 있다. 펩시코, 네슬레, 크래프트 하인즈, 코카콜라, 마즈Mars가 바로 그런 기업들이다.[25] 이들은 각각 매출이 수백억 달러에 이르고 우리에게 아주 친숙한 유명 브랜드들을 보유하고 있어 다른 기업들과 큰 차이를 보인다.

우리가 식료품을 구매하는 슈퍼마켓에서도 식품 사업의 무시무시한 경쟁이 일어나고 있다. 1987년에야 식료품을 판매하기 시작한 월마트는 이제 28퍼센트로 슈퍼마켓 식료품 시장에서 가장 큰 파이를 차지하고 있고, 크로거가 11퍼센트로 그 뒤를 잇고 있다.[26] 그러나 식료품 판매의 절반은 업계에 편의점convenience stores으로 알려진 퀵숍 매장(주유소에 딸린 것 포함)에서 이루어진다.

식품 업계가 올리는 1조 5000억 매출의 또 다른 원천은 외식 사업인데, 이 분야에서도 급격한 변화가 일면서 값싼 음식에 열광하는 인간의 특성을 악용하기 시작했다.[27] 패스트푸드 매장 수는 지난 10년 동안에만 20퍼센트 증가하여 34만 개에 이르렀으며 오늘날 전체 외식 산업의 절반 가까이 된다. 월마트 최고경영자가 저렴한 식품을 좋아하는 사람들의 특성을 설명하면서 언급한 200달러짜리 식사를 파는 식당은 그리 흔치 않다. 이제는 미국 전역을 통틀어 파인 다이 닝으로 분류되는 식당은 4000개가 되지 않고 이들이 외식 산업 매출에서 차지하는 비율은 1퍼센트를 간신히 넘는다.

우리의 위를 차지하기 위한 경쟁에서 가공식품 업계는 집밥과 외식의 경계를 모호하게 만들었다. 식료품 전문 슈퍼마켓들은 시나본Cinnabon을 만들 수 있는 베이킹 키트, 앤티앤스Auntie Anne's의 브레첼, 타코벨Taco Bell의 소스를 팔기 시작했고, 패스트푸드 체인들은 도리토스와 오레오를 메뉴에 추가했다. 그리고 오랫동안 먹어 온 식품을 가지고 늘 하던 대로 집에서 식사를 한다고 생각하는 때조차 우리는 예전처럼 요리하지 않는다.

제2차 세계대전 이전까지는 대체로 곡식, 채소, 고기와 같은 자연식품으로 음식을 만들었다. 그러나 사람들이 편의성과 군것질에 열광하기 시작하면서 이런 패턴이 바뀌었고, 그 결과 오늘날에는 식품 제조 기업들이 우리가 무엇을 어떻게 먹는지를 완전히 지배하게되었다. 2015년에 이런 사실이 적나라하게 드러난 최초의 설문 조사 결과가 발표되었는데 그 수치는 실로 놀라웠다. 열량으로 따졌을 때오늘날 우리가 구매하는 식료품의 4분의 3이 가공식품이며 심지어대부분이 초가공식품으로 분류된다.[28] 이런 식품은 식물이나 동물에서 얻은 원재료를 더 이상 식별할 수 없을 정도로 변형시킨 성분을 혼합하고 조제하여 만든 것이다. 또 편의성이 아주 높아서 대부분 즉석에서 섭취할 수 있거나(68퍼센트) 데우기만 하면 되고(15퍼센트) 소금, 설탕, 지방도 우리가 직접 요리할 때보다 훨씬 많은 양이

들어간다.

가공식품업이 거대 산업으로 성장하는 과정에도 작은 문제점이 하나 있었지만, 이마저도 결과적으로는 기업들에게 큰 도움이 되었다. 서던 캘리포니아 대학교의 어빙 비더먼 교수가 인간은 정보를 아주 좋아한다고 말한 것을 기억할 것이다. 이것은 인간의 본능으로 보인다. 비더먼은 인간을 정보를 먹는 동물이라고 칭하면서 정보가 그 자체로 뇌를 어떻게 자극하고 이를 식품 기업들이 어떻게 악용하는지 밝혀냈다.

1960년대까지만 해도 기업들은 소비자에게 순수한 판촉용 정보를 제공하는 것으로 충분했다. 소비자들이 식품 업계를 절대적인 우군으로 생각했기 때문이다. 기업들은 자기 제품에 대해 무엇이든 말할 수 있었고 소비자들은 그 말을 전적으로 믿었다. 사실 편의성 때문만이 아니라, 빈곤이나 영양에 대한 무관심으로 식습관이 잘못 든 많은 사람이 부족한 비타민이나 필수 영양분을 섭취하기 위해 기업에서 만든 식품을 찾았다. 우리는 식품 기업들이 그런 어려운 일을 대신 해 주기를 바랐다.

그러나 1960년대에 비평가들이 가공식품의 다른 측면에 대해 의문을 제기하면서 소비자들의 생각이 달라지기 시작했다. 소비자들은 기업들이 재료의 순수성이나 건강에 유익한 요소를 손상시켜 더 매력적인 맛, 질감, 색깔이 나도록 제품을 변형하는 것을 우려하기 시작했다. 그중에서도 가장 큰 목소리를 낸 사람은 랠프 네이더였다. 1969년 소시지 그림과 함께 《타임》 표지를 장식한 그는 자신이 펼치던 소비자 운동의 초점을 식품으로 옮겨 가공육을 비판했다. 네이더는 이전에 쓴 글에서 도축장의 환경과 현실을 폭로한 업턴 싱클레어의 작품과 환경 운동가 레이철 카슨의 저술을 언급하며 가공식품에 대해 경고한 바 있었다. "옛날에는 결핵에 걸린 소나 턱에 종양이 생긴 사슴, 피부병에 걸린 돼지를 도축해 고기를 얻으면 그 사실을 숨기기가 힘들었다. 그러나 이제는 화학과 급속 냉동 기술이 놀라울 정도로 발전하면서 제품의 문제점을 은폐하고 소비자의 눈과 코와 입을 속이는 방법도 함께 발전했다. 이제는 이런 속임수를 찾아내려면 전문가의 도움이 필요하다. 게다가 이런 화학물질은 60년 전에는 들어 본 적 없는 복잡한 새로운 위험을 초래한다."

불과 몇 달 후인 1970년에 미국 식품의약국(이하 FDA)은 식품 제조 업체들에게 제품에 대한 더 자세한 정보를 라벨에 기재해 소비자들의 우려를 불식시킬 것을 제안했다. 혹자는 연방 정부의 이러한 묘수가 제품과 제조 과정의 여러 측면을 비밀에 부치려는 가공식품 업계에 경종을 울렸으리라고 생각할지 모르겠다. 그러나 현실은 전혀 그렇지 않았다. 식품 업계는 새로운 라벨 정책을 두 팔 벌려 환영했다. 왜 아니겠는가? 식품 업계가 직접 제안한 아이디어였는데.

제품 상세 정보를 포장에 기재하는 문제는 1969년 백악관의 식품 관련 회의에서 처음 논의되었다. 몬산토의 부회장이 이끄는 패널은 그 자리에서 영양 성분 표기를 제안했다. 당시 패널 중에는 피터 헛이라는 식품 업계 변호사도 있었는데, 그는 1971년에 FDA의 수석 법률 자문이 되어 영양 성분 표시제의 시행을 감독했다.[29]

FDA가 영양 성분 표기를 실제로 의무화한 것은 그로부터 20년 후였다. 하지만 사실 그럴 필요도 없었다. 1990년대에 들어설 무렵 식품 기업들은 이미 자발적으로 대부분의 포장식품에 제품의 영양 성분 정보를 자세히 표기했기 때문이다. 1990년에 대형 스낵 기업인 프리토레이는 FDA에 전달하는 의견서에 식품 업계가 해당 정책을 크게 환영한다고 강조하면서 이렇게 말했다. "자사는 언제나 소비자의 요구와 우려에 민감하게 반응해 왔으며, 영양에 대한 소비자의 관심 및 요구와 관련하여 식품에 정확하고 의미 있는 정보를 제공하는 라벨을 부착하는 일에 직접적인 관심과 책임을 느낀다. 우리는 미국의 일반 대중에게 영양 성분에 관한 확실한 정보를 제공하는 이 정책을 지지한다."[30]

그들은 업계의 기밀을 밝히는 일을 왜 이렇게 즐거워했을까? 먼저 가공식품 업계가 연방 정부로부터 많은 양보를 얻어 냈다는 점을 들 수 있다.[31] 새로운 라벨 정책에 협조하는 대가로 FDA는 제품 포장 전면에 모조 식품임을 표기해야 하는 규정을 폐지하는 데 동의했다. 기업들로서는 그동안 판매에 엄청난 타격을 입혀 온 문제를 해소하는 것이었다. FDA가 이 규정을 둔 이유는 소비자들이 가짜 식품에 속아 돈을 헛되이 소비하는 것을 막기 위해서였다. 포화지방 함량을 줄이기 위해 식물성 기름을 사용한 유제품이 이 규정으로 타격을 받고 있었다. 그렇지만 소비자에 대한 기만행위를 우려하여 시행한 정책이 가공식품 전반에 적용되면 그 영향이 어디까지 미칠지 누가 알겠는가?

원료를 열거하는 영양 성분 표기의 특성으로 인해 식품 업계는 또 다른 유예를 받았다. 표기하지 않아도 되는 것이 많았기 때문이다. 향을 내는 데 사용한 화합물(이를테면 펌킨 스파이스에 쓴 80가지 성분)과 음식을 제조하는 과정에서 주로 보조물로 쓰였으나 최종 제품에는 전혀 보이지 않거나 아주 극소량만 남은 다양한 물질은 영양 성분 표기에 포함되지 않았다.[32]

일반적으로 FDA는 식품 기업들의 첨가물 사용에 대해 사정을 봐주는 편이었다. 옥수수나 콩과 같은 가공식품 업계가 가장 많이 쓰는 곡물의 유전자 구조가 변형된 유전자 변형 농산물(이하 GMO) 문제가 불거졌을 때도 마찬가지였다. 소비자들은 식품 기업이 제품에 사용된 GMO를 라벨에 표기해야 한다고 주장했지만 FDA가 아무런 조치도 취하지 않았기에 결국 2013년에 이 사안을 주민 투표에 부쳐 해결하고자 했다.

그해 워싱턴주에서 GMO 표기 의무화 조치에 대해 주민 투표가 발의되자 한 단체가 펩시코, 네슬레, 코카콜라를 위시한 34개 식품 기업으로부터 조달받은 1100만 달러를 쏟아부으면서 반대 운동을 벌였다. 워싱턴주 정부는 나중에야 그 단체가 정치단체로 등록된 적도 없고 자금 출처에 대한 필수 보고서도 제출하지 않았다는 사실을 발견했다. 해당 단체는 위법행위로 재판을 받았고 벌금 1800만 달러를 선고받았다.[33] 자칫 미국 전역으로 번질 뻔한 주민 투표 봉기를 진압한 비용치고는 나쁘지 않은 액수였다.

그러나 새로운 라벨 정책에서 식품 업계에 가장 도움이 된 것은

FDA 스스로 문제를 정확히 파악하지 못했다는 점이었다. 1930년 대부터 정부는 잘 먹지 못해 영양실조에 걸린 사람이 많다는 사실을 우려했다. 물론 오늘날에도 기아 문제는 여전히 남아 있다. 그러나 시간이 지나자 나쁜 음식을 너무 많이 먹어서 영양 불량 상태에 빠지는 사람들이 많아졌다. 이제 사람들은 충분한 열량을 섭취하지만 그 열량 안에는 건강에 필요한 영양분이나 섬유질이 전혀 없어서 2형 당뇨부터 통풍, 심혈관 질환에 이르는 다수의 질환이 발생하고 있다. 이 질환들은 대개 잘못된 식습관과 밀접한 관련이 있다. 너무 많은 열량을 섭취하는 것도 문제다. 비만율이 40퍼센트를 넘어서는 현실에서 가공식품에 희망을 거는 일은 이제 주사위 굴리기가 아니라 동전 던지기에 가까웠다.

그러나 FDA는 식품 라벨을 통해 소비자들에게 티아민_{비타민B₁}처럼 건강에 필요한 영양소를 확실히 섭취할 수 있도록 더 많이 먹게 해야 하는지, 음식에 대한 자제력을 잃어 영양 불량으로 이어질 수 있는 설탕 같은 첨가물을 과다 섭취하지 않도록 경고해야 하는지 입장을 확실하게 정하지 못했다. 결과는 누구나 짐작하는 대로다. 현재 가공식품의 라벨은 어떤 기능도 하지 못한다.

펩시코에서 만든 코튼 캔디 크런치 시리얼이 대표적인 예다. 시리얼 상자 뒷면은 온통 게임이며 현란한 색에 "코튼 캔디 글자가 포함된 단어 8개를 써 보세요!"와 같은 판촉 문구로 뒤덮여 있다. 뒷면만큼이나 알록달록한 한쪽 옆면은 브랜드의 소셜 미디어 계정을 홍보하고 있고, 어떤 아이도 돌려 볼 것 같지 않은 반대쪽 옆면에는 '영양 정보'가 작은 표 안에 흑백으로 인쇄되어 있다.

　그러나 성인에게도 이것은 온통 이해할 수 없는 말과 잘못된 설명으로 이루어진 끔찍한 외계어처럼 보인다. 영양 성분표 안에는 스물세 줄이나 되는 숫자가 쓰여 있고, 그 숫자들조차 그램을 나타내는 g나(막간 퀴즈! 1온스가 몇 그램인지 아는가?) DV라는 비율로 표기돼 있다. 하단에 적힌 설명에 따르면 DV는 하루 섭취량을 의미하며 "1일 권장량 대비 해당 성분이 1회 분량에 얼마나 함유되어 있는지를 나타낸다." 그렇다면 이 수치는 높을수록 좋은 것인가, 나쁜 것인가?

　이에 대해 FDA는 주저하며 아무 말도 하지 않는다. 숫자의 절반은 나이아신비타민B₃이나 비타민D와 같이 영양 섭취가 충분치 않던 시절 결핍을 우려했던 영양소다. 나머지 절반은 이제 너무 많이 섭취해서 걱정해야 하는 것들이지만, 이것도 그 위험성을 이미 알고 있어야만 가능하다. 식품 라벨은 설탕을 너무 많이 먹으면 심장 질환이나 다른 질병에 걸리기 쉽다는 사실을 전혀 말해 주지 않는다.

　어쨌거나 우리는 코튼 캔디 크런치 시리얼에 설탕이 얼마나 들어 있는지 안다. 펩시코가 시리얼에 설탕을 들이부은 덕분에 이 수치는 어마어마하게 높다. 영양 정보에 따르면 코튼 캔디 크런치 시리얼의 설탕 DV는 29퍼센트다. 영양 성분을 꼼꼼하게 살피는 사람이라면 이 시리얼에 하루에 섭취해야 할 설탕의 약 3분의 1이 함유되어 있음을 정확하게 이해할 것이다. 그러나 영양 성분 표기에는 식품 업계에 유리하게 작용하는 것이 또 있는데, 바로 1회 제공량이라는 요소다. 설탕 DV 29퍼센트를 비롯한 영양 성분 정보는 모두 시리얼 1인분에 들어 있는 양을 나타낸다. FDA는 슈퍼마켓에서 판매하는 모든 식품 라벨이 말하는 1인분(1회 제공량)이 대다수 사람들이 실제 먹는 양보다 훨씬 적다는 점을 인정한다.

사탕 수준의 단맛이 나는 코튼 캔디 크런치 시리얼에는 1회 제공량이 1.25컵이라고 표기되어 있다. 아침 식탁에서 아이의 그릇에 시리얼을 1.25컵만 담아 보라. 아이가 바로 시리얼 상자에 손을 뻗어 더 담으려 할 것이다. 그러나 사실은 아이의 그런 행동조차 보지 못할 가능성이 크다. 출근 준비를 하느라 바쁘고 그렇게 주의를 기울여야 하는 책무를 기업들에게 떠넘겼기 때문이다.

라벨 표기에 숨겨진 속임수는 또 있다. 영양 성분 정보에서 가장 크고 진하게 쓰여 있는 숫자는 제품이 제공하는 에너지, 즉 1회 제공량의 칼로리를 나타낸다. 사람의 체중이란 단순히 칼로리 섭취량과 소비량으로 결정된다고 생각하는 사람에게는 이 숫자가 도움이 될지 모른다. 그러나 인체의 영양 과학은 그렇게 간단하지 않다. 설사 그렇다고 한들 하루에 열량을 얼마나 섭취하는지(또는 섭취해야 하는지), 그래서 가공식품의 1회 제공량에 들어 있는 열량이 자신에게 유익한지 유해한지 아는 사람이 우리 중에 얼마나 되겠는가?

열량을 따져서 의미 있는 정보를 얻으려면 식단 일기를 쓰거나 자신의 생리 기능과 생활 방식에 관한 데이터가 있어야 한다. 그런 데이터가 없다면 어마어마하게 단 코튼 캔디 크런치 시리얼 1회 제공량에 들어 있는 150칼로리가 별것 아닌 것처럼 보일 수 있다.

FDA와 식품 업계는 영양 성분 정보를 소비자들에게 음식에 대한 통제력을 되찾아 줄 도구로 생각할 만큼 어리석지 않았다. 1990년에 미국 국립의학연구소는 가공식품 업계 이익단체의 지원을 받아 FDA에 제출할 보고서를 준비했다. 당시 시행 직전이던 새 라벨 규정에 대한 의견을 전달하기 위해 작성된 이 보고서에는 전문가들의 진술도 포함되어 있었는데 그들은 다음과 같이 지적했다. "소비자들은 식품 라벨에 쓰이는 용어, 이를테면 영양소나 식품 성분에 대한 전문 용어, 영양 성분 구성을 표기하는 미터법 단위를 대부분 이해하지 못한다. 게다가 1회 제공량이라는 개념은 식품 제조 업체에게나 소비자에게나 그 의미가 통일되어 있지 않다."[34]

영양 성분 표기의 문제점은 시간이 흐르면서 더욱 뚜렷해졌다. 2008년에 연방 정부에서 실시한 설문 조사에 따르면 영양 성분표를 애써 정기적으로 확인하는 사람은 예전보다 감소하여 전체 소비자의 3분의 1밖에 되지 않았다. 그럼에도 영양 성분 정보는 마케팅 측면에서 기업들에게 호재로 작용해 왔다. 국립의학연구소의 1990년 보고서는 식품 업계가 왜 영양 성분 제공에 그토록 열심인지 폭로하기도 했다. "일반적인 마케팅 관점에서 보면 영양 성분은 현대 소비자들에게 '잘 먹히는' 것이 분명해서 식품 개발과 마케팅 전략의 필수 요소가 되었다."[35]

10년 뒤 크래프트의 모기업인 필립모리스는 기업들이 소비자에게 선심을 써서 기꺼이 영양 정보를 제공한 양 이야기했다. 「담배 전쟁에서 얻은 교훈」이라는 전략 보고서에 필립모리스는 이렇게 적었다. "크래프트는 미국인이 뚱뚱해지기를 바라는가? 절대 그렇지 않다. 크래프트는 지방 함유량과 열량을 밝히는 라벨 표기에 찬성하는가? 물론이다. 소비자들이 자신이 구매하는 제품에 대한 더 많은 정보를 원한다면 우리는 기꺼이 제공할 것이다. 우리의 목표는 소비자들의 기호를 만족시키는 것이다. 우리는 소비자들의 변화하는 입맛을 만족시키기 위해 저지방 제품도 만든다. 소비자들이 원한다면 라벨에 아주 상세한 제품 정보를 제공하지 않을 이유가 없다."[36]

우리가 식품에 무엇이 들어 있는지 걱정하면 기업들은 우리를 안심시키는 정보를 제공한다. 아니면 아주 이해하기 힘든 정보를 제공해서 우리가 그저 무관심으로 대응하고 정부가 대신 확인했을 거라 생각하도록 만든다.

비평가들은 가공식품의 영양 성분에 지나친 관심을 쏟는 데 따르는 위험성을 설명하기 위해 영양주의nutritionism라는 용어를 만들었다.[37] 호주 멜버른 대학교에서 식품 정치와 정책을 가르치는 조지 스크리니스 교수는 2013년에 쓴 동명의 책에서 가공식품에 표기된 영양 성분 정보가 과식을 해결하는 데 더 큰 문제가 될 수 있다고 주장했다. 영양소를 지나치게 중시하는 태도가 음식에 대한 관점을 왜곡시켜서 어떤 영양소가 얼마나 포함되어 있어야 몸에 좋다고 여기는지에 따라 초가공식품조차 건강한 음식으로 인식될 수 있다는 것이 그 이유였다.[38]

영양주의로 인해 기업들이 식품 첨가물을 마음대로 조작하여 소비자들의 특정 두려움을 해소하거나 억압하는 일도 쉬워졌다.

하나만 예를 들면, 2000년대 초반에 사탕수수 재배 농장들이 자신들이 만든 설탕이 건강에 더 좋다고 경쟁적인 마케팅을 펼치면서 고과당 옥수수 시럽이라고 알려진 감미료가 소비자들의 최대 관심사로 떠오른 일이 있었다. 고과당 옥수수 시럽이 몸에 더 좋다는 말은 사실이 아니었지만, 소비자들은 일반 옥수수 시럽을 멀리하기 시작했고 기업들은 이에 여유롭게 대응했다. 제품 제조 과정에서(그리고 라벨에서도) 일반 옥수수 시럽을 빼고 사탕수수나 농축 과즙에서 추출한(뭐가 되었든 우리 몸에 더 좋은 것처럼 보이는) 설탕을 사용한 것이다. 소비자들이 그 사실을 알아차리자 기업들은 식품에 첨가하는 설탕 양을 전체적으로 줄였으나 제품의 매력을 유지하기 위해 소금과 지방 함유량을 큰 폭으로 늘렸다. 소비자들이 소금과 지방에 대해 우려하기 전까지는. 그리고 이런 일은 지금까지 반복되고 있다. 우리가 어떤 부분을 걱정하면 기업들은 식품 성분을 조정하고 그러면 우리는 그들의 제품을 더 많이 먹는다.

따지고 보면 가공식품 업계가 이런 권세를 누리는 데에는 업계의 교활한 술수만큼이나 소비자의 변덕스러운 마음과 정보에 대한 욕구도 한몫했다고 볼 수 있다. 우리는 우리가 먹고 싶은 식품의 라벨에서 읽고 싶은 것을 읽고, 기업들은 기꺼이 우리의 요구를 채워준다.

어떤 의미에서 우리도 모르는 새 가공식품 업계에 협력해 온 셈인데, 그들의 마케팅에 속아 넘어갔기 때문만은 아니다. 우리는 조상으로부터 물려받은 모든 생물학적 특성(다양성을 선호하고 열량을 획득하는 데 에너지가 가장 적게 드는 음식을 좋아하는 습성 등)을 기업들이 악용하도록 허용했을 뿐만 아니라 일터와 가정에서 일어난 급격한 변화를 기업들의 손에 놀아나게 했다. 우리가 음식을 먹는 방식을 바꾸자, 기업들은 식품을 바꾸어 그것을 최대한으로 이용했다.

가공식품 업계에 종사하는 화학자, 식품공학자, 마케팅 전문가들이 자신의 일에 그다지 죄책감을 느끼지 않을 수 있는 것도 이 때문이다. 그들의 관점에서 그들은 제품을 중독성 있게 만드는 특질을 발명해 낸 것이 아니라 단지 우리가 본능적으로 원하는 것을 주었을 뿐이라고 주장한다.

6장 가공식품을 둘러싼 공방

트랜스지방을 몰아낸 변호사

인간의 생물학적 특성과 감정의 비밀을 영리하게 파헤치면서 가공식품 업계는 우리의 식습관을 교묘하게 조종하고 지배할 수 있었다. 그러나 그 지배력을 유지하기 위해서는 좀 더 노골적인 수단이 필요했다. 일련의 사건을 통해 식품 기업이 우리의 음식 중독에 얼마나 깊이 관여해 왔는지 만천하에 드러날 위기에 처했기 때문이다.

여러 인터뷰와 기록을 통해 밝혀진 이런 수단들은 기업들이 섭식 장애가 개인의 자제력 부족 탓이라는 믿음을 지속시키기 위해 갖은 수법을 사용하며 우리 삶에 지배력을 발휘해 왔음을 생생하게 보여 준다. 식품 업계와 동맹군들은 소비자에게 책임을 떠넘기는 내러티브를 밀어붙였지만 이 관점에 가장 격렬하게 반대하는 목소리도 식품 업계 내부에서 나왔다. 그들은 자신들이 만드는 제품의 가장 미묘한 측면이 의지력과 관계없이 누구든 유혹할 수 있다는 것을 깨닫고 제품에 수상한 요소가 있음을 감지했다. 내부에서 항의가 일자 법적 또는 과학적 방법으로 소비자들의 섭식 장애에 대한 책임을 지지 않으려고 애써 온 기업들은 입장이 난처해졌다.

이런 변화의 동력을 누구보다 가장 잘 간파한 회사는 크래프트였다. 모기업인 필립모리스가 과거에 유사한 경험이 있었기 때문이다. 필립모리스는 오랜 세월 수백 건의 소송전을 치르면서 흡연이 (건강에는 유해하더라도) 자유의지의 표현이라고 주장해 왔다. 그러던 어느 날 회사의 최고 법무 책임자가 직접 이 문제에 대한 입장을 180도 전환하는 것이 현명한 일이라고 이사진을 설득했고, 2000년 가을에 필립모리스는 결국 흡연에 중독성이 있음을 인정했다. 이 사건은 단순히 담배 관련 소송의 국면만 바꾼 것이 아니었다. 필립모리스의 다른 제품에도 위협이 닥쳐왔음을 알리는 것이었다.

당시 필립모리스에서 가장 규모가 큰 사업은 담배가 아니라 가공식품이었다. 담배 사업에서 번 돈으로 필립모리스는 1980년대에 크래프트는 물론 젤로Jell-O와 탱Tang으로 유명한 제너럴 푸드를 인수했고 2000년에는 쿠키와 크래커 회사인 나비스코까지 인수했다. 식품 사업 부문은 시카고 북부에 있는 크래프트 본사에서 운영하고 있었는데, 뉴욕에 있는 필립모리스 경영진은 회사에서 소유한 유명 식품 브랜드들이 소송 공세의 새로운 목표가 되지는 않을까 우려했다.

2000년 5월 24일, 소송 전략을 논의하기 위한 회의가 열렸다.[1]

필립모리스의 CEO가 플로리다주 법정에서 중독에 대한 자신의 생각을 밝히기 3주 전이었다. 담배 사업부와 식품 사업부 간부들의 문화적 차이가 드러난 자리이기도 했다. 회의 장소는 숲이 우거지고 한적한 크래프트의 교외 사업장이었는데, 담배 사업부의 변호사들은 시카고 번화가에 있는 포시즌스 호텔에 머물렀다. 그날 밤 희대의 라이벌인 시카고 화이트삭스와 뉴욕 양키스의 경기가 있었기 때문이다.

담배 사업부 간부들은 이미 식품 사업부에 담배가 암에 대한 책임을 추궁당한 것만큼 식품도 비만에 대한 책임을 추궁당하는 곤경에 빠질 것이며 값싸고 편리하고 매력적인 제품을 만들기 위해 사용하는 소금, 설탕, 지방에 대한 의존도를 줄여야 한다고 경고한 상태였다.[2] 담배의 중독성을 시인했던 담배 사업부 경영진은 이제 식품 사업부가 제품의 매력도를 높이기 위해 가공식품 생산에 투여하는 모든 것(제조 성분, 포장, 마케팅)이 이미 담배를 공격한 바 있는 변호사들의 철저한 조사를 당해 내지 못하리라는 사실을 깨닫기를 바랐다. 그리고 그런 변호사들은 영리하고 창의적이라는 사실도. 이런 경고를 한 사람은 담배 사업부의 재무 책임자에서 필립모리스의 CEO 자리까지 오른 제프리 바이블이었다. 그는 당시를 회상하며 이렇게 말했다. "우리는 아주 훌륭한 법무팀을 보유하고 있었기에 변호사들에게 크래프트에 가서 이런 일이 어떻게 돌아가는지 설명하도록 했습니다. 말도 안 되는 소송을 당할지도 모른다고 말이죠. 원고 측 주장이 꽤 허무맹랑하거든요."

얼마 후 캘리포니아 북부에서 아주 흥미로운 소송 하나가 시작되었는데 이 사건은 오히려 시카고에서 더 관심을 받았다. 표면적으로는 큰 위협이 될 만한 사건으로 보이지 않았다. 소송을 제기한 스티븐 조셉은 다양한 사회적 대의를 위해 법정 다툼을 벌이는 변호사였다. 그는 샌프란시스코 공무원들에게 그라피티를 청소할 의무를 부여했고 사용자들에게 운전 중 집중을 방해할 가능성을 경고하지 않은 스마트 워치 제조 업체들을 고소한 경력이 있었다. 식품 기업을 상대로 소송을 제기한 것은 처음이었는데 크래프트를 고소한 이유는 크래프트 제품에 쓰이는 수많은 재료 중 단 하나, 바로 트랜스지방이라는 첨가물 때문이었다.

트랜스지방은 원래 마가린을 만드는 데 쓰였다. 그의 동년배 대부분이 그렇듯이 조셉도 어릴 적에 마가린이 정말 몸에 좋은 줄 알았다. 식물성 기름으로 만든 트랜스지방은 버터에 있는 포화지방이 없었고, 당시에는 버터에 든 포화지방이 문제라는 의식이 컸기 때문이다.

조셉이 트랜스지방이 동맥경화를 일으켜 몸에 더 좋지 않고 그럼에도 가공식품 업계가 트랜스지방의 발명에 열광했다는 보도를 접한 것은 비교적 최근이었다. 트랜스지방은 액체 상태의 식물성 기름에 수소를 첨가하여 고체 상태로 만들 때 생기는 경화유로 무수히 많은 제품에 사용되었다. 제품의 질감을 살리고 점착력이 있는 데다 식품을 장기 보관할 수 있게 해 주는 등 가공식품을 만드는 과정에서 뜻하지 않게 발생하는 다양한 문제점을 해결해 주었기 때문이다.

쿠키, 크래커, 케이크, 비스킷, 팝콘, 도넛, 샌드위치, 냉동 피자, 기름에 튀긴 패스트푸드에 이르기까지 트랜스지방이 들어가지 않은 것이 없었다. "나는 너무 화가 나서 살던 곳 근처에 있는 세이프웨이에 가서 트랜스지방이 안 들어간 제품이 있나 찾아봤어요."[3]

그러나 조셉이 정말로 분노한 지점은 식품 업계가 제품을 만드는 데 트랜스지방이 꼭 필요하지는 않다는 사실이었다. 그는 나비스코 사업부를 통해 크래프트에서 생산하는 오레오를 예로 들어 이 사실을 입증했다. 오레오는 과자와 크림에 모두 트랜스지방이 들어 있었는데, 오레오와 비슷한 초콜릿 샌드위치 쿠키인 뉴먼오Newman-O's에는 트랜스지방이 전혀 없었다. 뉴먼오를 몇 개 구입한 조셉은 혼잣말을 내뱉었다. "여기서 종이를 씹는 것 같은 맛이 난다면 이 소송은 하지 않겠어." 뉴먼오는 종이를 씹는 것 같은 맛과는 거리가 멀었다. 그는 한 봉지를 다 해치운 뒤 격분한 상태로 법원에 달려가 만면에 미소를 머금은 채 소장을 제출했다. 2003년 5월 1일의 일이었다. 그는 법원에 캘리포니아주 전역에서 오레오 판매를 금지해 달라고 요청했다. 소송에 대한 뉴스가 처음 보도된 뒤 두 시간 만에 조셉은 인터뷰 서른일곱 건을 요청받고 크래프트와의 요란한 전쟁을 시작했다. 그는 인터뷰에서 말했다. "그들의 타깃은 아주 어린아이들입니다."[4]

크래프트는 트랜스지방이 공격 대상이 되었다는 사실을 문제로 여기지 않았다. 이미 뉴먼오처럼 트랜스지방을 버리고 다른 성분을 사용할 계획이 있었기 때문이다. 크래프트가 걱정한 것은 조셉이 이 사안을 법정에 끌고 갔다는 사실이었다. 이로써 그는 크래프트 관리자들을 심문하고 회사 보관실을 뒤져 대중에게 공개하면 안 되는 기록들을 검토할 수 있는 법적 권리를 얻게 된 것이다. 트랜스지방에 대한 기록이나 조셉의 순수한 호기심이 어떤 결과를 가져올지 아무도 모를 일이었다. 크래프트가 아이들을 타깃으로 한다는 조셉의 발언은 특히 우려스러웠다. 어찌 됐든 어떤 대상을 겨냥하는 것은 기업의 일이었다. 크래프트의 식품공학자들은 다른 회사의 공학자들과 마찬가지로 어린아이든 청소년이든 성인이든 자기 제품을 사 먹을 만한 사람들이 좋아할 것을 찾는 일을 했다. 그들은 이것을 부도덕하다고 생각하지 않았다. 그들이 할 일은 제품의 매력을 극대화하는 것이었다. 이 말인즉슨 실험을 통해 단맛에 대한 최적의 지복점, 지방의 풍부한 식감, 소금의 풍미가 폭발하는 지점에 잘 도달하도록 만드는 것이었다. 이런 화학적 작업은 업계 내에서 비밀이 아니었다. 그들은 제품의 매력을 향상시키기 위해 색깔, 질감, 냄새를 교묘하게 가공했다. 제품의 매력을 향상시키는 일은 마케팅팀도 함께했는데 이들은 소비자의 구매 결정에 작용하는 인간 심리의 역할을 아주 잘 이해하는 사람들이었다. 어쨌거나 크래프트는 기업이지 자선단체가 아니었다.

　크래프트로서는 조셉이 소송에서 입증 사례로 든 제품이 오레오라는 점도 걱정이었다. 오레오는 나비스코가 크래프트에 합병되기 전에 개발한 쿠키여서 현 경영진은 그 역사를 잘 몰랐다. 아는 것이라고는 나비스코가 월가 역사상 전례 없는 격동의 인수전을 막 끝냈다는 사실 뿐이었다. 기존에 나비스코를 소유했던 담배 회사 R. J. 레이놀즈R. J. Reynolds는 월가를 떠들썩하게 한 차입매수를 겪고 개별 회사로 떨어져 나갔고, 나비스코는 기업 해체라는 호된 시련을 겪으면서 서둘러 새로운 주인을 찾으려 했다. 이를 위해 나비스코는 회사를 최대한 매력적으로 만들었다.[5] 1999년까지 계속된 뼈를 깎는 노력으로 나비스코는 거의 모든 주요 제품을 전면 개편했다. 제품에 약간의 수정을 가해 경쟁사 제품보다 유리한 고지에 섬으로써 회사의 가치를 올리기 위해서였다. 나비스코의 전략은 성공했다. 깊은 인상을 받은 필립모리스는 2000년에 불과 몇 달 전 발표된 평가액의 거의 두 배나 되는 가격에 나비스코를 인수했다.[6]

합병 전에 나비스코가 판매 진작을 위해 개편한 제품 중 하나가 바로 오레오였다. 1980년대에 들어와 사람들이 식사 사이에 간식을 먹기 시작하면서 기업들은 소비자의 흥미를 끌기 위해 앞다투어 특대형 제품을 내놓았다. 오레오는 기본 쿠키보다 몇 배나 큰 더블스터프Double Stuf와 빅스터프Big Stuf로 재탄생했다. 그러나 1990년대에 이르러 사람들이 시간에 구애받지 않고 아무 때나, 심지어 정신없이 바쁜 와중에도 간식을 먹자 식품 기업들은 이를 기회 삼아 더욱 편리하게 먹을 수 있는 스낵을 생산하기 시작했다.

이때 나비스코는 오레오의 초소형 버전을 개발하면서 포장을 납작한 용기가 아닌 봉지 형태로 바꾸었다. 실험실에서 크림의 점성을 충분히 높여 내용물이 흔들릴 때도 초소형 과자들이 서로 잘 붙어 있게 만든 덕분이었다.[7] 포장 봉지도 특별했다. 이 봉지를 발명한

M. 루이스 도옌의 이름을 딴 도이 팩Doy Pak은 입구를 크게 벌릴 수 있어 속에 든 과자를 한 움큼 집기에 딱 알맞았다. 게다가 바닥이 넓고 평평해서 세워 놓을 수 있었기 때문에 손에 들고 있을 필요가 없었다. 한 손으로 게임을 하거나 문자를 보내거나 운전을 하면서 다른 한 손으로 충분히 쿠키를 집을 수 있었다. 총 1100칼로리나 되는 5인분 이상의 분량이 하나에 담겨 있어서 계속 집어 먹을 수도 있었다. "우리는 쉽게 손으로 집어 입에 넣을 수 있고 다른 일을 하면서도 먹을 수 있는 제품을 구현하기 위해 최선을 다하고 있습니다."[8] 오레오 브랜드의 사업부 대표는 2000년에 오레오 미니를 출시하면서 이렇게 말했다.

오레오 미니는 오레오 브랜드 역사상 가장 성공한 제품이 되었다. 출시 첫해에 판매된 미니만 합쳐도 뉴욕부터 로스앤젤레스 사이에 2차선 도로를 깔 수 있을 정도였다. 오레오는 원래부터 아이들에게 엄청난 인기를 누리고 있었지만, 미니 버전은 훨씬 더 어린아이들의 신체적 한계에 대응할 목표로 만들어졌다. 미니를 출시하면서 나비스코도 "오레오 미니는 특별히 손이 작은 사람들에게 알맞은 크기로 어린이들에게 인기가 많을 것으로 예상된다."라고 밝혔다.[9]

2003년, 스티븐 조셉이 회사의 일거수일투족을 감시하고 필립 모리스가 소송에 대해 경고해 오자 크래프트의 경영진은 그제야 모든 상황을 파악하고 행동에 나섰다. 크래프트는 오레오만 검토하는 선에서 끝내지 않고 마트에서 판매되는 모든 제품의 자료를 자세히 살펴보았다. 제품 개발 기록, 마케팅 계획서, 획기적인 재료나 광고 문구를 찾은 직원들이 기뻐하며 즉석에서 적어 둔 메모 등을 검토하는 전담 팀이 꾸려졌다. 그들은 아주 오래전 기록까지 뒤져 가며 수백 가지 제품의 기록을 철저하게 검토했다. 잠재적으로 문제가 될 만한 내용은 모두 한 파일로 만들어 캘리포니아주 팰로앨토로 보냈다. 전문가의 도움을 받기 위해서였다. 이 파일은 과거 필립모리스가 흡연자들에게 피소를 당했을 때 위험성을 평가해 준 컨설턴트에게 전달되었다. 컨설턴트는 그동안 필립모리스의 식품에 기만당해 왔다고 느끼는 사람들에게 소송을 당할 위험을 평가했다.

검토가 마무리되자 크래프트의 두려움은 대부분 사그라졌다. 흡연자들과의 소송에서 담배 회사들에 불리하게 작용했던 내부 기록과 같은 것은 없어 보였기 때문이다. 당시 크래프트에 지원을 나갔던 필립모리스의 변호사 마크 파이어스톤은 크래프트 계열 브랜드 중 개발 과정에서 법적인 배상 책임을 우려할 만한 것은 없었다고 했다. "결정적 증거가 될 만한 것은 없었습니다." 그는 크래프트 본사에서 진행된 인터뷰에서 이렇게 말했다. 당시 크래프트의 변호사였던 캐슬린 스피어에 따르면 검토 작업은 단순히 크래프트 제품을 좋아하게 만드는 것을 넘어 더 갈망하게 만들어 과식이나 식습관에 대한 통제력을 잃게 하는 전략으로 해석될 수 있는 내용은 모조리 찾아내는 것이었다. "정말 정직하게 말씀드릴 수 있습니다. 서류 수백만 장을 직접 훑어보고 수많은 변호사와 법무 보조원을 고용하여 작업을 진행한 결과, 그런 기록을 전혀 찾을 수 없었어요." 중독을 예찬하는 어떤 기록도 발견되지 않았다는 것이다.

이럴 수 있었던 이유는 무엇일까? 담배와 가공식품을 만드는 사람들은 문화적으로 다르다. 식품공학자들과 화학 전문가들은 자신이 만든 제조법을 필수적인 사항 외에는 별로 기록해 두지 않는 경향이 있다. 식품 제조 업체 중에는 표절에 대한 두려움 때문에 신제품에 대한 특허를 신청하지 않는 기업들도 있다. 자신들의 획기적인 발견이 법의 보호를 받기보다 기밀로 유지되기를 선호하기 때문이다. 게다가 음식이 특별히 중독성을 갖도록 만들어질 수 있다는 생각은 담배에 비해 비교적 최근에야 알려진 개념이다. 식품 기업의 직원들은 제품에 중독된 소비자들의 갈망이나 충동으로 벌어들일 수 있는 수익에 대해 이메일을 보낼 만큼 미련한 짓을 할 시간이 많지 않았다. 오히려 그들은 '갈망을 부르는 특성', '간식을 하게 만드는 특성', '더 먹고 싶어지는 특성'과 같이 중독성을 뜻하는 완곡한 표현을 써서 자신들의 업무를 제품에 대한 매력을 극대화하는 일로 표현했다. 이는 배심원단의 화를 돋우기보다 실소를 자아낼 요소다.

그렇다면 배심원들은 그냥 웃고 넘길까? 제품 개발 기록을 검토한 크래프트 직원 중에는 그렇게 생각하지 않은 이들도 있었다. 그들은 가공식품에 대한 대중의 인식과 중독에 관한 이해가 과거와는 달라서 이런 내부 문서와 그 문서에 포함된 제품들이 더욱 비판적인 시선을 받을 것이라고 생각했다. 마이클 머드도 그중 한 명이었다. 부사장인 머드의 업무 중에는 여론이라는 법정에서 크래프트에게 문제가 될 소지를 주의 깊게 감시하는 일도 있었다. 머드는 이전부터 이 사안에 대해 약간의 의분을 느끼고 있었다. 그는 비만 증가에 기여하는 업계 현실에 대한 대책을 강구하기 위해 1999년에 업계 간부들이 비밀리에 조직한 내부자 모임의 일원이었다. 이들이 적극적인 조치에 난색을 표하자 머드는 모임에서 나와 소금, 설탕, 지방의 사용을 완화하고 어린아이들에게 지나치게 단 제품을 선전하는 마케팅 전략을 개정하는 크래프트만의 독립적인 개혁을 단행했다.[10] 실제로 이런 정책은 내부 문건 검토가 이루어진 2003년에 이미 진행 중이었다. 이러한 개혁 정책을 통해 크래프트는 사실상 일부 제품과 마케팅 전략에 문제가 있다는 점을 인지하고 있었다.

머드는 내부 문서를 검토하던 중에 실제로 제품의 디자인이나 마케팅에서 먹는 것을 자제하기 더 어렵게 만드는 것처럼 보이는 미묘한 요소들을 발견했다. 봉지로 포장을 바꾼 오레오 미니의 경우 제품을 먹기가 너무 간편해서 심리학자들이 무심결에 먹는 행위나 자제력 상실이라고 부르는 결과를 야기할 수 있다는 사실을 깨달았다. 나비코스의 크래커 트리스킷Triscuit의 "빅 배드 스낵" 광고(여러 층의 크래커 사이사이에 고기와 치즈가 끼어 있고, "입 짧은 사람들은 먹지 마세요."라는 문구가 적혀 있다.)에서는 식품 업계가 문화적으로 용인되는 수준을 넘어 먹고 있다는 소비자들의 수치심을 없앰으로써 과식에 대해 일종의 승인을 내리고 있었다는 사실을 발견했다. 크래프트의 오스카 마이어 사업부가 개발한 수십억 달러 규모의 초대형 브랜드인 런처블의 마케팅에서는 인간의 가장 원초적인 정서를 자극하고 있음을 발견했다. 넓적한 용기 안에 크래커와 치즈, 피자 토핑을 비롯하여 여타 패스트푸드와 유사한 음식이 담겨 있는 런처블은 맞

벌이하는 부모가 아이들에게 도시락을 싸 주지 못해 미안한 마음을 느낀다는 것을 전제로 개발된 제품이었다. 심지어 선물 포장처럼 생긴 패키지 디자인마저도 그런 부모의 죄책감을 이용하고 있었다.

우리의 취약점을 이용한 기업은 크래프트만이 아니었다. 크래프트 내부 문서 중에는 1998년에 나비스코가 아이들을 타깃으로 삼는 일에 대한 컨설턴트의 의견을 논의하여 작성한 메모가 있었다. 결론은 10대 청소년으로는 충분하지 않다는 것이었다. 식품 업계의 새로운 목표 대상은 10~12세 아동이었는데, 이 정도의 어린 나이에 이미 평생 유지될 취향이 결정된다는 사실 때문이었다. "우리는 펩시, 프리토레이, 버거킹, 맥도날드와 논의했다."[11] 메모에는 또 이렇게 적혀 있었다.

사람의 입맛은 어린 나이에 결정되기 때문에 10대보다 훨씬 어린아이의 관심을 사는 데 집중할 것을 유념해야 한다. 10대를 대상으로 하는 영화, 음악, 게임, 스포츠를 통한 간접광고가 마케팅 전문가들에게 매우 중요한 영역이 되면서 버거킹과 맥도날드 모두 어린이 영화나 TV 캐릭터에 마케팅을 집중하고 있다. 또 펩시는 대화형 웹사이트를 운영하면서 10대를 대상으로 설문을 진행하고 직접적인 피드백을 받는다. 펩시의 제너레이션 넥스트 광고 캠페인은 오직 10~18세 소비자를 대상으로 한다. 프리토레이, 버거킹, 맥도날드는 유명 학교 준비물 브랜드와 학교 급식 프로그램, 기증품을 활용하기도 한다.

머드는 필립모리스 본사에 있는 스티브 패리시에게 자문을 구했다.[12] 크래프트 제품에 대한 법리적 검토를 총괄한 패리시는 필립모리스의 법무 책임자로 담배의 중독성을 인정하도록 회사를 설득한 사람이었다. 패리시는 개인적인 경험을 통해 오레오의 숨겨진 힘을 잘 알고 있었다. 본인이 오레오를 입에 달고 살면서 담배의 유혹을 전혀 느끼지 않았기 때문이다.

머드는 제품 관련 기록에서 먹는 것을 자제할 수 없게 만드는 요소로 보일 만한 것이 발견되면 패리시에게 전화를 걸었다. "내가 방금 뭘 찾아냈는지 아세요?"[13]

제품 관련 문서를 검토하는 중이었기에 이런 일은 꽤 일상적으로 반복되었다. 그때마다 머드는 서류를 읽다 가쁜 숨을 몰아쉬며 패리시에게 전화를 걸곤 했다. 결국 결정이 내려졌다. 조셉 같은 변호사가 오레오 소송을 진행하다가 이런 서류를 우연히 발견할 확률은 대략 반반이라는 예측이 나왔다. 회사에는 너무 큰 위험이었다. 조셉이 소송을 제기하고 2주 후에 머드는 전화를 걸어 오레오뿐 아니라 크래프트의 모든 제품에서 트랜스지방을 없애겠다고 약속했다. 확답을 받은 조셉은 소송을 취하했다.

크래프트는 아슬아슬하게 위기를 모면한 것일까? 그렇지 않을 수도 있다. 조셉은 자신이 갑자기 소를 취하하는 바람에 크래프트와의 진흙탕 싸움이 식품 업계 전체를 더 빨리 각성시킬 수 있으리라 믿었던 사람들을 화나게 했다고 했다. 그러나 그는 크래프트의 승복이 굉장한 승리라고 굳게 믿었다. 게다가 이 소송을 과식 같은 다른 사안으로 확장할 생각이 전혀 없었다. "나는 식품 활동가였던 적이 없습니다. 비만 문제나 설탕 같은 다른 식품 관련 문제에 별로 관심이 없어요. 가장 큰 문제인 트랜스지방에만 관심이 있었으니, 이제 내 할 일은 끝난 거죠."

그러나 조셉을 서둘러 쫓아 버리면서 크래프트는 업계의 다른 기업들에게 식품 중독 문제로 전쟁을 벌이려는 변호사가 등장하면 어떻게 대처해야 하는지 보여 주었다. 그리고 이 사건으로 식품 업계는 크래프트가 빠르게 합의를 보았다는 사실에 만족하지 않고 일반 대중이 업계 문서를 영원히 볼 수 없도록 조치를 취하기 시작했다.

맥도날드 소송이 남긴 것

식품 업계에 이런 극적인 대응을 촉발시킨 소송은 재즐린 브래들리가 맥도날드를 고소한 사건이었다. 재즐린은 미국에서 최초로 가공식품에 대한 소비자의 갈망이 제품의 재료와 제조법 때문이며 기업들이 여기에 공모했다는 의혹을 제기했다.

이후 다른 소녀도 맥도날드를 고소했는데, 두 사람 모두 10대였기에 원고가 성인이었을 때보다 확실히 세간의 이목을 더 끌 수 있었다.[14] 다른 사람은 몰라도 재즐린은 음식 중독에 자신의 책임도 있다는 말을 하는 데 주저하지 않았다. 이 책을 집필하려고 재즐린을 만났을 때 그녀는 키가 168센티미터인 자신이 165킬로그램이나 나가게 된 이유로 두 가지, 즉 맥도날드의 제품과 자신이 그들의 제품을 너무 좋아했다는 점을 강조했다. "맥도날드는 그들의 제품이 몸에 좋은 음식이라고 포장했어요. 그래서 제가 선뜻 먹을 수 있었던 거죠."

　재즐린의 사건을 맡은 연방 법원 판사 역시 언뜻 보기에 식품 업계에 골칫거리가 될 사람 같았다. 과거 부시장을 지낸 로버트 스위트 판사는 사법부의 관례를 거스르기 좋아하는 인물로 유명했다. 정부가 치르는 마약과의 전쟁으로 기소된 범법자들에게 의무적으로 무거운 형을 선고하는 것을 공개적으로 비판했을 뿐 아니라 헤로인과 크랙 코카인의 합법화를 주장하기도 했다. 재즐린 사건에 대한 첫 판결에서 스위트 판사는 65페이지에 걸쳐 맥도날드 제품에 중독되었다는 주장이 재즐린을 소송에서 유리하게 하는 설득력 있는 주장이라고 썼다.[15] 실제로 맥도날드의 제품에 중독성이 있다는 사실을 입증할 수 있다면, 맥도날드 제품을 자주 먹는 데 따르는 위험을 충분히 인지하지 못해서 자신의 행동에 온전한 책임이 없다는 재즐린의 주장도 훨씬 설득력이 있을 것이라고 설명했다.

　실제로 스위트는 판사로서는 이례적으로 재즐린의 변호사인 새뮤얼 허슈에게 재판에서 승소할 수 있는 방법을 친절히 알려 주었다. 허슈는 과거 주 의회 의원을 지내고 마피아를 변호한 적이 있는 독특한 이력의 변호사였지만 식품 업계를 상대로 소송을 진행한 경험은 전무했다. 이를테면 이런 식이었다. 스위트 판사는 판결문에서 가금류가 지방이 적다고 알려져 있는 사실을 고려하면 치킨 너겟이 햄버거보다 몸에 좋은 메뉴처럼 보이지만 실제로는 지방을 두 배나 많이 함유하고 있다고 지적했다. 또 치킨 너겟에 초가공식품에서 쉽게 찾아볼 수 있는 수많은 재료가 포함되어 있다고 설명하면서 해당되는 모든 첨가물(모노글리세라이드, 다이글리세라이드, 트라이글리세라이드, 파이로인산염, 다이메틸폴리실록산, T-뷰틸하이드로퀴논, 식물성 부분 경화유, 표백 밀가루, 변성 전분)을 판결문에 일일이 나열했다.

그러면서 스위트는 "치킨 너겟은 단순히 프라이팬에 튀긴 치킨이 아니라 집에서 만드는 음식에는 사용되지 않는 다양한 첨가물로 만들어진 프랑켄슈타인이다."라고 썼다. 또 허슈 변호사가 이 첨가물들이 위험을 초래했다는 사실을 증명할 수 있다면, 맥도날드가 그런 첨가물을 쓰지 말았어야 한다거나 첨가물의 위험성을 소비자들에게 경고했어야 한다고 주장할 수 있을 거라고 했다.

스위트 판사는 심지어 허슈에게 1990년대 담배 회사 소송 사례를 참고해야 한다고 일러 주었다. 담배 회사에 대한 소송 공세가 그토록 강력할 수 있었던 것은 기록을 통해 기만에 가까운 기업들의 행태가 드러났기 때문이라는 것이다. 이를테면 당시 담배 업계의 한 관계자는 "흡연과 관련 질병 사이에 분명한 인과관계가 성립하지 않는다."라는 어처구니없는 주장을 펼쳤고, 한 초등학교 교장에게 보낸 서신에는 "흡연으로 생긴다고 알려진 만성 질병의 원인은 과학자들도 알지 못한다."라고 쓴 것이 확인돼 공분을 샀다. 한 담배 회사의 임원은 법정에서 위증을 하지 않겠다는 선서를 하고도 흡연 때문에 사람이 죽는 일은 없다고 증언하는 표리부동을 보이기도 했다. 담배 회사 소송 건은 엄청난 지배력이 있었던 업계의 운명을 단 한 건의 소송으로 뒤바꿔 버린, 집단소송 변호사들에게는 꿈같은 사례였다.

그러나 허슈가 성공을 거두려면 갈 길이 멀었고 가능성도 희박했다. 나중에 그가 맥도날드에 관련 내부 자료를 모두 요청할 수 있는 단계까지 이른다면 결정적인 증거를 찾을 가능성도 있었다. 그러나 스위트 판사가 소장을 재작성하라며 준 시간은 30일에 불과했다. 허슈는 소송을 이어 갈 증거를 찾아 공유 저작물을 샅샅이 뒤졌지만 결정적인 것은 별로 없었다. 맥도날드가 체중 증가를 불러올 수 있는 식습관을 부추긴다는 증거로 허슈가 인용한 맥도날드 광고는 "맥 치킨 에브리데이!"와 "빅 앤드 테이스티 에브리데이!" 두 개였다. 거기에 맥도날드 웹사이트에 쓰인 문구 "맥도날드 제품은 균형 잡힌 식생활과 라이프스타일의 일부가 될 수 있습니다."를 포함시켰다. 그러나 스위트 판사는 이 문구가 실제로는 맥도날드가 과도한 음식 섭취를 강요한다는 의견을 반박하는 증거로 해석될 수 있다고 지적했다. 어쨌거나 최종적으로 스위트 판사는 이런 광고들이 부도덕한 기업 행위의 증거라기보다 단순한 광고 문구에 지나지 않는다고 결론지었다.

스위트는 종합해 보건대 10대인 원고들이 자신이 먹은 음식의 본질을 정확히 몰랐던 탓에 음식에 대한 자유의지를 빼앗겼다는 주장을 허슈가 입증해 내지 못했다고 판단했다. "특대형 맥도날드 제품의 막대한 섭취가 높은 콜레스테롤, 지방, 소금, 설탕 수치 때문에 건강에 해롭고 체중 증가(그에 수반되는 다른 문제들도)를 초래할 수 있다는 사실을 알고 있거나 알아야 한다면, 사람들이 스스로 과도하게 먹지 않도록 조심하는 일은 법의 영역이 아니다." 판결문은 다음과 같이 이어졌다. "맥도날드에서 음식을 사 먹으라고 강요받는 사람은 없다. (……) 소비자가 적절한 지식을 지니고 자유로운 선택을 하는 한 제조사에게 과실책임을 물을 수 없다. 기업이 책임을 물어야 하는 경우는 가령 맥도날드 제품을 정기적으로 섭취하면 반박의 여지없이 몸에 해롭다는 정보처럼 선택에 필요한 정보를 은폐해서 자유의지가 빈껍데기에 불과해질 때뿐이다."

2003년 9월에 스위트는 다시 한번 허슈의 소송을 기각하면서 그가 여전히 음식과 식습관 사이의 복잡한 관계를 설명할 수 있는 여러 쟁점을 다루어야 한다고 지적했다. "원고들이 먹은 음식에는 또 무엇이 있는가? 운동은 얼마나 했는가? 맥도날드 제품으로 생겼다고 주장하는 질병의 가족력은 없는가? 이런 부가적인 정보가 없다면 맥도날드는 그들의 제품이 원고의 비만을 야기했는지, 원고가 비만이 되는 데 원인을 제공한 유일한 요인이었는지 판단할 수 있는 정보가 충분하지 않다."

당시 맥도날드는 성명서를 통해 소송이 기각된 것을 환영하며 이렇게 논평했다.[16] "우리는 이 소송에서 상식이 승리할 것이라고 믿었고 결국 상식이 승리했다." 그래도 허슈는 소를 재개하기 위해 항소했고 절차는 수년간 지지부진하게 진행되었다. 재즐린은 크게 낙담했다. "저는 일명 맥도날드 소녀가 되었어요. 어딜 가든 '네가 맥도날드를 고소한 애구나.'라는 소리를 들었죠."[17]

법원에서는 큰 성과를 거두지 못하고 있었지만 재즐린의 소송은 그녀의 생각보다 큰 파장을 몰고 왔다. 이것을 보면 식품 업계가 왜 그토록 전전긍긍했는지 더 쉽게 이해할 수 있다. 먼저 재즐린의 소송에 주목한 모건 스펄록이라는 영화 제작자가 직접 맥도날드 음식을 실험해 보기로 했다. 그는 30일간 맥도날드만 먹는 것을 영상에 담아 1인 다큐멘터리를 제작했다.

스위트 판사는 판결문에서 "어떤 사람들은 맥도날드에서 매일 식사를 해도 특별한 부작용이 나타나지 않는다."는 사실을 인정한 바 있었다. 그러면서 위스콘신주에 사는 한 남성을 사례로 들었는데, 그는 30년 동안 빅맥을 하루 한 번 매일 먹었는데도 183센티미터에 80킬로그램의 군살 없는 몸을 유지했고 콜레스테롤 수치도 155로 적정 수준이었다. 그러나 이 남성은 딱히 폭식을 한다고 말할 수 없었다. 그는 아침과 저녁을 먹지 않았고 점심에 먹는 빅맥과 감자튀김, 콜라가 유일한 하루 식사였다.

그에 반해 스펄록은 맥도날드에서 아침, 점심, 저녁을 모두 해결했다. 한 달 만에 건강에 여러 가지 문제가 발생하기 시작했다. 감정 기복이 심해지고 성기능 장애가 발생했으며 체질량이 13퍼센트나 증가하고 전에는 없었던 지방간이 생겼다. 그 결과물인 영화 「슈퍼 사이즈 미Super Size Me」는 2004년에 개봉되었고, 많은 사람이 공감할 수 있는 중독적 행위를 주제로 다루면서 역사상 가장 큰 화제를 모은 음식 영화가 되었다. 「슈퍼 사이즈 미」의 탄생은 가공식품 제조 업체들이 재즐린의 소송이 제기되었을 때 직감했던 심각한 위험을 확인시켜 주었다. 그들이 두려워한 것은 재즐린의 소송으로 이 문제가 예술, 음악, 문학 등 더 다양한 문화 영역에서 논의되는 것이었다. 특히 과학 영역까지 확대되는 것이 가장 위험했는데 그렇게 되면 간편식에 대한 소비자들의 인식이 바뀔 수 있었다. 「슈퍼 사이즈 미」의 대중적 성공은 훗날 배심원단에 참여하는 사람들이 원고 측 변호사들이 찾아낸 증거를 아주 관심 있게 들여다볼 환경을 조성하기도 했다.

가공식품 업계를 불안에 떨게 한 재즐린 소송의 부수적 결과는 또 있었다. 담배 회사들을 괴롭혔던 변호사 운동가들이 새로운 먹잇감을 찾던 중에 이 소송이 제기되어서 식품이 그들의 다음 타깃이 될 가능성이 농후해졌다. 이들이 1998년에 담배 회사와의 소송에서 기업들에 마케팅을 줄이고 2000억 달러가 넘는 배상금을 지급하도록 합의하며 승리한 데에는 보스턴에 있는 노스이스턴 대학교의 집요한 법대 학생들과 교수들 덕이 컸다. 그들은 14년 전에 이미 데이터베이스를 구축하여 병에 걸린 흡연자들이 제기한 소송을 오랜 시간 추적하고 연구했다. 폐 질환과 흡연을 연관 지을 수 있는 연구를 수집했고 전략 교환 콘퍼런스를 열었으며 주 검찰 총장들을 설득하여 소송을 걸고 거대 액수의 합의금을 받아 냈다.

노스이스턴 법대 학생들과 교수들은 식품 업계도 약물이나 담배 제조 업체처럼 철저하게 조사해야 한다고 일찍부터 주장해 온 영양학 교수 매리언 네슬을 만나 감화된 뒤 이번에는 가공식품에 주목했다. 학생들은 리처드 데이너드 교수의 지도하에 '법과 비만 프로젝트'를 출범시켰고 언제나처럼 전의를 다지는 콘퍼런스를 개최했다.[18] 허슈가 맥도날드에 대한 소장을 수정하느라 고군분투하던 바로 그때였다.

"식품은 담배와 달라서 비만 확산 방지 운동에 담배 규제 운동의 방침을 그대로 적용할 수 없을 것이다." 당시 데이너드는 《공중보건 정책저널》에 발표한 글에서 이렇게 밝혔다. "그러나 흡연과 비만 문제 모두 잘못된 인식('흡연이나 비만은 단순히 소비자의 자유의지가 낳은 결과다.')과 소비자가 흡연이나 과식을 해야 이익을 얻는 막강한 산업이 존재한다는 공통점이 있기 때문에 비만 확산 방지 운동에 참여하는 변호사들은 담배 규제를 위해 싸워 온 수십 년간의 경험에서 많은 것을 배워 그런 난관을 극복해 나가고 있다."[19]

2003년에 잡지 《포춘》에도 이와 유사한 관점을 지닌 「비만이 흡연에 이은 새로운 사회 문제인가?」라는 기사가 실렸다.[20] "대부분의 사람들은 빅맥을 먹는 것이 시금치 샐러드를 먹는 것과는 다르다는 것을 알지만, 흡연이 건강에 나쁘다는 사실도 알고 있었다. 그리고 식단은 비만을 야기하는 많은 요소 중 하나일 뿐이지만 흡연은 담배 회사들이 메디케이드미국의 국민 의료 보조제도의 하나로 주로 저소득층을 대상으로 함에 배상금을 지불하도록 만든 질병의 유일한 위험 요인이다."

기업을 변호하는 한 로펌은 회사 웹사이트에 글을 올려 스위트 판사가 재즐린의 소송을 두 번 기각한 사실에 안심해서는 안 된다고 식품 제조 업체들에게 경고했다. 위험에서 간신히 벗어났을 뿐이다. 유사한 다른 소송이 제기되어 재판이 각종 서류와 증거를 제시하는 단계에 이른다면, 원고 측 변호사가 "식품 업계가 무언가 은폐하고 있다는 인상을 주는 문서(따로 숨겨 두었다면)를 발견할지 모를 일이었다."

물론 생각이 다른 이들도 있었다. 식품 업계를 고소하는 사람은 시간과 돈이 아주 많이 드는 싸움을 시작하는 것이었다. 그리고 식품 기업이 이기는 방법은 수십 가지도 넘었다.[21] 이런 평가를 내린 것은 담배 회사와 식품 회사의 사건을 수임하는 한 버지니아주 로펌의 변호사와 의사였다. 두 사람은 《식품약물법저널》에 70페이지에 달하는 논문(일종의 식품 업계 전술집)을 발표하면서 식품이 법정에서 제2의 담배가 되지는 않을 것이라고 주장했다.

당신이 원고라고 가정해 보자. 두 저자는 소송을 걸 수 있는 식품을 하나라도 떠올려 보라며 단도직입적인 요청으로 포문을 연다. 저자들은 이것이 보기보다 힘들다고 지적한다. 담배와 달리 시판되는 식품 종류는 수만 가지가 넘어서 한 가지 식품이 섭식 장애를 일으켰다고 말할 수 있는 결정적인 증거는 있을 수 없다는 것이다. 논문은 이렇게 주장한다. "본질적으로 유익하거나 유해한 음식은 없다. 모든 음식은 몸을 상하게 할 수도 있고 이롭게 할 수도 있다."

이번에는 당신이 재판에서 식품 기업들 때문에 체중이 증가하고 음식에 대한 자제력을 잃었음을 주장한다고 가정해 보자. 당연히 열량을 얼마나 섭취했는지가 관건이지만 열량을 얼마나 연소했는지도 중요하다. 그런데 피고 측 변호인이 당신이 그만큼 열량을 연소하지 않았다고 이야기한다. 1997년에는 걸어서 등교하는 아동의 비율이 20퍼센트였는데 2001년에 12퍼센트로 감소한 현실에서 과연 비만에 대한 책임을 식품 기업에 물을 수 있을까? 전 국민이 여가 시간에 TV를 시청하면서 체중이 급격하게 증가한 현실은 또 어떻게 보아야 할까?

논문 저자들은 피고 측 변호사들이 식습관 교정 외에 비만을 치료할 수 있는 방법을 설명하는 연구 자료로 배심원단을 혼란스럽게 할 수 있다고 이야기한다. 예를 들면 날씬한 사람들은 과체중인 사람들보다 하루에 앉아 있는 시간이 두 시간 적다는 연구 결과가 있으므로, 비만을 해결하려면 더 많이 일어서서 움직이기만 하면 된다고 말한다. 또 다른 사람과 함께 식사를 하는 사람들이 44퍼센트 더 먹는 경향이 있다는 연구 결과가 있으니 이제부터는 혼자 식사를 하라고 충고한다. 심지어는 보름달이 뜰 때 사람들이 더 많이 먹는 경향이 있으니 식품 기업들을 탓하기 전에 천체력을 구매하는 게 어떻겠냐고 말한다. 이런 주장은 배심원단의 귀에 유치하고 어이없게 들리지만, 바로 그게 핵심이다. 이렇게 되면 결국 한 가지 식품이나 음료수가 사람을 뚱뚱하게 만든다는 주장도 터무니없게 들릴 것이다.

식품에 중독성이 있다는 주장에 대한 저자들의 법리적 검토는 특히 엄밀했다. 흡연 소송에서 중독을 주장하여 성공한 것은 분명한 사실이다. 무엇보다 중독이라는 개념을 사용해서 원고들은 흡연이 개인의 선택이라는 피고 측 주장을 반박할 수 있었다. 이러한 맥락에서 저자들은 "비만인 소비자들을 중독자라고 규정지으면 원고 측 변호사들이 과식하는 소비자들을 개인의 책임이 아닌 통제 불가능한 생리학적 과정의 피해자라고 묘사할 수 있다. 그러나 식품에 중독성

이 있다고 주장하는 변호사들도 아직은 이런 주장을 뒷받침할 수 있
는 분명하고 충분한 근거가 없다."라고 설명했다.

가정에 입각한 사례로 설명을 이어 가던 저자들은 또 음식 중
독의 정확한 정의를 묻는다. 자신을 초콜릿 중독자라고 이야기하는
50명을 조사한 설문에서 어떤 사람들은 하루에 초콜릿바를 3개는
먹는다고 답했고 어떤 사람들은 하나만 먹는다고 답했다. 그럼 어
느 쪽이 중독인가? 1개를 먹는 사람들? 아니면 3개는 먹는 사람들?
저자들은 당신이 원고라면 이런 질문을 받을 것이라고 경고한다.
법정에서 '의심의 씨앗을 뿌린다'고 불리는 이 전략은 식품 업계가
고도의 기술을 보유한 분야다. 피고 측 변호사들은 또 중독의 화학
작용에 대해 논해 보자고 할지도 모른다. 당신이 초콜릿에 중독되
었다고 주장한다면 초콜릿의 어떤 성분이 갈망을 불러일으키는 유
해한 화학물질이라고 지적할 것인가?("코코아 합성물은 이 조건에 충
족하지 않는다."라고 논문은 설명한다.)

논문은 중독 이론이 지나친 단순화를 조장한다고 주장하면서
"이 이론이 유효하려면 비만인 사람들 사이의 차이점과, 체중이 정
상인 사람들과 비만인 사람들 사이의 유사성을 무시해야 한다. 비만
인 사람이라고 해서 늘 과식을 하지는 않으며, 마른 사람들과 일부
비만인 사람들의 식습관에서 발견되는 일관된 차이점은 없다. 중독
이론을 수용하려면 이런 차이를 무시해야 한다."

두 사람이 쓴 논문은 식품 기업을 상대로 소송을 제기하려는 변
호사들의 필독서가 되었다. 중독 관련 소송이 얼마나 이기기 어려운

사건인지 보여 주기 때문이다. 그러나 항변할 수단이 많고 스펄록의
맥도날드 실험에 분명 과장된 면이 있더라도 식품 기업들은 절대 소
송의 위험을 무릅쓸 생각이 없었다. 그들은 음식에 대한 자제력을
잃게 만들었다는 혐의로 피소되어 판사나 배심원단 앞에 서는 일을
결코 원치 않았다. 실제로 그럴 필요도 없었다. 기업들이 법정에 갈
일이 없게 만들어 주는 힘 있는 협력자가 있었기 때문이다.

의회를 움직이다

미국 전국식당협회National Restaurant Association는 1919년 미주리주 캔
자스시티의 식당 주인들이 중개인들이 책정하는 달걀 가격을 인하
하려고 단합한 데서 출발했다.[22] 그로부터 1년 후 금주법이 시행되
어 술을 판매하지 못하게 된 회원들을 성공적으로 지원하면서 전국
적인 조직이 형성되었다. 협회는 이후 강력한 세력을 가진 단체로
성장해 회원인 식당 경영자들의 이익을 위해 싸우고 있다.

1976년에 전국식당협회는 회원들로부터 자금을 조달해 선거
운동 기부금의 효과를 높이기 위한 정치활동위원회를 조직했다.
2002년 무렵이 되자 협회는 상당한 영향력을 지니게 되었다. 협회
는 일반 기부금 형태로 100만 달러가 조금 넘는 돈을 국회의원들과
그들의 정치위원회에 정치자금으로 기부했고 이익 증진을 위해 로
비스트를 고용하는 데 88만 달러를 썼다. 가공식품 제조 기업들처럼

식당 경영자들도 정부 관계자들을 만날 때 내세울 만한 데이터가 있었다. 요식업은 일자리 1500만 개를 창출하고 매일 1억 7000만 명에게 서비스를 제공하며 연간 8500억 달러의 매출을 올리는 산업이었다. 미국의 정치와 경제 모두에서 중요한 부분이었기에 이들에게는 비만과 관련된 소송을 좌절시킬 수 있는 영향력이 있었다.

2003년 협회 연례 회의에서 재즐린의 소송에 대한 간단한 보고가 있었다. 노스이스턴 법대 학생들이 담배에서 가공식품으로 관심 대상을 바꾸었다는 사실도 전해졌다. 협회는 지체하지 않고 즉각 대응에 나섰다. 일부 식당 체인은 이미 언론을 통해 맥도날드에 대한 소송을 영업 방해, 악의적 소송으로 치부하는 성명을 낸 상태였다. 전국식당협회 회장이자 최고 책임자인 스티븐 앤더슨은 요식업계 잡지에 견해를 밝혔다. "현실과 괴리된 채 상아탑 속에 사는 학자들이 근거도 부족한 소송으로 소송 변호사들의 배만 불리고 나라에서 가장 열심히 일하는 사람들, 식당 운영자들과 그 직원들에게 피해를 주는 일에 골몰하는 것은 참으로 비양심적이라고 생각한다."[23]

협회는 식당 경영자 대표단을 국회에 보내 불법행위 소송 변호사들이 가공식품 때문에 음식을 자제하지 못하게 되었다는 주장을 뒷받침할 증거를 찾으러 곧 여기저기를 뒤지기 시작할 거라는 우려를 전했다. 그리고 2003년 10월 16일에 국회가 이에 응답했다. 상원 행정감독 및 재판 소위원회가 재즐린의 소송 건을 다루기 위한 법률 심의를 진행했다. 이들은 균형 잡힌 평가를 위한 어떤 노력도 하지 않았다. 재즐린도, 그녀의 소송에 공감하는 누구도 증인으로 소환되지 않았다. 소위원회의 의장은 담배를 재배하는 주 출신으로 담배법 개정에 원한을 품은 사람이었다. 그의 유일한 관심사는 식품 업계가 어려움에 처했을 때 국회가 얼마나 적극적으로 도와야 하느냐 하는 것이었다.

의장은 앨라배마주 출신의 제프 세션스였다. 그는 심의를 개회 하면서 일반 대중의 의견에 대해 자신의 생각을 밝혔다. "식품 판매 자들이나 일개 기업에 원고의 비만에 대한 책임을 묻는 것은 나에게 나 미국인 대부분에게나 터무니없는 일로 보인다. 자신이 일으킨 문 제를 다른 사람의 탓으로 돌리는 것은 개인의 책임에 관한 미국의 위대한 철학에 반하는 일이라고 생각한다." 세션스는 이어서 이렇게 말했다. "단순히 오레오 쿠키를 진열대에 올려 둔 슈퍼마켓에 배상 책임이 있는가? 요리를 맛있게 해 준 어머니에게 배상 책임이 있는 가? (……) 장담하건대 이 소송이 계속되면 수많은 사람들이 크리스 피 크림을 고소하겠다고 줄을 설 것이다. 최근에 나도 그랬지만, 갓 구운 도넛이 나왔다는 네온사인을 보고 유혹을 뿌리칠 수 있는 사람 은 그리 많지 않다."

업계로부터 지원 요청을 받은 전문가 중에는 제라드 뮤산트도 있었다. 노스캐롤라이나주 더럼에서 체중 감량 센터를 운영하는 뮤 산트는 저널《탐닉성행동》의 편집위원이기도 했다. 그는 식품 업계 를 고발하는 일이 가공식품에 매료된 사람들을 돕기는커녕 상처만 줄 것이라고 증언했다. "이런 소송은 개인의 건강을 지키고자 하는 싸움에서 소비자들로 하여금 무력감만 느끼게 할 뿐입니다. 우리는 소비자로서 식품을 스스로 선택할 수 있기에 이런 결정을 내릴 때 보다 현명하게 판단해야 합니다. 운동이 부족한 생활 방식이 비만을 낳는 것이지 패스트푸드나 트랜스지방 함유량이 높은 쿠키를 먹는 다고 비만해지는 것은 아니죠."

역시 지원 요청을 받은 업계 변호사 빅터 슈워츠는 식당들이 직 면한 소송 현실의 전망을 비관적으로 예측했다. 그는 스위트 판사가 재즐린의 소송 결정문에서 판결 이유를 100페이지 넘게 작성했다는 사실이 활동가적 면모를 지닌 판사의 존재를 시사한다고 말하면서 "다른 곳에서 다른 판사에 의해 언제든지 이런 소송이 진행될 수 있 다. 랠프 네이더는 더블 치즈버거를 대량 살상 무기라고 불렀다. 이는 모두 법원을 움직여 법을 바꾸려는 시도의 전조다."라고 주장했다.

전국식당협회는 심의에서 자신들의 입장을 전달할 대표로 대형 패스트푸드 체인이 아닌 앨라배마에서 퀵서비스 식당 일곱 곳을 운 영하는 식당 주인을 보냈다. 소위원회에 참석한 그는 비만 소송 한 건만으로도 자신이 파산할 수 있다고 주장했다. "이런 소송이 계속 되도록 허용된다면, 제 생계와 직원들은 위험에 빠지고 제 고객들은 선택의 자유를 침해당할 겁니다."

이런 증언을 통해 요식업계는 공직에 있는 자신의 아군들이 극 단의 조치를 취해 주길 바랐다. 그들은 앞으로 가공식품을 섭취한 사람들이 식생활 관련 건강 문제로 자신들을 제소하지 못하도록 국 회가 법으로 금지해 주기를 바랐다. 그러나 재즐린 사건이 식당에 대한 소송 공세로 이어지지 않았다는 점, 스위트 판사가 결국 두 번이나 기각했다는 점을 고려할 때 요식업계가 원하는 바를 납득할 만큼 중대한 위협이 있다고 생각하는 의원은 그리 많지 않았다.

그래서 요식업계는 공략 대상을 바꾸기로 했다. 그들은 이 문제를 연방 정부보다 대중의 감시가 엄중하지 않은 주 정부로 가져갔는데, 이는 국회 로비 활동 중에 우연찮은 기회로 이루어졌다. 2003년에 그들은 콜로라도주 스프링스 출신의 공화당 상원 의원 조엘 헤플리를 만났다. 그의 부인 린 헤플리는 콜로라도주 의회 의원이었는데 식당 경영자들이 조엘의 사무실을 방문했을 때 마침 린도 그 자리에 있었다. "린 헤플리 의원은 사람들이 자신을 뚱뚱하게 만들었다고 기업들을 고소하는 일이 벌어지고 있다는 사실에 놀라워했죠."[24] 콜로라도주 식당협회 회장이자 전국식당협회 임원인 피터 미어스먼은 당시를 이렇게 회상했다.

미어스먼은 내가 이 책을 집필하기 위해 요청한 인터뷰를 거절했다. 콜로라도주 식당협회, 전국식당협회도 마찬가지였고, 린 헤플리도 인터뷰 요청에 응답하지 않았다. 그러나 회의 기록과 당시 멜라니 워너 기자가 취재한 심도 있는 보도를 보면 연방법만큼 사람들의 삶에 영향을 미치는 법들이 미국 전역의 주 의회에서 상당히 은밀하게 마련되었음을 알 수 있다. 이런 기록들은 당시 식품 업계가 담배 회사의 전철을 밟을까 봐 얼마나 두려워했는지 잘 보여 준다.

식당협회의 요청에 따라 린 헤플리는 다른 주 의회에 모델이 될 수 있도록 공들여 만든 법안을 발의했다. 상식소비법Commonsense Consumption Act이라는 이 법안은 식당협회가 원했던 연방법처럼 자신이 먹은 식품 때문에 음식에 대한 자제력을 잃게 되었다고 주장하는 개인 손해배상 소송을 금지하는 것이었다. 법원이 원고를 대신하여 기업에 내부 기록을 제출하라는 명령을 내리는 단계까지 가기 전에 이런 소송의 싹을 자르기 위해서였다. 소송이 없으면 증거도 필요 없으니까.

"우리는 단지 근거 없는 악의적 제소를 방지하려는 겁니다."[25] 그녀는 주 의회의 법사위원회 심의에서 이렇게 말했다. "미국 성인의 3분의 2가 과체중이라는 사실을 알고 계십니까? 그중 30퍼센트가 비만입니다. 그렇다면 이것은 누구 탓일까요? 그 책임이 다른 사람이나 다른 것에 있을까요? 자신의 행동에 대한 책임은 전혀 지지 않습니까? 이제 나는 내 행동에 책임질 수 없으니 그렇게 맛있고 기름진 음식을 만들지 말라고 해야 하나요? 이 나라에서는 지금 식당들이 제소를 당하고 있습니다. 그들이 제공한 음식이 살을 찌웠다는 이유로요." 심의 내내 그런 소송이 무수히 많다고 언급되었으나 실제로 그런 소송은 오로지 재즐린 한 건뿐이었다.[26]

콜로라도주 의회는 담배 업계의 오랜 친구였으므로[27] 다음과 같은 헤플리의 말에 공감했다. "우리는 모두 담배 소송을 기억하고 있습니다. 그런 일이 벌어지리라고는 누구도 생각하지 못했죠. 그 결과가 어땠는지는 다들 아실 겁니다."

위원회에 출석한 두 증인은 모두 식품 업계 사람이었다. 첫 번째 증인은 콜로라도주 식당협회의 미어스먼이었다. 그는 미국인 3명 중 1명이 비만이라는 사실은 담배 기업을 사냥했던 바로 그 변호사들에게 찾아갈 원고의 수가 헤아릴 수 없을 만큼 많다는 의미라고 주장했다. "우리는 그저 변호사들이 거리에서 몸집이 큰 사람을 아무나 붙잡고 '나도 돈을 벌고 당신도 돈 벌게 해 줄게요.'라고 말하고 다니는 것을 막으려는 겁니다."

나중에 알려진 사실이지만 미어스먼은 단순한 증인이 아니었다. 이듬해 다른 주들이 콜로라도를 따라 줄줄이 상식소비법을 통과시킨 배경을 취재한 보도에 따르면, 실제로 법안 초안을 작성한 것은 미어스먼이고 그것을 넘겨받은 헤플리가 개인의 책임에 관한 일부 용어만 첨가했다. 이런 미어스먼의 역할은 정부 행위를 감시하는 운동가들에게 절망을 안겨 주었다. "공공의 법을 기업 이익단체가 만들고 입법자가 표현만 손봐서 법안에 끼워 넣는다고 생각하면 당황스럽기 그지없죠."[28] 정치자금의 흐름을 추적하는 시민단체 '민의에 반응하는 정치 센터Center for Responsive Politics'의 대표 래리 노블의 말이다. "이런 법안은 대중이 아니라 산업을 보호하기 위한 것입니다." 그러나 신문과의 인터뷰에서 미어스먼은 이런 행위가 전통적인 로비 활동일 뿐이라고 말했는데, 여기에 이견을 제기할 입법자는 그리 많지 않아 보인다. 법안 심의 중에 헤플리 의원은 초안을 마련한 미어스먼의 전문성을 극찬하면서 이런 말까지 덧붙였다. "식당협회와 이미 피소된 체인점들을 대리하는 변호사가 검토하고 지지한 법안입니다."

법안 심의에서 맥도날드나 다른 패스트푸드 체인의 이름은 거의 언급되지 않았다. 전국식당협회처럼 주 식당협회에도 작은 식당 경영자들이 많았는데, 위원회가 법안을 표결에 부쳐 통과시키면서 강조한 이들이 바로 이 소규모 요식업자들이었다. 주의 선출직 공무원들을 위해 개최하는 모든 파티 중에서도 콜로라도주 식당협회가 여는 연례 연회가 가장 성대한 것으로 유명하다는 사실도 분명 유리하게 작용했을 것이다.

식당협회가 제안한 법안은 표결에서 압도적인 표 차이로 통과되었다. 유일하게 반대표를 던진 의원은 이렇게 소신을 밝혔다. "나는 개인의 책임과 근거 없는 소송이라는 말이 모두 옳다고 생각한다." 그러면서 다음과 같이 경고했다. "그러나 우리는 미래를 생각해야 한다. 대기업들의 마케팅 전략이 점점 정교해지고 식품에 들어가는 첨가물의 종류도 점점 변화하고 진화하는 현실에서, 이런 법률을 탄생시키는 것은 기업이 제품을 개발하고 그것이 가져올 결과를 생각할 때 고려할 여러 요소 중 하나를 제거하는 일이다." 다른 말로 하면 기업들은 이제 소송당할 위험이 없기 때문에 제품의 매력을 극대화하기 위해 무엇이든 강력하게 추진할 수 있었다.

식당협회가 원했던 대로 상식소비법은 전국에 유행처럼 번져 나갔다. 26개 주에서 차례차례 같은 종류의 법이 제정되었다. 업계가 마련한 초안으로 친기업 성향의 의원이 법안을 발의하면 언론에 공개하지 않은 채 일방적인 의견만 청취하고 통과시키는 것이 여러모로 콜로라도주와 흡사했다. 이 법은 때때로 '치즈버거 법안'이라고 불리기도 했지만, 이 법이 법원으로 가는 문을 걸어 잠근 것은 패스트푸드 체인에 국한되지 않았다. 식료품 제조 기업을 포함한 모든 식품 업계가 가공식품으로 야기된 문제의 책임을 묻는 모든 형식의 소송으로부터 자유로워졌다. 일리노이주 의회 의원 존 프리치는 법안을 옹호하며 말했다. "비만이라는 이슈가 우리의 생명과 돈을 앗아 가는, 이 사회가 처한 심각한 문제임에는 틀림없습니다. 그러나 모든 문제가 소송으로 이어질 필요는 없죠." 그러면서 개인의 책임을 언급하며 이렇게 덧붙였다. "10년간 매일같이 대용량 사이즈의 음식을 먹다가 갑자기 과체중이라는 이유로 식당을 고소하지는 마세요."29

상식소비법이 제정된 탓인지 재즐린과 같은 소송은 더 이상 나오지 않았다.30 다른 소송이 제기되었다면 아마도 요식업계를 보호하려는 이런 움직임은 모든 주에서 같은 법을 제정할 때까지 계속되었을지 모른다. 그러나 사실 각 주는 이미 다른 방식으로 이런 움직임에 참여하고 있었다.

소비자들의 섭식 장애에 대한 책임을 가공식품 업계에 물으려는 마지막 시도에서 주 정부는 가장 중요한 대상이었다. 이 시도는 과거 크래프트의 변호사를 지낸 폴 맥도널드가 제기한 것이다. 독점금지법 문제로 크래프트에서 일한 경력이 있는 맥도널드는 식품 문제도 매우 기업적인 방법으로 접근했다. 그는 가공식품을 악마처럼 취급하거나 윤리적 자세를 취하려 하지 않았다. 그보다는 주 정부가 담배 회사에게 했던 것처럼 가공식품으로 생기는 간접비용에서 업계의 몫을 지불하게 할 생각이었다. 폴 맥도널드의 계획은 주 정부가 매년 비만이나 다른 식습관 관련 건강 문제로 메디케이드에 지불하던 300억 달러를 식품 기업들에게 부담시키는 것이었다.[31] 심지어 그는 전문가 팀을 조직하여 제품이 일으킨 손해의 상대적 크기에 따라 식품 기업들에게 이 비용을 어떻게 배분할지도 정했다. 예를 들어 설탕이 가장 많이 들었거나 칼로리가 가장 높은 식품을 제조하는 기업은 더 많이 부담하는 식이었다.

2012년에 맥도널드는 이 아이디어를 제안서로 만들어 17개 주의 검찰총장에게 보냈다.[32] 그러나 제안서에 응답한 사람은 아무도 없었다.[33] 담배와 식품이라는 중독 문제가 불거진 두 업계에서 가공 식품 제조 업체들은 여전히 피소의 위험에서 자유로웠다.

주 검찰총장들이 아무런 반응을 보이지 않은 데에는 여러 가지 설명이 가능하다. 먼저 식품 업계가 이 선출직 공무원들에게 기부하는 선거 자금이 톡톡한 역할을 했다고 볼 수 있다. 그러나 그보다는 식품에 관한 시대정신과 개인적 야망이 결정에 영향을 주었을 가능성이 크다는 것이 노스이스턴 법대 교수 데이너드의 설명이다. 데이너드는 과거 이런 선출직 공무원들을 움직여 담배 기업과 성공적으로 맞선 경험이 있었다. 데이너드에 따르면 주 검찰총장들은 대개 주지사를 꿈꾸기에 맥도날드를 제소한 허슈의 사건이 토크쇼에서 비웃음을 당했다는 사실을 잊지 않았을 것이다. "그들은 정치적인 사람들입니다. 심야 토크쇼에서 비웃음을 자아낸 소송을 상기시키는 일이라면 절대 얽히려 들지 않았을 거예요."[34]

지원 혹은 통제

식품 업계가 영업에 영향을 미치는 과학을 통제하는 전략은 대개 무해하고, 완전히 예측 가능하며, 그들의 입장에서 보면 심지어 시시하기까지 하다. 기업들은 제품 포장에 구매 권유 문구로 사용할 수 있거나 신뢰성이 떨어지기는 매한가지인 다른 광고에 인용할 수 있는 연구에 돈을 댄다.

노스이스턴 법대 학생들의 가공식품 소송에 영감을 준 매리언 네슬은 식품 기업들이 실험실에서 하는 일을 조사했다. 네슬은 2015년부터 식품 연구 문헌을 샅샅이 뒤져 업계에서 연구비를 지원한 연구 166개를 찾아냈고 이 연구들이 대부분 기업 측에 매우 유리한 성과를 냈다는 사실을 발견했다.[35] 탄산음료, 아침 식사 시리얼, 돼지고기, 땅콩 등 조사 대상이 무엇이든 결과는 일관되게 나타났다. 돈을 댄 기업의 이익에 반하는 결과가 나왔다고 해석될 수 있는 연구는 열두 개로 10퍼센트 미만에 불과했다.

더 정확히 말하면 캔디류(사탕 및 초콜릿) 제조 기업 단체가 자금을 지원한 연구는 사탕을 더 많이 먹는 아이들이 더 날씬하다는 결과를 냈고, 엠앤엠을 만드는 마즈는 심장에 좋은 화합물이 초콜릿에 들어 있다는 연구 결과를 받았다. 켈로그가 지원한 연구는 단맛이 나는 시리얼이 사람을 더 똑똑하게 만든다는 결과를 내놓았고, 이에 뒤질세라 네슬레가 지원한 연구는 점심을 건너뛰면 필수 영양분이 빠져나간다는 결론을 냈는데, 마침 네슬레 제품 중에 이 문제를 해

결할 수 있는 간편식 핫포켓Hot Pockets이 있었다.[36]

식품 기업들은 목적을 이루는 데 유용하다고 판단하면 식품이 아닌 분야의 연구에도 돈을 댔다. 1999년에 거대 식품 기업의 수장들은 소비자들의 섭식 장애에 대한 책임 소재를 논의하기 위해 비밀리에 가진 회동에서 제품을 바꾸는 등의 특별한 조치를 취하는 대신 비만 해결 방법으로 운동을 장려하는 연구 프로젝트만 지원하기로 했다.[37] 코카콜라가 글로벌 에너지 밸런스 네트워크Global Energy Balance Network라는 연구 단체에 보조금을 주면서 이 프로젝트를 주도했다. 이 연구 단체는 본격적으로 운영을 시작하지도 않은 기관이었으며, 당시 언론은 운동의 효과성과 상관없이 사람들에게 운동을 더 열심히 해서 건강해지라고 촉구하는 탄산음료 회사들의 위선을 집요하게 비난하던 중이었다.

그러나 거대 가공식품 제조 기업들은 사업에 도움이 될 과학 연구에 보다 적극적으로 뛰어들고자 했으며 그럴 재원도 충분했다. 이와 관련하여 업계에서 수행한 연구가 예상 밖으로 흘러가 업계에 불리하게 작용하면 어떤 일이 벌어지는지 보여 주는 사건이 하나 있다.

펩시코는 단순히 최대 가공식품 기업이 아니다. 펩시코의 예산은 웬만한 소규모 국가의 예산과 맞먹는다. 엄청난 판매량을 자랑하는 제품을 다수 보유한 펩시코는 회사의 깃발이 있을 정도다. 뉴욕시 북부에 있는 펩시코 본사에는 알록달록한 줄무늬 지구본이 그려진 펩시코의 깃발이 성조기와 나란히 걸려 있다. 2007년에 펩시코는 전 세계에서 매출 980억 달러를 달성했는데, 펩시코가 국가라고

가정하면 페루 다음인 세계 56위에 해당하는 규모다.[38] 같은 해 펩시
코가 아주 특별한 연구를 진행하기로 했을 때 세계에서 가장 유능한
과학자들을 고용할 수 있었던 것도 어마어마한 재원 덕분이었다.

최초로 초콜릿을 사용하여 뇌를 스캔한 데이나 스몰을 기억하
는가? 린트Lindt 초콜릿을 피험자들의 혀 위에 올려놓고 안와전두피
질을 자극했던 실험과 신경학 저널《브레인》에 게재한 결과 보고서
는 신경학계에서 가장 큰 찬사를 받은 연구 중 하나였다. 2007년에
스몰은 보스턴의 한 회의에서 식품 업계에서 일하는 화학자들을 만
났다.[39] 그들은 그녀가 기능성 자기공명영상 스캐너를 활용하여 인
간의 호불호와 관련된 뇌 신경로의 비밀을 해독하고 당 농도의 미묘
한 차이를 감지하는 인간의 능력에 대한 이해를 증진한 데에 감탄해
마지않았다. 예일 대학교 실험실로 돌아오는 기차 안에서 스몰은 자
신의 열렬한 팬이라는 린다 플래머와 나란히 앉게 되었다.

플래머도 스몰처럼 심리학과 식품 관련 인간 행동을 전공하였
으나 스몰과는 관점이 완전히 달랐다. 플래머는 과거 비누 연구를
시작으로 대형 소비재 기업인 유니레버에서 일하면서 소비자들의
목욕과 피부 관리 습관을 밝혀냈고, 뉴저지에 있는 풍미와 향을 연
구하는 회사로 자리를 옮긴 뒤에는 비누 향을 피부에 오래 남게 만
드는 비밀을 발견했다.[40] 그러나 지금은 펩시코에서 음료를 연구하
는 연구원 열일곱 명을 관리하고 있었다.

둘은 원하는 것과 좋아하는 것, 갈망하는 것과 싫어하는 것, 습
관과 중독을 주제로 수다를 떨었다. 그러다 갑자기 플래머가 만면에

미소를 지으며 말했다. "우리 이 문제를 함께 연구해 봅시다." 그 순간 스몰은 가공식품에 마지막 남은 엄청난 비밀을 밝혀내려는 자신의 야심 찬 노력에 협력자이자 후원자가 생겼다는 사실을 직감했다.

스몰은 펩시코와의 협업을 가볍게 결정하지 않았다. 1년 전, 펩시코의 신임 CEO로 부임한 인드라 누이는 탄산음료 판매량이 10년 안에 급감하리라 예상하고 빅벳Big Bet이라는 프로젝트를 시작했다. 프로젝트의 목적은 펩시코의 전 제품을 검토하여 좀 더 몸에 좋은 식품으로 만들거나 더 건강한 파생 제품을 만들려는 것이었다. "아주 합리적이고 식견 있는 사람 같았습니다." 누이의 연설을 인상 깊게 본 스몰이 말했다. "그녀는 이렇게 말했어요. '우리는 시대를 앞서가야 합니다. 힘겨운 시기가 찾아올 거예요. 해결책을 찾아야 합니다.' 제가 그들과 협업을 결정한 것도 이 때문입니다. 저는 업계와의 파트너십이 수수께끼를 풀 수 있는 유일한 길이라고 생각했어요. 그들에게는 어마어마한 자원이 있으니까요."[41] 게다가 스몰이 일하는 연구소는 연구 결과를 공개하는 최종 결정권을 비롯해 후원자나 제휴 기관의 간섭을 방지하는 보호 장치가 잘 갖춰져 있었다. 펩시코에서 지원받을 연구비도 적절히 통제될 수 있었다.

스몰은 또 펩시코가 뇌 스캔에 관심을 두고 있다는 사실을 긍정적인 신호로 여겼다. 기업의 관점에서는 펩시코가 상업적 이윤을 위해 뇌 스캔을 사용하여 소비자들의 뇌를 들여다본다는 식으로 소문이 퍼지면 역효과가 날 수 있었다. 펩시코의 변호사들과 고위 간부들은 한자리에 모여 기능성 자기공명영상을 사용하여 새로운 제품을 개발하는 일의 윤리성에 대해 논의했다. "소비자들을 우리 제품에 중독되게 하는 것은 아닐지 작은 우려가 있었죠." 플래머가 당시를 회상하며 말했다. 그러나 펩시코는 위험을 감수할 만한 가치가 있다고 판단했다.

"신경과학을 이용하는 것이 적법하고 정당할까요?" 당시 펩시코의 세계 보건 및 농업 정책 부사장이었던 데릭 야크가 내게 말했다. "답은 그 의도가 무엇이냐에 달려 있죠. 만약 제품이 건강에 미치는 영향을 개선하려는 의도라면 정당화될 수 있을 겁니다."

돌이켜 보면 스몰에게도 경고의 징후는 있었다.[42] 야크는 과거 세계보건기구에서 근무하면서 담배 제조 기업들과 치열한 전쟁을 벌였고, 2007년에 건강을 고려하는 기조로 전환하려는 펩시코를 돕기 위해 입사했다. 그러나 결국 펩시코를 떠났는데 그 전조가 된 사건에 대해 말해 주었다. 부사장으로 부임한 지 얼마 되지 않았을 때 야크는 당시 퇴임을 앞두고 있던 펩시코 회장 스티브 라이너먼드를 만났다. 라이너먼드는 펩시코의 근간을 이루는 주요 제품들이 그리 건강에 좋지 않더라도 수익의 귀중한 원천으로 남아 있어야 한다고 강조했다. 이 점을 분명히 하기 위해 라이너먼드는 도리토스 한 봉지를 뜯어 내용물을 탁자 위에 쏟아부었다. 어지럽게 흩어진 오렌지색 과자들을 보고 당황한 야크에게 그가 말했다. "한동안은 이런 것에서 수익이 나온다는 사실을 인정해야 합니다."

스몰이 플래머와 팀을 이뤄 펩시코와 진행한 첫 프로젝트에서도 약간의 문제가 있었다. 실험 목적은 사람들이 '별미' 또는 '건강한' 음료라는 설명을 들었을 때 그 음료를 더 마시거나 덜 마시는지 확인하는 것이었다. 펩시코는 빅벳 프로젝트로 개발 중이던 건강 제품에 대한 효과적인 마케팅 전략을 구상하기 위해 확실한 답을 알고 싶어 했다. 제품에 몸에 좋다고 쓰는 것이 좋을까 아니면 그 사실을 숨기는 것이 좋을까? 스몰과 플래머가 실험을 통해 얻은 결론은 판매에 역효과가 날 수 있으므로 건강이라는 표현을 쓰지 않아야 한다는 것이었다. 우리는 건강한 제품을 좋아한다고 말은 하지만 스몰의 기능성 자기공명영상 실험에 따르면 사실 별미로 분류되는 음료에 더 큰 흥분을 느끼는 것으로 나타났다.

두 사람은 연구 결과 발표를 위해 보고서를 작성했다.[43] 그러나 펩시코는 막판에 보고서에서 펩시코의 이름을 빼 달라고 요청했다. 펩시코의 변호사들이 스몰이 사용한 특정 전문 용어('언어 표지')를 우려한다는 이유에서였다. 변호사들은 그 용어가 훗날 FDA에 대한 펩시코의 대응과 실제 제품 라벨에 쓰일 언어에 대한 FDA의 감독에 문제를 불러올 수 있다고 판단했다. 결국 변호사들이 생각을 바꾸어 2013년에 스몰이 쓴 대로 보고서가 발표되긴 했지만, 그녀는 아주 복잡하고 한 국가와 맞먹는 권력이 있어 사소한 일이 큰 소동으로 번지기도 하는 기업을 위한 연구에 대해 한 가지 교훈을 얻었다. "그곳 과학자들은 아주 협조적이었어요. 하지만 법적인 문제에서는 아주 까다로웠죠."

이후 스몰은 펩시코의 빅벳 프로젝트에서 중요한 연구를 맡았다. 말토덱스트린 연구를 기억하는가? 그 실험을 통해 맛이 있든 없든 고칼로리 음식이나 음료에 본능적으로 끌린다는 사실을 확인한 바 있다. 이런 특징은 인간이 먹을 것이 없는 궁핍한 시기를 살아 내는 데 큰 도움이 되었을 것이다. 열량이 없는 것을 먹느라 에너지를 소진하고 싶지는 않았을 테니까 말이다. 오늘날 현실은 완전히 뒤바뀌어 사람들은 대개 음식에서 최대한 적은 에너지를 얻길 바란다. 그러나 펩시코와 이제 펩시코로부터 연구비 100만 달러를 지원받은 스몰에게는 한 가지 문제가 남아 있었다.[44] 먹고 싶지 않을 만큼 매력을 감소시키지 않는 선에서 제품을 더 건강하게 만들기 위해서는 칼로리를 얼마나 덜어 내야 할까?

스몰은 설탕의 양을 각기 다르게 한 다섯 가지 단맛 음료를 만들었다. 설탕이 가장 많이 들어간 음료는 340그램짜리 펩시 캔 하나와 같은 150칼로리였다. 두 번째는 112.5칼로리, 세 번째는 75칼로리, 네 번째는 37.5칼로리, 마지막 음료는 0칼로리였다. 중요한 사실은 칼로리 외에는 차이점이 전혀 없었다는 것이다. 다섯 가지 음료의 단맛을 내는 데는 모두 칼로리가 아주 낮거나 아예 없는 감미료가 사용되었고 단맛 정도는 동일했다. 스몰은 피험자들의 혀에 각각의 음료를 조금씩 떨어뜨리고 뇌를 스캔했다. 결과는 매우 뜻밖이었다. 뇌의 반응에 따르면 피험자들은 150칼로리 음료, 즉 펩시와 동일한 열량을 가진 음료보다 그 아래 단계에 있는 112.5칼로리 버전의 음료를 더 좋아했다.

이 사실은 펩시코에게 어쩌면 굉장한 희소식이 될 터였다. 실제로 사람들이 단맛이 덜 나는 펩시를 선호할지도 모른다는 의미였기 때문이다. 설탕이 덜 들어간 펩시는 소비자의 건강에 더 좋을 테니 탄산음료 판매에도 도움이 될 뿐 아니라 생산비도 낮출 수 있었다. 그러나 스몰은 당황스러웠다. 인간이 열량이 높은 음식을 찾는 쪽으로 진화했고 그런 음식을 찾아 섭취했을 때 만족감을 느끼며 보상을 얻는다면, 이 실험에서는 왜 사람들이 단맛이 덜 나는 쪽에 이끌렸을까?

스몰은 또 다른 실험에서 이상한 일이 벌어지고 있음을 확인했다. 우리가 음식을 먹으면 음식에서 얻은 에너지는 포도당으로 바뀌고 포도당은 혈류에 들어가 신체의 엔진을 조금 더 빠르게 꺼 버린다. 이것을 휴식 대사(우리가 헬스클럽에서 연소하는 칼로리의 반대)라고 부르는데 스몰은 나를 실험실 지하에 데려가 휴식 대사를 측정하는 장비를 보여 주었다. 치과에 있는 의자처럼 생긴 이 장비에는 커다란 덮개가 달려 있었다. 스몰의 조교가 덮개를 내 머리에 씌우고 숨이 밖으로 새어 나가지 않도록 했다. 20분 동안 잠시 딴생각에 빠져 있다 일어나니 내 몸이 휴식을 취할 때 연소하는 에너지 수치가 계산되어 나왔다.

이론대로라면 스몰의 실험에서 피험자들의 휴식 대사율은 설탕을 가장 많이 넣은 150칼로리 음료를 마셨을 때 가장 높은 수치를 보여야 했다. 더 많은 당이 혈액으로 들어가기 때문이다. 그러나 현실은 달랐다. 112.5칼로리 음료를 마셨을 때 대사율이 더 높게 나왔다. 앞선 실험 결과와 일관성은 있었지만 여전히 이해하기 어려운 일이었다. 뇌를 가장 많이 자극하는 음료수가 가장 많은 에너지를 전달해야 했다. "이 점에서 펩시가 경계하기 시작했던 거예요." 스몰이 내게 말했다.

2013년 초, 이 음료 프로젝트가 시작된 지 3년이 되었을 때 펩시코는 스몰을 불러 데이터를 바탕으로 연구 결과를 논의했다. 스몰은 펩시코의 마케팅팀이 좋아할 만한 방식으로 결과를 설명하려고 애썼다. "아주 잘된 일이에요. 설탕의 양을 줄여도 더 큰 보상을 얻을 수 있으니까요." 그녀가 펩시코의 과학자들에게 말했다. 그 말인즉슨 소비자들이 설탕이 덜 든 음료를 더 좋아할 것이라는 뜻이었다. 글로벌 음료 연구 개발 부사장 조너선 매킨타이어는 스몰의 이야기를 들으면서 문득 불안한 생각이 들었다. 사람들이 112.5칼로리 버전을 너무 좋아해서 오히려 기존의 150칼로리짜리 펩시를 먹을 때보다 결국 더 많은 양의 설탕을 섭취하면 어떻게 되는가? 그렇게 되면 펩시코의 빅벳 프로젝트는 무용지물이 될 것이다. 사람들이 더 많이 먹으면, 그래서 결국 더 많은 설탕을 섭취하면 더 건강한 음료를 만드는 게 아니지 않은가? 게다가 이미 탄산음료에 중독성이 있다고 생각하는 사람들에게 더 좋아한다는 것은 중독성이 강해진다는 의미로 비칠 수 있었다. "이것은 자칫 역효과가 날 수 있어요. 해결책을 찾아야 합니다." 매킨타이어가 말했다.

스몰은 실험실로 돌아온 후에도 실험 결과에 대한 생각을 지울 수가 없었다. 150칼로리 음료를 마신 경우가 112.5칼로리 음료를 마셨을 때보다 휴식 대사율이 높지 않다면 나머지 37.5칼로리는 대체 어디로 간 걸까?

"이때부터 펩시가 저한테 정말로 화를 내기 시작했어요." 스몰이 말했다. 포도당이 혈액으로 흘러들어 가면 발생할 수 있는 결과는 단 두 가지뿐이었기 때문이다. 신체 활동에 쓰이는 연료로 바로 연소되거나 아니면 나중에 사용될 목적으로 체지방으로 저장되거나.

스몰은 진화생물학의 열렬한 지지자다. 아들의 이름도 다윈이라고 지었으며 도브잔스키가 남긴 유명한 말 "진화론적 관점을 떠나서는 생물학에서 아무것도 설명할 수 없다."를 자주 인용한다. 그래서 문제의 단맛 음료 미스터리를 이 관점을 통해 풀어 보기로 했다. 400만 년 전, 인간이 액체에서 에너지를 얻는 일은 많지 않았다. 덩이줄기를 먹을 때는 물을 마셨다. 만약 이것이 인간이 생물학적으로 고칼로리 액체를 적절하게 처리하지 못한다는 사실을 의미한다면? 보통 인간의 육체는 얼마나 많은 에너지를 바로 소비하고 또 저장할지 결정해야 한다. 만약 인간이 고체 음식에 비해 액체 음식의 열량을 가늠하는 방법에 문제가 있다면? 액체는 위를 빠른 속도로 통과한다. 설탕물 같은 액체는 특히 더 그런데 속도를 늦춰 줄 고형물이 전혀 없기 때문이다. "음식이 위를 통과하는 속도가 음식의 칼로리가 얼마나 되는지 알리는 신호로 작용할지 모른다는 생각이 들었습니다."

스몰은 결과 수치를 이해하기 위해 가능한 시나리오를 만들었다. 먼저 설탕이 잔뜩 들어간 150칼로리 탄산음료를 마신다고 가정하자. 진화론적으로 인간은 그 음료가 150칼로리라는 사실을 정확하게 알지 못한다. 그래서 인간의 신체는 어림잡아 이것이 200칼로리라고 추측한다. 탄산음료가 소화기관을 아주 빠르게 통과하기에 칼로리가 높다고 추정한다. 아직 왜 그런지 알 수는 없지만 신체는 위를 통과하는 속도를 높은 칼로리와 동일시하기 때문이다. 신체는 200칼로리 중에 150칼로리를 체지방으로 저장하고 나머지 50칼로리를 바로 연소시키려고 한다. 그런데 실제 음료수에는 150칼로리밖에 없으므로 150칼로리를 저장하면 연소시킬 50칼로리는 남지 않는다. 탄산음료에 있던 열량 150칼로리가 모두 곧바로 체지방으로 저장되는 것이다. 이미 체중이 많이 늘어난 사람에게는 최악의 결과다.

핵심은 우리가 식생활의 이런 측면에 대한 통제력을 모두 상실했을지도 모른다는 것이다. 이 시나리오대로라면 탄산음료의 힘이 너무나 강력해서 우리 몸은 적어도 일정한 양의 칼로리를 연소한다고 착각할 수 있다. 실제로는 칼로리를 전혀 소비하지 않는데도 말이다. 1980년대에 탄산음료 판매량이 급증하기 시작했을 때 비만율이 놀라울 정도로 유사한 포물선을 그리면서 함께 증가했던 이유가 바로 이 때문일 수 있다. 이런 식으로 신진대사를 기만하는 탄산음료에 중독된다면 단순히 자유의지를 포기하는 정도가 아니라 가공식품 업계에 우리 몸을 황폐하게 만드는 비결을 넘겨주는 것이나 다름없다.

스몰은 액체 음식이 이런 식으로 신진대사를 교란시킨다는 개념을 확인하기 위해 고체 음식으로 동일한 실험을 수행했다. 피험자들에게 샐러드 세 종류를 제공했는데, 앞선 실험에서 사용했던 음료와 마찬가지로 세 가지 모두 모양과 맛은 똑같았다. 유일하게 다른 점은 칼로리뿐이었다. 스몰은 말토덱스트린의 양을 달리하여 각각 37.5칼로리, 112.5칼로리, 150칼로리 드레싱을 만들었다. 실험 결과는 스몰이 음료 실험에서 예상했지만 얻지 못했던 결과와 같았다. 피험자들은 150칼로리 샐러드를 가장 좋아했고 가장 많은 에너지를 얻은 것도 150칼로리 샐러드였다. 두 번째로 좋다고 답한 샐러드는 112.5칼로리짜리였다.

"저는 너무 신이 나서 결과물을 정리한 슬라이드를 펩시 측에 보냈어요." 그러나 갑작스럽게 펩시코는 스몰과의 계약 갱신을 중단했다. "모든 일의 계약이 완료된 상태였죠. 연구 진행을 위해 박사후연구원도 한 명 고용한 상태였습니다. 그냥 하루 만에 중단된 거예요. 계약 갱신을 하지 않더군요."

"처음에 펩시코와 협업을 시작했을 때는 그들이 정말 이 연구를 하고 싶어 한다는 믿음이 있었어요. 솔직히 말하면 정말 그랬다고 믿습니다."

그러나 펩시코에게 문제는 아주 명백했다.[45] 가공식품 업계가 이미 설탕을 과도하게 사용한다고 뭇매를 맞는 상황이었다. 이제는 기업이 직접 진행한 뇌 스캔을 통해 소비자들이 설탕이 덜 들어간 새로운 종류의 탄산음료에 훨씬 더 끌리고 중독될 가능성이 있다는 사실을 확인한 셈이었다. 게다가 저칼로리 음료가 우리 몸에 더 좋다해도, 스몰의 연구는 인공감미료(무칼로리 감미료 첨가물)로 만든 단맛이 인간의 몸을 교란하고 잘 맞지 않아서 우리 몸에 체지방을 더 많이 축적하며 2형 당뇨 같은 질병을 일으킬 수 있다는 의미였다.

그럼에도 펩시코 직원 일부는 이 결과가 공중 보건에 미칠 영향을 고려해 회사가 스몰과의 연구를 계속 추진하길 바랐다. 플래머는 내게 연구 파트 부사장이 전화로 스몰에 대한 연구 지원을 중단한다고 알려 왔을 때 큰 충격을 받았다고 털어놓았다. "너무 화가 났죠. 제 상사를 찾아갔지만 그냥 잠자코 받아들이라고 하더군요."

이후 플래머는 플로리다에서 있었던 한 회의 자리에서 펩시코의 영양 파트를 총괄하는 존 플레처와 대화를 나누던 중에 스몰의 연구에 대한 이야기가 나왔다고 했다. 플레처는 스몰을 "위험한 여자"라고 했다.

"딱히 이유를 설명하지는 않았어요. 그렇지만 아마도 그녀가 고칼로리 음료 판매에 전혀 이롭지 않은 사실을 발견했다는 뜻이었을 겁니다." 플래머가 말했다.

2014년에 스몰이 첫 연구에 관해 학술지에 발표할 논문을 준비하고 있을 때, 그녀의 연구 결과에 비판적이었던 펩시코의 연구 책임자가 잡지의 검토위원들이 남긴 의견과 그에 대한 스몰의 답변을 포함한 원고를 보내 달라고 요청했다. 스몰은 자신이 일하는 실험실에서 시행되는 연구 독립성 보호 제도를 언급하며 요청을 거부했다.

스몰의 연구에 참여했던 또 다른 펩시코 간부인 노엘 앤더슨은 이렇게 말했다. "굉장한 연구임은 분명했죠."[46] 나는 그에게 펩시코가 판도라의 상자를 열게 되더라도 스몰의 연구를 끝까지 지원했어야 한다고 생각하는지 물었다. "대답하기 어려운 문제입니다." 그가 대답했다. "그렇지만 식품과학자로서 어떤 것이 맛이 좋고 보기 좋다고 아는 것만으로는 부족해요. 우리 신체에서, 소화기관에서 어떤 일이 벌어지는지도 알아야 하죠. 누군가는 반드시 그런 연구를 해야 한다고 생각합니다. 우리 미래를 위해 아주 중요한 일이니까요."

펩시코의 빅벳 프로젝트도 기대한 만큼의 성과를 거두지 못했다. 최고경영자 누이는 회사의 일명 펀포유fun-for-you 제품, 한마디로 설탕과 지방, 칼로리가 높은 펩시코 제품에 충분히 매진하지 않는다는 이유로 투자자들로부터 압박을 받았다.[47] 투자자들은 펩시코가 사업의 방향성을 틀어 도리토스 칩으로 만든 타코벨 타코와 같이 자극적인 신제품들을 내놓자 극찬을 보냈다. 한 월스트리트 분석가는 펩시코가 이런 사업 기조 전환에 총력을 기울이겠다고 선언했을 때 안도하며 평했다. "펩시코는 한동안 핵심 제품에 대한 투자가 부족했지만, 그로 인한 피해는 오래가지 않았다." 2018년에 누이는 업적에 대한 칭송을 받으며 CEO직에서 물러났다.

연구를 꿋꿋이 계속해 나간 데이나 스몰은 2017년에 펩시코 연구가 포함된 논문을 써서 학술지 《현대생물학》에 발표했다. 그녀의 논문은 엄청난 관심을 불러일으켰고 동시에 가공식품 업계에 불안감을 안겨 주었다. 설탕이 든 음료가 액체이기 때문에 인간 신체에 문제를 일으킬 수 있는 만큼, 스몰은 이제 가공식품과 음료수에서 흔히 볼 수 있는 설탕과 무칼로리 감미료를 섞어 만든 제품에 대한 신진대사 반응에 관심을 집중하고 있다.

스몰은 가공식품이 인체에 미치는 영향을 좀 더 넓은 관점에서 연구하고 있다. 그녀가 지적한 것처럼 예일 대학교에는 이미 섭식 장애를 판단하는 음식 중독 척도가 있다. 하지만 스몰은 우리가 일부 식품과 음료수의 칼로리를 잘못 파악할 가능성이 있어서 가공식품이 인체에 얼마나 부적절한지를 보여 주는 측정 도구가 필요하다고 생각한다. 스몰이 말했듯 "사람들이 음식에 중독되는 것이 아니라 음식이 바뀌었고 그 음식이 인간에게 맞지 않는 것이다." 그녀는 이것을 부조화 척도Mismatch Index라고 부른다.

2019년에 국립보건원의 연구자들은 스몰의 생각이 맞을 수도 있음을 시사하는 논문을 발표했다. 당뇨소화신장질환센터의 팀장이자 신진대사를 전문으로 다루는 케빈 홀이 이끄는 연구팀은 초가공식품을 먹는 것이 체중 증가를 일으키며 이 현상은 이전 연구들이 보여 준 것처럼 단순 상관관계가 아니라는 사실을 최초로 입증했다.[48] 그러나 이 연구는 고체 음식과 액체 음식을 구분하지 않았고, 가공식품과 인체가 충돌을 빚을 때 정확히 어떤 현상이 일어나고 그 이유는 무엇인지 밝히지 않았다. 심지어 가공식품 중독의 원인으로 추정되는 요인들(설탕, 소금, 섬유질, 열량 그리고 그것들의 함량)은 비가공식품으로 이루어진 식단에도 있다고 주장했다.

현재로서 연방 정부의 연구자들이 하는 말은 약 20년 전 재즐린의 소송을 맡았던 스위트 판사의 말을 연상시킨다. 그것이 무엇인지는 아무도 모르지만 어쨌거나 가공식품에는 우리를 아주 강력하게 매료시키는 무언가가 있는 것이 분명해 보인다.

7장 다이어트라는 황금 시장

식단 조절의 역사

윌리엄 밴팅은 칼륨 용액을 몇 리터나 마셨지만 소용없었다. 터키식 목욕도 90번이나 했지만 몸만 청결해질 뿐이었다. 설상가상으로 매일 아침 두 시간씩 육중한 보트의 노를 젓느라 근육이 조금 붙긴 했지만 동시에 "식욕이 엄청나게 증가해 과식하려는 충동에 굴복"하게 되었다며 한탄했다.[1]

주치의가 더 간단하게 살을 뺄 수 있는 방법을 제안했다. 탄수화물과 설탕을 완전히 끊는 것이었다. 의사 말로는 탄수화물이 단백질보다 체지방을 더 증가시킨다고 했다. 해서 밴팅은 몹시 사랑하는 빵, 버터, 우유, 설탕, 감자, 맥주 같은 음식에 작별을 고했다. 그 결과 그는 20킬로그램을 감량하고 감량 성공담을 소책자로 만들어 수천

부를 팔았다. 이렇게 해서 1864년에 다이어트 산업이 탄생했다.

그로부터 100년이 훌쩍 지난 지금 우리는 단순히 체중 감량만을 위해 다이어트를 하지 않는다. 이제 다이어트는 모든 형태의 섭식 장애를 해결하는 방편이 되었다. 우리는 섭식 장애를 해결하는 데 다른 물질 중독 치료에 쓰는 것과 같은 방법들을 쓰는데, 대개 고통이 동반되는 절제나 금식의 형태가 포함된 것이 많다.

술이나 담배, 약물은 아예 입에도 대지 않는 방법이 효과적이다. 비록 꾸준히 하기가 어렵고 상당한 괴로움이 수반되지만 말이다. 다시는 해당 물질에 중독되지 않으려면 금단의 고통이나 중독이 불러오는 다른 합병증을 견뎌 내야 할 뿐 아니라 감미로운 유혹의 손길을 계속해서 물리쳐야 하는데 이는 결코 쉬운 일이 아니다. 이제 독자들도 알다시피 중독된 물질에 관한 기억의 물길은 아주 깊게 흐르기 때문이다. 그러나 음식은 절제나 금식 행위에 따르는 어려움이 훨씬 더 크다. 그에 필요한 자제력을 갖추고 있다 하더라도 인간이 먹는 일을 그만둘 수는 없기 때문이다.

고대 그리스인들이 처음 디아이타diaita라는 단어를 만들어 냈을 때 다이어트란 단어는 문맥에 따라 다양한 의미를 지녔다. 고대 그리스인들은 이 단어를 일종의 생활양식으로 사용했는데, 이 생활양식에서 음식은 그저 건강한 삶을 위해 올바로 유지해야 하는 여러 요소 중 하나였다. 그들은 운동, 일, 충분한 수면을 음식 못지않게 중요한 것으로 여겼다. 꽤나 전인적인 가치관이라고 여길 법하지만 그 기저에는 비정상적인 관점이 놓여 있었다. 고대 그리스인들은 남성의 군살 없는 근육질 몸을 숭배하면서 여성은 그런 몸을 가질 수 없다고 여겼다. "그러므로 다이어트와 이상적인 몸을 갖는 일은 언제나 여성에게 훨씬 더 어려운 문제였다. 이는 오늘날의 다이어트 문화에도 잘 드러난다."[2] 영국의 역사학자이자 『칼로리와 코르셋: 다이어트 그 2000년의 역사Calories and Corsets: A History of Dieting Over 2,000 Years』를 저술한 루이즈 폭스크로프트의 말이다.

3세기 무렵, 금욕주의자로 알려진 초기 기독교인들이 여기에 또 다른 의미를 입혔다. 이집트의 성 안토니우스가 오랜 세월 단식하며 은수자 생활로 칭송을 받으면서 폭식(또는 폭음)이 칠죄종 중 하나가 된 것이다. 인류학자 마이어 포르테스가 지적한 것처럼 이 때문에 음식은 즐기는 것보다 일정한 양으로 제한하는 편이 낫다는 인식이 생겨났다. 먹는 것을 절제하는 일은 갑자기 누구나 이루고자 하는 포부이자 목표가 되었고, 무절제한 폭식이나 폭음은 폐해 취급을 받았다.

"오 가련하고 불행한 이탈리아여, 너는 매년 폭식과 폭음으로 죽는 너의 백성들이 가장 끔찍한 역병이 돌거나 유혈이 낭자한 전쟁 때만큼이나 많다는 사실을 보지 못하는구나." 베네치아 상인이었던 루이지 코르나로는 1558년에 발간된 『장수의 기술The Art of Living Long』에서 이렇게 말했다. 한때 육중한 무게를 자랑했던 코르나로는 먹는 것을 엄격하게 억제함으로써 식습관에 대한 통제력을 회복했다. 그는 매일 정확하게 340그램의 음식을 섭취했는데 빵, 달걀노른자, 고기, 수프만 먹었고 와인도 두 잔을 채 마시지 않았다. 혹시라도 그보다 음식을 더 먹는 날에는 역정을 내고 불안해하며 잠을 자지 못했다. 코르나로는 살을 충분히 뺀 후에도 이 식단을 고수했고 100세까지 살았다.

1800년대에 다이어트는 일반 대중까지 확대되었다. 그 배경에는 사소한 기술 하나가 있었는데 농장의 동물이 아닌 사람의 무게를 잴 수 있게 개조된 저울이 나온 것이다.[3] 체중계는 다이어트 산업 최초의 히트 상품이었다. 1페니를 넣으면 작동하는 체중계는 전략적으로 기차역, 은행, 식당에 배치되어 어마어마한 돈을 벌어들였지만, 동시에 몸무게에 대한 사람들의 근심도 커졌다. 이제 사람들은 체중계로 매일의 식사량을 조절하는 노력을 스스로 점검할 수 있었는데, 밴팅과 탄수화물을 먹지 않는 그의 다이어트 방법에는 그야말로 완벽한 타이밍이었다. 밴팅이 쓴 소책자 『비만에 관하여: 대중에게 보내는 편지Letter on Corpulence; Addressed to the Public』가 불티나게 팔리면서 그의 이름은 다이어트와 동의어가 되었고 사람들은 음식을 조절하는 것을 '밴팅한다'고 말하곤 했다. 밴팅의 영향력은 여전해서 오늘날에도 그의 전략이 가미된 다이어트 방법이 아주 많다.

지금도 사람들은 일정 시간 동안 단식을 하면서 완전한 금식을 시도한다. 이 중에는 하루를 기준으로 아침, 점심, 저녁을 여덟 시간 안에 모두 해결하고 나머지 시간에는 금식하는 방법이 있다. 잠자는 숲속의 공주 다이어트도 있다.[4] 1966년에 발간된 재클린 수잔의 소설 『인형의 계곡Valley of the Dolls』에 소개된 이 방법은 엘비스 프레슬리가 간식으로 풀스골드로프(버터를 바른 프랑스빵에 땅콩잼, 젤리, 베이컨이 들어간 샌드위치)를 먹는 습관을 고치기 위해 사용했다고 알려지면서 크게 유행했다. 이 방법은 오늘날에도 인기가 많은데 많게는 48시간까지 잘 수 있을 만큼 자야 해서 필요하면 아주 강한 진정제의 도움을 받기도 한다. 그러나 이 방법은 누군가 경고한 것처럼 "사회생활에 부정적인 영향을 미칠 수 있다."

매년 새롭게 등장하는 수십 가지 다이어트 방법은 대개 일정한 형식의 금식을 권유한다. 예컨대 특정 음식을 멀리하라거나 특정 음식을 주로 먹으라는 식이다. 최근에는 클렌징 다이어트, 일명 레모네이드 다이어트도 유행 중이다. 이 방법은 고형 음식 대신 레몬주스, 메이플 시럽, 붉은 고춧가루로 만든 음료를 열흘 동안 먹고 9킬로그램을 감량하는 것을 목표로 하는데 때로 설사를 일으키는 약과 함께 먹기도 한다. 프루테리언 다이어트Fruitarian Diet는 말 그대로 소량의 채소, 견과류, 씨앗류를 먹는 방법이며, 80/10/10 다이어트는 저지방에 생과일과 잎채소를 많이 먹는 방법으로 탄수화물 80퍼센트, 지방과 단백질을 각각 10퍼센트 섭취한다. 이 밖에도 다이어트 방법은 수십 가지가 넘는다.[5]

이런 다이어트 방법은 잡지나 온라인에서 쉽게 찾아볼 수 있다. 그뿐 아니라 한 해에만 다이어트 책이 500만 부가량 팔린다. 이런 다이어트 책에는 1998년 작가 맬컴 글래드웰이 밝혀낸 일종의 공식이 있다. 그는 《뉴요커》에서 "모두 지어낸 이야기처럼 들린다."라고 평했다. "유명 다이어트 책을 여러 권 연달아 읽다 보면 모든 책이 완전히 똑같은 방식으로 지어낸 이야기 같아 놀라움을 금할 수 없다. 마치 다이어트 책이라는 장르에 무언의 내러티브 규칙과 양식이 있는 듯하다. 그리고 핵심은 그 규칙과 양식을 얼마나 능숙하게 잘 따르느냐다."[6] 다이어트 책의 저자들은 대개 자신이 얼마나 병들어 있었는지, 얼마나 뚱뚱했는지 같은 우울한 이야기로 입을 연다. 그러던 어느 날 사람들이 찾지 못한 비밀을 우연히 발견하는 유레카의 순간을 맞이한다. 그러면서 다이어트가 고통스럽다는 이야기는 잘못된 통념일 뿐이라거나 자기가 찾아낸 다이어트 방법은 예외라고 말한다. 그 방법에서 살이란 크게 힘들이지 않고 뺄 수 있는 것이다.

그러나 영양학은 매우 가변적이고 불분명해서 오늘날 가장 좋은 음식에 관한 가장 설득력 있는 이론도(심지어 전문가들이 이야기하는 것도) 단지 견해에 불과하다. 충분한 시간을 두고 증명되지도 않았을뿐더러 이중맹검법이나 위약 통제 임상 시험을 거치지 않았기 때문이다. 그런 이론들은 맞을 수도 있지만 틀릴 수도 있다. 설사 효과적이라 하더라도 모든 사람에게 효과가 있을 수는 없다.

효과가 좋아 보이지만 실패 위험이 가장 높은 다이어트 방법은 굶는 것이다. 배고픈 다이어트를 하면 얼마 견디지 못하고 결국 정크푸드에 손을 댈 가능성이 있다고 의사인 요니 프리드호프는 주장한다. 캐나다 오타와에서 체중 조절 클리닉을 운영하는 프리드호프는 클리닉에 오는 환자들에게 고대 그리스의 디아이타와 흡사한 생활양식을 조언한다. 나는 그가 환자들과 상담하는 것을 몇 차례 지켜보았는데 "자, 호박파이 좀 드세요", "배고프면 간식을 드세요", "몸무게는 재지 마세요. 괜히 사기만 꺾일 수 있으니까요."라는 말을 계속해서 깜짝 놀랐다.

한번은 여성 환자가 작별 인사를 하러 들어왔다. 환자는 오빠가 암 진단을 받아 당분간 간호에 전념하겠다고 했다. "나오실 수 있을 때 다시 나오세요." 프리드호프가 상냥하게 말했다.

프리드호프의 환자들은 각자의 현실에서 맞닥뜨리는 다양한 문제 속에서 균형을 찾기 위해 노력한다. 그들은 배우자가 암에 걸렸거나 실직을 했거나 일을 세 개나 해서 주말에는 녹초가 되는 사람들이다. 프리드호프는 환자들이 현실적인 목표를 세우도록 돕는다. 30킬로그램을 빼겠다고 클리닉에 오는 환자들에게 일단 2~4킬로그램 감량을 목표로 하라고 충고한다. 당시 밴팅의 접근과 유사하게 버터와 코코넛오일을 섞은 커피를 마시는 방탄 다이어트가 막 나왔을 때라 프리드호프에게 의견을 물었다. "어떤 면에서는 효과가 있죠. 저탄수화물 다이어트를 하면 초반에는 체내에 저장되어 있던 모든 글리코겐과 4.5킬로그램가량의 수분이 빠져요. 이 다이어트를 엄격하게 하면 케토시스 단계에 이르는데, 이 단계에 이르면 헛배가 부르고 에너지가 넘친다고 착각하게 됩니다. 그래서 기분이 좋아지죠. 매주 4.5킬로그램이 빠지면 뭐든 참아 낼 수 있습니다. 또 이 다이어트를 하는 사람들은 단백질 섭취량이 증가해서 자연스럽게 칼로리를 덜 섭취하려고 합니다. 그러나 이런 다이어트를 영원히 하고 싶어 하는 사람은 없습니다. 이 방법은 지속할 수 없어요. 건강에 더 좋고 살 빼는 데 도움이 된다 해도 결국은 실패하게 되어 있습니다. 왜냐하면 음식은 그저 몸에 좋고 나쁘고의 문제가 아니거든요. 먹는 것은 일종의 의식입니다."

　프리드호프는 저서 『다이어트 중독The Diet Fix』에서 배고픔과 사투를 벌이는 다이어트가 성공 가능성이 낮다고 생각하는 이유에 대해 조목조목 설명한다. "수천 명의 환자를 겪어 본 바에 따르면 포기는 시간문제일 뿐이다. 1억 년의 진화를 거치면서 생존 방법을 터득해 온 인간은 때때로 충동을 억누를 수 있지만 결국에는 (당신도 알고 나도 알다시피) 충동에 굴복하고 만다."[7]

　다이어트를 할 때처럼 음식 섭취량이 갑자기 줄어들면 신체에만 변화가 나타나는 것이 아니다. 영양분이 결핍되면 우리 뇌에도 문제를 일으킨다. 생리학자 앤셀 키스는 기아에 관한 실험을 하던 중 이 사실을 발견했다. 그는 1950년대에 포화지방이 심장 질환을 일으키므로 피해야 한다는 가설을 세워 진행한 연구로 명성이 높다.(현재 하고 있는 다이어트 방법에 따라 그를 비난하는 사람도 있을 것이다.) 또 지중해 국가의 일반적인 식재료인 신선한 과일과 채소, 올리브유를 먹는 사람들이 심장마비에 걸릴 가능성이 낮다는 사실을 입증하여 지중해식 다이어트를 유행시킨 장본인이기도 하다. 그러나 이 모든 일이 있기 전인 1944년에 키스는 미네소타 기아 실험을 진행한 바 있었다. 이 실험에서 그는 3200칼로리를 먹던 건강한 젊은 남성 36명에게 6개월 동안 1570칼로리만 섭취하게 했다.(기본적으로 감자, 순무, 마카로니로 구성된 식단이었다.)[8] 제2차 세계대전이 4년째로 접어들면서 기근이 만연했기에, 전쟁에서 살아남은 사람들이 영양 면에서 다시 건강해지도록 돕고자 한 것이다.

오늘날에도 키스의 실험은 섭취 열량을 급격하게 제한하여 살을 빼려는 사람들에게 아주 흥미로운 읽을거리다. 굶기를 강요받은 키스의 피험자들은 생리 기능의 변화만 경험한 것이 아니라 우울해지고 무감각해졌다. 또 음식에 집착하고 음식에 대한 꿈을 꾸었으며 음식을 먹는 공상에 빠졌다. 다이어트를 해 본 사람이라면 익숙한 이야기일 것이다. 어떤 전략을 선택하든 모든 다이어트 방법은 대개 일정 기간 효과를 발휘하지만 엄격한 식이요법이 계속되면 금지된 음식에 대한 욕망으로 미칠 지경이 된다. 그로 인한 정신적 충격만으로도 우리는 음식에서 위안을 찾는다. 잃어버린 식욕에 대한 보상으로 마구 먹다가 또 다른 다이어트를 시작하고 결국 자책하면서 더 큰 정신적 충격에 빠지게 된다.

그러나 이런 사실을 모두 잘 알면서도 여전히 우리는 다이어트에 대해 대단히 낙관적이다. 마케팅 정보 기업 민텔이 최근 진행한 설문에 따르면 오늘날 미국인의 3분의 2가 다이어트를 하고 있으며 이 중 4분의 3이 충분한 의지력을 발휘하고 여러 가지를 포기하면 이상적이라고 생각하는 체중에 도달할 수 있다고 믿었다. 민텔은 이러한 믿음이 다이어트 산업에 엄청난 희소식이라고 평했다. "다이어트를 하는 사람들은 체중 감량이 가능하다고 이미 믿고 있어서 다이어트 제품이나 서비스를 판매하는 사람들이 유리한 위치에 있다."[9] 즉 우리가 정말 잘 속아 넘어간다는 뜻이다.

실제로 다이어트가 거대 산업으로 부상하는 데는 다이어트가 가능하다는 믿음과 다이어트가 실패했을 때 자책하는 습관이 크게 기여했다. 다이어트 산업은 이제 연간 매출액이 340억 달러에 이른다.[10] 다이어트가 효과가 있으리라는 믿음과 필사적으로 다이어트를 해야 한다는 강박이 우리를 더욱 취약하게 만들자 식품 산업에서 수익성이 가장 높은 분야의 주인도 바뀌었다.

다이어트 산업을 흡수하다

토니 오라일리는 1960년대에 아일랜드 낙농 제품의 마케팅과 판매를 담당하는 협동조합 데어리 보드Dairy Board의 책임자였다. 당시 아일랜드의 우유 생산량이 소비량을 넘어서기 시작했는데, 이 문제는 버터를 더 많이 생산하는 것으로 해결되었다. 버터 1파운드를 만드는 데 우유 7.5킬로그램이 쓰였기 때문이다.

그러나 아일랜드 사람들의 버터 소비량에는 한계가 있었다. 오라일리는 영국에 수출할 계획을 세웠다. 당시 아일랜드 버터는 딱히 이렇다 할 명성이 없었기 때문에 영국에 수출하려면 먼저 아주 멋진 브랜드 이름을 지어 설득력 있는 광고를 제작해야 했다. 후보로 올라온 60가지 이름(물론 아일랜드 민화에 나오는 요정인 레프러콘도 있었다.) 중에 최종 후보 세 개가 추려졌다. 데어리 천Dairy Churn은 아일랜드를 연상시키는 요소가 하나도 없어서 탈락했다. 섀넌 골드Shannon Gold는 아일랜드 느낌이 물씬 났지만 같은 이름을 가진 노쇠한 공항이 연상된다는 이유로 탈락했다. 마지막으로 남은 것은 케리골드Kerrygold였다. 듣기에 예쁜 이름이었으나 나름의 문제가 있었다. 아일랜드 남동쪽 해안에 있는 케리 카운티는 인상적인 풍경을 자랑하지만 험준한 산비탈과 폭포, 황무지가 많은 척박한 땅이었기에 젖소를 찾아보기 힘들었다. "케리에선 버터가 생산되지 않아요." 방 안에 있던 누군가 말했다.

"영국 주부들은 그 사실을 모르죠." 오라일리가 받아쳤다.[11] 그렇게 버터 하나 생산되지 않는 카운티의 이름을 따서 탄생한 케리골드는 영국에서 큰 성공을 거두고 독일을 거쳐 최근에는 미국까지 확장하며 아일랜드 낙농가의 새로운 성공 시대를 열었다.

케리골드의 성공에서 얻은 마케팅 교훈, 즉 일반 대중이 음식에 대해 잘 모르는 부분을 이용하는 방법은 오라일리의 다음 회사가 전례를 찾아볼 수 없을 정도로 소비자의 식습관을 좌지우지하면서 훨씬 더 심각한 방식으로 표면화되었다. 그가 CEO로 가게 된 기업은 바로 2015년에 크래프트와 합병하면서 지금은 크래프트 하인즈가 된 가공식품 제조 기업 하인즈Heinz였다.

하인즈가 기업 운영에 도입한 소비자의 심리를 이용하는 기술의 기원은 창립자인 헨리 J. 하인즈가 1896년 기업의 상징과도 같은 슬로건 "57가지 버라이어티"를 내놓은 때로 거슬러 올라간다. 전문가들은 57이라는 숫자에 어리둥절해했다. 하인즈에는 가장 유명한 케첩을 포함하여 이미 60개가 넘는 제품이 있었기 때문이다. 그러나 훗날 하인즈가 설명한 바와 같이 그것은 21가지 스타일이 있다고 선전하던 뉴욕의 한 신발 가게에서 영감을 얻은 것이었다. 그는 21처럼 크면서도 7이 포함된 수를 원했다. "그런 수에는 심리적 영향력과 모든 연령대의 소비자에게 오래 지속되는 의미"가 있다는 이유에서였다.[12]

하인즈는 우리가 먹는 음식을 완전히 바꾸어 놓았다. 1960년대에 하인즈는 세계에서 가장 큰 케첩 제조 업체였다. 하인즈는 오렌지처럼 껍질이 두껍고 단단해서 운송 시에도 쉽게 무르지 않는 새로운 교배종 토마토를 도입했다.[13] 새 토마토의 유일한 단점은 풍미가 약하다는 것이었는데 하인즈는 설탕을 첨가해 이 문제를 해결했다. 이 설탕 역시 1970대 중반에 하인즈가 직접 발명했다. 하인즈는 최초로 사료용 옥수수를 사용하여 고과당 옥수수 시럽을 만들었고, 이것은 사탕수수나 사탕무에서 추출한 정제 설탕보다 더 이점이 많아 가공식품 업계에 없어서는 안 되는 재료가 되었다.[14]

하인즈는 패스트푸드도 더 간단하게 요리할 수 있도록 만들어 일반 가정의 요리를 드라이브인 식당 음식처럼 바꾸어 버렸다. 오레아이다Ore-Ida 사업부는 테이터 토츠Tater Tots라는 획기적인 냉동 감자튀김을 발명했는데, 그 뒤를 이어 골든 크링클스 Golden Crinkles, 볼드 앤드 크리스피 제스티 Bold and Crispy Zesties에 이르기까지 집에서 쉽게 해 먹을 수 있는 갖가지 감자튀김을 내놓았다. 생감자를 직접 요리해 먹던 사람들은 10년이 지나자 그냥 냉동실에서 꺼내 데워 먹는 방식으로만 감자를 먹었고[15] 하인즈는 이를 가리켜 집에서도 패스트푸드를 즐길 수 있게 되었다며 "드라이브스루에서 음식을 기다릴 필요가 없다!"라고 광고했다.[16]

1978년 오라일리는 하인즈가 소비자의 식습관을 완전히 바꿀 수 있는 또 다른 방법을 생각해 냈다. 비만율이 급증하기 시작하면서 먹는 약부터 헬스클럽 회원권에 이르기까지 체중 감량 제품이라는 새로운 기회가 갑자기 열려 하인즈가 다이어트 산업에 진출할 길이 마련되었기 때문이었다.

오라일리가 둔 첫수는 기존의 유명 브랜드보다 칼로리가 낮은 냉동식품을 생산하는 회사를 인수하는 것이었다. 당시는 가정마다 전자레인지가 한 대씩은 거의 다 있었고, 식료품점의 냉동식품 코너를 차지한 스리 치즈 지티 마리나라three cheese ziti marinara나 치킨 엔칠라다 수이자chicken enchiladas suizas 같은 제품의 대체품으로 저칼로리 식사가 등장했을 때였다. 그러나 회사 인수에 걸림돌이 하나 있었다. 오라일리는 푸드웨이스 내셔널Foodways National이라는 회사를 인수하고 싶어 했는데 이 회사에는 소유주를 바꾸는 사안에 거부권을 행사할 수 있는 매우 중요한 거래처가 있었다. 이 관계는 오라일리가 상상한 것 이상으로 하인즈에게 좋은 기회가 되었다.

이 거래처는 다름 아닌 다이어트 분야에서 가장 유명한 웨이트 와처스Weight Watchers로, 살을 빼려는 수백만 명의 사람들에게 다양한 조언 및 지원 프로그램을 판매하는 회사였다. 웨이트 와처스를 이용하는 사람들은 회사에 대한 충성도가 아주 높아서 단순 고객이라 할 수 없었다. 이들은 웨이트 와처스의 회원으로 가입하고 언제나 푸드웨이스 제품을 열성적으로 구매했다. 이들이 참석하는 모임에는 방에 커다란 냉장고가 있었는데 그 냉장고에서 바로 푸드웨이스 제품을 구입할 수 있었기 때문이다. 마트에 가지 않아도 되니 다른 제품들이 그들의 관심을 끌기 위해 경쟁하는 일도 없었다.

나중에 안 사실이지만, 웨이트 와처스는 하인즈와 같은 구세주를 찾고 있었다. 웨이트 와처스는 뉴욕 퀸스 출신의 진 나이디치가 15년 전에 창립한 회사였다. 나이디치는 두 아이를 둔 엄마였는데 이웃 사람이 살찐 자신을 임신한 것으로 오해한 일에 충격을 받아 체중을 감량한 후 회사를 세웠다. 웨이트 와처스가 너무 빠른 속도로 성장하자 회사 운영을 맡고 있던 앨 리퍼트는 더 이상 자신이 감당할 수 없겠다고 생각했다. 그는 조용히 웨이트 와처스의 잠재적 구매자를 물색하고 있었지만 자신이 염두에 둔 필수 조건을 충족하는, 즉 자신이 사랑한 회사의 진정한 가치를 알아보고 이해하는 구매자를 찾지 못한 상태였다.[17] 자신과 아내 모두 20킬로그램 넘게 체중을 감량했기 때문에 그는 웨이트 와처스 프로그램의 효과를 굳게 믿었다. 리퍼트는 오라일리에게 말했다. "이 기업들 중에는 그것을 이해하는 곳이 없습니다. 그들은 우리를 그저 또 다른 수익 창출의 도구로만 보죠."

그러나 오라일리는 웨이트 와처스의 잠재력을 완벽하게 이해했다. 이것은 평범한 황금알을 낳는 거위가 아니었다. 웨이트 와처스의 수업 프로그램은 보통 25~55세 여성들의 요구에 맞춰 구성되어 있었는데, 이들은 바로 식료품 판매에서 가장 중요한 고객들이었다. 게다가 웨이트 와처스 수업에 참여하는 사람이 2700만 명까지 급격하게 증가한 상태였기에 푸드웨이스 제품의 고객층은 이미 형성된 것이나 다름없었다. 하인즈가 저칼로리 식품과 웨이트 와처스 프로그램을 모두 인수한다면 소비자 식습관의 전 영역을 소유하게 될 터였다.

인수에 성공하면 하인즈는 사람들을 살찌게 하는 식품도, 날씬하게 하는 식품도 생산하는 것이었다. 이렇게 상반된 목적의 제품들 사이에서 비만과 정상 체중을 오가는 많은 사람에게 판매할 코칭 프로그램은 제3의 수익원이 될 것이었다.

이런 수를 한꺼번에 두는 것은 필립모리스가 니코틴 패치 시장을 독점하는 것보다, 스미노프Smirnoff가 알코올 중독 치료를 지원하는 기구인 알코홀릭 어나니머스AA를 인수하는 것보다 영리한 방법이라 할 만했다. 누군가 우려했다 한들 그 우려를 밖으로 표현한 사람은 없었다. 1978년 2월 말, 하인즈는 푸드웨이스를 5000만 달러에 인수하는 데 동의했고, 얼마간의 흥정 끝에 같은 해 5월 웨이트 와처스를 7200만 달러에 인수하면서 소비자들의 섭식 장애(어느 단계에 있든)와 관련된 모든 제품과 서비스를 제공하는 기업이 되었다.[18]

경쟁사들도 이런 번뜩이는 전략을 그냥 두고 보지는 않았다. 다른 가공식품 제조 기업은 물론 거대 식품 브랜드와 패스트푸드 체인을 소유한 투자 그룹들도 어느 때보다 은밀히 다이어트 제품과 프로그램을 인수하기 시작했다.

- 초콜릿바와 핫포켓을 생산하는 네슬레는 린퀴진Lean Cuisine이라는 저칼로리 식품 라인을 개발했고, 2006년에는 다이어트

식사와 간식을 집에 직접 배달해 주고 영양, 운동, 습관 개선에 관한 조언까지 제공하는 제니 크레이그Jenny Craig라는 다이어트 프로그램을 사들였다.

- 뱅퀴트Banquet 치킨 포트파이와 레디윕Reddi-wip, 피들 패들Fiddle Faddle(일명 "온가족을 위한 즐겁고 달콤 짭짤한 간식")로 유명한 코나그라Conagra는 1988년에 헬시 초이스Healthy Choice라는 자체 냉동식품 브랜드를 출시했다.

- 마카로니 앤드 치즈와 쿨에이드, 오레오 쿠키로 유명한 크래프트는 저지방 단백질과 섬유질이 많이 든 채소를 강조하는 사우스 비치 다이어트South Beach Diet 브랜드로 다양한 종류의 시리얼, 랩 샌드위치, 냉동 피자, 요리 등을 선보였다.

- 2000년에 인수한 벤앤제리스Ben and Jerry's를 포함하여 가공식품 브랜드를 다수 보유한 유니레버는 식사 대용으로 먹는 셰이크와 바를 제조하는 다이어트 제품 기업 슬림패스트SlimFast를 23억 달러에 인수했다. 초콜릿 민트, 쿠키 도우, 퍼지 브라우니, 피넛버터 크런치 등 슬림패스트 제품의 다양한 맛과 향은 유니레버가 소유한 아이스크림 브랜드와 분간이 가지 않을 정도였다.

- 앤티앤스 프레즐, 시나본 시나몬롤, 카벨Carvel 아이스크림, 아비스 앤드 칼스 주니어Arby's and Carl's Jr. 패스트푸드 식당 체인을 소유한 사모펀드 기업 로아크 캐피탈 그룹Roark Capital Group은 2010년에 앳킨스Atkins를 사들여 150년 전 윌리엄 밴팅이 썼

던 방법과 같이 탄수화물 섭취를 줄여 체지방을 태우는 인기 높은 다이어트 프로그램을 넘겨받았다.

이 기업들은 새로 인수한 브랜드나 프로그램에 모기업의 독특한 스타일을 덧씌웠으나, 대개는 한때 소박했던 회사들을 시장 확장을 위한 효과적인 장치로 탈바꿈시켰다. 웨이트 와처스를 인수할 때만 해도 하인즈는 분명 다이어트 산업의 복잡한 특성을 잘 알지 못했다. 회원제를 기반으로 프로그램을 판매하는 소매 업체의 전형인 회사는 식품을 생산하는 도매 기업과 속성이 너무도 달랐다. 그러나 하인즈는 금방 그 특성을 이해했고 웨이트 와처스를 자사의 이미지에 맞게 재편했다.

"수강 프로그램을 판매하는 것은 소매업이거든요."[19] 하인즈가 웨이트 와처스 프로그램을 운영할 직원을 채용하기 위해 버거킹, 피자헛 같은 패스트푸드 업체의 경력이 있는 사람들을 모집할 때 오라일리는 이렇게 설명했다. 하인즈는 웨이트 와처스 프로그램에서 판매하던 냉동식품도 개편했다. 이 작업은 감자튀김을 전문으로 하는 오레아이다 사업부에 맡겨졌다. 오레아이다 사업부의 최고 책임자인 폴 코드리는 이를 환영하면서 개편할 제품들을 "냉동식품계의 리스테린"이라고 불렀고 "의약품처럼 생긴 포장에 든 형편없는 음식"이라고 칭했다.[20] 그는 식사용 제품들을 더 맛있고 구미가 당기도록 만들었지만 디저트 제품들은 재편하기가 매우 어려웠다. 1983년에 새로운 라인의 저칼로리 치즈 케이크와 당근 케이크를 출시했으나 크게 실패한 후, 하인즈는 감미료를 더 많이 첨가하여 초콜릿 무스, 브라우니, 딸기 치즈 케이크 등 열세 가지 품목을 갖춘 디저트 라인을 선보였다. 하인즈의 대변인은 이를 두고 "멈출 수 없는 맛"이라고 표현했다. 이 디저트들은 소비자들에게 다이어트가 어렵다는 말은 잘못된 통념이라고 말하고 있었다.

하인즈에 인수된 뒤 1982년에 9000만 달러였던 웨이트 와처스의 식품 매출은 1989년에 3억 달러 이상으로 급증했고 하인즈는 총 매출 11억 달러를 기록했다. 오라일리는 웨이트 와처스를 포함한 모든 하인즈 제품을 세계 시장으로 확대할 것을 계획했고, 1988년에 한 인터뷰에서 이것을 두고 "전 세계의 맥도날드화"라고 표현했다.[21]

다이어트 프로그램의 실효성

때가 되자 셈은 상당히 재빨리 이루어졌다. 문제는 10년 전만 해도 전망이 아주 좋았던 마케팅 부문에서 발생했다. 1990년에 소비자 청원으로 촉발된 의회 위원회는 다이어트 산업에서 허위 광고가 기승을 부린다면서 연방거래위원회FTC에 다이어트 프로그램이 실제 사람들이 살을 얼마나 뺐는지에 관한 핵심 영업 정보를 자진해서 밝힐 것을 의무화하도록 촉구했다.

기업들은 연방거래위원회를 두려워할 이유가 없었다. 100년에 가까운 세월 동안 연방거래위원회는 다이어트 기업들이 내놓은 기이한 주장들을 통제하기 위해 애써 왔으나 별 효과가 없었다. 지방 연소 음료가 지방을 전혀 태우지 않고, 몸을 날씬하게 만들어 준다는 신발 깔창이 몸을 전혀 날씬하게 해 주지 않는 사실을 고발할 때마다 기업들은 그것을 대체하는 새로운 제품이나 장치를 내놓을 뿐이었다. 그러던 중 1997년에 연방거래위원회가 역사상 가장 강력한 조치를 들고나왔다. 오퍼레이션 웨이스트라인Operation Waistline이라는 프로그램을 시행하여 100여 개의 잡지와 신문에 누가 봐도 명백한 사기 광고에 지면을 판매하지 못하게 한 것이다. 그러나 언론사들은 위원회의 명령을 가볍게 무시했다.[22]

실제로 다이어트 제품의 마케팅은 점점 더 뻔뻔해졌다. 연방거래위원회가 1997년 단속 시도 이전에 나온 광고들을 조사하여 그 이후에 나온 광고들과 비교해 보니 명백한 허위 광고가 급증한 사실이 드러났다.[23] 게다가 그전에는 모호했던 광고 문구의 어조(이를테면 "진짜 효과 있는 프로그램 마침내 상륙!")도 최신 광고에서는 과장된 표현의 강도가 한층 심해졌다. 어떤 광고는 "좋아하는 음식을 실컷 먹고 살을 빼세요. 이 약 하나면 됩니다."라고 했고, 어떤 광고는 "의학계의 획기적인 발명품"이라고 선전했다. "식단을 바꾸지 않아도 하루에 2킬로그램씩 빠집니다. 어려운 운동은 이제 그만! 굶는 것도 이제 그만! 위험한 약물도 이제 그만! 맛없는 음식도 소식도 이제 그만!"이라고 단호한 어조로 허풍을 떠는 광고도 있었다.

그래도 이런 허위 광고는 시시한 편에 속했다. 수백만 명의 사람들이 고비용의 체중 감량 프로그램에 쓰는 돈이 수십억 달러가 넘자

의회는 연방거래위원회를 압박하여 더 강력한 조치를 취하도록 했다.[24] 1993년에 위원회는 허위 광고를 낸 초대형 민간 다이어트 프로그램 다섯 곳을 고발하면서 그들의 프로그램으로 체중을 감량할 수 있다는 주장이 근거가 부족하고, 다이어트에 성공했다고 증언한 사람들의 경험도 해당 프로그램을 수료한 사람들의 일반적인 결과라는 증거가 없다고 지적했다. 연방거래위원회의 소비자 보호국장은 "이런 프로그램에 등록하는 소비자들은 장기적 체중 감량에 대한 보장이 비만을 쉽게 치료할 수 있다는 헛된 희망을 심어 주는 경우가 너무 많다는 사실을 이해할 필요가 있다."라고 설명했다. 위원회가 고발한 회사 중에는 웨이트 와처스도 있었는데, 웨이트 와처스는 혐의를 부인하고 반박하다 4년 후 체중 감량 결과에 대한 더 자세한 정보를 제공하는 것에 동의하면서 합의를 보았다.[25] 또 이것을 광고에도 반영하여 "다이어트를 시도하는 대다수에게 체중 감량 효과는 일시적이다."라는 문구를 삽입하는 것에도 동의했다.

분명한 것은 웨이트 와처스가 허무맹랑한 다이어트 제품을 파는 회사는 아니었다는 사실이다. 회원들은 물론 의학 전문가들도 웨이트 와처스를 칭찬했다. 케이크를 너무나 사랑하는 아이였던 스티브 커미스는 부모의 별거로 충격을 받고 식습관이 완전히 망가져 웨이트 와처스에 가입했다. 그는 웨이트 와처스의 그룹 모임이 굉장히 도움이 된다면서 웨이트 와처스에서 교육을 받고 모임을 이끄는 사람들의 카운슬링을 극찬했다.[26] 또 그들 덕분에 섭식 장애를 많은 사람이 겪는다는 사실을 알았으며 이 깨달음만으로도 큰 힘이 되었다고 했다.

실제로 웨이트 와처스는 행동 양식을 바꾸는 데 무엇이 필요한지 알고 그것을 잘 구현했다. 그들이 제공하는 모임은 사람들의 마음을 움직이고 행동 양식을 지도하기 위해 만들어진 것이었다. 웨이트 와처스는 라벨의 영양 성분에 적힌 칼로리와 1일 영양 성분 기준치 비율DV 계산을 간소화한 점수 체계를 이용해 회원들이 먹은 음식을 추적 기록했다. 건강한 식품을 섭취한 사람들에게는 보상을 하고 건강에 좋지 않은 식품을 섭취한 사람들에게는 징계를 내리는 방식이었다. 또 회원들에게 스스로를 모니터링해 자신의 행동에 책임을 지게 함으로써 프로그램을 잘 따라갈 수 있도록 했다.

문제는 웨이트 와처스가 아니었다. 가공식품과, 가공식품 제조 기업들이 소비자들로 하여금 식습관에 대한 통제력을 잃게 하려고 벌인 일들이 문제였다. 또 우리, 정확히는 우리 안에 있는 아르디도 문제였다. 400만 년 전 아르디가 직립보행을 시작하면서 우리 선조의 신체는 한번 통제력을 잃으면 건강한 식습관을 회복하기 매우 어려운 쪽으로 변화했다. 미네소타 대학교의 심리학 교수인 트레이시 만은 사람들이 체중을 감량하는 방법을 오랫동안 연구하고 다소 암울한 결론에 이르렀다. 간단히 말하면 대다수 사람들에게 다이어트는 별 효과가 없다.[27] 다이어트에 실패하는 이유는 인간의 생리학적 특성 때문이다. 다이어트가 시작되면 인간의 신체는 대사율을 낮추거나 살을 빼려는 노력의 효율을 저하시키는 일종의 방해 행위를 벌인다. 실직하거나 아기를 낳거나 부모에게 병환이 생기는 등 삶의 다양한 문제가 끼어든다는 점도 다이어트에 실패하는 이유다. 아무리 강한 의지력도 영원히 지속될 수는 없으며, 강한 의지력으로 다이어트의 효과를 본다 해도 그에 따르는 대가가 엄청나다는 사실 또한 다이어트에 실패하는 이유다. 만에 따르면 성공적인 다이어트는 모든 음식을 적으로 여기는 것을 즐기지 않는 한 음식과의 관계를 망가뜨린다.

웨이트 와처스를 창립한 진 나이디치는 자신이 만든 프로그램을 통해 체중의 3분의 1을 감량했다. 그녀의 증언과 이례적으로 다이어트에 성공한 참가자들의 이야기는 웨이트 와처스의 비약적인 성장에 크게 기여했다. 그렇다면 일반 회원들은 몸무게를 얼마나 감량했을까?

2005년에 《내과학연보》는 웨이트 와처스와 가장 규모가 큰 상업 다이어트 프로그램 네 곳을 조사하여 체중 감량 효과를 측정한 실험 보고서를 발표했다.[28] 그동안 이런 연구는 다이어트 프로그램 기업들의 재원으로 이루어진 경우가 많았기 때문에 결과가 편향될 위험을 무릅쓴 것이었다. 그럼에도 참가자들의 감량 정도는 충격적일 만큼 미미했다. 웨이트 와처스 회원들의 감량 정도는 평균적으로 본인 체중의 5퍼센트를 상회하는 정도였다.

장기적으로 보면 결과는 더욱 좋지 않았다. 체중 감량 효과는 대개 일시적이었다. 2년이 지나면 보통 체중이 조금 더 늘어서 결과적으로 참가자들이 감량한 평균 총 무게는 체중의 3퍼센트에 불과했다. 이 수치에 대입해 보면 90킬로그램이 나가는 웨이트 와처스 여성 회원은 85킬로그램으로 줄었다가 다시 87킬로그램이 된다는 의미였다.

상업 다이어트 프로그램을 연구해 온 존스 홉킨스 대학교 의대 조교수이자 비만 치료 전문 의사인 킴벌리 그주니는 아주 적은 체중 감량도 큰 도움이 된다고 말한다. 다이어트 프로그램과 무관한 실험에 따르면 본인 체중의 평균 6퍼센트를 감량한 사람들은 혈압은 물론 콜레스테롤 수치와 당뇨 위험 요인도 감소한 것으로 나타났다. 그주니는 웨이트 와처스와 같은 상업 다이어트 프로그램을 "공구 상자에서 가장 잘 드는 공구"라고 표현하면서 "이런 프로그램들은 고객층이 매우 넓고 이미 대중의 삶에 침투해 있다는 장점을 지녔으므로 우리가 이런 프로그램을 어떻게 더 잘 활용할 것인지에 대해 생각해 보아야 한다."라고 말했다.[29]

동시에 그주니는 상업 다이어트 프로그램의 사업 모델이 과연 고객의 이익을 위한 것인지 의문도 갖고 있었다. 그녀는 자신의 환자 중 일부가 웨이트 와처스 프로그램을 많게는 7~8회까지 시도해 보았다는 사실을 지적했다.

기업의 관점에서 보면 프로그램을 반복적으로 수강하는 것은 쉽게 이해되는 일이었다. 웨이트 와처스의 전 재무 책임자 리처드 샘버는 BBC와의 인터뷰에서 다이어트를 복권에 비유했다. "당첨이 안 되면 또 사면 됩니다. 다음번에는 당첨될 수도 있으니까요."[30] 다이어트와 복권 모두 운이 좌우하는 게임이다. 숫자를 잘 맞춰서 크게 한탕 하는 사람이 있는 것처럼 살을 어마어마하게 빼는 사람도 있다. 하지만 기업의 관점에서 수익을 가져다주는 쪽은 한 번에 돈을 따거나 성공하는 사람이 아니라 실패와 도전을 몇 번이고 반복하는 사람이다. 극소수의 고객만 체중 감량을 유지하는데도 다이어트 기업이 계속 살아남을 수 있는 이유에 대해 샘버는 이렇게 답했다. "성공하지 못한 84퍼센트가 계속 오니까요. 매출은 그 사람들에게서 나오는 겁니다."

결국 사람들이 이런 사실을 눈치채자 웨이트 와처스는 다이어트에 대한 대중의 인식 변화에 대처하기 위해 분주히 움직였다. 내가 인터뷰에서 만난 웨이트 와처스 경영진은 이런 노력에 관한 이야기를 늘어놓았다. 그들은 자신들의 과거 관행에 대해 항변하며 고객의 실패를 조장한 적도, 그것으로 이익을 본 것도 없다고 했다. "사람들이 살을 더 많이 빼고 오래 유지할수록 우리 실적에도 더 도움이 됩니다. 회원들에게 나쁜 것이 우리에게 유리하다는 것은 사실이 아닙니다."[31] 2013년에 웨이트 와처스의 최고 연구 책임자가 된 임상심리학자 개리 포스터의 말이다.

포스터는 대조군 실험 결과 회원들이 평균 5~6퍼센트의 체중을 감량했고 어떤 회원들은 결과가 안 좋았지만 어떤 회원들은 훨씬 좋았다고 했다. 또 평균치만 감량해도 건강에 도움이 된다는 점을 강조하면서 여러 기구와 기관에서 소량의 체중 감량도 가치 있는 성과로 인정한다는 사실을 언급했다. 그러나 대중이 다이어트에 점점 더 회의적인 태도를 보여 운영 전략을 바꿔야 한다는 점도 시인했다.

포스터는 또 이렇게 털어놓았다. "예전에는 '조금 별난 다이어트가 있습니다. 당신이 전혀 손해 볼 것 없는 다이어트지만 이것은 그저 목적을 위한 수단에 불과하죠. ○○을 먹고 ××을 먹지 않으면 돼요.'라고 하면 사람들이 '나도 해 볼래요. 살을 꼭 빼고 싶어요.'라고 했습니다. 그런데 지금은 '이 다이어트를 다 마쳤을 때 내가 건강하게 먹고 있다거나 더 건강해졌다는 생각이 들지 않는다면, 나에게 딱 맞는 방법이라는 생각이 들지 않거나 혹독하기만 하고 긍정적인 방법이란 생각이 들지 않는다면, 난 관심 없어요.'라고 말합니다."

이러한 변화에 발맞춰 웨이트 와처스는 2016년에 '체중이 전부는 아니다Beyond the Scale'라는 프로그램을 론칭했다. 새 프로그램에서도 물론 체중 감량과 칼로리는 여전히 중요했다. 그러나 프로그램의 이름이 암시하듯이 웨이트 와처스는 보다 종합적인 해법을 내놓으려고 애썼다. 먼저 심혈관 질환 예방에 좋은 음식에 점수를 매겼다. 그리고 운동을 단순히 칼로리 연소를 위한 도구가 아니라 기분을 고양하고 자존감을 높이는 도구로 묘사했다. 새 프로그램의 세 번째 요소는 이른바 성취였는데, 한 웨비나에서 포스터는 이것을 "내면의 힘을 찾고 키우는 것, 즉 내면의 힘에 귀를 기울여 그것을 이끌어 내고 회복력을 기를 수 있는 기술과 관계"라고 정의했다.[32]

2018년 9월에 웨이트 와처스는 한 걸음 더 나아가 회사의 상호와 로고를 바꾸면서 웨이트라는 단어를 완전히 버렸다.[33] 이제는 웨이트 와처스가 아닌 WW다. 이 발표는 웨이트 와처스의 주가가 폭락하던 시기에 나왔다. 2018년 여름 102달러였던 WW의 주가는 2019년 봄에 18달러까지 떨어졌다가 이후 40달러로 반등했다.

　　그럼에도 주식 시장 전문가들은 해외 시장으로의 확장 가능성을 고려할 때 다이어트 산업의 전망이 여전히 밝다고 분석했다. 세계적으로 과체중이거나 심각한 비만인 인구가 19억 명이 넘고 이들 중 많은 사람이 어떤 종류가 됐든 체중 감량 프로그램의 도움을 받으려 할 것이기 때문이다. 하인즈는 더 이상 이 시장의 플레이어가 아니다. 다이어트의 대유행이 시작된 1968년에 보여 준 선견지명을 다시 한번 발휘한 하인즈는 1999년에 냉동식품 부문만 남기고 웨이트 와처스 프로그램의 지배 지분을 7억 3500만 달러에 매각했다.[34] 이는 하인즈가 지불한 인수 금액의 열 배에 해당하는 돈이었다.

　　다른 기업들은 하인즈만큼 운이 좋지 못했다.[35] 유니레버는 슬림패스트의 추정 가치가 23억 달러에서 17억 달러로 하락한 2014년에야 슬림패스트를 매각했다. 2018년에 슬림패스트는 다시 한번 3억 5000만 달러에 또 다른 회사에 인수되었는데, 다이어트 제품들이 가장 큰 호황을 누리던 시기의 가치에 비하면 푼돈이라 할 만했다.

　　한편 가공식품 기업들에게는 더 이상 다이어트 프로그램이 필요하지 않았다. 다이어트를 활용하여 더 큰 수익을 내고 소비자들에게 섭식 장애 치유책을 팔 방법을 발견했기 때문이다.

'건강한' 식품을 향한 끝없는 변신

오바마 대통령이 백악관에 입성한 지 1년이 막 넘은 2010년 3월,

미셸 오바마는 식품 제조 기업에 정면으로 맞서 가공식품에 대한 캠페인을 시작했다.

가공식품 기업 대표 300명이 업계 총연합회인 미국 식품제조협회Grocery Manufacturers Association의 주최로 워싱턴 D.C.에 모여 전략을 논의하는 자리였다. 영부인의 연설은 그녀의 스타일답게 직설적이고 솔직하게 기업들을 질책했다.[36] "아동 비만율이 지난 30년 사이 세 배나 증가했다는 사실을 잘 아실 겁니다. 현재 이 나라에 사는 어린 아이 3명 중 1명은 과체중이거나 비만입니다. 모두가 알다시피 비만은 고혈압부터 심장 질환, 암에서 당뇨에 이르기까지 건강에 악영향을 미치죠."

그러면서 식품 기업들에게 다음과 같이 요구했다. "생산하는 제품은 물론 제공하는 제품 정보와 아이들을 대상으로 한 마케팅 방식을 완전히 재고하십시오. 먼저 제품의 성분 개선, 특히 아동 대상 제품의 성분을 개선하려는 노력을 쇄신하고 확대하여 우리 아이들이 지방, 소금, 설탕의 섭취량을 줄이고 필요한 영양소 섭취량은 늘릴 수 있도록 하십시오."

물론 식품 기업 경영자들은 이런 이야기를 전에도 내부자들에게서 들은 적이 있었다. 가장 먼저 이야기가 나온 곳은 1999년에 소비자들의 섭식 장애에 대한 책임 유무를 논의하기 위해 열린 비밀 회동이었고, 다음은 크래프트의 간부들이 모기업 필립모리스로부터 담배 기업들이 폐암 때문에 발목을 잡혔듯이 비만이 식품 기업들의 멍에가 될 것이라고 경고를 들었을 때였다.

10년이 흘러 영부인이 같은 비난을 반복하자 가공식품 기업의 경영자들은 반색했다. 그들은 소비자들이 식습관에 대한 통제력을 잃어 아이들을 살찌고 병들게 할 거라면, 그리고는 웨이트 와처스 같은 다이어트 프로그램에 대해서도 변덕스럽게 굴 거라면 기꺼이 더 간단한 해결책을 제공할 생각이었다.

가공식품 기업들은 식료품 마트에서든 패스트푸드 체인에서든 소비자들이 음식에 대한 통제력을 회복하는 데 필요한 해결책을 내놓은 상태였다. 바로 자신들의 제품을 다이어트 식품으로 만든 것이다.

가공식품 업계의 다이어트 제품화는 사실 청량음료와 자판기 제품을 통해 훨씬 이전부터 시작되었다. 로열 크라운 컴퍼니는 1958년에 최초로 다이어트 음료를 선보였다. 다이어트 라이트Diet Rite라고 불리는 이 제품을 통해 로열 크라운 컴퍼니는 성인은 물론 어린아이들을 타깃으로 삼음으로써 엄청난 예지력을 보여 주었다. 전면 광고에서는 포동포동한 어린 소년이 빈 병만 가득한 플라스틱 상자를 보고 뾰로통한 얼굴로 말했다. "누가 저 다이어트 라이트 콜라를 다 마시는 거지?" 오늘날 다이어트 탄산음료는 다이어트 코크와 다이어트 펩시를 비롯하여 수십 종류가 넘는다.

가공식품 업계는 음료수에서 멈추지 않았다. 다음에는 빵, 유제품, 고기, 시리얼, 쿠키, 케이크, 수프, 냉동 피자에 이르기까지 마트에 있는 거의 모든 제품의 다이어트 버전을 출시했다. 기업들은 이런 제품의 마케팅 전략으로 3세기 금욕주의를 떠올리게 하는 언어를 사용하여 우리가 음식을 선택할 때 도덕성이 작용한다는 암시를 주었다. 그렇게 해서 나온 다이어트 식품의 브랜드명은 이팅 라이트 바르게 먹기, 헬시 초이스건강한 선택, 스마트 원스현명한 선택, 스위트 석세 스달콤한 성공였다. 필스버리는 소비자들이 먹어서는 안 되는 음식에 유혹당하지 않게 도와준다는 138칼로리짜리 다이어트 바에 피겨린 Figurine, 작은 조각상이라는 이름을 붙였다. 광고 문구는 다음과 같았다. "피겨린으로 당신의 의지력을 재충전하세요!"

동시에 기업들은 다이어트의 의미도 재정의하기 시작했다. 처음 에는 가공식품의 지주와도 같은 설탕을 빼서 칼로리를 줄이는 데만 집중했다. 1960년대에 디저타D-Zerta는 디저트용 젤리에 인공감미료 를 써서 칼로리를 일반 제품의 8분의 1로 줄였다. 디저타 광고는 다 이어트 책이나 프로그램의 교의와도 같은 '살을 뺀다고 즐거움을 포 기할 필요는 없다'는 점을 강조했다. "디저타는 여러분이 좋아하는 디저트를 계속 먹으면서도 꾸준히 평생 칼로리를 줄일 수 있도록 도 와줍니다." 제너럴 푸드가 처음 무설탕 젤로를 내놓았던 1984년 무 렵, 설문 조사에 따르면 식품과 관련된 사람들의 최대 관심사는 설 탕이었다.

상황은 곧 바뀌었다. 1989년에 소비자들의 우려는 설탕이 아닌 다른 곳을 향했다. 이런 사실은 그해 크래프트가 새로운 사업을 검 토하고 승인하는 필립모리스의 기업 제품 위원회에 제출한 전략 보 고서에 언급되어 있다. 당시 크래프트는 크래프트 프리Kraft Free라는 저칼로리 저지방의 새로운 샐러드드레싱 라인을 출시하기 위해 필 립모리스에 예산을 요구하면서 "대중의 높아진 인식으로 인해 식품

에 포함된 지방과 콜레스테롤을 우려하는 소비자들이 점점 더 많아
지고 있다."라고 설명했다.[37]

지방으로 관심이 옮겨 간 것은 포화지방이 심장 질환과 관련이
있다는 연구 때문이었지만, 사람들이 모든 지방을 지나치게 우려하
기 시작하면서 농산물 생산자들까지 덩달아 긴장했다. 개당 29그램
의 지방을 함유한 아보카도를 재배하는 농장 협회는 1993년 이사회
에 다음과 같이 긴급 문서를 발송했다. "소비자들이 이제 콜레스테
롤보다 지방을 더 걱정하고 있습니다!"[38]

그러나 다른 식품들은 소비자들의 변화에 침착하게 대처해 나
갔다. 지방은 가공식품의 매력을 극대화하기 위한 성분일 뿐이라 생
산 과정에서 충분히 뺄 수 있었다. 가공식품 제조 업체들은 그저 지
방을 대체할 성분을 만드느라 분주했다. 여기에는 추가적인 이점도
있었다. 지방은 설탕보다 열량이 두 배나 높아서 지방을 줄이는 쪽
으로 제품을 개편하면 새로운 다이어트 버전의 제품을 두 소비자 그
룹, 즉 심혈관 질환을 개선하려는 소비자와 살을 빼려는 소비자에게
모두 판매할 수 있었다. 크래프트는 필립모리스에 "크래프트 프리는
건강을 의식하는 소비자들을 타깃으로 하며 이들은 저칼로리만 따
지는 소비자보다 수가 더 많다."라고 설명했다.

드레싱은 성분을 바꾸기 쉽고 이윤을 더 많이 남길 수 있었다.
크래프트는 일부 기름을 식물성 섬유소인 셀룰로스로 바꾸었다.[39]
이런 성분 변화로 생산비가 3퍼센트 상승했지만, 가격은 기존 제품
보다 9퍼센트 올릴 수 있었다. 소비자들이 식습관에 대한 통제력을

되찾도록 도와줄 것 같은 제품에 가치를 더 두기 때문이었다. "우리는 단순하게 식사를 하던 사회에서 군것질을 하다 열량을 충전하는 사회가 되었다."[40] 1989년에 크래프트의 한 간부가 《월스트리트 저널》 인터뷰에서 한 말이다. 그는 또 패스트푸드가 이 사회를 먹는 것에서 치료를 원하는 폭식가들의 사회"로 바꾸었다고 덧붙였다. 2009년에 식품 업계에서 진행한 설문 조사에 따르면 미국 성인의 87퍼센트(당시 기준 1억 9400만 명)가 저칼로리 음식을 섭취하고 있었다.[41]

유제품은 식품 기업의 화학 연구원들에게 조금 더 까다로운 식품이었다. 저지방 우유는 생산하기도 쉽고 소비자들에게도 즉시 인기를 얻었다. 반면 저지방 치즈는 소비자들이 좋아하는 치즈의 특징, 곧 질감과 맛이 대부분 유지방에서 나오기 때문에 원하는 결과물을 얻기가 상당히 어려웠다.

그러나 다이어트 치즈도 불가능하지는 않았다. 다이어트 치즈와 같은 다이어트 식품은 지방 함량과 칼로리가 높은 일반 가공식품만큼 맛있을 필요가 없었다. 맛이 덜해도 구입하는 사람이 충분해서 가공식품 업계는 다이어트 제품으로 아주 큰돈을 벌어들였다. 다이어트 제품들은 일명 라인 확장기존 브랜드의 동일한 제품군에 새로운 제품을 추가하는 것이었다. 새로운 맛의 감자칩을 추가하는 것처럼 마트 선반에 자기 브랜드가 차지하는 공간을 넓혀 소비자의 카트 안으로 들어갈 가능성을 높이는 것이다. 1990년에 저지방 우유는 전체 우유 판매량의 46퍼센트를, 저지방 코티지치즈는 치즈 판매량의 41퍼센트를 차

지했다. 저지방 아이스크림과 저지방 마요네즈의 시장 점유율은 각 각 24퍼센트와 20퍼센트였다.[42]

식품 기업들이 유통 업체와 협의하여 새로 나온 다이어트 버전의 제품을 반드시 기존 일반 제품과 나란히 진열하는 데는 또 다른 이유가 있었다. 당분과 지방이 많고 열량도 높은 제품을 함께 둠으로써 소비자들이 살을 빼거나 식습관을 개선하겠다는 결심이 약해질 때 선택을 받도록 하려는 목적이었다.

네슬레는 린포켓Lean Pockets이라는 다이어트 식품 라인을 핫포켓과 나란히 파는데, 네슬레에서 근무했던 한 연구원은 냉동식품 코너에 서서 누가 다이어트 제품을 사고 누가 일반 제품을 사는지 지켜본 적이 있다고 했다. 그녀가 확인한 사실은 단 하나, 뚜렷한 패턴이 없다는 것이었다. 다이어트 제품과 일반 제품을 나란히 배치한 것은 현명한 전략이었던 셈이다. 사람들은 다이어트를 하겠다고 결심했다가 좌절하고 포기하기를 반복하기 때문에 손을 조금만 움직여도 두 종류의 제품을 마음대로 오갈 수 있다.

어쩌면 어떤 제품을 선택하느냐도 우리 생각만큼 중요하지 않을 수 있다. 다이어트 제품과 일반 제품은 의외로 차이가 크지 않다. 일반 제품인 핫포켓 페퍼로니 피자가 310칼로리인데, 린포켓 페퍼로니 피자의 열량은 고작 30칼로리 적은 281칼로리다.

벨비타 라이트Velveeta Light를 생각해 보자. 크래프트의 가공치즈 중 가장 인기가 많은 벨비타의 다이어트 제품인 벨비타 라이트는 1990년에 무지방 우유와 유장, 기타 치즈 부산물을 혼합하여 만든 것이다. 크래프트는 벨비타 라이트를 출시하기 위해 필립모리스를 설득하면서 시식 실험에서 놀랍게도 사람들이 기존 벨비타 제품보다 저지방 제품을 선호했다고 설명했다.[43] 그러나 벨비타 라이트는 맛을 유지하느라 벨비타보다 칼로리가 13퍼센트밖에 낮지 않았는데, 이는 1회 제공량으로 따지면 10칼로리 차이였다.

벨비타 라이트를 좋아하는 소비자 중에는 웨이트 와처스 회원들도 있었다. 이들은 가장 좋아하는 식품과 브랜드 제품을 먹기 위해 조리법을 바꾸기를 좋아했다. 그런 제품 중 하나가 벨비타 라이트로 대체하여 만드는 웨이트 와처스 치즈 수프였다. 그러나 내가 계산해 보니 벨비타 라이트를 넣은 수프로 줄일 수 있는 열량은 1인분에 기껏해야 13.5칼로리밖에 되지 않았다.

1990년대 말이 되자 지방을 우려하던 사람들은 다시 설탕을 걱정하기 시작했고 그 이후에는 지방이든 설탕이든 탄수화물이든 성분에 관계없이 열량이 얼마인지에 더 큰 관심을 보였다. (이런 변화의 요인 중에는 1998년에 소비자 권익 옹호 단체인 공익과학연구소가 발표한 보고서 「액체 사탕: 탄산음료가 미국인의 건강에 미치는 악영향」이 있었다. 이 보고서로 언론들은 미국인이 탄산음료를 얼마나 많이 마시는지에 주목했다.) 소비자들의 관심사가 또다시 바뀌자 벨비타 라이트와 같은 제품이 열량을 조금밖에 낮추지 못한다는 사실 때문에 가공식품 업계는 난처한 문제에 봉착했다. 13칼로리를 덜 섭취하는 것이 건강, 체중, 식습관에 도움이 되기는 할까? 앞서 확인했듯이 인간의 신진대사, 체지방, 호르몬은 모두 체중을 감량하려는 노력에 불리하게 작동한다. 따라서 살을 빼기 위한 다이어트라면 이 질문에 대한 대답은 우리가 바라는 것만큼 긍정적이지 않다. 인간의 신체는 13칼로리를 덜 섭취하는 데 따르는 이익을 쉽게 무효화할 수 있다.

다른 이유로 다이어트를 하는 경우는 어떨까? 린포켓이나 벨비타 라이트, 다이어트 코크를 선택하는 것이 음식에 대한 갈망이나 폭식과 같은 섭식 장애 증상이 발현되는 것을 방지하려는 목적이라면? 이 질문에 답할 수 있는 영양 전문가는 세상 어디에도 없을 것이다. 오히려 전문가들은 우리 주변에 식습관을 통제하려는 노력에 불리하게 작용하는 요소가 너무 많다고 말한다. 어떤 음식이든 쉽게 살 수 있는 환경, 매력적인 광고, 음식에 집중하지 못하게 하는 방해물과 같은 요소들이 너무 많아서 고작 몇 칼로리를 줄이는 사소한 방법은 큰 도움이 되지 않는다는 것이다.

다시 미셸 오바마 이야기로 돌아가 보자. 소비자들의 건강에 악영향을 미치는 제품의 성분을 바꾸자는 영부인의 호소를 듣고 새로운 아이디어를 떠올린 가공식품 기업들은 다이어트 라인 제품을 만드는 대신 기존 제품을 재편하는 전략으로 선회했다.

코카콜라, 켈로그, 크래프트, 펩시코와 같은 기업들은 합심하여 적정 체중을 위한 재단Healthy Weight Commitment Foundation이라는 단체를 창립했다. 미셸 오바마의 촉구에 대한 응답으로 기업들은 자신들이 판매하는 제품에서 총 1조 5000억 칼로리를 축소할 것을 약속했다. 결과는 초과 달성이었다. 2012년까지 그들이 판매한 제품의 칼로리는 총 54조 칼로리였다. 2007년 판매량의 총열량이 60조 4000억 칼로리인 데 비하면 6조 4000억 칼로리를 줄인 셈이다. 2016년에 재단 대표는 "열량 축소 계획을 성공적으로 완수한 것은 식품 음료 업계 가 비만 퇴치, 특히 아동 비만 퇴치를 위해 최선을 다하고 있음을 분 명하게 보여 준다."라고 했다.[44]

미셸 오바마의 캠페인은 정치적으로 큰 성공을 거두었다. 아동 비만 퇴치를 위해 시작된 렛츠 무브Let's Move 캠페인은 식품 업계를 질책하는 쪽에서 아이들에게 더 건강한 급식을 제공하고 운동 시간 을 늘리도록 돕는 쪽으로 변했다. 그렇다면 식품 업계의 전면적인 열량 축소는 일반인들의 건강에 어떤 영향을 미쳤을까?

식품 업계의 계획을 지지했던 로버트 우드 존슨 재단은 열량 축 소의 효과에 대한 과학적 평가를 전문 기관에 의뢰해 몇 가지 사실 을 밝혀냈다.[45] 먼저 기업이 줄인 수조 칼로리를 1인당으로 환산하 면 하루 78칼로리가 감소한 것에 그친다는 사실이다. 벨비타 라이트 치즈 수프를 먹는 것보다는 훨씬 나아 보이지만, 이 연구를 진행한 연구자들에 따르면 6조 4000억 칼로리를 축소함으로써 실제로 열량 을 덜 섭취한 사람이 누구인지는 알 수 없었다.

둘째, 기업들이 열량을 줄인 제품은 그들이 생산하는 전체 제품 의 3분의 1에 불과했다는 사실이다. 또 월마트 같은 유통 업체가 개 발한 자체 브랜드는 포함하지 않았다. 칼로리 축소는 대부분 탄산음 료 판매 감소에서 왔으나, 사실 탄산음료 판매량은 오래전부터 줄고 있었다. 세 번째는 유감스럽게도 식품 기업들이 패키지 양이나 1회 제공량을 줄이는 꼼수를 쓰는 바람에 소비자들이 최악의 방법으로 섭취 열량을 줄이게 되었다는 사실이다. 6조 4000억 칼로리의 14퍼센트를 넘게 차지하며 열량 축소에 가장 크게 공헌한 것은 신선한 채소와 냉동 채소의 판매 감소였다.

　이 연구를 수행한 노스캐롤라이나 대학교의 영양학자 배리 팝킨은 2014년 후속 연구에서 우려스러운 사실을 하나 더 발견했다. 아이가 있는 가정의 데이터를 분석하던 팝킨은 기업의 열량 축소 활동이 거의 사라졌다는 사실을 포착했다. 2011년과 2012년 사이에 판매 열량의 차이가 전혀 없었기 때문이다. 그는 보고서에 "열량 축소의 지속 가능성에 의문이 제기되며 지속적인 모니터링이 필요하다."라고 평가했다.[46]

　다시 말하면 식품 업계도 일반 대중과 다를 게 없었다. 기업이 (더 적게가 아니라) 더 많이 팔아 돈을 벌어야 한다는 점을 고려하면 식품 업계는 지속하지 못할 다이어트를 시작하고 노력을 점차 게을리한 것이었다. 팝킨은 세계 곳곳에서 기업이 공익에 합당한 행위를 하도록 설득한 다른 유사 사례들을 연구했지만 실망하고 말았다. "기업들의 이런 자발적인 약속은 기본적으로 홍보 전략일 뿐입니다. 기업이 이미 하고 있는 일에 기반한 데다가 궁극적으로 성공하지 못해요."[47]

8장 유전자 연구에 사활을 걸다

커지는 우려

2015년 2월 18일, 플로리다의 날씨는 쌀쌀했다. 보카러톤 리조트의 대강당 연단에 데니즈 모리슨이 올라서자 장내에는 바깥 공기보다 더 차가운 기운이 흐르는 듯했다. 모리슨은 식품 업계가 은밀한 자리에서 자기들끼리도 입에 담기 싫어하는 말, 즉 대형 가공식품 기업들이 큰 곤경에 빠져 있다는 사실을 참석자들 앞에서 공개적으로 선언했다.

모리슨은 전설적인 가공식품 제조 기업인 캠벨 수프 컴퍼니Campbell Soup Company의 회장이자 CEO였다. 1869년에 과일 상인과 아이스박스 제조업자가 합작하여 만든 캠벨 수프 컴퍼니는 슈퍼마켓에서 파는 거의 모든 제품을 생산하는 기업으로 성장했고, 페퍼리지

팜Pepperidge Farm, 브이에이트V8, 스파게티오SpaghettiOs, 프레고Prego, 스완슨Swanson 그리고 회사 이름을 따서 만든 캠벨 수프Campbell's Soup 같은 유명 브랜드를 보유하고 있었다. 또 각종 소스와 수프, 그레이비 소스가 포함된 솔즈베리 스테이크와 같은 식사용 제품을 학교, 병원, 레스토랑, 구내식당 등에 판매했다.

그러나 81억 달러에 이르던 매출은 점점 줄어들었고 그해에도 2퍼센트 감소했으며 정리해고 등의 혹독한 비용 절감 조치가 진행되고 있었다.[1] 일부 캠벨 수프 경쟁사들의 상황은 더 좋지 않았다.[2] 가공식품 업계 10대 기업의 연간 수익 성장률은 4.7퍼센트에서 마이너스 0.1퍼센트로 급락했다. 성장하지 않는 기업은 투자자를 끌어모으지 못하는 법이다. 월스트리트의 분석가들이 모인 대강당에서 모리슨은 연단에 올라 무엇이 문제인지 설명하기 시작했다.[3]

모리슨의 말에 따르면 무엇보다 소비자들이 눈치채기 시작했다. 더 정확히 말하면 많은 소비자가 가공식품의 유해성을 우려하면서 매출에 상당한 타격을 입었다. 지방이나 칼로리처럼 한 가지 문제만 우려하던 소비자들은 이제 가공식품 전반에 의심의 시선을 보내고 있었다. 식품 라벨에 쓰여 있던 정보도 과거에는 소비자들을 안심시키는 역할을 했으나 이제는 경종을 울리는 장치가 되었다. 포장지 앞면에 큼지막히 적힌 "강력한 치즈 맛"이라는 글자는 이제 불길한 기운을 내뿜었고, 포장지 뒷면에 깨알 같은 글씨로 쓰인 아세설팜칼륨이나 이산화티타늄 같은 첨가물은 섬뜩해 보였다.

소비자들도 가공식품만이 문제가 아니라는 사실을 알고 걱정하기 시작했다. 새 연구가 행위에 대한 통제력을 잃게 하는 요인으로 인간의 유전자를 꼽았기 때문이다. 그러나 이 연구도 과식을 일으키는 유전자를 가진 사람이 누구인지, 그래서 장을 보러 가거나 메뉴판에서 식사를 주문하는 일이 승산 없는 도박처럼 느껴지는 사람이 누구인지는 가려내지 못했다.

무엇보다 사람들은 인간이 본능적으로 음식에 끌린다는 사실에 충격을 받았다. 그 말인즉슨 아무리 노력해도 특정한 감각, 특히 설탕의 단맛에 매력을 느끼지 않을 수 없다는 의미였다. 인공감미료도 시도해 보았으나 그 환상은 결국 깨졌다. 수십 년간 성장을 거듭하던 다이어트 코크와 다이어트 펩시의 매출이 2000년대 중반에 최고를 기록한 뒤 3분의 1이 감소한 사실만 봐도 알 수 있었다. 우리 몸은 음식에 대한 자유의지를 상실할 만큼 다시 설탕에 매료되고 말았다.

이런 가공식품에 관한 모든 우려가 소비자들의 식습관을 바꾸고 있다고 모리슨은 설명했다. 소비자들은 점점 캠벨과 같은 기업의 지분이 적은 농산물 코너에서 식품을 더 많이 구입했다. 실제로 소비자들은 슈퍼마켓의 가장자리에 배치된 신선한 야채와 과일, 육류, 생선, 요거트와 같은 제품에 돈을 더 많이 쓰고 초가공식품이 모여 있는 마트의 중심 부근에는 잘 가지 않았다. 게다가 마트에 직접 가는 대신 온라인에서 장을 보는 사람도 많아졌는데, 온라인에서 장을 볼 때는 대개 본인은 물론 부모, 조부모들이 어렸을 때부터 애용해 온 브랜드를 구입하지 않는 경향이 있었다.

모리슨에 따르면 가장 심각한 문제는 따로 있었다. 소비자들이 한때 자신이 사랑하던 브랜드들이 더 나은 삶을 살아가는 데 의미 있는 역할을 할 수 있는지 의문을 품기 시작했다는 것이다. 이러한 의심은 외식에도 적용되었다. 맥도날드는 샐러드를 팔기 위해 애썼지만, 사람들은 샐러드만 파는 새로운 패스트푸드 체인에 몰려들었다. 모리슨은 소비자들이 더 이상 빠르고 편리한 음식을 신뢰하지 않는다는 사실의 의미를 오판해서는 안 된다고 말했다. 빠르고 편리한 음식을 생산하는 식품 업계 자체가 신뢰의 위기에 처한 것이다.

"우리는 신선 식품에 대한 폭발적인 관심을 목도하고 있습니다. 음식이 건강과 행복에 미치는 영향에 대한 소비자들의 관심이 급증했고 소비자들은 제품이 어디서 어떻게 생산되는지, 재료는 무엇인지, 그 재료들은 어떻게 만들어지는지에 관한 투명한 정보를 식품 기업에 점점 더 요구하고 있습니다. 더불어 여러분도 모두 아시다시피 수백만 명의 소비자들이 아주 오랫동안 의지해 온 거대 가공식품 기업과 유명 브랜드, 이른바 빅푸드Big Food에 대한 사회의 불신도 점점 커져 갑니다."

"제가 처음에 언급했던 것처럼 우리는 빅푸드에 대해 깊어 가는 사회의 불신을 잘 알고 있습니다." 모리슨은 이렇게 강조하며 말을 이어 갔다. "믿을 수 있고 정직한 음식을 맛보려는 소비자들이 점점 더 많아지고 있고, 그들이 오래된 거대 식품 기업들이 그런 음식들을 제공할 수 없다고 생각한다는 사실을 우리는 잘 압니다."

자리에 있던 분석가들은 깜짝 놀랐다.[4] 나는 그 콘퍼런스에 참석했던 알렉시아 하워드와 통화할 기회가 있었는데, 하워드는 식품 업계가 그렇게 솔직하게 이야기하는 것을 한 번도 본 적이 없다고 했다. 그러면서 모리슨의 분석이 아주 정확하다고 말했다. "오늘날 미국 인구의 절반이 넘는 사람들이 식품 체계 전체를 점점 더 신뢰하지 않는다고 말하는 게 사실이죠." 하워드는 연구로 이것을 증명했다고 했다. "요즘 온라인에서는 무엇을 먹고 무엇을 먹지 말아야 하는지 논의가 아주 활발합니다."

물론 업계에는 겁먹을 이유가 전혀 없다며 이런 경고를 거부하는 사람들도 있었다. 투자가 워런 버핏은 코카콜라에 상당한 돈을 투자했을 뿐 아니라 코카콜라를 입에 달고 사는 사람이었다. "내 몸의 4분의 1은 코카콜라로 이루어져 있습니다." 버핏은 2015년 인터뷰에서 말했다. "내가 하루에 2700칼로리를 먹는다 치면 그중 25퍼센트는 코카콜라입니다. 적어도 하루에 다섯 캔은 마시거든요."[5] 버핏은 가공식품을 고수했다. 모리슨의 연설이 있고 5주가 지났을 무렵, 버핏은 2년 전 공동 인수했던 하인즈를 크래프트와 합병시켰다. 가공식품에 대한 대중의 깊어지는 우려를 어떻게 타개할지 묻는 질문에 그는 여전히 초가공식품을 구매할 것으로 예상되는 사람은 수백만, 수천만 명이나 된다고 말했다. "하인즈의 역사는 1859년으로 거슬러 올라갑니다. 그런 제품의 맛에는 오랜 전통이 있죠. 다른 식품을 먹겠다는 사람도 많겠지만 크래프트 하인즈가 만드는 제품을 먹고 싶어 하는 사람도 여전히 많아요."[6]

그러나 캠벨을 포함한 다수의 식품 기업은 그런 도박을 하지 않았다. 가공식품에 대한 소비자들의 의심이 커진다는 사실은 소금,

설탕, 지방의 과다한 사용을 문제 삼은 미셸 오바마나 맥도날드의 중독성을 고발한 재즐린 브래들리보다 훨씬 큰 위협이었다. 무려 가 공식품의 미래가 걸린 문제였기에 캠벨은 네슬레, 펩시, 코카콜라를 비롯한 거대 가공식품 기업들과 함께 소비자들의 식습관에 대한 지 배력을 유지하기 위해 지금껏 본 적 없는 가장 야심 찬 작업에 착수 했다.

과거 식품 업계는 법정에서나 실험실에서나 사람들의 우려를 부인하고 식품의 칼로리를 줄이는 전략을 통해 소비자들의 깨달음 을 지연시켜 왔으나 이제는 패배를 인정하는 척하는 계략을 펼칠 것 이었다. 과거에 필립모리스가 그랬던 것처럼 가공식품 기업들은 제 품의 중독성을 인정하고 중독성이 있는 제품을 개선하여 소비자들 의 우려를 완화하는 데 주력하려 한 것이다.

일부 대기업은 소비자들의 신뢰를 상실했다는 모리슨의 고백이 있었을 때 이미 조치를 취하기 시작하여 소비자들이 걱정하는 문제 들을 서둘러 해결하고자 했다. 먼저 제품 라벨에 대한 나쁜 평판을 쇄신했고, 우리 DNA의 결함을 보완할 대책을 강구했다. 그리고 가 공식품에 대한 소비자들의 갈망은 유지하되 소금, 설탕, 지방 중독 에 대한 생리작용을 개선하는 데 수백만 달러를 투자했다.

사람들이 더 건강하게 먹기를 고집하면 식품 기업들은 더 건강 하다는 것이 어떤 의미인지 직접 정의하고 그것을 마음대로 사용할 태세였다.

고단백 저혈당 식단 프로젝트

이와 관련한 최초의 움직임은 그로부터 거의 10년 전인 2006년 4월에 북유럽에 독특한 식료품 마트 두 곳이 개장하면서 시작되었다.[7] 하나는 덴마크, 다른 하나는 네덜란드에 생긴 이 마트에서는 돈을 받지 않았다. 이 마트의 유일한 기능은 수집한 데이터를 중앙 컴퓨터에 보내는 일이었다. 이곳에서 1년 동안 장을 본 80여 가구에게 제공되는 모든 식료품은 공짜였다.

마트에 자금을 댄 이들도 다소 독특했다. 그중 하나는 유럽연합의 행정 집행 기관이자 비효율적인 정치기구로 유명한 유럽연합 집행위원회였다. 또 다른 재정 지원자는 3대 가공식품 기업인 크래프트, 네슬레, 유니레버였다. 이들은 서로를 경멸한다고 말해도 무방한 사이였다. 당시 유럽연합 집행위원회는 미국에서 시작되어 유럽으로 번진 영양학적 역병을 우려했다. 유럽 전역과 영국에서 가공식품 소비가 늘면서 식생활 관련 질병 발생률이 급증했고 그 결과 정부의 의료 예산이 고갈될 위험에 처했기 때문이다. 집행위원회는 이 문제를 전적으로 거대 식품 기업들 탓으로 돌렸다.

한편 식품 기업들은 미국 소비자들이 가공식품을 거부하기 시작하면서 수익 성장이 답보 상태에 이르자 해외 시장을 개척하려 고군분투하는 중이었다. 과거 담배 기업들이 그랬던 것처럼 식품 기업들도 국외로 시장을 확대하면 수익이 크게 증대하리라고 보았다. 그들은 정부 기구의 과도한 보호 정책이 자신들의 계획에 간섭하는 것을 원치 않았다.

　무엇이 이렇게 적대적인 두 주체를 한데 불러 모았는지는 확실치 않다. 2007년 가을, 크래프트가 뮌헨에 있는 자사 연구 개발 실험실에서 만찬을 주최했다. 언쟁은 즉시 시작되었다. 집행위원회에서 소집한 학자들은 사람들에게 식습관에 대한 통제력을 되찾아 주려는 자신들의 노력을 기업들이 방해한다고 비난했다. 특히 가공식품 라벨에 적힌 정보가 모호하고 오해를 불러일으킨다며 분개했다.

　세 기업의 간부들은 학자들이 결론을 도출하는 데 너무 오래 걸리고 궁극적으로 실험실 밖의 현실 세계를 반영하지도 못하는 연구에 너무 애를 쓴다며 불만을 토로했다. 소비자들도 비난의 대상이 되었다. 식품 제조 기업들은 소비자들이 경박하고 음식에 대한 자제력이 없어서 허황된 말에 쉽게 휩쓸리고 진짜 문제를 해결하려고 노력하지 않는다고 주장했다. 뮌헨 회의에 관한 기사에 따르면 유니레버의 간부이자 연구원은 "소비자들은 즉각적인 위험을 감지하면 자진해서 단기적으로 섭식 행동을 급격하게 바꾸지만, 오랜 시간이 지나 나중에 발현되는 위험은 그 사실을 알아도 건강하지 않은 식습관을 바꾸려 하지 않는다."라며 투덜댔다.[8]

　그러나 이런 상호 비난의 이면에는 학계와 산업계를 한데 모을 아주 매력적인 아이디어가 숨어 있었다. 그것은 특정 영양소의 섭취량에 변화를 주는 방식으로, 기업의 관점에서 말하면 제품 라벨의 영양 성분표에 들어가는 숫자를 조금 손보는 방식으로 나쁜 식습관에 대한 중독을 치료할 수 있는가 하는 것이었다. 이는 이미 많은 사람이 그 유해성을 알고 있는 소금, 설탕, 지방의 양을 단순히 조정하는 것 이상의 작업이 필요한 일이었다.

그들은 이 대담한 계획을 다이어트diet, 비만obesity, 유전자genes의 앞 글자를 따 다이오진DiOGenes 프로젝트라고 불렀다. 자금을 지원받는 대가로 학자들이 연구하여 제안한 해결책은 기업들에 넘겨져 제품 생산과 판매에 사용될 예정이었다. "요컨대 시중에 내놓을 제품에 대한 구체적인 사양과 범위를 학계가 정의하면 기업들은 그것을 제조하여 판매하기 위해 노력한다." 뮌헨 회의의 합의문은 이렇게 규정했다. "그러나 그런 제품들은 맛, 가격, 편의성과 같은 기타 소비자 기준을 충족하는 경우에만 유효하다."[9] 다시 말해 학자들이 더 건강한 식습관을 위해 어떤 방법을 찾아내든 간에 여전히 가공식품의 특징을 유지하는 제품이어야 했다.

코펜하겐과 마스트리흐트에 생긴 두 식료품 마트에서 장을 보도록 선정된 80가구는 모든 식품을 공짜로 얻을 수 있다는 사실이 믿기지 않았다. 켈로그는 아침 식사용 시리얼을 제공했고, 하인즈는 케첩을 제공했다. 코카콜라는 음료를, 크래프트는 크림치즈와 초콜릿, 파스타, 마요네즈를 제공했다. 고기와 생선, 야채 종류는 신선 식품과 냉동식품 모두 구비되어 있었다. 선정된 80가구에게는 이들 식품이 모두 무료였다.

하지만 제약이 하나 있었다. 바로 연구원들이 조언하는 대로 식품을 구매해야 한다는 점이었다. 일반적으로 건강한 식습관의 세계는 크게 두 진영으로 나뉘는데, 양측 모두 자신의 접근법을 열렬히

지지하는 경향이 있다. 한쪽 진영은 지방을 적게 섭취하는 것이 가장 중요하다고 여긴다. 이들은 무지방 우유를 마시고 무지방 요거트를 먹으며 다른 식품도 지방 함량이 적은 제품을 고른다. 다른 쪽은 음식 중독과 과체중의 문제가 탄수화물 때문이라고 여긴다. 이들은 빵, 설탕을 비롯해 탄수화물로 분류되는 식품을 피한다.

밝혀진 바에 따르면 두 진영 모두 맞고 모두 틀리다. 과식을 피하려는 사람들에게 두 가지 방법은 모두 매우 효과적일 수 있다. 그러나 1년이 지나면 그 효과는 서서히 약해진다. 적어도 다이오진 프로젝트 연구자들이 저지방 섭취와 저탄수화물 섭취에 관한 연구를 분석한 결과에 따르면 그랬다.[10] 그래서 연구자들은 피험자들이 식단에서 탄수화물을 빼거나 지방을 빼는 대신 다른 것을 첨가하는 새로운 실험 방법을 고안했다.

이 첨가물은 단백질이었다. 단백질은 이미 영양학 분야에서 과식 예방에 도움이 된다고 소문이 나면서 많은 관심을 받고 있었다. 단백질이 더 빠른 속도로 포만감을 주어 쿠키나 감자칩이 자극한 탐닉을 무력화한다는 것이다. 이런 가정에 따라 연구자들은 각 가구에 매주 섭취할 단백질 양을 모두 다르게 정해 주었다.

연구자들이 주목한 또 다른 요소는 혈당지수GI였다. 혈당지수는 음식 속에 있는 당이 체내 혈류와 뇌에 얼마나 빨리 도달하는지 측정하는 지표로, 이것을 통해 먹는 것에 대한 자제력을 잃게 하는 탐닉이 생길 가능성이 얼마나 되는지 알 수 있다. 따라서 피험자들은 단백질 섭취량뿐만 아니라 감자 같은 식품이나 정제 밀가루로 만든

흰 식빵 같은 초가공식품을 섭취한 후 혈당이 상승한 정도에 따라 분류되었다.

일반인이 보기에 피험자들이 구매하는 식료품에는 큰 차이가 없었다. 고단백질 그룹 가정은 고기, 치즈, 콩을 더 많이 섭취하여 총 열량의 13퍼센트였던 단백질 섭취량을 25퍼센트까지 끌어올렸다. 혈당지수를 낮추도록 지정된 가정은 감자칩과 같이 자신들이 좋아하는 식품 몇 가지를 먹지 않고 지내야 했다.

피험자들은 총 네 그룹으로 분류되었다. 첫 번째 그룹은 고단백 저혈당 그룹, 두 번째는 저단백 고혈당 그룹, 세 번째는 통제 집단, 네 번째는 일반적으로 많은 사람이 시도하는 다이어트 방식을 따라야 하는 그룹이었다. 과체중인 피험자들에게는 먼저 8주간 총 섭취 열량을 줄여 살을 빼도록 했다. 이후 피험자들은 지정된 그룹의 특성에 따라 26주간 장을 보고 식사를 했으며 체중을 지속적으로 확인하고 기록했다. 이 실험에서 얻은 데이터는 다른 유럽 국가 몇 군데서 진행된 다이오진 프로젝트의 실험 결과와 통합되어 2010년 《뉴잉글랜드의학저널》에 발표되었다.

연구 결과는 고무적이었다.[11] 고단백 저혈당 그룹에 속한 피험자들의 결과가 가장 좋았다. 이들은 다른 그룹과 달리 요요 현상이 없었을 뿐만 아니라 심지어 체중이 계속 줄기도 했다.

이쯤 되면 다이오진 프로젝트에 돈을 댄 기업들은 초조해질 수밖에 없었다. 혈당지수를 가장 높게 올리는 음식에 바닐라 케이크, 냉동 와플, 탄산음료, 설탕이 많이 든 시리얼, 과일맛 젤리, 마카로니 앤드 치즈, 피자와 같은 가공식품 기업의 효자 제품들이 포진해 있었기 때문이다. 그러나 이후 식품 제조 기업들이 완전히 배신당했다고 느낄 법한 일이 발생했다. 프로젝트에 참여했던 학자들이 연구 결과를 바탕으로 가공식품을 완전히 무시한 조리법에 화려한 삽화를 더해 책을 낸 것이다.[12]

기업이 자금을 댄 연구 결과를 담은 『노르딕 웨이The Nordic Way』라는 제목의 이 책은 캠벨의 CEO가 빅푸드라고 칭한 대형 식품 기업들이 생산하는 거의 모든 제품을 배제했다. 아침 식사는 거칠게 자른 오트밀이나 집에서 만든 그래놀라였고, 점심 식사는 레몬과 꿀, 페타치즈, 닭고기로 만든 콜슬로였다. 오후 간식은 견과류 한 주먹에 저녁 식사는 오믈렛이나 비트 샐러드를 곁들인 생선 필레였다. 책에서 찾아볼 수 있는 최대치의 가공식품은 스키르Skyr라는 걸쭉한 아이슬란드식 요거트였다.

『노르딕 웨이』를 집필한 연구자들은 심지어 킷캣Kit Kat도 콕 집어 비판했다. 연구비를 지원한 기업 중 한 곳인 네슬레가 생산하는 킷캣은 초콜릿으로 덮인 얇고 긴 과자다. 연구자들은 입안에서 부서지고 녹는 킷캣의 특성이 인간의 뇌를 자극하는 질감 대비textural contrast의 한 종류라고 설명하면서 "우리는 이것을 건강한 식단에도 활용할 수 있는데, 이를테면 얇게 썬 구운 아몬드를 샐러드에 뿌려 부드러운 채소와 상반되는 바삭바삭한 식감을 첨가할 수 있다."라고 덧붙였다. 연구자들은 가공식품 기업들을 무시한 것을 넘어 그들의 아이디어를 도용하고 있었다.

그렇다면 다이오진 프로젝트에 자금을 댄 기업들은 이에 분노했을까? 『노르딕 웨이』의 판매 금지명령이라도 신청했을까? 전혀 그렇지 않다. 이 기업들이 100년이 넘게 명맥을 이어 가는 것은 결코 요행이 아니다. 그들은 자신의 고객을 아주 잘 파악하고 있었다. 학자들은 소비자들이 얼마나 의지가 박약한지 잊는다 해도 기업들은 기억하고 있었다. 대구, 토마토, 통호밀 3분의 1컵을 섞은 샐러드가 네브래스카주 링컨, 심지어 뉴욕이나 프랑스 툴루즈에서도 크게 유행할 리 없다는 사실을 그들은 알고 있었다.

실제로 북유럽에서 진행한 슈퍼마켓 실험은 식품 산업계에 엄청난 희소식이었다. 어차피 이해하기도 어려운 혈당 요소를 제외하면(식품 라벨에도 얼마나 빨리 혈당을 올리는지에 관한 정보는 없다.) 실험 결과는 가공식품에서 이미 빠르게 최신 유행이 되어 가던 트렌드를 재확인해 준 셈이었다. 바로 단백질을 일정량 첨가하기만 해도 제품이 개선된 것처럼 보이게 만들 수 있다는 사실이었다.

'건강한' 물질을 제품에 첨가하는 것은 식품 기업에게 언제나 까다로운 일이었다. 1990년 이전까지 기업들은 광고에 선전 문구를 마음대로 써넣을 수 있었다. 이에 미국 의회는 FDA에 이런 기업의 재량을 제한하고 칼슘을 첨가해 골다공증 예방에 도움이 된다든지 포화지방을 줄여 심장병의 위험을 줄일 수 있다든지 같은 실제 과학적 근거가 있는 주장만 할 것을 의무화하도록 했다. 오늘날 식품 기업들은 FDA를 압박하여 이 제재를 다시 완화하려 하고 있다. "제품 포장에 쓰인 선전 문구들은 이른바 절단 효과가 있습니다." 한 FDA 연구원이자 사회학자는 최근 있었던 청문회에서 이렇게 설명했다. "다시 말해 제품 겉면의 가장 잘 보이는 곳에 어떤 문구가 쓰여 있으면 소비자들은 라벨의 영양 성분 정보를 잘 보지 않는 경향이 있습니다."[13]

제품 앞면에 노출된 정보에 감탄하여 매력을 느끼면 뒷면 라벨에 적혀 있는 좋지 않은 성분들은 간과한다는 의미다. 이런 효과를 유도하기 위해 사용되는 첨가물은 아주 다양한데, 당근이나 호박에 있는 베타카로틴(세포를 손상하는 유리기를 중화한다.), 토마토에 있는 리코펜(전립선 건강에 유익하다.), 귀리 겉겨와 호밀에 많은 베타글루칸(특정 암 발병의 위험을 줄인다.)도 그중 일부다.[14] 그러나 이런 성분의 효과에 대한 과학적 증거는 아직 불충분하다.

어떤 첨가물은 심리적으로 너무나 강한 인상을 주어서 다른 특별한 선전 문구 없이도 단독으로 제품 포장의 전면을 장식할 수 있을 뿐만 아니라 소비자들에게 자동적으로 건강한 식습관을 연상시킨다. 그중에서도 단연 으뜸은 단백질이다.

단백질은 인체를 구성하는 물질 중 하나로 여러 개의 아미노산으로 이루어져 있다. 설탕, 지방, 소금과 달리 건강에 좋지 않다는 문화적 인식이 없는 데다 근육, 힘, 에너지의 이미지를 자아낸다. 사실 사람들은 대부분 이미 단백질을 충분히 섭취하고 있다. 그렇다면 단백질에는 중독성이 있을까? 단백질 섭취량을 줄이고 싶은데 고기를 덜 먹기가 힘들 수 있다는 면에서는 그럴지도 모른다. 그것이 아니더라도 식품에 들어 있는 한 가지 물질에 너무 연연하는 것은 (목적이 그것을 덜 먹는 것이든 더 먹는 것이든) 음식과의 관계를 망칠 위험이 있다. 그러나 식품 업계 단체인 국제생명과학연구소는 2014년 버뮤다 회의에서 사람들이 어떻게 음식에 대한 자제력을 잃게 되는지 들은 후 부지런히 단백질을 홍보했다. 그들은 단백질위원회라는 기구를 설치하고 단백질이 아무리 먹어도 지나치지 않은 유익한 영양소라는 인식을 퍼뜨렸다.[15]

식품 기업에서 일하는 화학자들이 바빠졌다. 2015년부터 코카콜라는 고단백 우유를 생산하기 시작했고, 유니레버는 단백질 양을 늘린 새로운 아이스크림을 출시했다. 제너럴 밀스는 단백질을 첨가한 새로운 버전의 치리오스Cheerios를 내놓았으나 설탕도 늘렸다는 사실을 표기하지 않아 소송을 당했다.[16] 머핀, 팝콘, 막대 아이스크림에도 단백질이 첨가되었고 육포의 인기가 하늘을 찔렀다.[17] 한동안은 낙농 업계도 호황을 맞았다. 많은 제품이 고단백 식품을 만들기 위해 우유의 유장을 사용했기 때문이다. 그러나 곧 콩과 같은 식물성 단백질이 새롭게 유행하기 시작했고, 경영 컨설팅 회사 맥킨지는 2019년 단백질 시장 보고서에서 "시장 점유율을 위한 경쟁이 시작되었다."라고 분석했다.[18]

나는 다이오진 프로젝트에 참여했던 연구원이자 『노르딕 웨이』의 저자이기도 한 아르네 아스트루프에게 이 단백질 광풍에 일말의 책임이 있다고 생각하는지 물었다. 그는 자신들의 연구가 사람들을 잘못된 길로 내몰았을지도 모른다고 시인했다. 최근 일부 연구에 따르면 단백질은 우리가 생각하는 것만큼 대단하지 않았다. 유전적으로 살이 찌기 쉬운 사람들은 단백질을 많이 섭취하는 다이어트를 해도 좋은 결과를 얻지 못했다. 이들에게는 단백질이 음식에 대한 탐닉을 억제하는 데 전혀 도움이 되지 않았고, 개중에는 심지어 체중이 더 증가한 사람들도 있었다.

아스트루프는 초기 연구에서 단백질이 과대평가되었던 것 같다고 털어놓았다. 그는 고기보다 식물성 단백질이 포만감을 주는 데 더 낫다는 사실을 발견했다. 아스트루프에 따르면 콩, 견과류 같은 콩과 식물에 섬유소가 많은데, 결국 이 섬유소가 식습관에 대한 통제력을 회복하는 데 실질적인 도움을 준다고 했다.

식품 제조 기업들에는 전혀 문제 될 것이 없었다. 그들은 제품에 식이섬유의 함량도 함께 늘려 단백질에 대한 위험을 분산시켰다. 단백질과 마찬가지로 식이섬유도 에너지와 포만감을 준다. 일반 소비자들에게 문제가 되는 점은 하나뿐이다. 식품 기업들이 제품에 첨가하는 식이섬유는 스물여섯 가지나 되고 원천이 매우 다양한데 가장 값싼 재료를 사용하므로 대부분 포만감을 주지도 않을뿐더러 음식 섭취량을 줄이는 데도 별 도움이 되지 않는다는 사실이다.[19] 업계에서 직접 수행한 연구에서도 이런 사실이 증명되었다. 기업들의 이런 계책에 대응하기 위해 2018년에 FDA는 기업들에게 영양 성분표에 식이섬유로 기재하기 전에 해당 섬유소가 실제 효과가 있는지 증명하는 연구를 수행할 것을 의무화하겠다고 발표했다.[20]

유전자 연구에 답이 있을까

다이오진 프로젝트를 통해 알 수 있는 또 다른 사실은 최근 식품 기업과 일부 학자들 사이에 유전자 연구를 통해 섭식 장애를 해결할 수 있다는 믿음이 점점 커지고 있다는 점이다.

유기화학자 로저 윌리엄스는 이런 생각을 최초로 제시한 사람 중 한 명이다. 인도에서 선교사의 자녀로 태어난 그는 부족한 영양 상태가 질병에 미치는 영향을 두 눈으로 직접 보며 자랐다. 1950년에 윌리엄스는 영양부족으로 인한 질병이 유전자 문제일 수 있다는 인식을 전파하기 시작했다. 학술지 《영양학리뷰》에 발표한 글에서 그는 이것을 DNA가 필수영양소 흡수를 방해하는 유전성 영양 질환이라고 규정하면서, 알코올 중독도 이런 식으로 유전자에서 비롯되는 질병에 포함된다고 주장했다.[21] 그는 특정 영양소가 부족하면 알코올 섭취량이 증가했다가 영양소가 정상적으로 회복되면 알코올 섭취 증가가 거의 멈추었다는 동물 연구를 인용했다. 인간의 영양소 흡수 능력이 DNA에 의해 저해될 수 있다는 사실이 분명해지면서 윌리엄스의 생각은 유전학에 큰 의의가 있었다.

오늘날 연구자들은 윌리엄스의 주장을 뒤집어 생각하여 유전자에서 결함이 아닌 식습관에 대한 통제력을 회복할 열쇠를 찾기를 바라고 있다.

프랑스의 의사이자 연구자인 브뤼노 에스투르는 거식증을 연구하던 중에 이해할 수 없는 문제에 봉착했다. 거식증으로 보이는 사람 중 일부에게서 확실한 거식증 증세가 나타나지 않았기 때문이다.[22] 이들은 비정상적으로 말랐지만 신체의 화학작용에는 별문제가 없었다. 이를테면 거식증이 있는 여성은 대개 영양부족으로 인한 스트레스로 생리를 하지 않는데 이들은 정상적으로 생리를 했다. 또 이들은 음식이나 먹는 이야기를 할 때도 섭식 장애 때문에 힘들어하는 것 같지 않았다. 이들은 먹지 않으려고 특별히 노력하지 않았고, 오히려 그들의 체중을 생각하면 믿기 어려울 만큼 먹는 것을 거리낌 없이 자유롭게 이야기했다.

에스투르는 실험에 자원할 사람들을 모집하다 과거 광업도시였던 프랑스 남부 생테티엔에 있는 자신의 병원 근처에 이런 사람이 아주 많다는 사실을 알고 깜짝 놀랐다. 피험자 중에는 전기공학을 공부하는 스무 살 학생 플로리앙이 있었다. 그는 키가 180센티미터인데 몸무게가 54킬로그램밖에 나가지 않았다. 갈비뼈가 너무 튀어나와 상의를 벗기 민망해서 한 번도 수영장에 가 본 적이 없었고, 아무리 노력해도 근육은커녕 살도 찌지 않는다고 했다.

내가 플로리앙을 만난 것은 어느 늦은 오후였다. 그는 그날도 여느 때와 다름없이 식사를 했다고 했다. 푸짐한 아침 식사를 하고 점심도 배가 부를 때까지 먹었으며 중간에 간식도 여러 번 먹었다. 저녁에는 어머니가 차려 주는 식사를 할 예정이었는데, 그의 어머니는 요리를 썩 잘하지는 않아도 그가 더 이상 먹지 못할 때까지 음식을 내준다고 했다. 늦은 밤에도 언제나처럼 뤼 핌스LU Pim's 한 상자를 새로 뜯어 과일잼이 들어 있는 다크 초콜릿 쿠키를 끊임없이 먹고 또 먹을 거라는 이야기를 듣고 있자니 그의 행동은 탐닉이라기보다 따분하고 고된 일처럼 느껴졌다.

플로리앙은 그렇게 먹는데도 체중에 전혀 변화가 없다며 투덜댔다. 그의 일란성 쌍둥이 형제인 제레미도 마찬가지였다. 두 사람 모두 깡마른 체형에 늘 억지로 많이 먹었지만 별 성과를 얻지 못했다. 플로리앙이 한마디로 "우리는 먹고 싶은 대로 먹지만 체중은 늘지 않는다."라고 설명하자 제레미가 맞다는 듯 고개를 끄덕였다.

에스투르는 생테티엔에 거주하는 피험자 여덟 명을 더 구했다. 모두 거식증 환자처럼 보였지만 이야기하는 것을 들어 보면 대식가 같았다. 에스투르는 먼저 피험자들이 자신의 병을 감추려고 거짓으로 진술하는 건 아닌지 시험해 보았다. 솔직히 전혀 말이 되지 않았기 때문이다. 물론 세상에는 먹는 것에 대해 고심하지 않아도 날씬한 몸을 유지하며 사는 사람들이 있다. 그러나 그들은 살찌려고 온갖 애를 쓰는데도 살이 찌지 않는 사람들은 아니다.

에스투르의 피험자들은 평소와 다름없이 식사를 하라는 지시를 받았다. 그 대신 한 달 동안 매일 추가로 먹어야 할 식품 꾸러미를 받았다. 여기에는 버터, 그뤼에르치즈, 땅콩, 올리브유가 담겨 있었다. 에스투르가 선택한 이 식품들은 배가 많이 부르지 않으면서도 1일 섭취량에 거뜬히 630칼로리를 더할 수 있었다.

평균 체형인 사람들로 구성된 두 번째 집단에도 동일한 식품 꾸러미가 제공되었다. 예상대로 이들은 체중이 늘기 시작했다. 실험이 진행된 4주 동안 900그램 이상 쪘을 뿐만 아니라 본래 식습관으로 돌아간 이후에도 늘어난 체중이 빠지지 않았다.

그러나 마른 체형의 사람들은 추가로 섭취한 칼로리가 흔적도 없이 사라져 버린 듯했다. 한 달 동안 체중이 100그램도 늘지 않은 것은 물론이고 실험이 끝나자 살이 빠지기 시작했다.[23] 그들 모두 결국에는 몸무게가 평균 450그램 정도 줄었다. "정말 당황스러운 결과였습니다. 우리는 대개 에너지가 균형을 이루고, 많이 먹을수록 살이 찐다고 생각합니다. 하지만 마른 사람들은 오히려 살이 빠졌어요. 이것은 우리가 알고 있는 사실이 모두 틀릴지도 모른다는 의미였습니다."[24]

에스투르는 마른 사람들의 건강을 우려하지는 않았다. 너무 말라서 정신적으로 스트레스를 받는다는 점을 빼면 그들은 건강했다. 그보다 에스투르는 그들의 특징이 건강하지 않은 사람들에게 희망을 줄지 모른다는 생각에 고무되었다. 어찌 되었든 그들의 신체는 아주 중요한 면역 메커니즘을 갖추고 있었기 때문이다. 그들은 수천만 명을 괴롭히는 비만이라는 역병과 섭식 장애로부터 안전해 보였다. 에스투르는 그들의 비밀이 비만을 예방하는 백신이 될지도 모른다고 생각했다.

이런 야심 찬 생각은 에스투르의 고향인 프랑스 땅에서 점점 고조되는 위험에서 비롯되었다. 포토푀고기와 채소를 넣고 만든 진한 수프와 잠봉 드 파크삶은 달걀과 파슬리를 넣어 만든 부활절에 먹는 햄 요리를 발명한 이 나라는 집에서 준비한 식사를 천천히 오래 먹는 전통을 어느 정도 고수하고 있었지만 패스트푸드가 엄청난 기세로 밀려들어 왔다. 생테티엔에는 맥도날드 매장이 두 개, KFC가 하나, 그와 비슷한 패스트푸드 매장이 스무 개 넘게 들어와 있었고 아이들은 피자와 햄버거, 감자튀김, 탄산음료라면 사족을 못 썼다. 프랑스의 비만율은 미국보다는 훨씬 나았지만, 2020년까지 남자아이의 3분의 1이 과체중이 될 것으로 예측되었다. 여자아이들의 추정치도 그보다 약간 낮은 정도였다.

연구에 대한 에스투르의 열정은 우리가 함께한 저녁 식사 자리에서 분명하게 드러났다. 내가 열량이 높은 카술레(여러 가지 고기와 콩을 오랫동안 쪄서 만든 요리)를 주문해 허겁지겁 먹어 치우자 그가 눈썹을 조금 치켜올리고는 농담 섞어 말했다. "먹는 것에 비해 꽤 말랐군요. 당신도 좀 연구해 봐야겠어요."

플로리앙이 지닌 특질의 원인을 연구하기 위해 반드시 들여다보아야 할 것은 신진대사의 생물학, 즉 우리 몸이 음식에서 얻은 에너지를 연소하는 속도였다. 연구자들은 사람에 따라 신진대사율이 매우 다양하게 나타난다는 사실을 증명해 왔다. 어떤 사람들은 섭취한 에너지의 많은 부분을 연소하지만 어떤 사람들은 훨씬 적게 연소한다. 이것이 반드시 운동의 문제는 아니다. 이유는 아직 과학적으로 밝혀지지 않았지만 그냥 가만히 앉아서 연소하는 에너지의 총량도 사람마다 차이가 크고 시간에 따라 변하기도 한다.

에스투르의 실험에서 많은 양의 버터와 땅콩을 섭취한 마른 피험자들은 예상대로 대사율이 상승했지만(많이 먹을수록 에너지 연소가 빠르다.) 체중이 늘지 않은 이유를 설명할 정도는 아니었다. 그래서 다음으로 에스투르는 인간의 몸에 흐르는 호르몬이라는 강력한 화학물질에 주목했다. 한 달간 정기적으로 피험자들의 피를 뽑아 호르몬 수치를 관찰했다. 호르몬은 내분비계에서 만들어지는데, 마침 에스투르의 전공이 바로 내분비계였다. 갑상선, 뇌하수체, 췌장, 부신에서 분비되는 호르몬은 호흡, 성장, 생식, 기분(먹고 싶거나 먹고 싶지 않은 기분도 포함한다.)과 같은 중요한 인간 행위를 좌우한다.

그중에서도 GLP-1과 PYY 호르몬은 식욕을 억제하는 기능을 한다. 두 호르몬 중 하나라도 뇌로 전달되면 포만감을 느끼는 신경 작용이 일어나 뇌 속의 제어 메커니즘을 작동시킨다.

일반적으로 이 두 호르몬은 하루 동안 분비량이 줄었다 늘기를 반복한다. 아침 기상 직후 배고픔을 느낄 때는 분비되지 않다가 음식을 먹기 시작하면 분비샘에서 분비되기 시작하고 식사를 마칠 즈음에 최고조에 이른다. 그러나 에스투르가 측정한 마른 피험자들의 GLP-1과 PYY 수치에서는 매우 다른 양상이 발견되었다. 이들은 식탁에 앉자마자 두 호르몬 수치가 바로 치솟았고 음식을 막 씹기 시작했을 때 이미 최고점에 다다랐다.

이런 현상은 이들의 식습관에 적지 않은 영향을 미쳤을 것이다. 이런 세기로 뇌를 강하게 자극하면 제아무리 먹겠다고 굳게 결심한들 가장 먹음직스러워 보이는 음식에도 흥미를 잃을 수 있으니까 말이다.

그렇지만 플로리앙은 먹고 싶은 대로 먹어도 살이 찌지 않는다고 하지 않았던가? 이는 그가 꽤 많은 양의 음식을 먹는다는 의미였다. 에스투르는 호르몬을 고려하여 그의 말을 조금 더 문자 그대로 해석해 보았다. 플로리앙이 말한 '먹고 싶은 대로'는 GLP-1과 PYY로 인해 실제 그렇게 많은 양이 아니었을 것이다.

에스투르가 정말로 흥분한 지점은 따로 있었다. 체중이 계속해서 증가한 사람들은 식탁에 앉았을 때 내분비계가 정반대로 반응한 것이다. 포만감을 주는 호르몬은 양이 급격하게 줄어 사라져 버렸다. 이 때문에 이들은 아무리 먹어도 포만감을 느끼지 못했다. 이런 사람들은 마른 사람들에 비해 음식을 더 끊임없이 갈망할 뿐만 아니라 호르몬이 정상 범위에 있는 평균적인 사람들보다도 더 음식을 탐닉한다. 음식에 대한 갈망을 억제하는 호르몬이 없으면 치토스 같은 식품들이 음식에 대한 탐닉을 더 강하게 만들어서 가공식품에 아주 취약해질 수 있다.

에스투르는 연구 보고서에 이 사실을 언급했다. 2014년에 학술지 《영양과 당뇨》에 논문이 발표되었을 때 그는 연구 결과에 큰 흥미를 느꼈다는 과학자로부터 전화를 받았다. 그 과학자는 네슬레에서 일한다고 했다.

세계에서 가장 큰 가공식품 제조 기업인 네슬레에는 풍부한 자원은 물론 수많은 과학자가 있었다. 네슬레 간부들도 가공식품에 대한 사회의 우려를 해결하는 방법이 DNA의 비밀을 푸는 데 있다고 점점 더 확신하고 있었다. 심지어는 먹고 싶은 대로 먹어도 살이 찌지 않을 수 있는 '유전자 백신'이 있을지도 모른다고 믿었다. 네슬레는 에스투르의 연구에 자금을 대기 시작했고 규모가 더 크고 더 심도 있는 연구를 요구했다. 네슬레가 에스투르의 연구에서 노리는 궁극적인 목표는 호르몬이 아니었다. 네슬레는 마른 피험자들에게 내분비계에 영향을 주는 중요한 유전자가 있으리라 생각했다.

나는 네슬레 건강과학연구소에서 비만과 체중 관리 특별 연구팀을 책임지고 있는 분자유전학자 외르크 하게르를 만났다. 연구소는 제네바호가 내려다보이는 언덕에 자리한 제1연구 캠퍼스 근처에 있었다. 호숫가를 따라 22킬로미터 정도 떨어진 브베에 있는 네슬레 본사 직원들은 버터핑거스Butterfingers와 스토퍼스Stouffer's 냉동식품을 비롯한 네슬레의 수십억짜리 브랜드 제품들을 판매한다. 하게르와 연구소 동료들은 이런 수익성 높은 제품들이 비만 유행의 책임을 떠안게 될 위험을 줄이는 일을 맡고 있다. 그들은 인간 DNA의 특질에서 실마리를 찾아내길 바라고 있다.

1990년에 UCLA의 생화학자이자 정신과 의사인 어니스트 노블은 특정 대립유전자(특정 유전자의 변이된 형태)를 물려받은 사람들이 어떤 물질에 중독될 가능성이 더 크다는 사실을 발견했다.[25]

DRD2라고 알려진 이 유전자는 게이트키퍼처럼 기능한다. 이것은 도파민을 뇌의 보상 중추에 이르게 하는 유전자인데, 이 보상 중추는 호르몬처럼 행동을 추동할 수 있다. 그러나 이 대립유전자는 마개를 조금 더 많이 열기 때문에 동기 부여가 지나치게 강해지면서 탐닉성 행동에 문제를 일으킨다. 노블은 처음에 DRD2 유전자와 그것의 대립유전자를 알코올 중독과 결부시켰다. 그러나 이후 코카인을 사용하는 사람들, 흡연에 중독된 사람들, 비만이 될 정도로 음식에 대한 자제력을 잃은 사람들에게도 이 유전자가 있다는 사실을 발견했다.

이상한 일이지만 노블의 연구로 식품 기업들은 안도의 한숨을 내쉬었다. 비만의 책임에서 벗어날 기회였기 때문이다. 유전자는 부모로부터 물려받는 것이지 제아무리 매력적인 제품이라 한들 슈퍼마켓 진열대에서 집어 온 음식에서 물려받는 것이 아니었다. 1999년에 필립모리스가 회사의 식품 사업부를 대신하여 진행한 설문 조사에 따르면 비만의 원인을 식품 업계의 마케팅보다는 유전의 문제라고 생각하는 사람이 더 많은 것으로 나타났다.[26]

과학자들은 중독과 관련 있어 보이는 유전자를 더 밝혀냈지만 여기에는 문제가 있었다. 사회적으로 과식하는 경향은 1980년대 초에 갑자기 나타났다. 유전자가 과식의 원인이라면 비만인 사람들에게서 어떤 유전자 변형이 일어났어야 하지만 유전자 변형은 그렇게 짧은 시간에 일어날 수 없다. DNA의 변형은 진화의 문제여서 반드시 여러 세대에 걸쳐 일어난다.

식품 기업들은 다시 수세에 몰렸다. 그들은 다른 데에 문제가 있음을 인정해야 했지만 도리어 고객인 소비자와 소비자의 행위를 탓했다. 크래프트와 하인즈가 합병한 지 얼마 지나지 않은 2017년에 크래프트 하인즈는 회사 웹사이트에 비만 아동의 부모를 대상으로 안내문을 게시했다. "유전적 특징은 아동의 과체중 가능성을 높일 수 있지만, 이는 그런 아이들이 과식을 하거나 운동을 충분히 하지 않는 경우에 한해서다."

그러나 네슬레의 유전학자 하게르는 음식과 영양이 그렇게 단순하지 않다고 했다. 그는 다이어트를 약에 비유하면서 일부 사람에게 일정한 기간만 효과가 있다고 설명했다. 나는 왜 1980년대에 과식하는 사람이 많아지기 시작했는지 그의 생각을 물었다. "간단히 말해서 비만은 얼마나 먹고 얼마나 소모하느냐의 문제입니다. 소모하는 것보다 섭취하는 에너지가 더 많으면 살이 찌는 거예요. 결국 비만은 몸을 많이 움직이지 않는 라이프스타일과 싼 음식을 아주 쉽게 손에 넣을 수 있는 환경이 낳은 결과죠."

그는 유전자가 식습관과 그다지 관련이 없다는 주장도 정정하면서 더욱 복잡한 대답을 이어 갔다. 하게르는 유전자가 과식이나 중독에 간접적일지라도 깊은 관련이 있을 거라고 생각했다. 그는 설명을 위해 다양한 차 부속품들이 조립되지 않은 채 바닥에 널려 있는 그림 한 장을 내게 보여 주었다. 펜더와 타이어가 눈에 들어왔지만 대부분은 알아볼 수 없는 것들이었다. "이걸 DNA 청사진이라고 해 봅시다." 그런 다음 그는 다른 그림을 가져왔다. 첫 번째 그림과 똑같이 자동차의 다양한 부속품이 그려져 있었지만 이번에는 일부분에 덧칠이 되어 그림이 흐릿하고 분간하기가 어려웠다. "이것이 후성유전이라는 겁니다." 흐릿해진 부분을 가리키며 그가 말했다. "DNA 청사진의 부분들을 해독하는 능률에 변화를 가져오죠."[27]

다시 말하면 유전자 자체는 짧은 시간 내에 바뀌지 않는다. 그러나 후성유전으로 알려진 현상을 통해 동일한 유전자도 더 많이 또는 더 적게 해독되어서 맡은 일을 더 잘하거나 더 못할 수 있다. DNA의 이런 특질은 시간의 구애를 받지 않는다. 후성유전학적 현상은 한 세대 내에서도 일어날 수 있다. 인간의 유전자에 후성유전학적 효과를 낼 수 있는 것은 무수히 많은데, 과거에 부모가 섭취한 음식의 종류나 양도 여기에 포함된다.

하게르는 절약 유전자, 더 정확히는 절약 후성유전자의 사례를 언급했다.[28] 모든 인간에게는 에너지 저장에 관여하는 일련의 유전자가 있다. 진화론에 따르면 이 유전자는 인간이 가뭄과 기근에서 살아남도록 도우면서 인간 DNA에서 입지를 다졌다. 이 유전자 덕분에 인간은 호시절에 섭취한 에너지를 체지방으로 저장할 수 있었고 기근이 들었을 때 이 체지방을 에너지로 사용할 수 있었다. 그러나 문제는 이 유전자의 능률이 음식 환경에 따라 변할 수 있다는 사실이다.

이와 관련한 사례가 제2차 세계대전 중 네덜란드에 있었다. 흔히 네덜란드의 굶주린 겨울이라고 부르는 이 시기에 임신 6개월까지 전쟁으로 인한 기근을 겪은 산모에게서 태어난 아이들이 기근 이전과 이후에 태어난 아이들보다 비만과 당뇨 비율이 훨씬 높게 나타났다. 확실한 증거는 아직 없지만, 이 아이들이 태아였을 때 더욱 효율적으로 만들어진 에너지 저장 유전자가 음식이 다시 풍족해지면서 오히려 문제로 작용한 것으로 추정된다.

"본래 식량 부족에 대비해 다음 세대를 준비시키는 후성유전학적 신호가 있는데, 기근이 발생하지 않으면 문제가 생기는 거죠." 하게르가 말했다. 이 아이들이 다른 아이들보다 반드시 더 많이 먹는 것도 아니었다. 하지만 먹은 것을 체지방으로 저장하는 능력이 더 뛰어났다. 게다가 이런 성향은 다음 세대로 유전될 수 있어서 후성 유전이 지속적인 영향력을 발휘할 수 있다는 추측을 낳는다.

최근 후성유전학은 더 많은 관심을 받고 있다. 대중과학 분야에서 후성유전은 인간이 지닌 모든 강점과 결함의 원인으로 언급된다. 특히 자기계발서에 유용한데 이런 책들은 후성유전학을 더 잘 이해하면 더 똑똑하고 더 날씬하고 더 빨라질 수 있다고 장담한다. 그러나 이런 관념은 과식 책임에 대한 비난의 화살을 다시 식품 업계로 돌리기도 한다. 하게르가 지적하듯이 사람들이 유전자 능률의 변화에 취약해지는 경우는 오직 그 취약성을 악용하는 것이 있을 때뿐인데, 비만 문제에서는 그것이 바로 갑작스럽게 공급이 많아진 싸고 편리하고 맛있는 음식이기 때문이다.

브뤼노 에스투르는 생테티엔의 연구실에서 우리가 값싸고 맛있는 음식이 쏟아져 나오는 현실에 잘 대처할 수 있도록 도와줄 유전자를 찾기 위해 연구에 박차를 가하고 있다. 그는 살이 찌지 않게 하는 특이 염색체가 있는지 확인하기 위해 체질적으로 마른 사람이 적어도 한 명 이상 있는 50가족의 유전자 구조를 살펴보고 있다.[29] 비만의 궁극적인 해결책을 찾을 수 있을까 하는 바람에서다.

네슬레 역시 인간 DNA에서 비만 해결의 묘책을 발견하려는 노력을 포기하지 않았다.[30] 2018년에 네슬레는 식습관을 '통제하는 능력에 영향을 주는 새로운 잠재적 생체지표가 있는지 알아보기 위해 다이오진 프로젝트에 참여했던 가족들의 유전자 구조를 연구했다.

동시에 크론병으로 알려진 염증성 장 질환부터 알츠하이머까지 제약 회사도 지금껏 해결하지 못한 여러 가지 질환을 음식으로 치료할 수 있다는 시각을 널리 퍼뜨리기 위해 애쓰고 있다. 네슬레의 건강과학 사업부가 생산하는 상처 치료에 좋은 식품, 음식 알레르기를 개선하는 식품, 발달이 부진한 아이들의 성장을 돕는 식품의 연간 매출은 20억 달러가 넘는다.

네슬레 연구원들은 또 개인의 유전자 구성과 건강 상태(콜레스테롤 수치 등)를 평가하여 각자에게 맞는 식단을 추천하는 개인 맞춤형 영양 계획을 통해 식습관을 개선한다는 개념을 강력하게 주장해 왔다. 2016년에 캠벨은 가공식품에 대한 소비자들의 신뢰를 회복하려는 노력의 일환으로 개인의 활력징후에 기초한 식단을 계획해 주는 해비트Habit라는 스타트업에 3200만 달러를 투자했다.[31]

연구자들은 유전자 청사진을 해독하는 것이 섭식 장애 예방에 도움이 될지 판단하기는 아직 이르다고 말한다. 그러나 어떤 사람이 특정 종류의 음식을 먹으면 섭식 장애를 예방할 수 있다는 발상은 학계 내에서도 호응을 얻는다. 여기에는 식습관 개선 방법이 대개 그렇게 특별하지 않다는 부가 설명도 붙는다.(그 방법이란 씹어서 삼키는 음식을 다양하게 먹고, 칼로리가 높고 고도로 정제된 식품은 자제력을 잃지 않고 먹을 수 있다면 가끔씩 별미로 즐기라는 것이다.)

그러나 네슬레는 다시 개인별 맞춤 식단을 추진하고 있다. 네슬레는 일본에서 10만 명 대상의 임상 실험을 진행하여 섭식 장애를 해결하는 개인별 맞춤형 식단을 제공하는 대가로 참가자들로부터 혈액과 DNA 샘플을 제공받았다. 이 프로젝트는 네슬레의 전 회장 페터 브라베크레트마테의 아이디어였다. 그는 2016년에 출간한 저서 『더 나은 삶을 위한 식생활Nutrition for a Better Life』에서 식품의 미래는 개인별 맞춤화된 식단과 건강 프로그램에 있다면서 "앞으로 사람들은 네스프레소와 비슷한 캡슐을 이용하여 개인별 맞춤화된 영양소 혼합물을 섭취하거나 건강관리용 전자기록에 따라 3D 프린터를 이용해 식사를 마련하게 될 것이다."라고 예측했다.[32]

이 새로운 네슬레 프로젝트의 핵심은 채소도 통곡물도 요리도 아니다. 일본 실험에 참가한 사람들은 1년에 600달러를 내고 영양소가 농축된 차가 담긴 캡슐을 제공받는다.[33] 47세 프리랜서 작가로 이 실험에 새로 참여한 가쓰다 히토미는 네슬레에 DNA 샘플을 제출할 날을 고대하고 있다고 했다. "혈액과 유전자 테스트로 내 건강에 대해 몰랐던 많은 사실을 알게 될 것 같아요."

히토미는 일주일에 네 번 마시는 네슬레의 영양소 농축 차에 적어도 한 가지 이점이 있다고 했다. 그것은 채소를 충분히 먹지 않아도 걱정할 필요가 없다는 사실이었다.

미각 교란

그렇다면 가공식품에 대해 우리가 가장 크게 우려하는 문제는 어떨까? 아무리 많은 단백질과 비타민, 식이섬유를 첨가하여 제품을 개선한다 해도, 개개인의 DNA 청사진을 명확하게 밝혀낸다 해도, 식품 기업들이 절대 사람들의 섭식 장애 문제를 해결하지 않으리라는 불길한 예감 말이다.

더 정확히는 아르디로부터 물려받은 모든 특징, 즉 후각의 두 가지 방식, 에너지에 대한 갈망, 그 에너지를 체지방으로 축적하는 경향 등으로 인해 우리가 계속해서 기업이 만들어 내는 제품에 열광할 것이라는 불안감이다. 왜냐하면 그 제품들에는 여전히 인간의 가장 본능적인 갈망의 생물학적 작용을 이용하는 소금, 설탕, 지방, 열량이 가득 들어 있기 때문이다.

캠벨이 확인해 준 가공식품에 대한 소비자들의 잃어버린 신뢰를 되찾는 과정에서 기업들은 이런 불안감에 어떻게 대응했을까?

간단하다. 기업들은 어느 때보다도 대담한 작전을 펼쳤다. 막강한 자금력을 갖춘 거대 가공식품 기업들은 사람들이 음식을 좋아하는 이유, 탐닉하는 이유, 음식을 더욱 갈망하게 만드는 것에 대해 알고 있는 모든 지식을 다시 검토했다. 그리고 사람들이 자신들의 제품에 중독되도록 소금, 설탕, 지방 함량을 늘리는 데 집중했던 전략의 모든 과정을 역으로 시행하기로 했다. 식품 기업들이 소비자에 대한 지배력을 유지하기 위해 취한 마지막 작전은 바로 소비자들을 여전히 자기 제품에 탐닉하게 하면서도 기존에 휘두르던 무기를 일부 치워 버림으로써 신뢰를 회복하는 것이었다.

기업들은 특히 제품에 첨가하는 어마어마한 양의 설탕에 주목하여, 제품을 여전히 똑같이 달게 만들면서도 설탕의 양을 줄이는 방법을 찾고자 했다.

기업들의 이런 계획은 2001년에 혀에 어떤 것(특히 설탕)을 맛볼 때 맛을 감지하고 뇌를 자극하는 특별한 세포가 있다는 사실이 발견되면서 가능해졌다. 이 메커니즘은 음식이 약물보다 빠른 속도로 뇌를 자극하게 하며, 아이스크림을 한 번 핥은 순간부터 계속 먹고 싶게 만드는 데 0.6초밖에 걸리지 않는다.

그전까지 식품 업계는 설탕에 대한 탐닉을 억제하는 데 도움을 주기 위해 설탕의 열량은 전혀 없으면서도 단맛이 나는 새로운 화학 물질을 발명하는 데 몰두해 왔다. 이 과정에서 식품공학자들은 사카린, 아스파르템, 수크랄로스를 발명했고 최근에는 스테비아를 만들어 냈다. 오늘날 수천만 명의 사람들이 주로 다이어트를 이유로 인공감미료를 소비하지만 별로 열광하지는 않는다. 일부 인공감미료가 동물 실험에서 암을 유발한다는 사실이 보고되어 두려움을 주기 때문이기도 하지만, 무엇보다 인공감미료는 진짜 설탕만큼 우리를 자극하지 못한다.(설탕을 추출한 원료가 옥수수든, 사탕무든, 사탕수수든 상관없다.)

사람들이 인공감미료에 열광하지 않는다는 사실은 지나친 설탕 섭취가 몸에 해롭다는 것이 알려진 오늘날에도 왜 우리가 여전히 1년에 평균 33킬로그램의 설탕을 먹는지 설명해 준다.[34] 단맛은 절대 끊을 수 없는 습관인 것이다.

폴 브레슬린은 럿거스 대학교의 영양학 교수이자 모넬화학감각 연구센터의 연구원으로 미각의 생물학적 작용을 집중적으로 연구한다. 그는 이런 현상의 원인을 인간의 조상에게서 찾는다. "인간의 조상은 유인원이죠. 유인원은 기본적으로 과일을 늘 먹는 동물입니다. 유인원은 섭취 열량의 80퍼센트를 과일에서 얻습니다. 과일은 본질적으로 당이고요. 따라서 유인원인 인간은 기본적으로 설탕에 열광할 수밖에 없습니다. 사람들에게 다이어트용 인공감미료를 줘 보세요. 인체는 설탕이 아닌 것을 금방 감지하고 불만을 느낍니다."[35]

그러나 우리 혀에 뇌를 대신하여 단맛을 감지하는 세포가 있다는 사실이 알려지면서 일부 과학자들은 오만한 생각을 품게 되었다. 만약 미뢰에 실제보다 많은 설탕이 혀에 닿았다는 착각을 일으킬 수 있다면?[36] 그 방법을 찾기만 한다면 가공식품 기업들은 제품에 설탕을 덜 사용할 수 있을 것이다. 결과적으로 사람들은 설탕을 먹을 때만큼 기분이 좋아지고 여전히 탐닉하면서도 제품이 건강에 미치는 유해성은 줄어들 것이다.

브레슬린은 이렇게 말했다. "현재 설탕이 40그램 정도 들어가는 음료에서 설탕을 5그램까지 줄이고, 그러면서도 여전히 40그램이 들어 있는 것처럼 인식하게 할 수 있다면 그것은 어마어마한 발견이자 혁명이 될 겁니다. 문자 그대로 수백만 명의 생명을 살릴 수 있어요." 이는 식품 기업들을 살리는 길이기도 했다. 소비자들이 각종 식료품과 패스트푸드 식당의 메뉴에 들어가는 설탕의 양을 알게 된 후 스파게티 소스, 냉동식품, 시리얼의 판매량이 줄어들면서 매출이 수십억 달러나 감소했기 때문이다.

몇 년 전 펩시코가 빅 벳 프로젝트를 시작하면서 데이나 스몰에

게 실제 설탕의 양이 더 적지만 단맛은 그대로인 탄산음료에 뇌가
어떻게 반응하는지 연구해 달라고 했을 때 얻고자 했던 결과가 바로
이것이었다. 탄산음료 회사들은 언제나 설탕에 대한 소비자들의 우
려에 가장 먼저 반응해 왔다. 2006년에 음료 판매량이 급락하기 시
작하자 기업들은 이 추세를 뒤집을 열쇠를 찾기 위해 너도나도 실
험에 뛰어들었다. 다이어트 음료도 이들의 구세주가 되지는 못했다.
다이어트 탄산음료 역시 매출이 곤두박질치고 있었다. 그래서 기업
들은 혀에서 뇌로 전달되는 단맛 신호를 통제해서 소비자들이 설탕
이 5그램만 들어가는 음료도 40그램 들어가는 음료처럼 탐닉할 방
법을 찾을 수 있을지도 모른다는 생각에 사로잡혔다.

2010년에 펩시코는 설탕의 단맛을 증폭할 수 있는 물질을 개발
하기 위해 생명공학 스타트업 회사인 세노믹스와 계약을 맺으면서[37]
"세노믹스는 제품의 맛을 그대로 유지하면서 영양 성분을 개선하도
록 도와줄 독특한 기술을 보유하고 있다."라고 주장했다.[38] 이런 시
도를 한 것은 펩시코만이 아니었다.[39] 카길, 네슬레, 유니레버는 물
론 가공식품 기업들을 위해 새로운 향을 만들어 내는 화학회사들도
특허를 신청하거나 미뢰의 신경 작용을 연구하여 미각을 강화하는
방법을 찾느라 분주했다. 이 작업은 설탕에만 국한되지 않았다. 가
공식품에 함유되는 소금의 양을 줄이기 위해 동일한 개념을 활용하
여 짠맛을 느끼는 뇌의 감각을 강화하는 제품을 내놓을 계획이었다.
마찬가지로 지방을 실제 섭취량보다 더 많이 먹고 있고 한결 더 좋
은 풍미를 느끼고 있다고 신경을 착각하게 하는 연구들도 진행되고

있었다.

　지금까지 이런 제품들은 연방 정부의 면밀한 조사를 피해 왔다. FDA의 주요 관심사인 독성 유무(발암 여부)를 판단하기에는 너무 적은 양이 함유되어 있기 때문이다. 세노믹스는 단맛 강화제 판매를 승인받기 위해 제과 제품에는 1피피비10억분의 1, 각종 수프와 소스에는 2피피비, 스낵에는 5피피비가 사용될 것으로 예상한다고 밝혔다.[40] 마케팅 관점에서 중요한 사실은 식품 기업들이 이런 미각 강화제를 소비자들에게 알리지 않고 사용할 수 있도록 FDA가 허가했다는 점이다. 미각 강화제들은 원재료 목록에서 다른 화학물질과 함께 '천연 및 인공 향료'로 한데 묶여 표기된다.

　이는 기업들에게 예기치 않은 문제가 될 수 있다. 소비자들이 인공이라는 단어가 라벨에 적힌 제품을 점점 더 멀리하고 있기 때문이다. 식품 기업들은 재료를 가능한 한 적게 표기하고 불길한 기운이 느껴지는 화학물질 같은 것이 적혀 있지 않은 이른바 클린라벨clean labels을 만들기 위해 갖은 노력을 다하고 있다. 세노믹스는 아직 수익을 내지 못했는데도 2018년에 세계 최고의 향료 회사인 피르메니히Firmenich에 인수되었다.[41] 세노믹스의 미각 강화제가 얼마나 빨리, 얼마나 많은 영역에서 사용될지는 미지수다. 펩시코와 펩시코 이전에 세노믹스와 계약을 맺었던 코카콜라는 미각 강화제에 열의를 상실한 듯한데, 아마도 마케팅이 어렵기 때문으로 보인다. 당의 맛을 강화하는 물질은 설탕 함유량이 절반일 때 효과를 나타내는데, 업계의 한 고위 관리자에 따르면 이도 저도 아닌 이런 애매한 제품은 기업

입장에서 판매하기 어렵다고 한다. 소비자들이 음료의 설탕 함유량에 관한 한 '모 아니면 도' 식의 선택에 익숙해졌기 때문이다.

그러나 식품 기업들이 이런 문제를 해결해 나가자 또 다른 문제가 발생했다. 설탕, 소금, 지방을 다루는 인체의 생물학적 작용이 수년 전에 생각했던 것보다 훨씬 더 복잡하고 정교하다는 사실이 분명해진 것이다. 전작 『배신의 식탁』에서 나는 우리가 학교에서 배운 혀 미각 지도가 단맛은 혀끝에서만 감지된다고 한 것은 틀렸고 실제로는 혀 전체에서 감지된다는 사실을 지적했다. 그러나 뇌를 자극하여 음식을 갈망하고 좋아하게 만드는 설탕의 능력은 훨씬 더 강력해 보인다. 최근 연구에서 연구자들은 혀에 있는 세포가 세포벽을 통해 설탕을 바로 빨아들여 직접 흡수한다는 사실을 발견했다.[42] 이는 혀 세포가 섭취한 음식에 에너지가 있다는 것을 뇌에 알리는 메커니즘의 일부일 수 있다는 우려를 제기한다. 앞서 인간이 설탕의 단맛만큼이나 높은 열량을 탐닉하도록 진화되었다는 사실을 논의한 바 있다. 지금까지의 연구로 볼 때 혀는 열량이 높은 음식에 열광하게 만드는 첫 번째 장치로 보인다.

놀랍게도 혀에 있는 세포는 냄새 분자도 감지하는 것으로 보인다.[43] 혀에서 감지된 음식의 향은 뇌를 거쳐 풍미로 전환되는데, 이 풍미는 우리의 식습관에 큰 영향을 미치는 또 다른 요인이다. 인간이 냄새를 통해 음식에 중독되는 길은 두 개가 아니라 세 개일 가능성이 있는 것이다.

하지만 그만큼 중요한 점은 우리가 미각과 뇌에 대해 아직 모르는 게 많다는 사실이다. 뇌가 미뢰로부터 많은 양의 설탕을 섭취하고 있다는 신호를 받았는데 설탕이 (애초에 없었기 때문에) 위에 도달하지 않으면, 적어도 미뢰가 감지한 것과 실제 섭취량이 다르면 무슨 일이 일어나는지 우리는 아직 모른다. 앞으로 단맛 강화제가 가공식품에 넘쳐 날 텐데도 나는 이 물질에 인체가 어떤 반응을 보일지 예측하거나 분석한 연구를 본 적이 없다. 뇌는 그냥 무시해 버릴까? 아니면 속았다는 생각에 화가 나 어떤 식으로든 반격에 나설까?

데이나 스몰이 이것을 밝혀내려고 했을 때 펩시코는 연구비 지원을 중단해 버렸다. 퍼듀 대학교의 행동신경과학 교수 수전 스위더스는 연구를 통해 칼로리가 없는 감미료를 설탕과 함께 섞어 사용한 음료나 식품이 인간에게 특별한 문제를 야기할 수 있다는 가능성을 제기했다.[44] 진화론적 관점에서 우리가 인지한 열량과 실제 위에 도착한 열량이 일치하지 않는 문제를 정확하게 감지하거나 해결하는 능력을 발달시킬 만한 시간이 충분하지 않았기 때문이다. 스위더스는 이런 부조화가 신진대사를 엉망으로 만들 수 있다고 지적한다.

단맛 강화제의 잠재적 문제까지 갈 필요도 없다. 음료와 식품을 통해 수많은 사람이 섭취하고 있는 무칼로리 감미료에 대해서도 아직 밝혀진 사실이 많지 않다. 이런 감미료를 생산하는 기업들은 감미료에서 독성이 전혀 발견되지 않았다거나 감미료를 사용해 살을 뺀 사람들이 있다는 연구를 언급하며 자신들의 제품을 철저하게 변호한다.[45] 스플렌다Splenda라는 브랜드로 수크랄로스를 생산하는 테이트 앤드 라일Tate and Lyle에 따르면 수크랄로스는 4000여 개의 제품

에 설탕 대체재로 사용되는데 40년 전 처음 개발된 이후 엄청난 양
이 사용되면서 1900만 톤에 이르는 설탕을 대체했고 이를 통해 우리
식탁에서 77조 칼로리를 덜어 낸 것으로 추정된다.

그러나 무칼로리 감미료가 체중 감량에 전혀 도움이 안 된다거
나 오히려 살을 더 찌게 한다는 연구 결과도 있다.[46] 아마도 가짜 신
호 문제가 작용했기 때문일 것이다. 위에 설탕이 들어갈 거라고 뇌
에 신호를 보냈는데 실제 위에 도착하는 설탕이 없으면 신진대사가
오작동을 일으킬 수 있다.

아르디와 그녀의 후손들 그리고 그 이전의 유인원들은 인간의
입맛과 식욕이 오랜 세월 진화를 거치며 형성되었음을 가르쳐 준다.
그러나 미뢰를 조작하여 소비자들의 신뢰를 회복하려는 식품 기업
들의 최근 행보가 일으킬 수 있는 문제를 이해하는 데 유용한 동물
이 하나 더 있다. 바로 아주 작고 보잘것없는 초파리다.

영양학자 폴 브레슬린은 초파리가 해결의 실마리를 제공하리
라고 믿으며 럿거스 대학교 실험실에서 초파리를 배양하고 연구한
다. 초파리에 대한 그의 신뢰는 어쩌면 조금 지나칠 수도 있다. 그러
나 그의 설명처럼 초파리는 미각과 미각 수용기가 놀라울 정도로 인
간과 비슷하여 인체를 연구하는 데 매우 훌륭한 실험 모델이다.[47] 둘
다 잡식성이고 과일을 아주 좋아하며 아프리카의 열대·온대 기후
출신이라는 공통점도 있다. 최근 연구에 따르면 초파리도 인간처럼
뇌에서 화학 도파민이 분비되어 식욕을 일으킨다고 한다. 게다가 맥

주와 와인은 물론 설탕도 매우 좋아한다.[48]

시드니 대학교 찰스퍼킨스센터의 연구부장 스티븐 심슨을 포함한 호주와 오스트리아 연구자들은 이 사실을 알고 연구팀을 꾸려 초파리들이 인공감미료에 어떻게 반응하는지 보다 면밀히 살펴보았다. 그러나 사실 연구자들의 연구는 조금 늦은 감이 있었다. 가공식품 기업들은 이미 우리도 모르는 새 우리를 대상으로 실험을 하고 있었으니까. 초파리 연구팀은 2016년에 보고서를 발표하면서 "수천여 개의 제품에 함유되어 있고 수십억의 사람들이 섭취하고 있는데도 합성 감미료가 사용된 식품 섭취의 분자 효과에 대해서는 알려진 바가 많지 않다."라고 지적했다.[49] (모넬화학감각연구센터의 부대표이자 부회장인 낸시 로슨은 이 보고서에 대해 "기발한 연구"라고 평했다. 모넬센터는 민영 연구 기관으로 수크랄로스 제조 회사를 포함한 식품 기업들로부터 자금 지원을 받는다.)

초파리 연구팀의 연구는 다음과 같았다. 먼저 가장 대중적으로 사용되는 무칼로리 감미료 수크랄로스를 초파리의 먹이인 설탕과 효모 혼합물에 섞었다. 그랬더니 초파리들이 이상행동을 보이기 시작했다. 일단 잠을 자지 못했다. 게다가 허기가 진 듯 계속해서 먹어 댔다.

그다음에 일어난 일을 들으면 가공식품 중독에 대해 덜 우려하는 사람이 있을지도 모르겠다. 초파리는 계속해서 먹이를 먹었음에도 체중이 늘지 않았다. 하지만 그 이유도 당혹스럽기는 마찬가지다. 연구자들은 초파리의 체중이 늘지 않은 이유가 그들의 행동에 변화가 있었기 때문이라고 추측한다. 초파리들은 안쓰럽게도 가만히 앉아 있지 못했다. 며칠을 끊임없이 날고 또 날아다녔다. 작은 날개를 벌새처럼 움직이면서 과식으로 얻은 여분의 에너지를 모두 연소해 버렸다.[50] 이처럼 과잉 행동을 보이던 초파리들은 수크랄로스 공급이 중단되자 정상으로 돌아왔다.

이 연구를 통해 합리적으로 도출할 수 있는 결론에는 한계가 있다. 어쨌거나 초파리는 초파리일 뿐 사람은 아니니까 말이다. 그러나 초파리 연구는 식품 기업들의 말처럼 인공감미료가 더 나은 식습관에 도움이 된다 해도 첨가물을 만드는 기업에만 좋은 일일 수 있다는 사실, 심지어 우리 몸은 고장 난 초파리처럼 끝없이 허기진 기분을 느낄 수도 있다는 사실을 보여 준다. 여기서 가장 큰 수혜자는 당연히 가공식품 제조 기업들이다.

에필로그 ── 음식의 가치를 재정립하다

중독을 이겨 내는 데 필요한 조언은 놀라울 정도로 간단하다. 비록 우리가 1980년대 초 낸시 레이건이 시작한 '단호히 거절하라Just Say No' 캠페인을 무시하는 경향이 있지만 약물이나 술, 담배나 도박에 사로잡힌 사람에게 할 수 있는 조언은 아주 기본적인 것이다. 끊고, 다시는 손대지 말라.

물론 절대 쉽지 않은 일이다. 중독에서 벗어나려면 삶을 특징지었던 무언가를 포기해야 하고 다시 고통의 구렁텅이에 빠뜨리려는 수만 가지 유혹을 끊임없이 물리쳐야 한다. 이런 노력은 먹는 일과 관련되면 더 힘들어진다. 주변에 산재한 수많은 유혹이 곧 가공식품 기업들이 철저하게 계산한 전략의 산물이기 때문이다. 그들은 인간의 취약점이 무엇인지 연구하는 데 무한한 자원을 사용할 수 있다.

그러나 이제는 우리도 그들의 수를 알고 우리 자신에 대해서도 더 잘 알고 있으니 식습관의 역학을 바꿀 수 있다. 의도한 것은 아니지만 우리는 그동안 음식에 유혹당하는 모든 방식을 기업들이 악용하도록 허용해 온 일종의 공모자였다. 이제는 적어도 기업들이 어떤 식으로 움직이는지 알고 있으므로 일방적으로 불리했던 싸움을 어느 정도 바로잡을 수 있다. 가공식품 업계가 모종의 계획을 꾸밀 때 우리도 그에 맞대응할 수 있다.

첫째로 식품 기업들은 빠른 속도가 뇌를 강한 욕망에 사로잡히게 한다는 사실을 알고 있다. 모든 면에서 속도가 빠른 제품을 만드는 데 전력을 다하는 것도 그 때문이다. 그러나 우리는 속도를 늦추면 뇌의 제어 기능이 위를 따라잡는 시간을 벌어 준다는 사실과 먹는 속도를 늦춰 우리의 라이프스타일과 온전한 판단력을 망가뜨리지 않는 방법을 알고 있다. 스파게티 소스를 직접 만들거나 간식으로 껍질을 까지 않은 피스타치오를 먹는 것이 그런 방법 중 하나다. 이런 데 소비하는 시간이 곧 음식에 대한 탐닉을 억제하는 노력에 들이는 시간인 셈이다. 먹는 음식에 관심을 더 기울일 때 뇌 속의 제어 장치가 음식에 대한 탐닉을 더 잘 조절할 수 있다.

기업들은 우리가 소금, 설탕, 지방, 열량에 열광한다는 사실도 잘 안다. 그러나 우리도 인간 진화에서 비롯된 특징, 즉 우리 안에 있는 아르디를 적극적으로 활용하면 된다. 아르디는 식품 기업들의 화학 실험실이 절대 흉내 낼 수 없는 음식의 풍미를 인식하고 즐기는 후각 능력과 다양한 음식을 먹고자 하는 욕망을 주었다. 아보카도 샌드위치가 지겨운가? 알츠하이머에 걸리기 전 폴라 월퍼트처럼 카탈루냐식 샌드위치에 정어리와 알레포 후추를 곁들여 먹어 보자.

또 가공식품 업계는 우리가 기억하는 것을 먹는다는 사실을 알고 있어서 음식에 관한 기억을 생성하고 끊임없는 단서를 통해 그 기억을 자극하고자 갖은 노력을 다한다. 그러나 이제는 우리도 그 사실을 알고 있으므로 그들이 심어 놓은 기억을 대체하는 새로운 기억을 만들면 된다. 우리가 기업들이 심어 놓은 단서에 얼마나 취약한지 밝혀낸 오리건 연구소의 에릭 스타이스는 이것을 "우리가 생각하는 음식의 가치를 재정립하는 일"이라고 설명한다.

스타이스는 오늘날 우리가 더 많이 섭취하려고 애쓰는 음식들(이를테면 각종 채소)에 대한 기억을 강화하는 데 도움이 되는 기술을 연구하고 있다. 그가 발명한 스마트폰 게임을 활용하면 감자튀김 대신 당근을 반복적으로 선택함으로써 뇌 속에 더 깊은 기억의 수로를 만들 수 있다. 그러나 스타이스에 따르면 스타벅스의 디저트 코너 앞에 섰을 때 스스로에게 다른 질문을 던지는 것만으로도 음식에서 무엇이 중요한지 생각을 바꾸는 데 도움이 된다. "'오늘은 어떤 스콘이 더 맛있어 보이지? 이것 아니면 저것?'이라고 생각하면 뇌의 보상 회로를 완전히 활성화시키면서 동시에 제어 장치를 꺼 버리게 됩니다. 이럴 때 우리가 스콘을 먹기로 결심하는 거예요. 대신에 스콘을 먹으면 동맥경화증과 뇌졸중에 걸릴 위험이 커진다거나 몸매가 망가질 거라는 생각을 하면 보상 회로가 꺼지면서 제어 장치에 다시 불이 들어오죠."

식품 기업들이 제품의 저렴한 가격과 편의성을 중요하게 여기기를 바랄 때 우리는 그 안에 숨은 지불해야 할 대가를 기억해야 한다.

기업들은 소비자들의 식습관을 통제할 수 없게 되자 그 치료법까지 장악하기 위해 애를 써 왔다. 그들이 내놓은 치료법은 다이어트였다. 하지만 우리는 이제 다이어트가 무엇인지도 잘 안다. 음식에 대한 강박은 다양한 종류와 수준의 섭식 장애 중 하나일 뿐이다. 그것이 먹는 것을 관리하고 조절하려는 목적이라 해도 마찬가지다.

고대 그리스인들은 음식을 그저 건강한 삶에 이르는 열쇠 중 일부로 여겼다. 운동도 중요하다. 살을 빼기 위해서가 아니라(이것은 성공하기가 매우 어렵다.) 뇌에 엔도르핀을 분비시킴으로써 식습관을 안정시키는 내적 균형에 이르기 위해서다.

가공식품 기업들은 자신들의 제품이 약물처럼 특정 사람들에게 더 큰 영향을 미친다는 사실을 알고 있고 그래서 신상품을 매년 수만여 개씩 찍어 낸다. 그러나 식단에 신중함을 기울여야 한다는 번거로움에도 불구하고 나쁜 식습관을 한 번에 한 가지씩만 고친다면 금식도 성공할 수 있다. 개인적으로 가장 추천하는 첫 번째 단계는 칼로리가 있는 음료를 마시지 않는 것이다. 진화론적 측면에서 인간이 아직 과일 주스를 고형식만큼 제대로 처리하지 못한다는 주장은 매우 타당해 보이기 때문이다.

음식과 중독에 관한 중요한 발견 중에는 처음에 약물로 중독 연구를 시작한 전문가들이 밝혀낸 것들이 있다. 이를 통해 전문가들은 여러 중독에 몇 가지 공통점이 있다는 사실을 알게 되었다. 우선 영향을 받는 정도가 사람마다 다르다는 사실이다. 취약성도 시간이나 기분에 따라 달라질 수 있다. 환경이 매우 중요하다는 공통점도 있다. 따라서 계속되는 재발 유혹을 뿌리치는 전략들은 다양한 중독의 치료와 예방에 공통적으로 쓰이기도 한다.

스마트폰을 예로 들어 보자. IT업계의 젊은 실력자였다가 지금은 스마트폰 중독의 해결책을 연구하는 트리스탄 해리스에 따르면 우리가 스마트폰에 중독되는 이유 중 하나는 스마트폰에 사용되는 현란한 색깔 때문이라고 한다. 최근 스마트폰 제조 기업들이 화면의 색을 부드럽게 하는 다크모드 기능을 제공하기 시작했으나, 해리스는 내게 대중적으로 덜 알려졌지만 훨씬 효과가 큰 비법을 알려 주었다. 그것은 바로 스마트폰을 흑백모드로 바꾸는 것이다.(설정 메뉴에서 '접근성', '디스플레이'로 들어가면 색 필터를 켤 수 있는데 여기에서 '흑백 출력'을 선택하면 된다.) 직접 해 보니 행동을 추동하는 뇌에서 스마트폰의 매력이 반감되는 것이 느껴진다. 이제 스마트폰이 그다지 흥미로워 보이지 않는다.

가공식품 제조 기업들도 소비자의 눈을 사로잡기 위해 화려한 색을 사용한다. 소비자들이 이런 제품에 매력을 덜 느끼는 방법 중 하나는 밝은색 포장을 쓰지 않는 것이다. 오레오도 유리병에 넣어 놓으면 덜 먹음직스러워 보일 것이다.

우리는 먹고 싶은 것을 먹기보다 우리가 먹고 있는 것을 좋아하는 경향이 있다. 즉 새로운 식습관을 형성하면 좋아하는 음식을 우리가 직접 결정할 수 있다는 말이다. 그러나 이제 잘 알다시피 우리가 먹는 것을 바꾸면 식품 기업들도 자신들의 제품을 다시 찾게 하기 위해 제품을 바꾼다. 그럴 때마다 사용해 온 무기가 바로 소금, 설탕, 지방이다. 이들은 자신들의 제품이 실제보다 중독성이 덜해 보이도록, 아니면 실제와는 완전히 다른 제품처럼 보이도록 앞으로도 계속 그럴 것이다.

식품 기업들은 바닐라와 흡사한 화합물 바닐린을 발명했다. 바닐라가 음식에 대한 아주 강렬한 기억을 만들어서 소비자들이 가공식품의 다른 문제점을 모두 무시할 수 있기 때문이다. 그러나 최근 식품 기업들의 화학 실험실에서 새롭게 각광받는 향이 있다. 이것은 역사상 가장 오래된 향 중 하나로 중신세지금으로부터 2400만 년 전부터 520만 년 전까지의 시대의 아프리카에 뿌리를 두고 있다. 그때 아르디는 달콤함이 미뢰를 강하게 자극하고 후각을 부드럽게 어루만져 기억 장치에 깊은 수로를 새긴 어떤 과일을 접했다. 기원전 9400년으로 추정되는 요르단 계곡에서 발견된 화석을 통해 밝혀진 바에 따르면 아르디의 후손들이 경작을 시작했을 때 가장 먼저 심은 것 중 하나가 바로 이 과일이었다.

이 과일은 무화과다. 무화과는 잼처럼 끈적거리고 단맛이 강하다. 하나에 75칼로리로 열량도 높아 뇌를 자극한다. 최근 무화과를 펌킨 스파이스에 준하는 가공식품 업계에서 가장 유행하는 첨가물이라고 선언한 향 제조 업체에 따르면, 무화과는 정통성과 고대 문화의 느낌을 주며 소비자들의 "진실하고 독특한 것에 대한 욕망"을 자극하고 만족시킨다.

무화과 향은 이제 시리얼, 에너지 음료, 껌은 물론 베이컨과 프로슈토 햄에 싸인 채 냉동 피자에까지 들어간다. 과거 다른 것들이 그랬던 것처럼 무화과 향의 상업적 성공도 소비자들이 단순히 먹고 싶은 마음이 드는 것이 아니라 계속해서 먹는 데 있다. 이제 우리는 우리가 먹는 것을 바꾸고 그에 대한 대응으로 식품 기업들이 제품을 바꿀 때 꿰뚫어 볼 준비가 되어 있어야 한다.

감사의 말

진지하게 말하지만 이 책은 어느 날 저녁 식사로 먹은 석쇠 구이 케밥에서 시작되었다. 더 정확히는 그날 저녁 먹고 남은 케밥이라고 해야 할 것이다. 다음 날 아침 10시 30분, 나는 아침을 이미 먹은 상태였다. 그런데도 글을 쓰던 와중에 갑자기 부엌으로 가 냉장고에서 먹다 남은 케밥 하나를 꺼내 먹고 싶다는 생각이 들었다. 이런 생각이 갑작스럽게 든 특별한 이유는 없었다. 서재가 부엌에서 몇 발자국밖에 떨어져 있지 않다는 점을 제외하면. 뜬금없이 케밥이라니 이상했다. 만약 전날 먹다 남은 딸기 쇼트케이크가 갑자기 먹고 싶어졌다면 덜 놀랐을 것이다. 그렇게 내 생각은 꼬리에 꼬리를 물고 이어졌다. '도대체 갑작스러운 이 식탐은 어디서 온 거지?' '나는 왜 음식과 뇌에 관해 책을 쓰겠다고 생각했을까?' '큰일이네. 도움이 필요할 것 같은데.'

도움을 줄 사람을 만나서 함께한 식사는 더 흥미로웠다. 나는 정신과 의사인 프레드 글레이저를 만나 그가 1960년대에 헤로인 중독자들을 연구한 결과에 대해 물었다. 내가 탐닉이 중독으로 바뀌는 이유를 쉴 새 없이 물어 대자 지쳐 버린 글레이저는 차를 타고 노스캐롤라이나주 에이든 근처에 있는 범스 레스토랑에 가자고 했다. 우리는 바비큐를 먹었는데(그는 "내 주치의에겐 비밀이에요."라고 했다.)

곁들여 먹은 음식 중에 내가 한 번도 들어 본 적 없는 캐비지 콜라드 라는 채소가 있었다. 일반 콜라드보다 잎이 더 부드럽게 개발된 품종이라고 했다. 내게는 중독의 특징과 관련된 용어도 대부분 이것만큼이나 생소했다. 나를 친절히 안내해 준 애슐리 기어하트, 조지 쿱, 낸시 캠벨, 코넌 코르넷스키, 데이비드 다이치, 마크 골드, 잭 헤닝필드, 빅터 디노블, 밥 비에트로에게 감사의 인사를 전한다.

중독자의 뇌를 연구하여 연구자들 사이에서 전설로 통하는 로이 와이즈는 욕망의 신경 작용에 대해 짜증 한 번 내지 않고 상세하게 설명해 주었다. 하지만 몬트리올의 벨론에서 굴을 먹으며 그가 해 준 이야기는 음식에 대한 우리의 태도가 특별한 사건에 의해 형성된다는 사실을 분명하게 보여 주었다. 이것은 싫어하는 음식에도 적용된다. 와이즈는 어릴 적 생애 처음으로 굴을 먹던 날 아버지가 이유도 없이 불쑥 "너 그거 아직도 살아 있는 거 알지. 지금쯤 네 입에서 헤엄쳐 나오려고 할걸."이라고 한 이후로 오랫동안 굴을 쳐다보지도 못했다고 한다. 와이즈 외에도 뇌에 대해 큰 가르침을 준 켄트 베리지, 노라 볼코, 진잭 왕, 조애나 파울러, 제프리 쇼언바움, 애나 로즈 칠드러스에게도 고맙다고 전하고 싶다. 또 욕망이 통제 불능 상태가 될 때 어떤 일이 발생하는지 이해할 수 있도록 도와준 재즐린 브래들리, 스티브 커미스, 돈 위팅, 트레이시 만, 킴벌리 그주니, 마이클 로, 스티븐 리츠, 개리 포스터, 요니 프리드호프에게 특별히 감사의 말을 전한다.

우리는 우리가 기억하는 것을 먹는다. 그것이 뇌에서 어떻게 발현되는지 명확히 확인할 수 있었던 것은 기능성 자기공명영상을 활용하여 통제력 상실에 대해 연구한 오리건 연구소의 에릭 스타이스와 소냐 요쿰 덕분이었다. 그들은 내 혀에 하겐다즈 밀크셰이크를 떨어뜨리고 얻은 선명한 뇌 이미지를 직접 보여 주었다. 기억의 힘에 관한 다른 중요한 사실들을 알려 준 폴라 윌퍼트, 캐리 페라리오, 수전 셸리가, 어빙 비더먼, 캐스린 라투르, 토머스 클리랜드, 프랜시스 맥글론, 앤서니 스클라파니, 리처드 매츠, 폴 브레슬린, 에린 커쇼, 다이앤 샌슨, 호스트 스팁, 프라나브 야다브에게도 고맙다. 알려진 대로라면 오늘날 인간의 식습관 문제는 약 400만 년의 기억이 반영된 것이다. 진화론적 관점을 떠나서는 생물학에서 아무것도 설명할 수 없다는 사실을 이해할 수 있게 도와준 대니얼 리버먼, 고든 셰퍼드, 리처드 랭엄 그리고 아르디에게 고맙다. 또 이와 관련한 유전학적 요인에 대해 알려 준 아르네 아스트루프, 브뤼노 에스투르, 외르크 하게르에게도 고맙다는 말을 전한다.

　과학과 관련된 설명은 대략적인 진술이다. 연구는 그 질과 신뢰성이 천차만별이기에 원칙적으로 말하면 나는 이 책에 무작위 추출, 이중맹검법, 위약 통제, 재현 연구 등 실험 연구의 표준을 따르지 않은 연구는 포함하지 않으려 했다. 인체에서 똑같은 반응을 보인다는 보장이 없어서 쥐만 실험한 연구는 제외할 작정이었다. 그러나 설탕을 주었을 때 환하게 미소 짓는 새하얀 실험실 쥐를 거부할 수 있는 사람이 누가 있겠는가? 내가 음식 중독의 과학으로부터 결론을 이끌어 내는 것을 자제하지 못한 곳이 있다면 쓴소리를 당부하고 싶다. 오늘 우리가 진실이라고 생각한 것도 내일은 터무니없는 소리임이 증명될 수 있으니 말이다.

　전작인『배신의 식탁』을 저술할 때와 마찬가지로 담배산업문서보관소를 운영하는 캘리포니아 대학교 샌프란시스코의 도서관에 많은 신세를 졌다. 나에게 이 담배 기업의 내부 문건들은 크래프트, 제너럴 푸드, 나비스코와 같은 일부 거대 식품 기업들이 담배 회사에 인수되었을 때부터 조사에 큰 도움이 되었다. 스티브 패리시, 마이클 머드, 캐슬린 스피어, 마크 파이어스톤, 제프리 바이블과 같이 그런 기업에서 일했던 많은 사람 역시 기록을 명확히 이해하는 데 큰 도움을 주었다. 설탕이 들어간 탄산음료가 뇌에 작용하는 현상을 연구하려던 펩시코의 시도를 설명해 준 데릭 야크, 린다 플래머, 노엘 앤더슨, 조너선 매킨타이어와 누구보다 비범한 심리학자이자 신경과학자인 데이나 스몰에게 감사의 인사를 전한다.

　항상 내 곁에서 힘을 주는 에이전트 앤드루 와일리, 이 책에 대한 구상을 돕고 훌륭한 독자들에게 선보이도록 해 준 해리 워커 에이전시 직원들, 조사를 도와준 탈리아 랠프, 알렉사 쿠르지아스, 아렌 모스 그리고 전사를 도와준 신시아 콜로나, 너무나 멋진 케이틀린 매케나와 마리 판토잔을 비롯해 원고에 생명을 불어넣어 준 펭귄 랜덤하우스의 편집자들, 나의 각종 화학식 표기를 의심의 눈초리로 바라보고 확인해 준 인쇄 제작팀의 마크 버키, 대혼란의 시기에 이 책이 널리 알려질 방법을 강구해 준 랜덤하우스 홍보의 마법사 세라 브라이보걸, 아옐레트 그룬스펙트, 마리아 브래킬에게 고맙다는 말을 전한다. 특히 추적 조사를 진행하는 동안 신뢰와 번뜩이는 아이디어로 시시때때로 찾아오는 절망의 순간을 극복할 수 있도록 도와준 랜덤하우스 발행인인 앤디 워드에게 큰 빚을 졌다. 우리는 헬스 키친에서 팟타이를 먹으며 첫 미팅을 가졌고, 이 책을 작업하는 동안에는 센트럴파크 공원 벤치에서 샌드위치를 먹으며 초반에 맞닥뜨린 난관을 수습했다. 앞으로 우리가 또다시 함께할 식사가 기다려진다. 내 생애 또 한 명의 최고의 편집자였던 크리스틴 케이는 2019년 44세의 나이에 유방암으로 세상을 떠났다. 나는 그녀를 기리는 마음으로 『배신의 식탁』을 통해 그녀와 처음 논의를 시작했던 주제를 이 책에서 더 깊게 파고들기 위해 최선을 다했다.

무엇보다 아내 이브 헤인과 두 아들 애런과 윌에게 고맙다는 말을 전한다. 가족들은 내가 직접 만든 요리로 실험을 하고 시냅스, 두 가지 후각 경로, 인간의 식습관을 바꾸어 놓은 아르디의 발가락뼈와 같은 이야기를 떠들어 대는 통에 한동안 고생이 많았다. 내가 전작에서 자신이 좋아하는 오레오를 대놓고 비판할 것이라는 사실을 정확하게 추측했던 둘째 윌은 처음 이 책에 대해 설명했을 때 조금은 안심했을 것이다. 물론 그 애가 뭐라고 할지는 두고 봐야 알겠지만 말이다.

주

프롤로그

1 재즐린 브래들리의 진술.

2 Shimon Rosenberg and Y. Lefkowitz, "In Pursuit of Justice, Samuel Hirsch Esq. Speaks with *Zman*," *Zman*, February 2014.

3 시저 바버의 진술.

4 해외 신문에 소개된 사건 기사 "Fast Food Fatty Has Legal Beef," *Sunday Tasmanian* (Australia), via AFP, July 28, 2002.

5 2002년 7월 26일 ABC 방송국의 「굿모닝 아메리카」에 출연한 바버가 클레어 시프먼에게 한 진술.

6 존 밴자프의 진술.

7 허슈가 뉴욕의 브롱크스 대법원에 시저 바버를 원고로 하여 제기한 첫 소송에서는 여러 레스토랑을 피고로 하였으나 재청구 때에는 맥도날드만 제소하였다. 이 사건은 첫 번째로 표기된 원고 14세 애슐리 펠먼의 이름을 따 펠먼 대 맥도날드 사건이라고 불린다. 더 많은 아이들을 원고로 하여 집단소송을 하려던 허슈의 시도는 2010년에 뉴욕 남부 지방법원에 의해 기각되었다.

8 Bonnie Cavanagh, "McDonald's Corp. Faces New Childhood Obesity Lawsuit in NY," *Nation's Restaurant News*, September 23, 2002.

9 Marc Santora, "Teenagers' Suit Says McDonald's Made Them Obese," *New York Times*, November 21, 2002.

10 1978년에 연방 법원 판사가 된 스위트 판사는 격동의 1960년대에 당시 뉴욕 시장이었던 존 린지의 부시장을 지냈다. 1989년에 한 연설에서 그는 마약과의 전쟁이 "파산했다"면서 헤로인, 크랙 코카인을 비롯한 불법 약물을 합법화할 것을 주장했다. Joseph Fried, "Robert W. Sweet, Mayor's Deputy Turned Federal Judge, Dead at 96," *New York Times*, March 25, 2019.

11 스위트 판사는 2002년 8월 18일 자 《롤리 앤드 옵저버》에 실린 세라 에이버리

의 보도 「식품 대기업은 담배 회사의 뒤를 밟을 것인가(Is Big Fat the Next Big Tobacco?)」를 인용하며 판결 이유에 다음과 같은 구문을 넣었다. "연구자들이 많은 양의 지방과 설탕이 결합하면 중독과 같은 탐닉을 야기하는지에 대해 연구하고 있다. 이런 연구의 결과가 나오면 지방을 줄여야 한다는 오랜 경고에도 불구하고 (……) 왜 패스트푸드의 매출이 연간 1000억 달러 이상으로 치솟았는지 충분히 설명할 수 있을 것이다."

12 | Jelisa Castrodale, *Food and Wine*, September 24, 2019. 들리는 바에 따르면 프랑스인의 점심시간도 평균 80분에서 22분으로 급감했다고 한다.

13 | Youfa Wang et al., "Prevention and Control of Obesity in China," *Lancet Global Health* 7, no. 9(2019).

14 | 2014년 6월 23일에 스위스 로잔의 네슬레 연구 센터에서 열린 회의. 저자 참석.

1장 중독이란 무엇인가

1 | 필립모리스는 2004년에 뉴욕 파크애비뉴에 있는 건물을 떠나 버지니아주에 위치한 회사에 본부 기능을 통합했다. 뉴욕 사무실의 모습은 대중에게 거의 알려지지 않았으나 스티브 패리시와 전 CEO 제프리 바이블 덕분에 담배 흔적이 가득했던 그곳의 모습을 묘사할 수 있었다.

2 | John Harris, "Where There's Smoke... Welcome to Marlboro Country," *Washington Post*, February 21, 1993.

3 | Glenn Frankel, "Where There's Smoke, There's Ire," *Washington Post*, December 26, 1996.

4 | 흡연이 건강에 미치는 위험을 조사한 최근 연구에 따르면 성인 흡연자의 3분의 1이 매일 담배를 피우지는 않는다고 답했으나, 연구 결과 자주 피우지 않아도 위험이 존재한다고 밝혀졌다. Stanton Glantz, et al., "Health Effects of Light and Intermittent Smoking: A Review," *Circulation* 121(2010): 1518–22.

5 | 필립모리스를 비롯한 담배 기업들의 내부 문건은 과거 비공개였으나 여러 소송을 통해 공개되었고 이제는 담배산업문서보관소(Truth Tobacco Industry Documents, 이하 TT)라는 검색 가능한 온라인 데이터베이스로 누구나 열람할

수 있다. 이 데이터베이스의 운영은 캘리포니아 대학교 샌프란시스코 캠퍼스에서 맡고 있다. 필립모리스의 보고서도 이곳에 보관된 1400만 건의 내부 문서 중 하나다. 파일 번호 2065400303인 이 문서는 1995년 9월 22일에 컨설턴트가 작성한 흡연 행위와 중독에 관한 연구의 요약본이다.

6 | 이 1980년 메모를 작성한 사람은 필립모리스의 직원이었던 행동과학자 빅터 디노블이다. 그는 훗날 1994년에 내부 고발을 하면서 자신이 필립모리스에서 진행한 연구를 통해 결국 담배가 실제로 중독성이 있다는 사실을 확신하게 되었다고 털어놓았다. 저자와의 인터뷰에서 디노블은 이 1980년 메모는 그런 폭로가 있기 전에 작성된 것이며 연구를 통해 바뀐 자신의 관점과 큰 차이를 보인다고 했다.

7 | Philip Hilts, "Tobacco Chiefs Say Cigarettes Aren't Addictive," *New York Times*, April 15, 1994.

8 | Victor DeNoble, "Critique of 'National Institute on Drug Abuse Technical Review on Cigarette Smoking as an Addiction,'" internal memo, Philip Morris, October 22, 1980, TT, no. 2047340033.

9 | 이 진술을 한 사람은 뉴욕 대학교 의대 정신의학과 학과장이었던 로버트 캔크로다. 그는 내게 보낸 서한에서 다음과 같은 의견을 밝혔다. "오랫동안 잊고 지냈던 보고서를 다시 읽어 보았으나 여전히 타당한 결론이라고 생각합니다. 수정할 부분이 하나 있다면 의존성에 취약해서 중독자라고 분류될 수 있는 소수의 사람이 존재한다는 사실을 포함해야 한다는 것뿐입니다."

10 | "Contents for Briefing Book, Annual Meeting 1992," TT, no. 2023004494. 이 브리핑 자료에는 그해 필립모리스의 수익과 지출에 관한 기밀이 많이 포함되어 있다. 이 자료에 따르면 당시 필립모리스가 식품에서 얻은 수익은 전체의 50퍼센트, 담배는 42퍼센트였다.

11 | 스티브 패리시의 진술. 그는 이런 스낵에 끌리는 이유가 그 안에 든 설탕과 지방 때문인 것 같다고 했다. 반면 담배를 자주 피우지 않은 것은 어릴 적 아버지가 줄담배를 피운 좋지 않은 기억 때문이라고 했다.

12 | "Louis Harris Poll on February 18th and 24th," TT, no. 2040596755.

13 | Keynote address, Corporate Image Conference, New York City, January 20, 2000, TT, no. 2081937559.

14 한 해 전인 1999년에 필립모리스 간부들의 연설에서 이런 움직임의 전조가 되는 일이 있었을 뿐만 아니라 웹사이트에서 "흡연은 오늘날 흔히 사용되는 용어의 기준에 따르면 중독성이 있다."라고 처음으로 중독성을 시인하면서도 대충 얼버무린 일이 있었다. 내부에서 스티브 패리시와 다른 직원들이 괜히 이슈를 혼란스럽게 하는 부가적인 표현을 버릴 것을 강력하게 요구하자 필립모리스는 이듬해인 2000년에 성명서를 발표하면서 그 조언을 따랐다. Barry Meier, "Philip Morris Admits Evidence Shows Smoking Causes Cancer," *New York Times*, October 13, 1999. 스티브 패리시의 진술.

15 "Health Issues for Smokers: Our Position," a Philip Morris memo sent to all employees, October 11, 2000, TT, no. 2081564109.

16 "Scientific Consensus-'Addiction'-Objectives," internal Philip Morris memo summarizing a meeting of the addiction committee on July 27, 2001, TT, no. PM303085359312.

17 "Szymanczyk's Testimony Re: Addiction, Causation and Website, *Engle*, June 12, 13, 14, 2000," testimony by CEO Michael Szymanczyk in a smokers' lawsuit brought by Howard Engle. TT, no. 3006566038.

18 Bruce Alexander and R. F. Schweighofer, "Defining 'Addiction,'" *Canadian Psychology* 29(1988): 151-62.

19 의료, 보건 전문가들은 누군가를 중독자라고 규정지음으로써 생기는 결과도 해결해야 했다. 의료 전문가들은 알코올 중독의 개념을 암과 같은 질병으로 규정하여 보험회사의 치료비 보장을 가능하게 하는 길을 열었다.(병이 아니면 보상금 청구가 불가능하다.) 더 구체적으로 말하자면 알코올 중독을 포함한 여러 종류의 중독은 뇌 질환의 일종으로 인정되었다. 그러나 일부 심리학자는 이것이 환자들에게 중독 치료 과정에서 무력하다는 느낌을 줄 수 있다면서 중독을 사회적, 심리적 문제로 보아야 한다고 제안했다. Nick Heather, "Q: Is Addiction a Brain Diseases or a Moral Failing? A: Neither," *Neuroethics* 10(2017): 115-24.

20 Nathan Eddy et al., "Drug Dependence: It's Significance and Characteristics," WHO Bulletin 32(1965): 721-33.

21 이를테면 동명의 책을 기반으로 프랭크 시나트라가 주연한 1955년 영화 「황금팔을 가진 사나이」를 참고할 것.

22 | Nancy Campbell et al., *The Narcotic Farm: The Rise and Fall of America's First Prison for Drug Addicts*(New York: Abrams, 2008); 낸시 캠벨의 진술.

23 | 프레드 글레이저의 진술.

24 | 1975년 11월 7일에 있었던 미국 상원 위원회의 청문회. 당시 위원장은 에드워드 케네디였다.

25 | C. P. O'Brien et al., "Follow-up of Vietnam Veterans," *Drug and Alcohol Dependence* 5(1980): 333–40; 다음도 참고할 것. Rumi Price et al., "Remission from Drug Abuse Over a 25-Year Period: Patterns of Remission and Treatment Use," *American Journal of Public Health* 91(2001): 1107–13.

26 | David Shewan and Phil Dalgarno, "Low Levels of Negative Health and Social Outcomes Among Non-treatment Heroin Users in Glasgow(Scotland): Evidence for Controlled Heroin Use?" *British Journal of Health Psychology* 10(2005); 1–17.

27 | James Anthony, "Epidemiology of Drug Dependence," *Neuropsychopharmacology: The Fifth Generation of Progress*(Philadelphia: Lippincott, Williams and Wilkins, 2002), 1557–73; 사용자 연령에 따른 중독의 위험성 평가를 보려면 다음을 참고할 것. Fernando Wagner and James Anthony, "From First Drug Use to Drug Dependence: Developmental Periods of Risk for Dependence upon Marijuana, Cocaine, and Alcohol," *Neuropsychopharmacology* 26(2002): 479–88.

28 | Linda Cottler et al., "Injury, Pain, and Prescription Opioid Use Among Former National Football League(NFL) Players," *Drug and Alcohol Dependence* 116(2011): 188–94.

29 | Kevin Vowles et al., "Rates of Opioid Misuse, Abuse, and Addiction in Chronic Pain: A Systematic Review and Data Synthesis," *Pain Journal* 156(2015): 569–76.

30 | 애슐리 기어하트의 진술.

31 | Adrian Meule and Ashley Gerhardt, "Ten Years of the Yale Food Addiction Scale: A Review of Version 2.0," *Current Addiction Reports* 6(2019): 218–28.

32 | Erica Schulte and Ashley Gearhardt, "Associations of Food Addiction in a Sample Recruited to be Nationally Representative of the United States," *European Eating Disorders Review* 26(2018): 112–19.

33 | 시모어 랜코위츠의 진술.

34 │ 진잭 왕의 진술.

35 │ Gene-Jack Wang et al., "Exposure to Appetitive Food Stimuli Markedly Activates the Human Brain," *NeuroImage* 21(2004): 1790–97.

36 │ Gene-Jack Wang et al., "Similarity Between Obesity and Drug Addiction as Assessed by Neurofunctional Imaging: A Concept Review," in *Eating Disorders, Overeating, and Pathological Attachment to Food*, ed. Mark S. Gold(Boca Raton, Fla.: CRC Press, 2004), 39–53.

37 │ 뇌 스캔에 논쟁의 여지가 없는 것은 아니다. 뇌 스캔 이미지는 신체와 뇌의 물리적 문제를 찾아내는 데 매우 효과적이다. 의사는 이것을 통해 종양을 발견하고 크기를 가늠하며 치료에 따라 크기가 줄었는지 확인할 수 있다. 이처럼 생명을 구하는 데 유용하다. 그러나 행동과학에서는 뇌 스캔이 유행하여 연구자들이 모든 연구에 사용하기 시작하면서 진부해진 경향이 있다. 이를테면 개의 뇌를 스캔하여 주인에 대한 개의 '진짜' 심리를 알아보는 식이다. 일부 과학자는 가장 진지해야 할 실험이 지나치게 기술적이 되었다고 우려한다. 어찌 되었든 스캔 이미지는 누군가의 생각을 읽는 것이 아니다. 감정이나 생각과 상관관계가 있다는 가정하에 신경조직의 활동을 좇을 뿐이다.

38 │ Peter Rogers, "Food and Drug Addictions: Similarities and Differences," *Pharmacology, Biochemistry and Behavior* 153(2017): 182–90.

39 │ 노라 볼코의 진술.

2장 중독은 어디서 시작되는가

1 │ 비만율은 질병통제예방센터(CDC)에서 공식적으로 추적 조사하며, 신시아 오그던이 이 조사를 책임지고 있다. 비만율은 40년간 대체로 증가해 왔는데, 트렌드 분석 전문가들이 보기에 연간 비만율 변화는 대개 통계적으로 유의미할 만큼 크지 않다. 예를 들어 다음을 참고할 것. Craig Hales et al., "Prevalence of Obesity Among Adults and Youth: United States, 2015 – 2016," National Center for Health Statistics Data Brief, no. 288(October 2017).

2 │ Edward Mason and Chikashi Ito, "Gastric Bypass in Obesity," *Obesity Research*

4(1966): 316–19.

3   1977년 4월 28~29일에 아이오와주 아이오와시티에서 아이오와 대학교 의대 외과학과 주최로 열린 위장 접합 수술 워크숍 필사본 1쪽(필사: 칼라 엘리스, 퍼트리샤 파이퍼).

4   Kristin Voigt and Harald Schmidt, "Gastric Banding: Ethical Dilemmas in Reviewing Body Mass Index Thresholds," *Mayo Clinic Proceedings* 86(2011): 999–1001.

5   Mohammed Al Mohaidly, "Laparoscopic Sleeve Gastrectomy for a Two-and-a-Half-Year-Old Morbidly Obese Child," *International Journal of Surgery Case Reports* 4(2013): 1057–60. 보고서는 해당 아동이 고도 비만에 따른 심각한 건강 문제가 있었다고 설명한다.

6   Nicolas Christou et al., "Weight Gain After Short- and Long-Limb Gastric Bypass in Patients Followed for Longer Than 10 Years," *Annals of Surgery* 244(2006): 734–40.

7   Michelle May et al., "The Mindful Eating Cycle: Preventing and Resolving Maladaptive Eating After Bariatric Surgery," *Bariatric Times* 11(2014): 1, 8–12.

8   로이 와이즈의 진술.

9   뇌가 어떻게 신체 에너지의 20퍼센트를 쓰는지 알고 싶다면 다음을 참고할 것. Nikhil Swaminathan, "Why Does the Brain Need So Much Power?" *Scientific American*, April 29, 2008.

10   Charles Gross, "Neuroscience, Early History of," in *Encyclopedia of Neuroscience*(Basel, Switzerland: Birkhäuser, 1987), 843–47.

11   Roy Wise, "The Dopamine Synapse and the Notion of 'Pleasure Centers' in the Brain," *Trends in Neurosciences* 3(1980): 91–95.

12   K. C. Berridge, "Measuring Hedonic Impact in Animals and Infants: Microstructure of Affective Taste Reactivity Patterns," *Neuroscience and Biobehavioral Reviews* 24(2000): 173–98.

13   D. C. Castro and K. C. Berridge, "Advances in the Neurobiological Bases for Food 'Liking' Versus 'Wanting,'" *Physiology and Behavior* 136(2014): 22–30.

14   켄트 베리지의 진술.

15   제프리 쇼언바움의 진술.

16   데이나 스몰의 진술.

17 | Dana Small et al., "Changes in Brain Activity Related to Eating Chocolate: From Pleasure to Aversion," *Brain* 124(2001): 1720–33.

18 | Florence Allain et al., "How Fast and How Often: The Pharmacokinetics of Drug Use Are Decisive in Addiction," *Neuroscience and Biobehavioral Reviews* 56(2015): 166–79.

19 | C. Nora Chiang and Richard Hawks, "Research Findings on Smoking of Abused Substances," National Institute on Drug Abuse Research Monograph 99(1990). 다음도 참고할 것. "Nicotine," a briefing paper published by *Psychology Today* on its website.

20 | Wayne Labs, "The State of Food Manufacturing: The Need for Speed," *Food Engineering*, September 4, 2014.

21 | Herb Sorensen, *Inside the Mind of the Shopper: The Science of Retailing*(Upper Saddle River, N.J.: Wharton School Publishing, 2009), 56; 허브 소런슨의 진술.

22 | "Shopper Forward: Using Simplicity and Ease to Meet Shoppers' Needs," NACS/Coca-Cola Retailing Research Council, February 24, 2010. 이외에도 코카콜라가 식료품 소매 기업을 위해 생산한 보고서는 코카콜라 웹사이트 www.ccrrc.org에서 확인할 수 있다.

23 | Stuart McCaughey, "The Taste of Sugars," *Neuroscience and Biobehavioral Reviews* 32(2008): 1024–43; 맥코이의 진술. 설탕에 대한 반응속도를 0.7초, 소금에 대한 반응속도를 0.4초라고 제시한 연구도 있었다: Takashi Yamamoto and Yojiro Kawamura, "Gustatory Reaction Time in Human Adults," *Physiology and Behavior* 26(1981): 715–19.

24 | 식품에 있는 혈당 요소에 관한 유용하고 더 자세한 정보가 필요하다면 다음을 참고할 것. "Glycemic Index and Glycemic Load for 100+ Foods," Harvard Health Publishing, Harvard Medical School, February 2015.

25 | 필라델피아에 있는 구멍가게들을 조사한 결과 아이들은 평균 1.06달러로 350칼로리의 과자, 사탕, 초콜릿, 청량음료를 구매했다. Kelley Borradaile et al., "Snacking in Children: The Role of Urban Corner Stores," *Pediatrics* 124(2009): 1293–98.

26 | 스티븐 리츠의 진술. 그의 프로그램에 대해 더 알고 싶다면 다음을 참고할 것. Cory Turner and Elissa Nadworny, "How a Great Teacher Cultivates Veggies (and Kids) in

the Bronx," *All Things Considered*, NPR, January 19, 2016.

27 애나 로즈 칠드러스가 공유해 준 그레그의 음성 녹음.

28 칠드러스의 진술. 이 연구를 통해 칠드러스는 브룩헤이븐 연구소에서 노라 볼코와 함께 단서에 대한 뇌의 반응을 스캔했다. "Cocaine Cues and Dopamine in Dorsal Striatum: Mechanism of Craving in Cocaine Addiction," *Journal of Neuroscience* 26(2006): 6583–88. 칠드러스는 2007년에 존 호프먼과 수전 프럼키가 제작한 HBO 다큐멘터리 시리즈 「중독」에서 이 연구를 자세히 설명한 바 있다.

3장 맛은 곧 기억이다

1 Emily Kaiser Thelin, *Unforgettable: The Bold Flavors of Paula Wolfert's Renegade Life*(New York: Hachette, 2017). 월퍼트의 삶, 여행, 레시피가 한데 어우러진 매우 특별한 책이다.

2 다음 연구에 따르면 후각 상실을 알츠하이머의 조기 선별 지표로 사용할 수 있다. Rosebud Roberts et al., "Association Between Olfactory Dysfunction and Amnestic Mild Cognitive Impairment and Alzheimer Disease Dementia," *JAMA Neurology* 73(2016): 93–101.

3 폴라 월퍼트가 전화로 진술.

4 은유법으로 설명해 달라는 내 부탁에 남편과 이것을 의논한 캐리 페라리오는 강 개념을 떠올린 것이 물리학자인 남편 덕이라고 했다. "좋은 비유 같아요. 강은 변하잖아요. 뇌가 열대우림이나 사막과 같은 지형이고 그 위의 길들이 서로 다른 시간에 활성화되는 것이라고 상상하면 됩니다."

5 이 어마어마한 수의 시냅스가 어떻게 작용하는지 알고 싶다면 다음을 참고할 것. David Drachman, "Do We Have Brain to Spare?" *Neurology* 64(2005): 12.

6 1982년에 심리학자 로버트 자이언스는 "개고기는 일부 동아시아 국가에서 별미로 통하지만 이것을 먹음직스럽다고 생각하는 미국인은 거의 없을 것이다."라고 쓰면서 "뱀, 새집, 초콜릿을 입힌 바퀴벌레, 생선 눈, 송아지 췌장, 양 고환도 마찬가지다."라고 했다. Robert Zajonc and Hazel Markus, "Affective and Cognitive Factors in Preferences," *Journal of Consumer Research* 9(1982): 123–31.

7 | 수전 셀리가의 진술.

8 | 제너럴 밀스가 2006년에 작은 토스트 모양의 메이플 시럽 맛이 나는 시리얼 프렌치토스트 크런치(French Toast Crunch) 생산을 중단했던 일을 생각해 보자. 사람들은 이베이를 이 잡듯이 뒤져 남은 제품을 사들였고 제너럴 밀스에 생산 중단을 재고해 달라는 청원을 냈다. 2014년에 프렌치토스트 크런치가 다시 나왔을 때 사람들은 대단히 기뻐했고, 어떤 사람은 제너럴 밀스 블로그에 "야호! 내 소원이 이루어졌다!"라는 글을 남겼다.

9 | 이 설탕물 실험과 관련하여 나는 줄리 메넬라가 모넬화학감각연구센터에서 유년기에 어떻게 음식과 맛의 기호가 형성되는지에 관한 연구한 내용의 도움을 받았다. 메넬라의 연구를 자세히 알고 싶다면, 다음을 참고할 것. Alison Ventura and Julie Mennella, "Innate and Learned Preferences for Sweet Taste During Childhood," *Current Opinion in Clinical Nutrition and Metabolic Care* 14(2011): 379–84; Catherine Forestell and Julie Mennella, "Early Determinants of Fruit and Vegetable Acceptance," *Pediatrics* 120(2007): 1247–54.

10 | 맥길 대학교 대학원에서 초콜릿을 사용하여 음식에 대한 뇌의 반응 연구를 선도한 데이나 스몰은 설탕과 지방이 결합됐을 때 그 힘이 얼마나 막강한지 입증할 수 있는 독창적인 방법을 찾아냈다. 그녀는 현재 교수로 있는 예일 대학교에서 경매를 진행했다. 평균 25세 정도의 피험자들을 대상으로 평범한 스낵의 사진을 보여 주면서 실제 경매처럼 입찰 가격을 부르도록 했다. 젤리를 비롯해 단맛이 나는 스낵들은 꽤 적극적인 경쟁이 이루어졌다. 지방이 많은 치즈 종류도 마찬가지였다. 그러나 이런 스낵에 대한 입찰 경쟁은 초콜릿칩 쿠키와 같이 설탕과 지방이 결합된 품목이 부른 입찰 전쟁에 비하면 아무것도 아니었다. 스몰은 피험자들이 자신의 뇌를 가장 자극하는 음식에 가장 큰 가격을 입찰했고 피험자들의 뇌는 가장 큰 보상을 줄 것이라 기대되는 음식에 가장 자극되었다고 결론 내렸다. Alexandra DiFeliceantonio et al., "Supra-Additive Effects of Combining Fat and Carbohydrate on Food Reward," *Cell Metabolism* 28(2018): 1–12.

11 | 어빙 비더먼의 진술.

12 | 스티븐 위덜리의 진술. 가공식품 개발과 관련된 과학의 내부자 관점이 알고 싶다면 다음을 참고할 것. Steven Witherly, *Why Humans Like Junk Food*(Lincoln, Neb.: iUniverse, 2007).

13 | 이 생산 시설은 켈로그의 연구 개발부에 속해 있었다.

14 | Steve Janssen et al., "The Reminiscence Bump in Autobiographical Memory: Effects of Age, Gender, Education, and Culture," *Memory* 13(2005): 658–68.

15 | Juliet Davidow et al., "An Upside to Reward Sensitivity: The Hippocampus Supports Enhanced Reinforcement Learning in Adolescence," *Neuron* 92(2016): 93–99.

16 | 코넬 대학교의 캐스린 라투르와 고인이 된 그녀의 남편 마이클은 2007년에 조지아 대학교의 한 교수와 함께 유년기 기억을 활용한 심리 치료 요법을 마케팅하는 방법 을 연구했다. 그들의 방법론은 다음에 소개되어 있다. "Using Childhood Memories to Gain Insight into Brand Meaning," *Journal of Marketing* 71(2007): 45–60.

17 | Kathryn LaTour et al., "Coke Is It: How Stories in Childhood Memories Illuminate an Icon," *Journal of Business Research* 63(2010): 328–36.

18 | Kyle Burger and Eric Stice, "Neural Responsivity During Soft Drink Intake, Anticipation, and Advertisement Exposure in Habitually Consuming Youth," *Obesity Biology and Integrated Physiology* 22(2014): 441–50.

19 | Joseph Volpicelli et al., "The Role of Uncontrollable Trauma in the Development of PTSD and Alcohol Addiction," *Alcohol Research and Health* 23(1999): 256–62.

20 | Jacqueline Hirth et al., "The Association of Posttraumatic Stress Disorder with Fast Food and Soda Consumption and Unhealthy Weight Loss Behaviors Among Young Women," *Journal of Women's Health* 20(2011): 1141–49.

21 | Susan Mason et al., "Posttraumatic Stress Disorder Symptoms and Food Addiction in Women, by Timing and Type of Trauma Exposure," *JAMA Psychiatry* 71(2014): 1271–78.

22 | Hirth et al., "Association of Posttraumatic Stress Disorder," 1141–49.

23 | 프랜시스 맥글론의 진술.

24 | 조지 쿱의 진술.

25 | 호스트 스팁은 광고연구재단의 글로벌 사업 전략부 부사장이다.

26 | Lisa Powell et al., "Exposure to Food Advertising on Television Among U.S. Children," *Archives of Pediatrics and Adolescent Medicine* 161(2007): 553–60.

27 | Kathryn Braun, "Post experience Advertising Effects on Consumer Memory," *Journal of Consumer Research* 25(1999): 319–34.

28   Michael LaTour and Kathryn LaTour, "Positive Mood and Susceptibility to False Advertising," *Journal of Advertising* 38(2009): 127–42.

29   Kate Hutton-Bedbrook and Gavan McNally, "The Promises and Pitfalls of Retrieval-Extinction Procedures in Preventing Relapse to Drug Seeking," *Frontiers in Psychiatry* 4(2013): 1–4.

30   Eric Stice and Sonja Yokum, "Gain in Body Fat Is Associated with Increased Striatal Response to Palatable Food Cues, Whereas Body Fat Stability Is Associated with Decreased Striatal Response," *Journal of Neuroscience* 36(2016): 6949–56.

4장 인간은 본능적으로 먹는 것에 끌린다

1   요하네스 하일레셀라시에의 진술.

2   아르디를 발견한 연구팀이 아르디의 발견 과정과 그 의미에 관해 자세히 설명한 보고서는 다음과 같다. Tim White et al., "*Ardipithecus ramidus* and the Paleobiology of Early Hominids," *Science* 326(2009): 64–85. 다음도 참고할 것. Jamie Shreeve, "Oldest Skeleton of Human Ancestor Found: Move Over Lucy. And Kiss the Missing Link Goodbye," *National Geographic News*, October 1, 2009.

3   갈라파고스제도의 산타크루스섬에 있는 찰스 다윈 연구소에는 다윈의 발견과 진화의 과정을 생생히 보여 주는 다양한 되새류의 부리가 전시되어 있다.

4   Richard Klein, "Darwin and the Recent African Origin of Modern Humans," *Proceedings of the National Academy of Sciences* 106(2009): 16007–9.

5   Daniel Lieberman, *The Story of the Human Body: Evolution, Health and Disease*(New York: Vintage, 2013), 42; 대니얼 리버먼의 진술.

6   Theodosius Dobzhansky, "Nothing in Biology Makes Sense Except in the Light of Evolution," *American Biology Teacher* 35(1973): 125–29. 도브잔스키는 이 말을 하면서 전미 생물학교사협회의 1973년 총회를 언급했다. 그는 삶의 경험을 통해 자연 선택설의 전지전능한 원칙을 믿게 된 프랑스 철학자이자 예수회 사제인 피에르 테일라르 드 샤르댕의 이론을 수정하는 중이었다. 테일라르는 카이로에서 물리학을 가르쳤고, 파리에서는 고생물학을 배웠으며, 제1차 세계대전 중에 제8모로코 소총

연대에서 들것을 날랐고, 다시 파리로 돌아와 소르본 대학교에서 지질학을 공부하고 75만 년 된 호모 에렉투스 화석인 베이징원인 발굴에 참여한 사람이었다. 도브 잔스키도 테일라르도 종교적 신념이나 신의 창조 같은 개념을 무시하지 않았다. 두 사람은 그저 신의 개입이 이루어진 시점을 100억 년 정도 뒤로 미루고 그때 펼쳐졌던 사건들이 처음에는 도무지 예상할 수 없었던 방향으로 뒤죽박죽되고 변화하면서 여전히 작용 중임을 강조하고자 했다.

7 Jess Porter et al., "Mechanisms of Scent-Tracking in Humans," *Nature Neuroscience* 10(2007): 27–29.

8 Gordon Shepherd, *Neurogastronomy: How the Brain Creates Flavor and Why It Matters*(New York: Columbia University Press, 2012). 고든 셰퍼드의 진술.

9 일부 연구자들은 이 숫자를 조금 더 높게 잡는다. 다음을 참고할 것. C. Bushdid et al., "Humans Can Discriminate More than 1 Trillion Olfactory Stimuli," *Science* 343(2014): 1370–72.

10 Rui Ni et al., "Optimal Directional Volatile Transport in Retronasal Olfaction," *Proceedings of the National Academy of Sciences* 112(2015): 14700–704.

11 토머스 클리랜드의 진술.

12 데이나 스몰이 가르쳐 준 재미있는 실험을 소개한다. 사탕이나 맛있는 음식 한 조각을 입안에 넣고 코를 막아 보라. 혀로 음식을 굴리되 최대한 입으로 숨을 들이쉬지 않도록 한다. 이렇게 하면 냄새 분자가 비강에 닿는 것을 막아 미뢰가 한껏 즐거움을 만끽하게 된다. 맛과 촉감의 신호만 전달되어도 그 음식이 단지, 신지, 쓴지, 짠지, 감칠맛(다섯 번째 기본 맛)이 나는지 식별할 수 있다. 또 입안에 있는 신경세포를 통해 이 음식이 딱딱한지, 부드러운지, 기름진지를 판단할 수 있다. 그러나 감지할 수 있는 감각은 거기까지다. 다섯 가지 맛과 약간의 물리적 촉감밖에 느낄 수 없다. 자, 이제 코를 막고 있던 손을 놓으면 황홀한 경험이 시작된다. 숨을 쉬면 입안에 있는 냄새 분자가 비강으로 이동하면서 후각 수용 세포가 풍부한 향의 세계를 선사한다. 그저 달기만 했던 딱딱한 사탕은 페퍼민트 향미를 드러내고, 너무 밍밍해서 날것의 맛이 났던 구운 고기는 캐러멜화되어 달콤하게 탄 향미를 다시 찾는다. 술맛만 났던 뉴질랜드산 피노그리는 갓 자른 잔디에서 나는 신선한 풀향이 느껴진다. 페퍼민트와 탄 향미를 맛이라고 생각할지 모르지만 그것들은 맛이 아니라 향이다. 우리가 풍미라고 부르는 것

을 만들어 내는 데 큰 역할을 하는 것은 음식 속에 있는 냄새다. 그리고 이런 풍미를 아주 생생하게 즐길 수 있는 것은 아르디를 시작으로 발전되어 온 인간의 생리 덕분이다.

13   Mark Teaford and Peter Ungar, "Diet and the Evolution of the Earliest Human Ancestors," *Proceedings of the National Academy of Sciences* 97(2000): 13506–11.

14   하버드 대학교의 생물인류학 교수 리처드 랭엄은 요리가 인간 진화에 엄청난 진화를 가져왔다는 이론을 발전시키는 과정에서 침팬지의 음식을 먹어 보기도 했다. Rachael Gorman, "Cooking Up Bigger Brains," *Scientific American*, January 1, 2008.

15   리처드 랭엄은 2014년 5월 9일에 뉴욕 대학교 영양, 음식 연구와 공중보건학과에서 개최한 인간의 향 인지에 관한 학술회의에서 "요리는 주 영양소로부터 얻는 에너지를 20~40퍼센트가량 증가시킨다."라고 말했다. 다음도 참고할 것. Richard Wrangham, *Catching Fire: How Cooking Made Us Human*(New York: Basic Books, 2009).

16   인류 조상들의 음식 찾기에 진전이 있었음에도 늘 불확실하고 위험한 일이었다는 진화생물학자들의 이야기를 들으면 저절로 겸허해진다. 현대 인류는 7만 4000년 전에 번식이 가능한 연령의 인구가 1만 명밖에 되지 않아 거의 멸종할 뻔했다. 1만은 생물학적으로 보면 아주 위험한 수치다. 100만 년 전 우리와 다른 경로를 간 인류의 사촌 호모 에렉투스는 7만 년 전에 멸종했고 네안데르탈인은 2만 8000년 전에, 호모 플로레시엔시스는 1만 7000년 전에 멸종했다. 아르디가 남긴 인류 후손은 우리가 유일하다.

17   Horace Davenport, "Walter B. Cannon's Contribution to Gastroenterology," *Gastroenterology* 63(1972): 878–89.

18   Lieberman, *Story of the Human Body*, 42; 대니얼 리버먼의 진술.

19   생화학자 실비아 타라는 획기적인 자신의 저서에서 "지방은 마인드 컨트롤이 가능한 것으로 드러났고" 체중 관리와 관련하여 듣고 말하고 은밀한 계획을 꾸미거나 다른 방식으로 우리의 자유의지를 약화시킨다고 썼다. Sylvia Tara, *The Secret Life of Fat: The Science Behind the Body's Least Understood Organ and What it Means for You*(New York: Norton, 2017). 다음도 참고할 것. Emma Hiolski, "Fat Tissue Can 'Talk' to Other Organs, Paving Way for Possible Treatments for Diabetes, Obesity," *Science* February 16, 2017.

20 | 에린 커쇼의 진술.

21 | Teri Hernandez et al., "Fat Redistribution Following Suction Lipectomy: Defense of Body Fat and Patterns of Restoration," *Obesity* 19(2011): 1388–95.

22 | 데이나 스몰의 진술.

5장 본능을 자극하라

1 | Nathaniel Meyersohn, "How a Cheap, Brutally Efficient Grocery Chain Is Upending America's Supermarkets," CNN Business, May 19, 2019.

2 | Kim Souza, "Walmart U.S. CEO Foran Shares Insights on Growth Opportunities, Challenges, Competitors," Talk Business and Politics, March 6, 2019.

3 | "The Future of Grocery," Nielsen, April 2015. 식재료 회사인 카길은 2011년에 가공식품의 열량과 설탕 함유량을 줄일 수 있는 첨가물을 소개하면서 한 설문 조사 결과를 인용했다. 사람들에게 식품과 음료에서 가장 중요하게 생각하는 것을 물었더니 맛이 가장 중요하다고 대답한 사람이 제일 많았고(85퍼센트), 다음은 가격(73퍼센트), 건강에 좋음(58퍼센트), 편의성(56퍼센트)이 그 뒤를 이었다고 한다.

4 | John Leffingwell and Diane Leffingwell, "Biotechnology: Conquests and Challengers in Flavors and Fragrances," *Leffingwell Reports* 7(2015): 1–11.

5 | Scott Bruce and Bill Crawford, *Cerealizing America: The Unsweetened Story of American Breakfast Cereal* (Boston: Faber and Faber, 1995).

6 | Mitra Toossi, "A Centure of Change: The U.S. Labor Force 1950–2050," *Monthly Labor Review*, May 2002.

7 | 에이미 트루벡의 진술.

8 | 1955년 9월 22일에 뉴욕시에서 열린 콘퍼런스 보드의 3차 마케팅 연례 회의 저녁 세션에서 찰스 모티머가 한 말.

9 | Kraft presentation on Philadelphia Cream Cheese to the Philip Morris Corporate Products Committee, June 1989, TT, no. 2041053254.

10   Geoffrey Bible, Philip Morris executive, "Understanding the Consumer," Philip Morris Product Development Symposium, December 5, 1990, TT, no. 202316023.

11   캘리포니아 대학교 샌프란시스코의 연구팀이 수행한 이 설탕 섭취에 관한 연구에 따르면 제품 라벨에서 발견되는 당류는 61가지였다. "Hidden in Plain Sight," http://sugarscience.ucsf.edu.

12   Shu Wen et al., "Use of Caloric and Non-caloric Sweeteners in U.S. Consumer Packaged Foods, 2005–2009," *Journal of the Academy of Nutrition and Dietetics* 112(2012): 1828–34.

13   리처드 매츠의 진술. 다음도 참고할 것. Luke Yoquinto, "25% of Calories Now Come from Snacks," LiveScience, June 24, 2011.

14   가공식품 업계가 포만감을 다루는 법에 대한 내부자의 증언을 듣고 싶다면 다음을 참고할 것. Witherly, *Why Humans Like Junk Food*.

15   Vince Bamford, "Kids, Claims and Variety—the Key Opportunities for Snacks Growth," Bakery and Snacks, June 14, 2016.

16   Committee on the Nutrition Components of Food Labeling, Institute of Medicine, *Nutrition Labeling: Issues and Directions for the 1990s*(Washington, D.C.: National Academy Press, 1990), 7. 업계 단체인 식품 마케팅 연구소에 따르면 2018년에 일반적인 대형 마트가 보유한 품목 수는 3만 3055개였다.

17   가공식품에 큰 투자를 한 담배 기업은 필립모리스만이 아니다. R. J. 레이놀즈는 쿠키와 크래커로 유명한 거대 가공식품 기업 나비스코를 소유하고 있는데 1995년에 식품사업부 간부들은 모기업의 간부들을 만나 마케팅 전략의 변화에 대해 논의했다. 그들은 나비스코 제품과 윈스턴, 살렘 등 회사의 담배 브랜드가 힘을 합쳐 타깃 소비자들에게 직접 우편을 보내 매출을 늘리는 방법을 꾀했다. 나비스코가 타깃으로 삼은 소비자 중 핵심은 많이 먹고 마시는 경향이 있는 사람들이었다. 식품 업계는 이것을 80 대 20 규칙이라고 칭했는데, 이는 20퍼센트의 인구가 제품의 80퍼센트를 소비한다는 의미다. 이 20퍼센트에 해당하는 사람들을 헤비 유저라고 부른다. Jeff Walters, Nabisco, "Corporate Consumer Relationship Marketing Strategy," Nabisco Foods Group, TT, no. 514754890. 캘리포니아 대학교 샌프란시스코에 보관된 담배 기업들의 내부 기록은 관련 문

서들을 살펴볼 수 있는 유용한 도구다. 나비스코가 R. J. 레이놀즈 간부들을 만나 이 새로운 전략에 대해 논의한 회의 기록도 볼 수 있다.

18 "Strategic Plan," Kraft General Foods Frozen Products Group, April 1990, TT, no. 2055041775.

19 가공식품 업계의 다양성에 대한 과도한 시도도 개인 맞춤형 마케팅 촉진에 한 몫했다. 식품 기업의 공학자들은 매년 수만 개의 신상품을 만들어 내고 있었으나, 대개 판매량이 높은 기존 제품에 변화를 준 수준에 불과했다. 대형 마트에는 모든 제품을 진열할 자리가 부족했고 패스트푸드 식당 역시 쏟아져 나오는 새로운 버전의 피자와 햄버거로 인해 메뉴판이 가득차기는 마찬가지였다. 기업들은 어떤 것이 가장 큰 수익을 낼지 알아야 했기에 소비자가 내리는 선택에 작용하는 요소를 연구했다.

20 Michael McMillen, Kroger Company, "Variety Research Program," Interim Report 1, December 2, 1988, TT, no. 2042781949.

21 Suzanne Higgs, School of Psychology, University of Birmingham, "Understanding Food Choice: A Psychological Perspective."

22 S. Higgs and M. Woodward, "Television Watching During Lunch Increases Snack Intake of Young Women," *Appetite* 52(2009): 39–42.

23 R. Tumin and S. E. Anderson, "Television, Home-Cooked Meals, and Family Meal Frequency: Associations with Adult Obesity," *Journal of the Academy of Nutrition and Dietetics* 117(2017): 937–45.

24 가공식품 업계의 규모를 측정하는 일은 가공식품을 정의하는 일과 유사해서 다소 불명확하다. 1조 5000억 달러라는 수치는 다음 보고서에 나오는 정보에 기반한 것이다. Abigail Okrent et al., "Measuring the Value of the U.S. Food System: Revisions to the Food Expenditure Series," TV 1948, U.S. Department of Agriculture, Economic Research Service, September 2018.

25 "Top 100 Food and Beverage Companies of 2019 in U.S. and Canada," *Food Processing*, 2019.

26 "Understanding the Grocery Industry," Reinvestment Fund, September 30, 2011.

27 Patrick McLaughlin, "Growth in Quick-Service Restaurants Outpaced Full-Service

Restaurants in Most U.S. Counties," *Amber Waves*, U.S. Department of Agriculture, Economic Research Service, November 5, 2018.

28 Jennifer Porti et al., "Is the Degree of Food Processing and Convenience Linked with Nutritional Quality of Foods Purchased by U.S. Households?" *American Journal of Clinical Nutrition* 101(2015): 1251–62.

29 Peter Hutt, "A Brief History of FDA Regulation Relating to the Nutrient Content of Food," *Nutrition Labeling Handbook*(New York: Marcel Dekker, 1995), 1–27; 피터 허트의 진술.

30 Terence Dryer, Frito-Lay, "Comments on Frito-Lay, Inc.," Food Labeling, U.S. Food and Drug Administration, CFR 21, parts 101, 104, and 105, November 6, 1990.

31 Xaq Frohlich, "Accounting for Taste: Regulating Food Labeling in the 'Affluent Society,' 1945 – 1995," PhD dissertation, Massachusetts Institute of Technology, June 2011.

32 식품 업계 단체인 국제식품정보위원회는 라벨에 가공 보조물에 대한 정보가 부족한 것에 대한 해명 자료를 냈다. "Processing Aids Used in Modern Food Production," August 2, 2013.

33 Published opinion, Washington State Court of Appeals, *State of Washington v. Grocery Manufacturers Association*, 49768-9-II, September 5, 2018.

34 Committee on the Nutrition Components of Food Labeling, Institute of Medicine, *Nutrition Labeling: Issues and Directions for the 1990s*(Washington, D.C.: National Academy Press, 1990), 104.

35 Ibid., 8.

36 Steven Parrish, Kraft Foods North America, Operating Committee Meeting, February 3, 1999, TT, no. 2076283646.

37 Gyorgy Scrinis, *Nutritionism: The Science and Politics of Dietary Advice*(New York: Columbia University Press, 2013); 조지 스크리니스의 진술.

38 자크 프롤리히는 이를 두고 음식을 먹는 것에서 음식을 읽는 것으로의 전환이라고 불렀다. "Accounting for Taste," 55.

6장 가공식품 중독을 둘러싼 공방

1 "General Counsel Meeting, Northfield," TT, no. 2801555371.

2 가공식품 업계 역사에서 특별한 이 시기에 대한 이야기는 다음을 참고할 것. Michael Moss, *Salt Sugar Fat: How the Food Giants Hooked Us*(New York: Random House, 2013), 247–50.

3 스티븐 조셉의 진술.

4 Marian Burros, "A Suit Seeks to Bar Oreos as a Health Risk," *New York Times*, May 14, 2003.

5 Suein Hwang, "Corporate Focus: Nabisco, CEO Kilts Prepare for Life Without Tobacco, How to Jump-Start Cookies, Crackers, as Rivals Nibble Away at Snack World," *Wall Street Journal*, June 14, 1999.

6 Kenneth Gilpin, "Nabisco in Accord to Be Purchased by Philip Morris," *New York Times*, June 26, 2000.

7 Anne Bucher and Melanie Villines, *The Greatest Thing Since Sliced Cheese*(Northfield, Ill.: Kraft Food Holdings, 2005), 346–53.

8 Associated Press, August 13, 2000. 익명의 기자는 새로운 버전의 오레오 출시에 맞추어 다음과 같은 기사를 썼다. "기존 오레오만큼 열량이 높지는 않지만 그 열량을 채우고도 남을 만큼 많은 양을 먹을 가능성이 충분하다."

9 Nabisco Inc., "It's a... Mini Oreo!," PR Newswire, August 10, 2000.

10 크래프트의 이 시도에 관한 자세한 설명은 다음을 참고할 것. Moss, *Salt Sugar Fat*, 236–64.

11 Memo to Doug Weber, marketing director, strategic product development, RJR Tobacco Company, February 2, 1998, TT, no. 524941250.

12 스티브 패리시의 진술.

13 Ibid.

14 이 다른 원고는 당시 열네 살이던 애슐리 펠먼이었다. 변호사 새뮤얼 허슈는 여기에 다섯 명의 아동을 원고로 추가하여 이 사건을 집단소송으로 전환하려 했으나 법원에 의해 최종 기각되었다.

15 스위트 판사의 이 첫 번째 판결은 2003년 1월 22일에 있었다.

16 "McDonald's Obesity Suit Thrown Out," CNN, September 4, 2003. 또 맥도날
드의 대변인 리사 하워드는 성명을 통해 "오늘 나온 기각 판정은 법정이 이런
중요한 문제를 다루기에 적절한 장이 아니라는 사실을 한 번 더 인정한 것이다.
맥도날드 제품은 메뉴의 다양성과 선택권에 기반하여 건강하고 균형 잡힌 식사
에 부합할 수 있다."라고도 했다.

17 재즐린 브래들리의 진술.

18 리처드 데이너드의 진술.

19 Richard Daynard, "Lessons from Tobacco Control for the Obesity Control
Movement," *Journal of Public Health Policy* 24(2003): 291–95. 다음도 참고할 것.
Jess Alderman and Richard Daynard, "Applying Lessons from Tobacco Litigation to
Obesity Lawsuits," *American Journal of Preventive Medicine* 30(2006): 82–88.

20 Rober Parloff, "Is Fat the Next Tobacco? For Big Food, the Supersizing of America Is
Becoming a Big Headache," *Fortune*, February 3, 2003.

21 Joseph McMenamin and Andrea Tiglio, "Not the Next Tobacco: Defense to Obesity
Claims," *Food and Drug Law Journal* 61(2006): 444–518. 결론에서 저자들은 해결책
을 찾기 위해서는 섭식 장애를 중독이라고 규정하는 것이 좋지 않은 방법이라고 주
장한다. "원고 변호사가 과식이 중독이자 질병이라고 대중을 설득하는 데 성공하면
특히 좋지 않은 영향을 미칠 가능성이 있다. 이는 비만에 대한 자주성을 부정하고
사람들에게 자신의 행위를 직접 통제하지 못한다는 메시지를 전달하기 때문이다.
과식을 중독과 동일시하면 중독의 문제를 대수롭지 않게 여기거나 중독의 병태 생
리학적 과정에 대한 과학적 이해를 약화시킴으로써 중독자 치료를 방해할 수 있다.
그러므로 비만 소송이 공중 보건에 미치는 영향은 소송이 야기할 재정적 비용보다
훨씬 더 유해할 수 있다."

22 Dawn Sweeney, president, National Restaurant Association, "At 100, the Future of
Restaurants Is Bright," *Restaurant Business*, January 23, 2019.

23 Bonnie Cavanagh, "Parents Sue McD, Claims Its Menu Marketing Fuels Juvenile
Obesity," *Nation's Restaurant News*, September 23, 2002.

24 2003년 9월에 있었던 이 만남을 처음 보도한 것은 《뉴욕 타임스》의 멜라니 워너
였다. 워너는 기사에서 비만 소송으로부터 자신들을 보호하는 주 법의 입법을 주도
한 레스토랑 업계 간부들의 역할도 고발했다. Melanie Warner, "The Food Industry

Empire Strikes Back," *New York Times*, July 7, 2005. 다음도 참고할 것. Melanie Warner, *Pandora's Lunchbox: How Processed Food Took Over the American Meal*(New York: Scribner, 2013).

25 법안에 대한 위원회 회의와 공청회의 녹음 기록의 사본을 준비하고 공개해 준 콜로라도주 정부 문서 보관소의 연구실에 감사 인사를 전한다.

26 공익과학센터와 다른 소비자 단체들은 상원에 연방법 입법에 반대하는 서한을 보내면서 다음과 같이 지적했다. "이 법안을 찬성하는 이들은 소송 위기가 닥쳐 올 것이라 예상하지만 사실 맥도날드를 고발한 비만 소송 같은 사건은 존재하지 않는다. 한 건의 소송에 대한 대응으로 수립한 공공 정책은 사려 깊은 입법도 아니거니와 불필요하게 대중의 건강과 안전을 위태롭게 한다."

27 Anne Landman and Peter Bialick, "Tobacco Industry Involvement in Colorado," American Lung Association of Colorado, June 30, 2004.

28 Warner, "The Industry Empire Strikes Back."

29 "Illinois Restaurants Score Major Victory!" press release, Illinois Restaurant Association, August 2, 2004; Ryan Keith, "Illinois Lawmakers Make Room for Offbeat Issues Amid Light Agenda," Associated Press, February 10, 2004.

30 치즈버거 법안과 그것이 향후 소송에 미칠 영향에 대한 평가는 다음을 참고할 것. Cara Wilking and Richard Daynard, "Beyond Cheeseburgers: The Impact of Commonsense Consumption Acts on Future Obesity-Related Law suits," *Food and Law Journal* 68(2013): 228–39. 다음도 참고할 것. Christopher Carpenter and D. Sebastian Tello-Trillo, "Do 'Cheeseburger Bills' Work? Effects of Tort Reform for Fast Food," Working Paper 21170, National Bureau of Economic Research, Cambridge, Massachusetts, May 2015.

31 폴 맥도널드의 진술.

32 맥도널드는 이 17개 주가 자신의 제안에 가장 호의적인 반응을 보이리라 생각했다. 여기에는 캘리포니아, 코네티컷, 미네소타, 뉴욕, 오리건주 등이 있었다.

33 폴 맥도널드의 진술.

34 리처드 데이너드의 진술.

35 매리언 네슬은 자신의 블로그 푸드 폴리틱스(*Food Politics*)와 최근 출간한 저서 *Unsavory Truth: How Food Companies Skew the Science of What We Eat*(New York:

Basic, 2018)에서 식품과학에 대해 거의 알려지지 않은(그리고 이런 연구를 취재하는 미디어에선 보통 간과되는) 이 측면에 대해 썼다. 다음도 참고할 것. Candice Choi, "How Candy Makers Shape Nutrition Science," Associated Press, June 2, 2016.

36   Carol O'Neil et al., "Association of Candy Consumption with Body Weight Measures, Other Health Risk Factors for Cardiovascular Diseases, and Diet Quality in U.S. Children and Adolescents: NHANES 1999–2004," *Food and Nutrition Research* 55(2011): 1–12; Federal Trade Commission complaint against Kellogg Company, Docket C-4262, July 27, 2009; Kevin Mathias et al., "What Happened to Lunch? Dietary Intakes of 4–13 Year Old Consumers and Non-Consumers in the United States," *Federation of American Societies for Experimental Biology Journal* 29(2015): Abstract 587.10. 다음도 참고할 것. Julia Belluz, "Dark Chocolate Is Now a Health Food. Here's How That Happened," Vox, August 20, 2018.

37   Moss, *Salt Sugar Fat*, xxi, 359; Anahad O'Connor, "Coca-Cola Funds Scientists Who Shift Blame for Obesity Away from Bad Diets," Well, *New York Times*, August 9, 2015.

38   Gross Domestic Product, World Development Indicators Database, World Bank, December 15, 2017.

39   이 행사는 미국화학회의 모임이었다. 15만 명에 달하는 화학회 회원들의 연구는 광화학부터 양자역학, 탄성중합체에 이르는 굉장히 다양한 분야를 아우른다. 그중에서도 가장 왕성한 활동을 자랑하는 분과 중 하나가 오직 식품만 연구하는 분과인데, 다소 생뚱맞아 보인다는 사실을 학회도 인정한다. 사람들은 대부분 음식을 먹을 때 분자 사슬이나 시험관에 대해 생각하지 않는다. 그러나 가공식품을 만들 때 옥수수에 해충이 들지 않게 하고 아이스크림에 부드러움과 크림 같은 맛을 입히고 식료품의 유통기한을 수일에서 수개월로 늘리는 사람들이 바로 식품 화학자들이다. 학회는 제품의 생산, 판매, 보존과 관련하여 "화학은 거의 언제나 업무의 핵심이다."라고 말한다. 따라서 2007년에 보스턴에서 열린 회의에서 데이나 스몰이 식품과 관련된 화학을 새로운 시각으로 바라보는 방법을 공개했을 때 학회원들은 흥분을 감추지 못했다. 스몰이 여러 가지 맛과 향 중에서도 단맛에 대한 인간의 갈망을 뇌의 화학작용과 연결시켰기 때문이다.

40   린다 플래머의 진술.

41 | 데이나 스몰의 진술.

42 | 펩시코에 합류하고 얼마 지나지 않았을 때 데릭 야크는 예일 대학교에서 초청 강연을 했다. 그는 강연에서 자신과 펩시코의 야심 찬 계획에 대해 자세히 설명하면서 그 계획이 전 직장인 WHO에서 자신이 이루고자 했던 개혁, 즉 "소금, 지방, 설탕을 제한하고 영양이 풍부한 제품에 대한 관심을 증진하며 마케팅 전략과 라벨 표기법을 바꾸고 학교 정책의 이슈에 대응하는 것"을 그대로 반영한다고 말했다. 2008년 10월 22일에 있었던 이 강연은 켈리 브라우넬이 가르치는 '식품의 심리학, 생물학, 정치학'이라는 과목 수업의 일환이었으며 학생들과 질의응답도 진행되었다. 오픈 예일 코스에서 온라인으로 볼 수 있다.

43 | Maria Veldhuizen et al., "Verbal Descriptors Influence Hypothalamic Response to Low-Calorie Drinks," *Molecular Metabolism* 2(2013): 270–80. 감사의 말에 펩시코가 연구비를 지원했다는 사실을 밝히고 있다.

44 | 이 금액은 총 연구비의 추정치다. 린다 플래머와 데이나 스몰의 진술.

45 | 펩시코는 데이나 스몰과의 연구에 대해 이야기를 나누고 싶다는 요청에도, 연구 결과와 연구비 지원 중단을 결정한 이유를 포함하여 스몰의 연구의 구체적인 사항에 대한 의견을 묻는 내 질문에도 답하지 않았다.

46 | 2019년에 노엘 앤더슨과 이야기를 나누었을 때 그는 펩시코, 크래프트, 제너럴 푸드에서 40년을 일하고 은퇴한 상태였지만 미국 식품공학자협회의 회장으로서 가공식품 업계에서 여전히 활발하게 활동 중이었다.

47 | Mike Esterl and Valerie Bauerlein, "PepsiCo Wakes Up and Smells the Cola," *Wall Street Journal*, June 28, 2011; Stephanie Strom, "Pepsi Chief Shuffles Management to Soothe Investors," *New York Times*, March 12, 2012. 2018년에 회사를 떠날 때 누이는 탄산음료 매출이 하락하는 어려움 속에서도 스낵 사업을 발전시켰다는 찬사를 받았다. Chris Isidore, "PepsiCo CEO Indra Nooyi Is Stepping Down," CNN Money, August 6, 2018.

48 | Kevin Hall et al., "Ultra-Processed Diets Cause Excess Calorie Intake and Weight Gain: An Inpatient Randomized Controlled Trial of Ad Libitum Food Intake," *Cell Metabolism* 30(2019): 1–11.

7장 다이어트라는 황금 시장

1   William Banting, *Letter on Corpulence, Addressed to the Public*(New York: Mohun, Ebbs and Hough, 1864).

2   Louise Foxcroft to Nicola Twilley and Cynthia Graber, "We've Lost It: The Diet Episode," *Gastropod*, January 30, 2018.

3   Ibid. 1614년에 산토리오 산토리오라는 의사가 천칭 의자를 활용하여 음식을 먹는 실험을 수행하고 그 결과를 발표했다. 이 저울은 산토리오의 저울을 모방하여 탄생한 것이다. Teresa Hollerbach, "The Weighing Chair of Sanctorius Sanctorius: A Replica," *NTM* 26(2018): 121–49.

4   Rachel Hosie, "Elvis Presley's Diet: How Did He Try to Lose Weight? What Did He Eat During a Normal Day?" *Independent*, August 16, 2017.

5   최근 유행하는 다이어트 종류는 온라인 피트니스와 건강 관련 정보 제공 사이트인 하드 보일드 보디(Hard Boiled Body)의 '유행 다이어트 가이드(Fad Diet Guide)' 란에 잘 정리되어 있다.

6   Malcolm Gladwell, "The Pima Paradox," *New Yorker*, January 26, 1998.

7   Yoni Freedhoff, *The Diet Fix: Why Diets Fail and How to Make Yours Work*(New York: Harmony, 2014).

8   Ancel Keys et al., *The Biology of Human Starvation*(Minneapolis: University of Minnesota Press, 1950); 다음도 참고할 것. L. M. Kalm and R. D. Semba, "They Starved So That Others Be Better Fed: Remembering Ancel Keys and the Minnesota Experiment," *Journal of Nutrition* 135(2005): 1347–52.

9   "Diet Trends, U.S.," Mintel Group, September 2016.

10   Ibid.

11   Ivan Fallon, *The Luck of O'Reilly: A Biography of Tony O'Reilly*(New York: Grand Central Publishing, 1994).

12   이 이야기는 존 하인즈에 관한 수많은 문헌에 등장한다. 이를테면 다음을 참고할 것. Quentin Skrabec, *H. J. Heinz: A Biography*(Jefferson, N.C.: McFarland, 2009). 다음도 참고할 것. Eleanor Dienstag, *In Good Company: 125 Years at the Heinz Table*(New York: Grand Central Publishing, 1994).

13 │ 토마토 품종 하인즈 2401(Heinz 2401)에 관한 설명은 다음을 참고할 것. Arthur
Allen, "A Passion for Tomatoes," *Smithsonian Magazine*, August 2008.

14 │ 하인즈의 허빙어 사업부가 생산한 이 고과당 옥수수 시럽 하이스위트 42(Hi-
Sweet 42)의 초기 버전을 자세히 알고 싶다면 다음을 참고할 것. "Product
Data," Philip Morris's records, TT, no. 2062971768. 사료용 옥수수는 알갱이
가 더 크고, 속대에 붙어 있는 모양에서 사람들이 먹는 옥수수와 뚜렷한 차이가
난다.

15 │ 1960년에 사람들은 대부분 생감자를 요리해 먹었던 데에 반해(1인당 생감자
는 36킬로그램, 냉동 감자는 3.6킬로그램을 먹었다.) 오늘날 사람들이 섭취하
는 감자의 3분의 2는 냉동 감자다. Jean Buzby and Hodan Wells, "Americans
Switch from Fresh to Frozen Potatoes," Economic Research Service, U.S.
Department of Agriculture, June 1, 2006. 그동안 우리가 어떤 음식을 먹어 왔고
우리가 먹는 음식이 어떻게 변화했는지 알고 싶다면 미국 농무부 산하 경제조
사서비스(ERS)의 식품 가용성 데이터(Food Availability Data System)를 참고할
것.

16 │ 약 740그램짜리 봉지에 포장되어 팔리는 오레아이다의 엑스트라 크리스피 패
스트푸드 감자튀김은 조리법에 다음과 같은 문구가 쓰여 있다. "드라이브스루
코너에서 기다리지 않고도 즐길 수 있는 레스토랑 감자튀김! 패스트푸드 식당
에서 즐기는 감자튀김을 이제 언제든지 집에서 맛보세요."

17 │ Fallon, *Luck of O'Reilly*.

18 │ Robert Cole, "H. J. Heinz to Buy Weight Watchers for $71 Million," *New York
Times*, May 5, 1978. 최종 가치 평가는 약 7200만 달러였다.

19 │ Fallon, *Luck of O'Reilly*.

20 │ Carol Keeley and Christina Stan sell, "Ore-Ida Foods Inc.," Encyclopedia.com.

21 │ Claudia Deutsch, "Tony O'Reilly Astride Two Worlds; At Heinz, a Bottom-Line
Leader," *New York Times*, May 8, 1988.

22 │ Richard Cleland et al., "Weight Loss Advertising: An Analysis of Current
Trends," Federal Trade Commission Staff Report, September 2002.

23 │ Ibid.

24 │ Marlene Cimons, "Five Diet Firms Charged with Deceptive Ads," *Los Angeles Times*,

October 1, 1993.

25 "FTC Reaches Settlement with Weight Watchers Over Weight Loss Claims," Federal Trade Commission press release, September 30, 1997.

26 스티브 커미스의 진술.

27 Traci Mann, *Secrets from the Eating Lab: The Science of Weight Loss, the Myth of Willpower, and Why You Should Never Diet Again*(New York: Harper Wave, 2015).

28 Kimberly Gudzune et al., "Efficacy of Commercial Weight-Loss Programs," *Annals of Internal Medicine* 162(2015): 1–14.

29 킴벌리 그주니의 진술.

30 Jacques Peretti, "The Men Who Made Us Thin," BBC, 2013.

31 개리 포스터의 진술.

32 Gary Foster, "Weight Watchers Overview and Beyond the Scale," webinar, Greater Philadelphia Business Coalition on Health, May 19, 2016. Available on the coalition's website.

33 Cheryl Wischhover, "As 'Dieting' Becomes More Taboo, Weight Watchers Is Changing Its Name," Vox, September 24, 2018.

34 Ernest Beck, "Heinz Sells Weight Watchers Interest to Artal Luxembourg for $735 Million," *Wall Street Journal*, July 23, 1999.

35 Lillianna Byington, "Glanbia Buys Slim Fast for $350M," *Food Dive*, October 12, 2018.

36 2010년 3월 16일에 있었던 이 미셸 오바마의 연설은 캘리포니아 대학교 샌타바버라의 아카이브 미국 대통령직 프로젝트(the American Presidency Project)에서 열람할 수 있다.

37 "Product: Kraft Free Nonfat Dressings," Philip Morris Corporate Products Committee, November 1989, TT, no. 2041053396.

38 Kari Bretschger to California Avocado Nutrition Advisory Board, May 3, 1993, TT food section, no. hpgl0229. 캘리포니아 대학교 샌프란시스코에서 운영하는 담배산업문서보관소에는 현재 다양한 출처를 통해 수집된 식품 업계 문서 섹션이 있다.

39 "Product: Kraft Free Nonfat Dressings."

40 │ James Hirsch, "U.S. Diet Mixes Indulgence, Health," *Wall Street Journal*, December 6, 1989.

41 │ Calorie Control Council to Dietary Guidelines Advisory Committee, U.S. Department of Agriculture, March 20, 2009.

42 │ "Product: Kraft Light Singles," Philip Morris Corporate Products Committee, June 1990, TT, no. 2070042646.

43 │ "Product: Velveeta Light," Philip Morris Corporate Products Committee, August 1990, TT, no. 2041053567.

44 │ "Healthy Weight Commitment Foundation Receives Healthier Future Award," press release, Partnership for a Healthier America, April 13, 2016.

45 │ Shu Wen et al., "The Healthy Weight Commitment Foundation Pledge: Calories Sold from U.S. Consumer Packaged Goods, 2007–2012," *American Journal of Preventative Medicine* 47(2014): 508–19.

46 │ Ibid., 520-30; 배리 팝킨의 진술.

47 │ 배리 팝킨의 진술. 확언하기는 이르지만 미셸 오바마가 주목한 섭식 장애의 징후인 아동 비만 역시 상황이 좋아 보이지 않는다. 미셸 오바마가 식품 업계에 서둘러 조치를 취하도록 촉구한 2010년에 16.9퍼센트였던 청소년 비만율은 2016년에 18.5퍼센트로 증가했다. C. M. Hales et al., "Prevalence of Obesity Among Adults and Youth: United States, 2015－16," National Center for Health Statistics, Data Brief no. 288, 2017. 이 보고서가 2010년부터 2016년까지의 비만율 변화를 통계적으로 유의미하지는 않다고 분석한다는 사실을 유념하자. 이는 그 변화가 실제 추세를 반영하지 않았을 수 있다는 의미다.

8장 유전자 연구에 사활을 걸다

1 │ Stephanie Strom, "Campbell Soup Posts Drop in Revenue and Earnings," *New York Times*, February 25, 2015.

2 │ Tony Owusu, "Here's Why Credit Suisse Says Packaged Food Stocks Are Going to Spoil, *The Street*, April 16, 2018.

3 | 데니즈 모리슨이 참석한 회의는 보카로턴에서 열린 뉴욕 소비자 분석가 그룹(Consumer Analyst Group of New York) 콘퍼런스였다. 캠벨 수프 컴퍼니는 그녀가 발표한 내용의 필사본과 발표 때 사용한 슬라이드를 회사 웹사이트에 게재했다.

4 | 알렉시아 하워드는 샌퍼드번스틴에서 일하는 분석가다. 이를테면 2016년에 열린 팜 투 라벨 식음료 회담(Food and Beverage Farm to Label Summit)에서 한 발표 "Inform Your Instinct"와 그녀의 논문 "U.S. Food and Beverages: Social Networking Is Changing Consumer Attitudes Toward Packaged Foods in the U.S.," Sanford Bernstein, January 7, 2014을 참고할 것; 알렉시아 하워드의 진술.

5 | Patricia Sellers, "Warren Buffet's Secret to Staying Young: 'I Eat Like a Six-Year-Old,'" *Fortune*, February 25, 2015.

6 | 2015년 3월 25일에 워런 버핏이 CNBC 「스쿼크 박스」에 출연하여 베키 퀵에게 한 말.

7 | 이 가게들과 기증된 식료품에 관한 설명은 다이오진 프로젝트 웹사이트(www.diogenes-eu.org)와 보고서에 자세히 나와 있었다. 해당 사이트는 더 이상 활성화되지 않지만, 인터넷 아카이브 웨이백 머신(Wayback Machine)을 통하면 확인할 수 있다.

8 | Petra Goyens and Guy Ramsay, "Tackling Obesity: Academia and Industry Find Common Ground," *Food Science and Technology Journal* 22, March 14, 2008.

9 | Ibid.

10 | Thomas Larsen et al., "Diets with High or Low Protein Content and Glycemic Index for Weight-Loss Maintenance," New England Journal of Medicine 363(2010): 2102–13; 아르네 아스트루프의 진술. 연구 윤리 감시자들을 위한 보충 설명: 이 논문은 연구자들에게 벌어진 재정적 갈등을 장황하게 폭로하고 있다. 논문은 식품 업계가 식품을 기증했고 연구자들과 연구자들이 속한 기관에 다이오진 프로젝트 외 프로젝트에도 연구비를 여럿 지원했다고 보고했으나 해당 연구에는 전혀 간섭이 없었다고 설명했다. 기업들은 연구 계획이나 결과 분석에 참여할 수 없었다고 한다.

11 | Ibid.

12 | Arne Astrup et al., *The Nordic Way: Discover the World's Most Perfect Carb-to-Protein Ratio for Preventing Weight Gain or Regain, and Lowering Your Risk of Disease*(New

York: Pam Krauss/Avery, 2017); 아르네 아스트루프의 진술.

13 Linda Verrill, senior scientist at the Food and Drug Administration's Center for Food Safety and Applied Nutrition, "Public Meeting: Use of the Term 'Healthy' in the Labeling of Human Food Products," Rockville, Maryland, March 9, 2017.

14 "Functional Foods," International Food Information Council Foundation, July 2011.

15 위원회의 일과 구성원에 대한 설명은 국제생명과학연구소 웹사이트(ilsi.org)를 참고할 것. 다음의 보고서도 참고할 것. Nancy Rodriguez, "Introduction to Protein Summit 2.0: Continued Exploration of the Impact of High-Quality Protein on Optimal Health," *American Journal of Clinical Nutrition* 101(2015): 1317S–19S.

16 "'Cheerios Protein' Has Negligibly More Protein, but Far More Sugar, Than Original Cheerios," *Nutrition Action Newsletter*, Center for Science in the Public Interest, November 9, 2015. 공익과학연구소는 치리오스 제조 회사인 제너럴 밀스를 제소했는데, 2018년에 단백질과 설탕 성분을 더 정확히 반영하도록 포장 문구를 바꾸는 것으로 합의를 보았다.

17 Elaine Watson, "From High Protein Coffees to Popsicles, Dairy Protein Are Entering New Categories, Says AMCO Proteins," Food Navigator-USA, November 29, 2018.

18 Zafer Bashi et al., "Alternative Proteins: The Race for Market Share Is On," McKinsey and Company, August 2019.

19 "Science Review of Isolated and Synthetic Non-Digestible Carbohydrates," Office of Nutrition and Food Labeling, Center for Food Safety and Applied Nutrition, FDA, November 2016. 다음도 참고할 것. "Questions and Answers for Industry on Dietary Fiber," FDA.

20 "Guidance for Industry: Scientific Evaluation of the Evidence on the Beneficial Physiological Effects of Isolated or Synthetic Non-Digestible Carbohydrates Submitted as a Citizen Petition"(21 CFR 10.30), docket no. FDA-2016-DF-3401, FDA, February 2018.

21 Roger Williams, "Concept of Genetotrophic Disease," *Nutrition Reviews* 8(1950): 257–60. 다음도 참고할 것. Donald Davis et al., "Roger J. Williams, 1893–1988,"

National Academy of Sciences, 2008.

22 | Bruno Estour et al., "Constitutional Thinness and Anorexia Nervosa: A Possible Misdiagnosis?" *Frontiers in Endocrinology* 5(2014); 브뤼노 에스투르의 진술.

23 | N. Germain et al., "Specific Appetite, Energetic and Metabolomics Responses to Fat Overfeeding in Resistant-to-Bodyweight-Gain Constitutional Thinness," *Nutrition and Diabetes* 4(2014): 1-8. 브뤼노 에스투르를 필두로 이 연구를 진행한 팀에는 나타샤 제르맹과 보그단 갈루스카도 있었다.

24 | 브뤼노 에스투르의 진술.

25 | Lewis Baxter "Ernest P. Noble," *Neuropsycho pharmacology* 43(2018).

26 | "Issues Management Omnibus Survey Results," Philip Morris, November 7, 2000, TT, no. 2082025919. 질문: 미국인 비만의 가장 심각한 원인은? 응답: 사람들이 과식해서(56퍼센트), 운동이 부족해서(30퍼센트), 유전적 이유(9퍼센트), 체중 증가를 부추기는 제품 광고(6퍼센트).

27 | 외르크 하게르의 진술.

28 | Elizabeth Genné-Bacon, "Thinking Evolutionarily About Obesity," *Yale Journal of Biology and Medicine* 87(2014): 98–112.

29 | 현재 진행 중인 이 연구에 관한 자세한 설명은 다음에서 확인할 수 있다. "Genome Study in Constitutional Thinness(GENOSCANN), no. NCT02525328, clinicaltrials.gov.

30 | Sergio Moreno, "The Differential Plasma Proteome of Obese and Overweight Individuals Undergoing a Nutritional Weight Loss and Maintenance Intervention," *Proteomics Clinical Applications* 12(2018): 1–12.

31 | Jonah Comstock, "Campbell's Soup Invests $32 Million in Personalized Nutrition Startup Habit," Mobile Health News, October 26, 2016.

32 | Peter Brabeck-Letmathe, *Nutrition for a Better Life: A Journey from the Origins of Industrial Food Production to Nutrigenomics*, trans. Ian Copestake(Frankfurt, Germany: Campus Verlag, 2017). 원저인 독일어판은 2016년에 출간되었다.

33 | Lisa Du et al., "Nestlé Wants Your DNA," Bloomberg, August 29, 2018.

34 | "Sugar and Sweeteners Yearbook Tables," Economic Research Service, USDA, Tables 51, 52, 53, 2018. 이 수치는 뉴스 기사마다 천차만별로 나타난다. 가장

신뢰할 만한 데이터 소스는 사용하기 까다롭기 때문이다. 해당 기관은 2018년 1인당 설탕 소비량을 33킬로그램으로 추정하면서, 그 종류를 사탕수수와 사탕무 추출 설탕(18킬로그램), 고과당 옥수수 시럽(9.9킬로그램), 꿀과 같은 다른 설탕 대체재(4.8킬로그램)로 구분했다.

35 폴 브레슬린의 진술. 다음도 참고할 것. Beth Gordesky-Gold et al., "Drosophila Melanogaster Prefers Compounds Perceived Sweet by Humans," *Chemical Senses* 33(2008): 301–9.

36 이에 대한 초기 보고서를 보려면 다음을 참고할 것. Burkhard Bilger, "The Search for Sweet," *New Yorker*, May 14, 2006.

37 U.S. Securities Commission Form 10-K filing for Senomyx Inc. for year ending December 31, 2017.

38 Ray Latif, "PepsiCo to Use Sweetmyx Flavor Enhancer in Mug Root Beer, Manzanita Sol," Bevnet, August 28, 2015. 다음도 참고할 것. E. J. Schultz, "How PepsiCo and Coca-Cola Are Creating the Cola of the Future," *Ad Age*, December 3, 2013.

39 U.S. Securities Commission Form 10-K filing for Senomyx Inc. for year ending December 31, 2017.

40 이 세노믹스에 관한 자료는 공익과학연구소가 처음 입수했고 나와 공유했다.

41 Sarah de Crescenzo, "Senomyx, Maker of Flavor Enhancers, Set to Be Acquired by Firmenich," Xconomy, October 5, 2018.

42 Sunil Sukumaran et al., "Taste Cell-Expressed A-Glucosidase Enzymes Contribute to Gustatory Responses to Disaccharides," *Proceedings of the National Academy of Sciences* 113(2016): 6035–40. 오리건 주립 대학교의 임주연이 이끄는 연구팀은 이 연구를 통해 혀에 녹말이라 불리는 탄수화물을 감지하는 수용체도 있다는 것을 발견했다. Trina Lapis et al., "Oral Digestions and Perception or Starch: Effects of Cooking, Tasting Time, and Salivary a-Amylase Activity," *Chemical Senses* 42(2017): 635–45.

43 Bilal Malik, "Mammalian Taste Cells Express Functional Olfactory Receptors," *Chemical Senses* 44(2019): 289–301.

44 "Artificial Sweeteners Produce the Counterintuitive Effect of Inducing Metabolic Derangements," *Trends in Endocrinology and Metabolism* 24(2013): 431–41. 수전 스

위더스의 진술.

45 | 다음을 참고할 것. "Sucralose Facts—A Safe Food Ingredient," Calorie Control Council, 2019.

46 | Kelly Higgins and Richard Mattes, "A Randomized Controlled Trial Contrasting the Effects of 4 Low-Calorie Sweeteners and Sucrose on Body Weight in Adults with Overweight or Obesity," *American Journal of Clinical Nutrition* 109(2019): 1288–1301.

47 | Beth Gordesky-Gold et al., "Drosophila Melano gaster Prefers Compounds Perceived Sweet by Humans," *Chemical Senses* 33(2008): 301–9.

48 | 폴 브레슬린의 진술.

49 | Qiao-Ping Wang et al., "Sucra lose Promotes Food Intake Through NPY and a Neuronal Fasting Response," *Cell Metabolism* 24(2016): 75–90; 스티븐 심슨의 진술. 다음도 참고할 것. David Raubenheimer and Stephen Simpson, *Eat Like the Animals: What Nature Teaches Us About the Science of Healthy Eating*(Boston: Houghton Mifflin Harcourt, 2020).

50 | 스티븐 심슨의 진술. 그는 이어서 이렇게 말했다. "한마디로 속은 거죠. 이 부분이 망가지면 모든 것이 근본적으로 엉망이 될 수 있어요. 모든 생물학적 체계는 앞으로의 일을 예측할 수 있도록 진화되었습니다. 단 음식을 먹으면 인간은 음식 속에 있는 탄수화물이 들어올 것이라 예측하도록 진화되었기 때문에 우리 몸은 곧 어마어마한 열량이 도달하리라고 기대해요. 맛이 보내는 신호와 곧이어 몸에 들어오는 열량이 일치하지 않으면 몸에 혼란을 주게 됩니다. 우리 몸은 이렇게 말하죠. '뭔가 잘못됐는데. 활동, 음식 섭취량, 인슐린 분비량, 단맛에 대한 반응성을 늘려야겠어. 그래야 앞으로 들어오는 것을 더 잘 판단할 수 있을 테니 말이야. 지금은 뭔가 맞질 않아.'"

참고 문헌

Acker, Caroline Jean. *Creating the American Junkie: Addiction Research in the Classical Era of Narcotic Control.* Baltimore: Johns Hopkins University Press, 2002.

Algren, Nelson. *The Man with the Golden Arm.* 1949. New York: Seven Stories Press, 1990.

Astrup, Arne, Jennie Brand-Miller, and Christian Bitz. *The Nordic Way: Discover the World's Most Perfect Carb-to-Protein Ratio for Preventing Weight Gain or Regain, and Lowering Your Risk of Disease.* New York: Pam Krauss Books, 2017.

Avena, Nicole M., and John R. Talbott. *Why Diets Fail(Because You're Addicted to Sugar): Science Explains How to End Cravings, Lose Weight, and Get Healthy.* Berkeley: Ten Speed Press, 2014.

Brewster, Letitia, and Michael F. Jacobson. *The Changing American Diet.* Washington, D.C.: Center for Science in the Public Interest, 1978.

Brillat-Savarin, Jean Anthelme. *The Physiology of Taste: Or Meditations on Transcendental Gastronomy.* 1825. Trans. M. F. K. Fisher. New York: Vintage Books, 2011.

Brownell, Kelly D., and Mark S. Gold, *Food and Addiction: A Comprehensive Handbook.* New York: Oxford University Press, 2012.

Bruce, Scott, and Bill Crawford. *Cerealizing America: The Unsweetened Story of American Breakfast Cereal.* Boston: Faber and Faber, 1995.

Campbell, Nancy D. *Discovering Addiction: The Science and Politics of Substance Abuse Research.* Ann Arbor: University of Michigan Press, 2007.

Campbell, Nancy D., J. P. Olsen, and Luke Walden. *The Narcotic Farm: The Rise and Fall of America's First Prison for Drug Addicts.* New York: Abrams, 2008.

Erickson, Carlton K. *The Science of Addiction: From Neurobiology to Treatment.* New York: W. W. Norton & Company, 2007.

Eyal, Nir, and Ryan Hoover. *Hooked: How to Build Habit-Forming Products.* New York: Portfolio/Penguin, 2014.

Firestein, Stuart. *Ignorance: How It Drives Science.* New York: Oxford University Press,

2012.

Freedhoff, Yoni. *The Diet Fix: Why Diets Fail and How to Make Yours Work*. New York: Harmony Books, 2014.

Gilbert, Avery. *What the Nose Knows: The Science of Scent in Everyday Life*. New York: Crown, 2008.

Guyenet, Stephan J. *The Hungry Brain: Outsmarting the Instincts That Make Us Overeat*. New York: Flatiron Books, 2017.

Hart, Carl. *High Price: A Neuroscientist's Journey of Self-Discovery That Challenges Everything You Know About Drugs and Society*. New York: HarperCollins, 2013.

LeDoux, Joseph. *The Emotional Brain: The Mysterious Underpinnings of Emotional Life*. New York: Simon & Schuster Paperbacks, 1996.

Levenstein, Harvey. *Paradox of Plenty: A Social History of Eating in Modern America*. 1993. Rev. ed. Berkeley: University of California Press, 2003.

Lewis, Marc. *Memoirs of an Addicted Brain: A Neuroscientist Examines His Former Life on Drugs*. New York: PublicAffairs, 2012.

Lieberman, Daniel E. *The Story of the Human Body: Evolution, Health, and Disease*. New York: Vintage Books, 2014.

Mann, Traci. *Secrets from the Eating Lab: The Science of Weight Loss, the Myth of Willpower, and Why You Should Never Diet Again*. New York: HarperCollins, 2015.

Mills, James. "Drug Addiction-Part 1." *Life*, February 26, 1965: 66B-92.

———. "Drug Addicts-Part 2." *Life*, March 5, 1965: 92B-118.

Mintz, Sidney W. *Sweetness and Power: The Place of Sugar in Modern History*. New York: Viking, 1985.

Montmayeur, Jean-Pierre, and Johannes le Coutre, eds. *Fat Detection: Taste, Texture, and Post Ingestive Effects*. Boca Raton: CRC Press, 2010.

Nestle, Marion. *Unsavory Truth: How Food Companies Skew the Science of What We Eat*. New York: Basic Books, 2018.

Scrinis, Gyorgy. *Nutritionism: The Science and Politics of Dietary Advice*. New York: Columbia University Press, 2013.

Sheff, David. *Clean: Overcoming Addiction and Ending America's Greatest Tragedy*. New

York: Houghton Mifflin Harcourt, 2013.

Shepherd, Gordon M. *Neurogastronomy: How the Brain Creates Flavor and Why It Matters.* New York: Columbia University Press, 2012.

Smith, Fran. "The Addicted Brain." *National Geographic,* September 2017: 30–55.

Sorensen, Herb. *Inside the Mind of the Shopper: The Science of Retailing.* Upper Saddle River, N.J.: Wharton School Publishing, 2009.

Tara, Sylvia. *The Secret Life of Fat: The Science Behind the Body's Least Understood Organ and What It Means for You.* New York: W. W. Norton & Company, 2017.

Terry, Charles E., and Mildred Pellens. *The Opium Problem.* 1928. Montclair, N.J.: Patterson Smith, 1970.

Thelin, Emily Kaiser. *Unforgettable: The Bold Flavors of Paula Wolfert's Renegade Life.* New York: Grand Central Publishing, 2017.

Trubek, Amy B. *Making Modern Meals: How Americans Cook Today.* Oakland: University of California Press, 2017.

Van Praet, Douglas. *Unconscious Branding: How Neuroscience Can Empower (and Inspire) Marketing.* New York: Palgrave Macmillan, 2012.

Warburton, David M. *Addiction Controversies.* Boca Raton: CFC Press, 1992.

White, William L. *Slaying the Dragon: The History of Addiction Treatment and Recovery in America.* 2nd Edition. Bloomington, Ill.: Chestnut Health Systems, 2014.

Witherly, Steven A. *Why Humans Like Junk Food: The Inside Story on Why You Like Your Favorite Foods, the Cuisine Secrets of Top Chefs, and How to Improve Your Own Cooking Without a Recipe!* Bloomington, Ind.: iUniverse, 2007.

음식 중독

먹고 싶어서
먹는다는 착각

1판 1쇄 펴냄 2023년 1월 20일
1판 8쇄 펴냄 2024년 6월 5일

지은이   마이클 모스
옮긴이   연아람
발행인   박근섭·박상준
펴낸곳   (주)민음사

출판등록   1966. 5. 19. 제16-490호
         서울시 강남구 도산대로 1길 62(신사동)
         강남출판문화센터 5층(06027)
대표전화   02-515-2000
팩시밀리   02-515-2007
홈페이지   www.minumsa.com

한국어 판 ⓒ (주)민음사, 2023. Printed in Seoul, Korea

ISBN   978-89-374-6926-8 (03300)